2023年度六盘水师范学院学科团队项目（LPSSY2023XKTD17）
2023年度六盘水师范学院科学研究培育项目（LPSSY2023JYTPY02）
2018年六盘水师范学院教学内容和课程体系改革项目（LPSSYjg201821）

网球运动员参赛组合及竞技能力特征研究

——以男子单打世界著名运动员为例

张昌爱 ◎ 著

WANG QIU YUN DONG YUAN CAN SAI ZU HE
JI JING JI NENG LI TE ZHENG YAN JIU

华中科技大学出版社
http://press.hust.edu.cn
中国·武汉

内容简介

本书以世界著名网球运动员费德勒、德约科维奇、纳达尔、穆雷、瓦林卡为研究对象,采用描述性统计和相关性分析,对五位网球运动员在职业生涯所处的不同阶段参赛组合和竞技能力指标数据进行分析,挖掘男子单打世界著名网球运动员参赛规律,解读他们的竞技表现,以期为我国网球运动员参赛规划与部署、技战术训练提供借鉴。

图书在版编目(CIP)数据

网球运动员参赛组合及竞技能力特征研究:以男子单打世界著名运动员为例/张昌爱著. —武汉:华中科技大学出版社,2023.7
ISBN 978-7-5680-9892-2

Ⅰ.①网… Ⅱ.①张… Ⅲ.①男性-网球运动-运动员-竞技状态-研究 Ⅳ.①G845.2

中国国家版本馆 CIP 数据核字(2023)第 141600 号

网球运动员参赛组合及竞技能力特征研究
——以男子单打世界著名运动员为例   张昌爱 著

Wangqiu Yundongyuan Cansai Zuhe ji Jingji Nengli Tezheng Yanjiu
——yi Nanzi Danda Shijie Zhuming Yundongyuan Wei Li

策划编辑:张　毅　仰智斌
责任编辑:张会军
封面设计:廖亚萍
责任校对:刘小雨
责任监印:朱　玢

出版发行:华中科技大学出版社(中国•武汉)　　电话:(027)81321913
　　　　　武汉市东湖新技术开发区华工科技园　　邮编:430223
录　排:华中科技大学惠友文印中心
印　刷:武汉市洪林印务有限公司
开　本:787mm×1092mm　1/16
印　张:19.25
字　数:480 千字
版　次:2023 年 7 月第 1 版第 1 次印刷
定　价:99.00 元

本书若有印装质量问题,请向出版社营销中心调换
全国免费服务热线:400-6679-118　竭诚为您服务
版权所有　侵权必究

前言

国家体育总局印发的《"十四五"体育发展规划》中提出,推进网球项目职业化发展。在网球职业化发展的背景下,职业运动员通过参加比赛获取积分和奖金,运动成绩越好,积分和奖金越高。职业网球运动员的运动成绩受参赛组合、技战术、体能、心理、环境等诸多因素影响,运动员的竞技能力特征、参赛组合和参赛效率也具有鲜明的个性化特征。男子职业网球赛事根据赛事级别和积分分为四大类:大满贯、大师赛、黄金巡回赛以及世界巡回赛,地域分布广、数量多。运动员在繁多的赛事中如何结合职业生涯所处的不同阶段进行赛事的选择与组合将影响着运动员职业发展的速度与高度,随着比赛竞争愈来愈激烈,科学化训练和参赛安排是提高运动员成才率的关键。因此有必要对世界著名网球运动员竞技能力特征和参赛组合进行分析,从而为中国网球选手走向世界优秀网球选手行列提供参加比赛的有利经验。

现有研究主要涉及不同运动员之间参赛特征和竞技能力的横向比较研究,以及职业运动员某一阶段的技战术变化、参赛特征、竞技水平研究,缺乏对运动员整个职业生涯的纵向研究。因此,本研究以费德勒、德约科维奇、纳达尔、穆雷、瓦林卡自转入职业赛场以来的职业生涯的参赛组合特征和竞技能力特征为研究对象,采用描述性统计和相关性分析对五位网球运动员在职业生涯所处的不同阶段参赛组合和竞技能力指标数据进行分析,挖掘男子单打世界著名网球运动员参赛规律,解读他们的竞技表现,以期为我国网球运动员参赛规划与部署、技战术训练提供借鉴。

本书由六盘水师范学院张昌爱老师著,是2023年度六盘水师范学院学科团队项目(LPSSY2023XKTD17)、2023年度六盘水师范学院科学研究培育项目(LPSSY2023JYTPY02)和2018年六盘水师范学院教学内容和课程体系改革项目(LPSSYjg201821)的研究成果,也是2023年六盘水师范学院学术著作出版资助项目。撰写和研究的过程十分艰辛,在此过程中得到了各方面的支持、鼓励和帮助。在此感谢北京体育大学刘晔教授(博士),六盘水师范学院领导、老师、同学以及家人的支持、鼓励和帮助,同时感谢出版社的编辑人员为此付出的艰辛劳动。

本书思路较为新颖,研究全面,但由于时间仓促,难免有疏漏和不足,敬请各位专家、学者批评指正。

张昌爱

2023年4月

目录

第一章 概论 ·· 1

第二章 费德勒职业生涯参赛组合和竞技能力特征分析 ················· 7
    第一节 费德勒职业生涯参赛组合特征分析 ···························· 7
    第二节 费德勒职业生涯参赛竞技能力特征分析 ···················· 28

第三章 德约科维奇职业生涯参赛组合和竞技能力特征分析 ········ 69
    第一节 德约科维奇职业生涯参赛组合特征分析 ···················· 69
    第二节 德约科维奇职业生涯参赛竞技能力特征分析 ············· 88

第四章 纳达尔职业生涯参赛组合和竞技能力特征分析 ············· 127
    第一节 纳达尔职业生涯参赛组合特征分析 ························ 127
    第二节 纳达尔职业生涯参赛竞技能力特征分析 ·················· 147

第五章 穆雷职业生涯参赛组合和竞技能力特征分析 ················ 184
    第一节 穆雷职业生涯参赛组合特征分析 ··························· 184
    第二节 穆雷职业生涯参赛竞技能力特征分析 ······················ 202

第六章 瓦林卡职业生涯参赛组合和竞技能力特征分析 ············· 241
    第一节 瓦林卡职业生涯参赛组合特征分析 ························ 241
    第二节 瓦林卡职业生涯参赛竞技能力特征分析 ·················· 260

参考文献 ·· 297

第一章 概 论

职业网球运动员的运动成绩受参赛组合、技战术、体能、心理、环境等诸多因素影响,运动员的竞技能力特征、参赛组合和参赛效率也具有鲜明的个性化特征。现有研究主要涉及不同运动员之间参赛特征和竞技能力的横向比较研究,以及职业运动员某一阶段的技战术变化、参赛特征、竞技水平研究,缺乏对运动员整个职业生涯的纵向研究。因此,本研究以费德勒、德约科维奇、纳达尔、穆雷、瓦林卡自转入职业赛场以来的职业生涯的参赛组合特征和竞技能力特征为研究对象,采用描述性统计和相关性分析对五位网球运动员在职业生涯所处的不同阶段参赛组合和竞技能力指标数据进行分析,挖掘男子单打世界著名网球运动员参赛规律,解读他们的竞技表现,以期为我国网球运动员参赛规划与部署、技战术训练提供借鉴。

一、研究对象与方法

(一)研究对象

本研究遴选出二十一世纪以来5名世界著名男子网球运动员作为研究对象,分别是罗杰·费德勒(瑞士)、诺瓦克·德约科维奇(瑞士)、拉斐尔·纳达尔(西班牙)、安迪·穆雷(英国)、斯坦尼斯拉斯·瓦林卡(瑞士)。以上五名运动员现居或曾居世界排名前十,同时在澳大利亚网球公开赛、法国网球公开赛、温布尔登网球公开赛、美国网球公开赛这四大满贯比赛中都至少累计获得3次冠军。

(二)研究方法

通过ATP官网,收集费德勒、纳达尔、德约科维奇、穆雷、瓦林卡的基本信息,以及他们转入职业运动员以来的参赛数据、竞技能力指标数据等。运用SPSS统计软件(主要为SPSS22.0)对收集的数据指标进行整理、归类和统计学处理。

(1)参赛数据包括每年的年度积分、排名以及每站比赛的参赛时间、参赛地点、参赛场地类型、参赛获得积分、参赛赛事、参赛级别、参赛胜负、冠亚军数量等信息。

(2)对职业生涯参加所有比赛的10项发球指标(Aces、双误、一发成功率、一发得分率、二发得分率、破发点、挽救破发点率、发球局、发球局胜率、发球得分率)和7项接发球指标(接一发得分率、接二发得分率、破发机会、破发成功率、接发球局、接发球局胜率、接发球得分率)与参赛胜率之间进行描述性统计,然后将17项指标与胜率进行相关性检验,筛选出较高相关指标。

(3)通过运动员个人职业生涯技战术数据,寻找不同场地之间技术策略运用的差异,运用单因素方差分析和 Kruskal Wallis Test 检验并通过 Dunn-Bonferroni 减少事后比较分析过程中的Ⅰ类错误的出现,通过多重事后比较分析寻找不同场地之间具体的运动表现上的差异性。

二、运动员基本信息

(一)费德勒基本信息

费德勒,1981 年出生于瑞士巴塞尔,1998 年转入网球职业赛场,前瑞士男子职业网球运动员。截至 2022 年底,费德勒从 2004 年至 2018 年拥有 ATP 史上总第二长单打世界第一周数的纪录(310 周)。2019 年获个人第 101 个冠军头衔,大师赛第 28 冠。20 次斩获大满贯单打冠军。2022 年 9 月 24 日,2022 赛季拉沃尔杯,费德勒搭档纳达尔不敌索克/蒂亚福,结束职业生涯,正式退役。

(二)德约科维奇基本信息

德约科维奇,1987 年 5 月 22 日出生于塞尔维亚贝尔格莱德,塞尔维亚职业网球运动员。2003 年,德约科维奇转为职业网球运动员,2011 年,获得澳网、温网和美网冠军,世界排名升至第一。2016 年完成职业生涯全满贯,2018 年达成"金大师"伟业,公开赛时期以来首位成就双圈全满贯的男子球员。截至 2022 年底,德约科维奇已经赢得包括 22 个大满贯、38 个大师系列赛和 6 个年终总决赛在内的 93 项 ATP 单打桂冠。

(三)纳达尔基本信息

纳达尔,1986 年出生于西班牙马略卡,西班牙职业网球运动员。2001 年纳达尔转入职业网坛,2008 年 8 月首次登上世界第一。截至 2023 年 3 月,纳达尔共获得 22 个大满贯冠军,包括 14 次法网冠军、2 次温网冠军、2 次澳网冠军和 4 次美网冠军,并获得过北京奥运会单打冠军和里约奥运会男子双打冠军。纳达尔是全满贯得主之一,也是历史上男子网球运动员中两位金满贯得主之一。

(四)穆雷基本信息

穆雷,1987 出生于英国苏格兰邓布兰,英国著名男子职业网球运动员。2012 年,获得伦敦奥运会男单网球单打金牌,同年在美国网球公开赛夺冠。2013 年、2016 年获得温布尔登网球公开赛冠军。2016 年男子单打世界排名第一。

(五)瓦林卡基本信息

瓦林卡,1985 年出生于瑞士洛桑,瑞士男子网球运动员。2014 年夺得澳大利亚网球公开赛男单冠军,2015 年获得法国网球公开赛冠军,2016 年获得美国网球公开赛冠军。

三、5名著名网球运动员相关特征分析

(一)时间特征

5名男子网球运动员转入职业的年龄都是在15~17岁之间,平均年龄16.6岁。纳达尔15岁转入职业,年龄最小。费德勒2022年退役,职业年限为24年。其他4位球员在役时均35岁以上,职业年限在18年以上,运动寿命较长。

(二)形态特征

现代网球比赛中,激烈的对抗、攻防的转换在一定程度上表现为高度上的较量,因此,身高也是衡量网球运动员实力的重要因素。克托莱指数计算公式＝体重/身高×1000。如表1-0-1所示,5名运动员的平均身高为186.4 cm,平均体重为82 kg,克托莱指数均值为440。德约科维奇体重低于平均体重。

表1-0-1 5名男子单打世界著名运动员相关特征统计表

姓名	出生时间/年	身高/cm	体重/kg	克托莱指数	转职业年龄/岁	退役年龄/岁	职业年限(截至2022年12月)
费德勒	1981	185	85	459	17	40	24
德约科维奇	1987	188	77	410	17	—	19
纳达尔	1986	185	85	459	15	—	22
穆雷	1987	191	82	429	18	—	18
瓦林卡	1985	183	81	443	17	—	21
均值		186.4	82	440	16.8	—	20.8

(三)年龄与冠军数特征

由于受到伤病以及自身生理周期的影响,网球运动员职业生涯会出现多个波段,这或许是网球运动员与其他运动员相比较所呈现出的区别与特点。从5名著名网球运动员各年龄段总体冠军均数情况来看(表1-0-2),是一个呈卡方分布的形态,这也符合人的自然生理规律。5名著名网球运动员年龄与冠军的关系图如图1-0-1至图1-0-5所示。

表1-0-2 5名男子单打世界著名运动员年龄与冠军数统计表

年龄/岁	费德勒	德约科维奇	纳达尔	穆雷	瓦林卡
15	—	—	0	—	—
16	—	—	0	—	—
17	0	0	0	—	0
18	0	0	1	0	0

续表

年龄/岁	费德勒	德约科维奇	纳达尔	穆雷	瓦林卡
19	0	2	11	1	0
20	1	5	5	2	0
21	3	4	6	5	1
22	7	5	8	6	0
23	11	2	5	2	0
24	11	10	7	5	0
25	12	6	3	3	1
26	8	7	4	4	1
27	4	7	10	3	0
28	4	11	4	4	1
29	5	7	3	9	3
30	4	2	2	1	4
31	6	4	6	0	4
32	1	5	5	1	1
33	5	4	4	0	0
34	6	5	2	0	0
35	0	5	2	0	0
36	7	—	4	—	0
37	4	—	—	—	0
38	4	—	—	—	—
39	0	—	—	—	—
40	0	—	—	—	—
合计	103	91	92	46	16

注：数据统计截至 2022 年。

截至 2022 年 12 月，费德勒职业生涯获得 103 个单打冠军，德约科维奇获得 91 个单打冠军，纳达尔获得 92 个单打冠军，穆雷获得 46 个单打冠军，瓦林卡获得 16 个单打冠军。由图 1-0-1 可知，费德勒在 20 岁获得职业生涯第一个冠军，职业生涯呈现多个峰值，第一个峰值在 25 岁，获得 12 个单打冠军，第二个峰值在 31 岁，获得 6 个单打冠军，第三个峰值在 36

岁,获得 7 个单打冠军。由图 1-0-2 可知,德约科维奇在 19 岁获得职业生涯第一个冠军,职业生涯呈现多个峰值,第一个峰值在 24 岁,获得 10 个单打冠军,第二个峰值在 28 岁,获得 11 个单打冠军,在 31 岁以后每年获得 4~5 个单打冠军。由图 1-0-3 可知,纳达尔在 18 岁获得职业生涯第一个冠军,职业生涯呈现多个峰值,第一个峰值在 19 岁,获得 11 个单打冠军,第二个峰值在 27 岁,获得 10 个单打冠军,第三个峰值在 31 岁,获得 6 个冠军。由图 1-0-4 可知,穆雷在 19 岁获得职业生涯第一个冠军,职业生涯呈现多个峰值,第一个峰值在 22 岁,获得 6 个单打冠军,第二个峰值在 29 岁,获得 9 个单打冠军,29 岁以后因伤病竞技状态下滑。由图 1-0-5 可知,瓦林卡在 21 岁获得职业生涯第一个冠军,职业生涯只有一个峰值,在 30~31 岁时每年获得 4 个冠军。

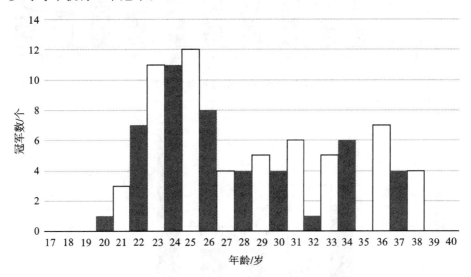

图 1-0-1　费德勒年龄与冠军数关系图

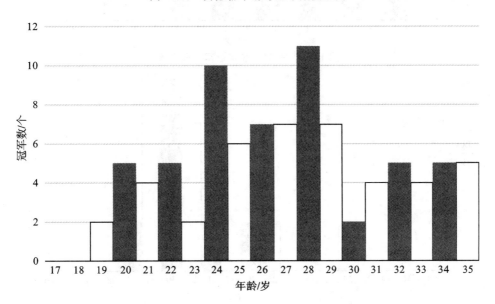

图 1-0-2　德约科维奇年龄与冠军数关系图

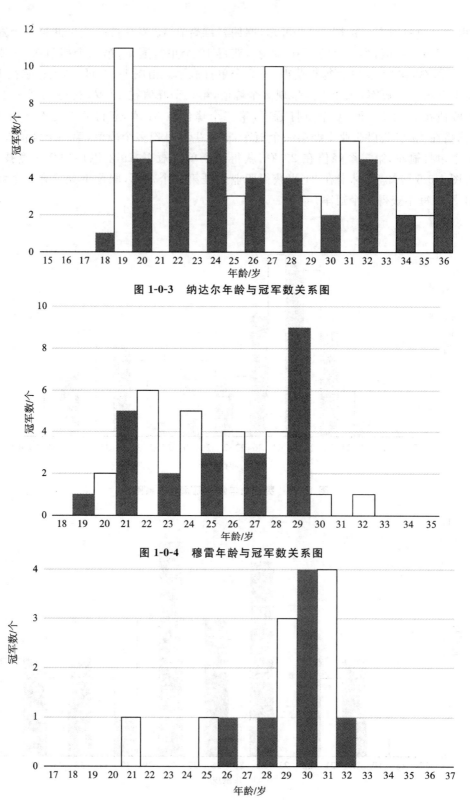

图 1-0-3 纳达尔年龄与冠军数关系图

图 1-0-4 穆雷年龄与冠军数关系图

图 1-0-5 瓦林卡年龄与冠军数关系图

第二章 费德勒职业生涯参赛组合和竞技能力特征分析

第一节 费德勒职业生涯参赛组合特征分析

一、费德勒职业生涯阶段划分

关于费德勒职业生涯阶段划分,众说纷纭。俞强等认为费德勒竞技巅峰期是2004—2009年。罗胜认为2003—2005年为费德勒职业生涯前期,2006—2009年为费德勒职业生涯巅峰期,2010年至退役为费德勒职业生涯末期。刘金生采用赋值法对费德勒职业生涯竞技状态进行评估,认为其职业生涯阶段可划分为形成期(1998—2003年)、最佳期(2004—2007年)、保持期(2008—2012年)、衰退期(2013年以后)。该方法对费德勒参加高级别赛事晋级轮次(赛事积分在1000分以上)进行赋值,高级别赛事参赛晋级情况可以较好地反映运动员竞技状态,本研究认为刘金生对费德勒职业生涯竞技状态的阶段划分较为合理。本研究在赋值法基础上,结合冠军数(图2-1-1)和年终世界排名(图2-1-2)综合考虑费德勒职业生涯竞技状态划分。

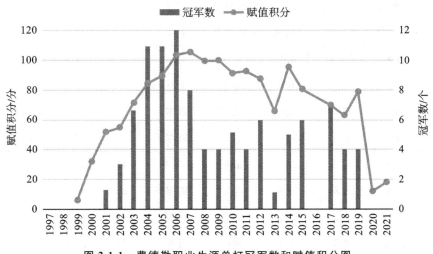

图2-1-1 费德勒职业生涯单打冠军数和赋值积分图

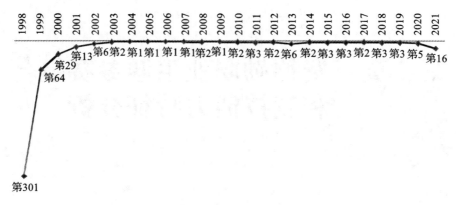

图 2-1-2　费德勒职业生涯年终世界排名

根据赛事级别进行赋值,方法为:四大公开赛每轮赋值 2 分,年终总决赛每轮赋值 1.5 分,大师赛每轮赋值为 1 分,其余赛事级别较低,未在本研究统计范围之内,赋值后得到赋值积分见表 2-1-1。自 1998 年费德勒转入网球职业联赛至 2022 年 9 月退役,将费德勒职业生涯竞技状态划分为形成期(1998—2003 年)、最佳期(2004—2007 年)、保持期(2008—2012 年)、衰退期(2013—2021 年)。

表 2-1-1　费德勒职业生涯参加高级别赛事轮次赋值积分表

阶段	赛季	澳网	法网	温网	美网	年终总决赛	大师赛总轮次	赋值积分	单打冠军数量	年终世界排名
形成期	1998	—	—	—	—	—	—	0	0	301
	1999	—	第一轮	第一轮	—	—	2	6	0	64
	2000	第三轮	第四轮	第一轮	第三轮	—	10	32	0	29
	2001	第三轮	八强	八强	第四轮	—	18	52	1	13
	2002	第四轮	第一轮	第一轮	第四轮	四强	29	55	3	6
	2003	第四轮	第一轮	冠军	第四轮	冠军	32	71.5	7	2
最佳期	2004	冠军	第三轮	冠军	冠军	冠军	25	84.5	11	1
	2005	四强	四强	冠军	冠军	亚军	30	89.5	11	1
	2006	冠军	亚军	冠军	冠军	冠军	40	103.5	12	1
	2007	冠军	亚军	冠军	冠军	冠军	42	105.5	8	1
保持期	2008	四强	亚军	亚军	冠军	小组赛	41	99.5	4	2
	2009	亚军	冠军	冠军	亚军	四强	38	100	4	1
	2010	冠军	八强	八强	四强	冠军	38	91.5	5	2
	2011	四强	亚军	八强	四强	冠军	37	92.5	4	3
	2012	四强	四强	冠军	八强	亚军	32	87.5	6	2

续表

阶段	赛季	澳网	法网	温网	美网	年终总决赛	大师赛总轮次	赋值积分	单打冠军数量	年终世界排名
衰退期	2013	四强	八强	第二轮	第四轮	四强	26	66	1	6
	2014	四强	第四轮	亚军	四强	亚军	42	95.5	5	2
	2015	第三轮	八强	亚军	亚军	亚军	29	80.5	6	3
	2016	四强	—	四强	—	—	7	31	0	3
	2017	冠军	—	冠军	八强	四强	26	70	7	2
	2018	冠军	—	八强	第四轮	四强	25	63	4	3
	2019	第四轮	四强	亚军	八强	四强	29	79	4	3
	2020	四强	—	—	—	—	12		0	5
	2021	—	第四轮	八强	因伤退赛	—		18	0	16
小计		6冠1亚	1冠4亚	8冠4亚	5冠2亚	6冠4亚	598	1585.5	103	

第一阶段,竞技状态形成期(1998—2003年)。年终世界排名从301位跃升到第2位,获得了11个单打冠军,并在2003年拿到职业生涯的第一个大满贯冠军和年终总决赛冠军,竞技能力趋于成熟。18次参加大满贯,3次进入第三轮,6次进入第四轮,2次进入八强,并在2003年温布尔登网球锦标赛夺得第一个大满贯冠军。2002年世界排名进入前10,2003年世界排名为第2。大师赛参赛场数和总轮次逐年增加,赋值积分逐年增加。

第二阶段,竞技状态最佳期(2004—2007年)。年终世界排名稳居世界第一,获得了42个单打冠军,创造了连续五年夺得温网冠军的历史,竞技能力处于巅峰状态。16次参加大满贯,13次进入决赛,获得3个澳网冠军、4个温网冠军、4个美网冠军,其中2004年、2006年、2007年每年获得3个大满贯冠军。大师赛参赛场数和总轮次逐年增加,赋值积分逐年增加,2007年大师赛参赛总轮次和赋值积分达到了职业生涯最大值,分别是42轮和105.5分。

第三阶段,竞技状态保持期(2008—2012年)。年终世界排名出现波动(第1~3位),获得了23个单打冠军,创造了连续五年夺得美网冠军的历史,但竞技状态有起伏。20次参加大满贯,6次进入四强,10次进入决赛(2008年和2009年7次进入决赛),获得5个冠军,2009年获得法网冠军,成就全满贯。大师赛参赛场数和总轮次逐年减少,赋值积分自2009年后有所下降。

第四阶段,竞技状态衰退期(2013—2021年)。年终排名波动较大(第2~16位),获得了27个单打冠军,受年龄和伤病困扰,竞技状态起伏明显。28次参加大满贯,7次进入决赛,在2017年和2018年共获得3个冠军。2017年出现了竞技状态的小高峰,获得7个单打冠军。2020年和2021年没有获得单打冠军。大师赛参赛场数和总轮次有波动。2022年9月宣告退役。

二、费德勒职业生涯参赛特征分析

将费德勒1998年转职业以来参加的所有赛事划分为大满贯赛事、年终总决赛、大师赛、巡回赛(ATP 500、ATP 250)、ATP低级别赛事(挑战赛、资格赛)、ITF赛事、拉沃尔杯,由于

2009年进行了赛事积分改革,为了便于统计,将2009年以前的巡回赛赛事进行分类,其中将冠军积分在250分及以下的赛事计入ATP 250赛事,冠军积分在250分(不含)至500分的赛事计入ATP 500赛事。

(一)费德勒职业生涯参赛级别和数量特征分析

费德勒职业生涯不同级别赛事参赛站数统计表如表2-1-2所示。

表2-1-2 费德勒职业生涯不同级别赛事参赛站数统计表

阶段	赛季	大满贯	年终总决赛	大师赛	ATP 500巡回赛	ATP 250巡回赛	ATP 低级别赛事	ITF	拉沃尔杯	总计
形成期	1998	—	—	—	—	3	1	—	—	4
	1999	2	—	2	2	8	10	2	—	26
	2000	4	—	8	1	14	1	3	—	31
	2001	4	—	7	1	9	—	2	—	23
	2002	4	1	9	—	9	—	2	—	27
	2003	4	1	8	2	8	—	3	—	26
最佳期	2004	4	1	6	2	3	—	3	—	19
	2005	4	1	5	2	3	—	1	—	16
	2006	4	1	7	2	3	—	1	—	18
	2007	4	1	9	1	1	—	1	—	17
保持期	2008	4	1	9	2	2	—	2	—	20
	2009	4	1	8	1	1	—	1	—	16
	2010	4	1	8	1	4	—	—	—	18
	2011	4	1	8	2	1	—	2	—	18
	2012	4	1	6	3	2	—	3	—	19
衰退期	2013	4	1	6	4	2	—	—	—	17
	2014	4	1	8	2	2	—	4	—	21
	2015	4	1	7	3	2	—	1	—	18
	2016	2	—	2	1	2	—	—	—	7
	2017	3	1	4	3	1	—	—	1	13
	2018	3	1	5	3	1	—	—	1	14
	2019	4	1	6	3	—	—	—	1	15
	2020	1	—	—	—	—	—	—	—	1
	2021	2	—	—	1	2	—	—	—	5
小计		81	17	138	44	83	12	31	3	409

在竞技状态形成期,即费德勒转入成人赛场的初期,参赛站数较多,除了1998年外,其余赛季均超过了20场,2000年更是达到31场。青少年转职业的过渡时间只用了2年,分别

是1998年和1999年。1998年转战于青少年赛事和成人赛事之间,只参加了4站职业赛事。在这个时期,获得了参加高级别赛事(大满贯、大师赛、年终总决赛)的资格,同时赛事选择上以低级别、低积分的赛事为主。1999年是较为特殊的一年,参加了2项大满贯赛事和2项大师赛,但低级别赛事占据了全年参赛的三分之一左右(7站挑战赛和3站资格赛),这是青少年转职业的必经阶段,低级别赛事有助于运动员增强信心,获得积分,提升排名。

在竞技状态最佳期,参赛站数明显降低,维持在16～19站之间,年均17.5站。在这个时期,赛事选择以高级别赛事为主。参赛类型为大满贯、年终总决赛、大师赛、巡回赛,未参加低级别赛事。同时ATP 250积分以下赛事数量大幅度降低。在2007年的巅峰赛季时,参加了4站大满贯、1站年终总决赛、9站大师赛、2站巡回赛。

在竞技状态保持期,参赛站数与最佳期一致,在20站以内(含20站),年均18.2站。参赛类型为4站大满贯、1站年终总决赛、6～9站大师赛、1～3站ATP 500巡回赛以及1～4站ATP 250巡回赛。从2012年起,费德勒大部分赛季大师赛参赛数量不足8站,这是由于费德勒满足ATP 1000大师赛强制参赛豁免条款:①年龄31岁以上;②进入ATP职业赛季达到12年;③职业生涯累计参赛数量达到600场。从2012年起费德勒不受强制参赛的限制,有权放弃任何一项大师赛的比赛。

在竞技状态衰退期,因为伤病和年龄的影响,参赛站数呈减少趋势,年均12.3站。在2013—2015年,参赛站数在17站以上,参赛类型为4站大满贯、1站年终总决赛、6～8站大师赛、2～4站ATP 500巡回赛以及2站ATP 250巡回赛。在ATP巡回赛中,ATP 500积分赛事数量增加。2016年因膝伤退出了温网后余下的ATP赛事,还包括里约热内卢奥运会。2017年至退役期间,前两年竞技状态虽然稍有回升,但每年参赛数量已低于15站,同时逐渐缺席高级别赛事。

综上所述,费德勒在职业生涯成长初期,参赛数量多,赛事选择上以低级别、低积分赛事为主。在竞技状态最佳期和保持期,参赛数量适中(16～20站),以高级别赛事为主,形成以4站大满贯+1站年终总决赛+5～9站大师赛+2～5站ATP巡回赛的参赛模式。在竞技状态衰退期,参赛数量逐渐减少,高级别赛事参赛减少,ATP 500积分赛事数量整体较其他时期有所增加。

(二)费德勒不同职业阶段参赛时间划分与特征分析

用数字表示不同赛事的场地类型,1表示硬地,2表示红土,3表示草地,4表示地毯。以字母代表赛事级别,G表示大满贯,M表示大师赛,T表示巡回赛,F代表年终总决赛,O表示奥运会。运用描述性统计法对费德勒不同职业阶段参赛时间安排进行统计,得到表2-1-3。

由表2-1-3可知,费德勒参加男子职业赛事的参赛时间特征具有相似性,根据每个月的参赛场地类型及核心赛事,将每年的参赛时间划分为5个阶段,12月至次年3月划分为以澳网为核心的硬地赛事阶段,4—5月划分为以法网为核心的红土赛事阶段,6—7月划分为以温网为核心的草地赛事阶段,8月划分为以美网为核心的硬地赛事阶段,9—11月划分为以年终总决赛为核心的硬地赛事阶段。在时间统计上,以赛事开始时间作为区分标准。截至2021年底,费德勒职业生涯参加的409站单打赛事,几乎未安排12月参加比赛,因此未将12月列入表中。

表 2-1-3　费德勒不同职业阶段参赛时间安排表

阶段	赛季	1—3月	4—5月	6—7月	8月	9—11月
形成期	1998	—	—	2T	—	1T+4T
	1999	1T+4T+1M	2M+2G	3T+3G+2T	1T	1T+1T+4T+1T+4T
	2000	1T+1T+1G+1T+1T+1T+1M	2M+2T+2M+2M+2T+2G	3T+3T+3G+2T+1M	1M+1T+1G	1O+1T+4T+1M+4T+4M+1T
	2001	1T+1G+4T+1T+1T+1M+1M	2M+2M+2M+2G	3T+3T+3G+2T	1G	4T+1T+1M+4T+4M
	2002	1T+1G+4T+1T+1T+1M+1M	2M+2M+2M+2G	3T+3T+3G+2T+1M	1M+1T+1G	4T+1T+1M+4T+4M+1F
	2003	1T+1T+1G+1T+1T+1T+1M+1M	2T+2M+2M+2G	3T+3G+2T	1M+1M+1G	1T+1M+4T+4M+1F
最佳期	2004	1G+1T+1T+1M+1M	2M+2M+2G	3T+3G+2T+1M	1M+1O+1G	1T+1F
	2005	1T+1G+1T+1T+1M+1M	2M+2M+2G	3T+3G	1M+1G	1T+4F
	2006	1T+1G+1T+1M+1M	2M+2M+2G	3T+3G	1M+1M+1G	1T+1M+4T+1F
	2007	1G+1T+1M+1M	2M+2M+2M+2G	3G	1M+1M+1G	1M+1T+1M+1F
保持期	2008	1G+1T+1M+1M	2T+2M+2M+2M+2G	3T+3G+1M+1M	1O+1G	1M+1T+1M+1F
	2009	1T+1G+1M+1M	2M+2M+2M+2G	3G	1M+1M+1G	1T+1M+1F
	2010	1T+1G+1M+1M	2M+2T+2M+2G	3T+3G	1M+1M+1G	1M+1T+1T+1M+1F
	2011	1T+1G+1T+1M+1M	2M+2M+2M+2G	3G	1M+1M+1G	1T+1M+1F
	2012	1T+1G+1T+1T+1M+1M	2M+2M+2G	3T+3G+3O	1M+1G	1M+1T+1F

续表

阶段	赛季	1—3月	4—5月	6—7月	8月	9—11月
衰退期	2013	1G+1T+1T+1M	2M+2M+2G	3T+3G+2T+2T	1M+1G	1M+1T+1M+1F
	2014	1T+1G+1T+1M+1M	2M+2M+2G	3T+3G	1M+1M+1G	1M+1T+1M+1F
	2015	1T+1G+1T+1M	2M+2T+2M+2M+2G	3T+3G	1M+1G	1M+1T+1M+1F
	2016	1T+1G	2M+2M	3T+3T+3G	—	—
	2017	1G+1T+1M+1M	—	3T+3T+3G	1M+1G	1M+1T+1F
	2018	1G+1T+1M+1M	—	3T+3T+3G	1M+1G	1M+1T+1M+1F
	2019	1G+1T+1M+1M	2M+2M+2G	3T+3G	1M+1G	1M+1T+1F
	2020	1G	—	—	—	—
	2021	1T	2T+2G	3T+3G	—	—

在竞技状态形成期(1998—2003年),逐渐形成参赛时序组合。在1—3月以澳网为核心的硬地赛事中,大满贯之前会参加1~2站巡回赛,大满贯赛后参加3站地毯+硬地比赛或3站硬地比赛,再加1~2站大师赛;参加的地毯场地比赛主要集中在9月至次年3月。4—5月在法网之前参加1~3站大师赛;6—7月在温网之前参加1~2站巡回赛,温网后参加1站巡回赛,2000年、2002年还参加了1站大师赛;8月在美网赛前参加2站比赛(1站大师赛+1站巡回赛或者2站大师赛),2001年未在美网前参加硬地赛事,红土赛季后直接参加美网。

在竞技状态最佳期(2004—2007年),已形成参赛时序组合。在1—3月以澳网为核心的硬地赛事中,大满贯之前会参加0~1站巡回赛,大满贯赛后参加1~2站巡回赛加2站大师赛组合;在4—5月以法网为核心的红土赛事中,法网之前参加2~3站大师赛;在6—7月以温网为核心的草地赛事中,温网之前参加0~1项巡回赛,除了2004年之外,温网后未安排其他级别的比赛;在8月以美网为核心的硬地赛事中,美网赛前参加1~2站大师赛,2004年参加了雅典奥运会;在9—11月以年终总决赛为核心的硬地赛事中,2004年、2005年年终总决赛前参加1站巡回赛,2006年、2007年总决赛前参加3站比赛。

在竞技状态保持期(2008—2012年),参赛时序组合稳定,并有略微调整。在1—3月以澳网为核心的硬地赛事中,大满贯之前会参加0~1站巡回赛,大满贯赛后参加0~2站巡回赛加2站大师赛组合;在4—5月以法网为核心的红土赛事中,法网之前参加0~1站巡回赛加2~3站大师赛;在6—7月以温网为核心的草地赛事中,温网之前参加0~1站巡回赛,相较于其他阶段,草地参赛数量减少;在8月以美网为核心的硬地赛事中,美网赛前参加1~2站大师赛,2008年参加了北京奥运会;在9—11月以年终总决赛为核心的硬地赛事中,主要参赛模式为1站巡回赛加1站大师赛,2008年和2010年参赛站数稍多于此阶段其他年限。

在竞技状态衰退期(2013—2021年),参赛时序组合稳定,尤其是红土赛事减少明显。在1—3月以澳网为核心的硬地赛事中,大满贯之前很少参加比赛,除2016年、2020年、2021年外,大满贯赛后一般参加3站比赛(1站巡回赛+2站大师赛);在4—5月以法网为核心的红土赛事中,参赛减少,2013—2015年和2019年法网之前参加2~3站大师赛;在6—7月以温网为核心的草地赛事中,参赛增多,温网之前参加 1～2 项巡回赛;在 8 月以美网为核心的硬地赛事中,美网赛前参加 1～2 站大师赛;在 9—11 月以年终总决赛为核心的硬地赛事中,主要参赛模式为 1 站巡回赛加 1～2 站大师赛。

(三)费德勒不同职业阶段参赛场地与地域分析

1. 费德勒不同职业阶段参赛场地特征分析

男子网球职业赛事有硬地、红土、草地、地毯四种场地类型,在巡回赛不同场地的比赛中硬地最多,草地最少,在 2009 年后,ATP 不再使用地毯场地作为巡回赛场地。对费德勒不同职业阶段每年参加硬地、红土、草地、地毯比赛的数量进行统计,得到表 2-1-4。

表 2-1-4 费德勒职业生涯参赛场地类型统计表

阶段	赛季	硬地/站	红土/站	草地/站	地毯/站	各场地类型占比/(%) (硬地、红土、草地、地毯)
形成期	1998	1	2	—	1	50、23、10、17
	1999	12	6	3	5	
	2000	16	7	3	5	
	2001	10	5	3	5	
	2002	13	7	3	4	
	2003	16	5	2	3	
最佳期	2004	12	5	2	—	63、23、10、4
	2005	9	4	2	1	
	2006	12	4	2	1	
	2007	11	4	1	1	
保持期	2008	13	5	2	—	65、24、11、0
	2009	10	5	1	—	
	2010	12	4	2	—	
	2011	12	4	2	—	
	2012	12	4	3	—	
衰退期	2013	10	5	2	—	64、19、17、0
	2014	15	4	2	—	
	2015	11	5	2	—	
	2016	2	2	3	—	
	2017	10	—	3	—	
	2018	11	—	3	—	
	2019	10	3	2	—	
	2020	1	—	—	—	
	2021	1	2	2	—	

费德勒职业生涯参加硬地赛事特征为：在竞技状态的形成阶段，参赛数量逐渐增多且高于其他阶段，最高时多达 16 站，参赛虽多，但效率不高；在竞技状态最佳期和保持期，参赛站数稳定约为 12 站，衰退期参赛数量约为 11 站。

费德勒职业生涯参加红土赛事特征为：在竞技状态的形成期，参赛数量逐渐增多，略高于其他阶段，大多在 5～7 站；在最佳期和保持期，参赛站数稳定在 3～5 站；衰退期参赛站数减少，在初始阶段参加 4～5 站赛事，2016 年因伤病未出席下半年赛事，同时考虑到体能的因素，在 2017 年、2018 年和 2020 年未安排红土赛事。

费德勒职业生涯参加草地赛事特征为：草地参赛数量一直处于较低水平，形成期约为 3 站，在竞技状态最佳期和保持期为 1～3 站，在 2007 年和 2009 年只参加了温布尔登网球公开赛；在竞技状态衰退期，草地参赛站数较为稳定，保持在 2～3 站。

费德勒职业生涯参加地毯赛事特征为：在竞技状态形成期参赛数量高于最佳期，2007 年以后未参加地毯场地比赛。在职业生涯参加的 26 站地毯赛事中，有 6 站为家乡的巴塞尔公开赛。由于场地球速快、弹跳低，运动员受伤率高，出于对运动员身体健康和职业生涯考虑，2009 年 ITF 取消了地毯场地赛事。

在竞技状态形成期，费德勒参加地毯赛事数量高于草地赛事，参加的地毯赛事地点主要在瑞士和法国，旅行距离较近。在竞技状态最佳期，硬地、红土、草地、地毯各场地类型占比分别为 63%、23%、10%、4%，硬地赛事比例增加，地毯赛事减少。具体安排为硬地赛事 9～12 站，红土赛事 3～5 站，草地赛事 1～2 站，地毯赛事 1 站。在竞技状态保持期，硬地、红土、草地各场地类型占比分别为 65%、24%、11%。硬地赛事参赛数量在 10～13 站，红土赛事 4～5 站，草地赛事 1～3 站。在竞技状态衰退期，硬地、红土、草地各场地类型占比分别为 64%、19%、17%。硬地赛事参赛数量在 1～15 站，红土赛事 2～5 站，草地赛事 2～3 站。

综上所述，费德勒参加的各场地类型比赛数量特征：硬地＞红土＞草地＞地毯，草地参赛数量一直处于较低水平，年均硬地赛事参赛数量约为 10 站，红土赛事参赛数量约为 4 站，草地赛事参赛数量约为 2 站。形成期硬地赛事参赛数量增加，在最佳期参赛数量略微减少，整体上硬地赛事的参赛数量较为稳定。在职业生涯末期，鉴于年龄和体能因素，参赛数量减少，尤其减少了红土赛事参赛数量。

2. 费德勒不同职业阶段参赛地域特征分析

（1）费德勒不同职业阶段参赛地域分析。

职业网球赛事分布广泛，五大洲（欧洲、美洲、亚洲、大洋洲、非洲）各有分布。四大满贯赛事中法网、温网在欧洲举办，澳网在大洋洲举办，美网在北美洲举办。欧洲是网球运动的起源地，有着浓厚的网球文化底蕴，举办赛事数量也最多，其举办的赛事多为红土赛事，其次为草地赛事、硬地赛事；亚洲作为五大洲面积最大的洲，举办的职业赛事较少，主要为 ATP 1000 大师赛、ATP 500 巡回赛及 ATP 250 巡回赛，且多为硬地赛事；美洲作为举办赛事较多的地域，其举办的赛事多为硬地赛事，美国网球公开赛是该地域的核心赛事；非洲网球赛事以低级别赛事为主且数量较少。

在 ATP 官网上，收集费德勒每年参加的赛事数据，按地域（欧洲、北美洲、大洋洲、亚洲、非洲）进行数据整理，统计各个区域参加的赛事数量，得到表 2-1-5。

表 2-1-5　费德勒参赛地域统计表

阶段	赛季	赛事数量/站					各洲占比/(%) (EU、NA、OA、AS、AF)
		欧洲	北美洲	大洋洲	亚洲	非洲	
形成期	1998	4	—	—	—	—	69、17、9、4、1
	1999	21	3	1	1	—	
	2000	21	6	4	—	—	
	2001	18	3	2	—	—	
	2002	16	6	2	2	1	
	2003	15	6	3	2	—	
最佳期	2004	10	6	1	2	—	49、28、6、17、0
	2005	7	4	1	4	—	
	2006	8	5	1	4	—	
	2007	9	5	1	2	—	
保持期	2008	11	5	1	3	—	55、26、7、12、0
	2009	9	5	1	1	—	
	2010	10	5	1	2	—	
	2011	9	5	2	2	—	
	2012	11	4	1	2	—	
衰退期	2013	11	5	2	2	—	57、21、10、12、0
	2014	12	5	2	2	—	
	2015	10	3	2	3	—	
	2016	5	—	2	—	—	
	2017	6	4	1	2	—	
	2018	7	5	1	1	—	
	2019	8	4	1	2	—	
	2020	—	—	1	—	—	
	2021	4	—	—	1	—	

在竞技状态形成期,费德勒参赛地域特点为:欧洲＞北美洲＞大洋洲＞亚洲＞非洲,各洲占比为:69%、17%、9%、4%、1%。主要参赛地是欧洲,最高达到21站,其次是北美洲,在3~6站之间,大洋洲参赛站为1~4站,亚洲1~2站,非洲只有2002年参加了1站ITF赛事。此阶段费德勒开始全球参赛,但主要参赛阵地仍然是欧洲。在职业生涯初期,欧洲是费德勒参赛主战场,一是欧洲赛事多,二是费德勒出生于欧洲,职业生涯初期比赛奖金有限,本土作战是较优选择。1998年,费德勒在青少年赛场和职业赛场双线作战,这个时候他已经参加了北美洲的比赛,并获得迈阿密橘子碗冠军。

在竞技状态最佳期,费德勒参赛地域特点为:欧洲＞北美洲＞亚洲＞大洋洲,未参加非洲赛事,各洲占比为:49%、28%、6%、17%。主要参赛地是欧洲,在7~10站之间,其次是北美洲,在4~6站之间,大洋洲只参加了1站(澳大利亚网球公开赛),亚洲为2~4站。这个阶段整体参赛较少,参赛重视质量。相较于竞技状态形成期,欧洲、大洋洲参赛站数明显减少,亚洲参赛站数增加。

在竞技状态保持期,费德勒参赛地域特点为:欧洲＞北美洲＞亚洲＞大洋洲,未参加非洲赛事,各洲占比为:55％、26％、7％、12％。欧洲赛事参赛站数为9～11站,北美洲参赛站数为4～5站,亚洲参赛站数为1～3站,大洋洲参赛站数为1～2站。

在竞技状态衰退期,费德勒参赛地域特点为:欧洲＞北美洲＞亚洲＞大洋洲,未参加非洲赛事,各洲占比为:57％、21％、10％、12％。欧洲赛事参赛站数为4～12站,北美洲参赛站数为3～5站,大洋洲参赛站数为1～2站,亚洲参赛站数为1～3站。在此阶段,2013—2015年每年参赛数量高于2016—2021年。

运动员在不同地域参赛受赛事级别、奖金、排名、收入、训练、气候等因素影响。纵观费德勒职业生涯,各大洲参赛的赛事数量比例较为稳定。在职业生涯初期,需要大量的时间参加训练和比赛以快速提高竞技能力和积分,如果频繁异地参赛会导致训练时间不足,不利于运动员技术水平提高。如在1999年和2000年,费德勒欧洲参赛数量较多,大洋洲、亚洲很少。其余赛季欧洲和北美洲仍然是其主要参赛地。

综上所述,费德勒职业生涯参赛地域方面,参加欧洲赛事最多,北美洲赛事次之,亚洲和大洋洲赛事紧随其后,非洲赛事最少,仅参加的一项非洲赛事类型为ITF赛事。费德勒早在青少年赛场上就已经开始参加澳网和美网青少年锦标赛,参赛地域较多。

(2)费德勒参赛城市分析。

在ATP官网上,收集费德勒每年参加的ATP 1000大师赛按城市进行分类,统计各个城市参加的赛事数量,得到表2-1-6。

表2-1-6　费德勒职业生涯ATP 1000大师赛参赛城市情况统计表

参赛城市	印第安维尔斯	迈阿密	辛辛那提	罗马	蒙特卡洛	巴黎	加拿大	马德里	汉堡	上海	斯图加特
站数	18	18	17	17	13	13	12	12	8	8	2
占比/(％)	13.0	13.0	12.3	12.3	9.4	9.4	8.7	8.7	5.8	5.8	1.4
冠军/个	5	4	7	0	0	1	2	3	4	2	1
亚军/个	4	1	1	4	0	4	2	1	1	0	0

从费德勒参加ATP 1000大师赛参赛站数来看,位列前四的站是印第安维尔斯、迈阿密、辛辛那提和罗马。费德勒参赛频率最高的是印第安维尔斯大师赛,从2001年首次参赛直至2019年,只有2016年因伤病缺席;费德勒在此项比赛中9次进入决赛,是迄今为止进入决赛次数最多的运动员,获得了5届冠军,其中在2004—2006年蝉联三届冠军。费德勒从1999年首次参加辛辛那提大师赛直至2019年,一共参加了18届,只有2013年、2016年未出席,5次进入决赛,获得了4届冠军。费德勒从2000年首次参加迈阿密大师赛直至2019年,一共参加了17届,只有2001年、2016年、2017年未出席,8次进入决赛,获得了7届冠军,是费德勒职业生涯中大师赛冠军获得次数最多的赛事。费德勒从1999年首次参加罗马大师赛直至2019年,一共参加了17届,只有2017年、2018年未出席,4次进入决赛,均获得了亚军。

在ATP官网上,收集费德勒职业生涯参加的巡回赛按城市进行分类,统计各个城市参加的赛事数量,得到表2-1-7。

表 2-1-7　费德勒职业生涯 ATP 巡回赛参赛城市情况统计表

参赛城市	巴塞尔	哈雷	迪拜	鹿特丹	格施塔德	多哈	维也纳	马赛	悉尼	斯图加特	布里斯班	其他
站数	19	18	14	9	8	8	5	4	3	3	3	33
占比/(%)	15	14.2	11	7.1	6.3	6.3	3.9	3.1	2.4	2.4	2.4	26
冠军/个	10	10	8	3	1	3	2	1	1	1	1	9
亚军/个	5	3	2	1	1	0	0	1	0	0	2	1

注：ATP 巡回赛包含了 500 积分及以下赛事。参赛频率在 2 站及以下的赛事均作为其他进行统计。

从费德勒参加 ATP 巡回赛的参赛站数来看，位列前三的是巴塞尔、哈雷、迪拜。费德勒参赛站数最多的巡回赛为巴塞尔网球公开赛，巴塞尔也是费德勒的家乡。此项赛事，费德勒从 1998 年开始直至 2019 年，除了 2016 年膝伤未参加，持续参赛到 2019 年，并获得了 10 届冠军。来自家乡球迷忠诚的支持和衷心的鼓舞是费德勒特别喜欢在此比赛的原因。哈雷网球公开赛是室外草地赛事，是费德勒参加的为数不多的草地赛事，主要是作为温网的热身赛来参与；费德勒职业生涯参加草地赛事，主要以哈雷网球公开赛＋温网模式，职业生涯中有 18 个赛季采用了此参赛组合，并在哈雷站获得了 10 届冠军。迪拜网球公开赛，费德勒从 2002 年开始直至 2019 年，除了 2009 年、2010 年、2018 年，其余每年都参加此项赛事，并获得了 8 届冠军。迪拜冠军赛以其丰厚的奖金以及赛事本身的高规格吸引了许多优秀选手参赛，费德勒曾连续 5 年在这里进入决赛。

（四）费德勒职业生涯参赛效率分析

现有对体育参赛效率的研究主要是对奥运会的产出与投入进行参赛效率分析，参赛效率＝参赛产出/参赛投入。结合网球赛事的特点，参赛的产出可以分为积分、成绩（胜负、轮次）、奖金等，现有研究者从积分和成绩两个角度进行研究。

（1）以参赛积分作为产出，参赛效率可以从站均积分和积分贡献率来研究：①站均积分＝年度总积分/年度参赛站数，站均积分越高，参赛效率越高；②积分贡献率＝（该级别、该时间段、该场地类型）获得的积分/年度总积分，积分贡献率越大，该级别、时间、场地类型的参赛效率就越大。

（2）以参赛成绩作为产出，参赛效率可以从胜率来研究，胜率＝获胜场数/年度总场数。

1.费德勒职业生涯参赛数量效率分析

从赛事本身来看参赛效率，该年度参赛效率＝年度总积分/年度参赛总站数。从该参赛效率公式分析，年度总积分/年度参赛总站数即是站均积分。从积分角度来看，站均积分能较好地反映参赛效率。

$$站均积分＝年度总积分/年度参赛总站数$$

例如，费德勒在 2004 年总积分为 6360，参赛总站数为 19，那么 2004 年站均积分为 6360/19≈335。

此积分为参赛的实际积分，与排名系统中积分计算规则不同。根据站均积分贡献率公式，在 ATP 官网上收集费德勒每站比赛参赛积分和站数数据，对参赛积分进行计算，得到表 2-1-8 及图 2-1-3。

表 2-1-8　费德勒不同职业阶段站均积分统计表

阶段	赛季	积分	站数	站均积分
形成期	1998	62	4	16
	1999	725	26	28
	2000	1226	31	40
	2001	1915	23	83
	2002	2795	27	104
	2003	4695	26	181
最佳期	2004	6360	19	335
	2005	6725	16	420
	2006	8370	18	465
	2007	7180	17	422
保持期	2008	10610	20	531
	2009	10550	16	659
	2010	9325	18	518
	2011	8170	18	454
	2012	9355	19	492
衰退期	2013	4205	17	247
	2014	9390	21	447
	2015	8250	18	458
	2016	1430	7	204
	2017	9605	13	739
	2018	5570	14	398
	2019	4600	15	307
	2020	720	1	720
	2021	630	5	126

费德勒职业生涯积分共有 2 个赛季积分达到了 10000 分以上，分别是 2008 年和 2009 年，2008 年达到积分最大值 10610 分，2009 年获得 10550 分。在积分巅峰之后，迎来了下降期，保持在 8000~9000 分，2010—2017 年，除了 2013 年状态低迷，积分较低，以及 2016 年受伤病困扰导致参赛站数较少，积分较低外，每个赛季积分较为稳定，2018 年以后下降趋势更为显著。

通过对费德勒职业生涯参赛效率进行统计发现，参赛效率趋势呈现多个波段周期。在竞技状态的形成期和最佳期，参赛效率都在逐年提升，形成期的参赛效率值在 200 以下，最佳期在 400 左右；在竞技状态的保持期，参赛效率值达到了第一个高峰，2009 年达到该期最大值(659)，同时也是职业生涯参赛效率最高的阶段，参赛效率值均在 450 以上。2013 年进

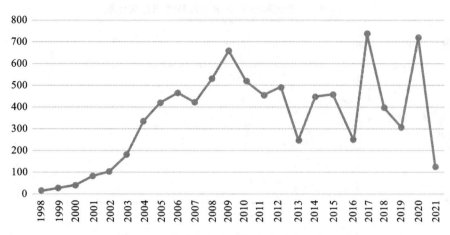

图 2-1-3 费德勒职业生涯参赛效率趋势图

入职业生涯竞技状态的衰退期,但 2017 年参赛效率达到第二个高峰期(739),达到职业生涯最高参赛效率;2017 年对参赛组合进行了调整,只参加了硬地和草地的赛事,平均参赛轮次为 5 轮,共参加了 13 站比赛,其中 8 次打入决赛并获得了 7 个冠军,参赛效率极高;2020 年是较为特殊的一年,费德勒只参加了 1 站澳大利亚网球公开赛,进入第六轮,获得了 720 积分,故而参赛效率值较高,但属于异常值,不纳入峰值。

综上所述,费德勒职业生涯参赛效率趋势呈现出多个波段周期。第一个参赛效率高峰出现在竞技状态的保持期,第二个参赛效率高峰出现在竞技状态衰退期,两峰值较为接近。第二个峰值的出现是调整参赛组合后的结果,目的是通过减少参赛数量、降低运动负荷以维持良好竞技状态,因此取得了良好参赛效益。竞技状态是参赛效率的保障,同时,合理的参赛安排对参赛效率具有非常重要的影响。

2.费德勒职业生涯参赛胜率分析

从参赛胜负来看,参赛胜率可以较好地反映运动员参赛效率。

$$参赛胜率 = (获胜的场数/年度总场数) \times 100\%$$

例如,费德勒在 2004 年胜场数为 74 场,参赛总场数为 80 场,那么 2004 年参赛胜率为 $74/80 \times 100\% \approx 93\%$。

在 ATP 官网上,收集费德勒每年参加比赛的胜场数、总场数,统计参加赛事的胜率,得到表 2-1-9。

表 2-1-9 费德勒职业生涯参赛胜率统计表

阶段	赛季	胜场数	总场数	胜率/(%)
形成期	1998	2	5	40
	1999	13	30	43
	2000	36	66	55
	2001	49	70	70
	2002	58	80	73
	2003	78	95	82

续表

阶段	赛季	胜场数	总场数	胜率/(%)
最佳期	2004	74	80	93
	2005	81	85	95
	2006	92	97	95
	2007	68	77	88
保持期	2008	66	81	81
	2009	61	73	84
	2010	65	78	83
	2011	64	76	84
	2012	71	83	86
衰退期	2013	45	62	73
	2014	73	85	86
	2015	63	74	85
	2016	21	28	75
	2017	54	59	92
	2018	50	60	83
	2019	53	63	84
	2020	5	6	83
	2021	9	13	69

根据费德勒职业生涯参赛胜率的统计可知,在竞技状态形成期,胜场数在 2~78 场之间,总场数在 5~95 场之间,胜率在 40%~82%之间。在竞技状态最佳期,胜场数在 68~92 场之间,参赛总场数在 77~97 场之间,胜率在 88%~95%之间,此阶段胜率为职业生涯最高阶段,2004—2006 年胜率均在 90%以上。在竞技状态保持期,胜场数在 61~71 场之间,总场数在 73~83 场之间,胜率在 81%~86%之间。在竞技状态衰退期,参赛场数出现大幅度波动,胜场数在 5~73 场之间,总场数在 6~85 场之间,胜率在 69%~92%之间。

综上所述,费德勒在竞技状态形成期参赛胜率大幅度提高,参赛效率逐渐提高,竞技能力快速成长;竞技状态最佳期胜率最高,参赛效率达到最高水平,竞技能力最强;竞技状态保持期胜率总体稳定,略有下降,参赛效率较高,竞技能力保持在较高水平;竞技状态衰退期参赛胜率变化大,整体呈下降趋势,竞技能力起伏明显。

3. 费德勒职业生涯不同级别赛事参赛效率分析

网球运动员总积分由不同级别赛事获得的积分构成,不同级别比赛获得的积分对总积分的贡献率不同,某一级别赛事积分贡献率用以下公式计算:

$$该级别赛事积分贡献率=该级别赛事积分总数/赛季总积分$$

例如,费德勒在 2004 年参加四大满贯赛事积分为 3075,总积分为 6360,那么 2004 年大满贯赛事积分贡献率为 3075/6360≈0.48。

在 ATP 官网上,收集费德勒每站比赛参赛积分和赛事级别数据,依据赛事级别对参赛积分进行求和,再根据赛事级别积分贡献率公式计算,得到表 2-1-10 及图 2-1-4。

表 2-1-10 费德勒职业生涯各阶段不同级别赛事积分贡献率

阶段	赛季	大满贯	年终总决赛	大师赛	ATP 500 巡回赛	ATP 250 巡回赛	ATP 低级别赛事	ITF
形成期	1998	0	0	0	0	0.98	0.02	0
	1999	0.003	0	0.003	0.11	0.54	0.34	0
	2000	0.25	0	0.07	0	0.55	0.002	0.13
	2001	0.38	0	0.18	0.09	0.35	0.0005	0
	2002	0.11	0.11	0.44	0.03	0.31	0	0
	2003	0.28	0.16	0.25	0.09	0.22	0	0
最佳期	2004	0.48	0.12	0.25	0.06	0.09	0	0.004
	2005	0.43	0.07	0.32	0.08	0.1	0	0
	2006	0.44	0.09	0.33	0.05	0.09	0	0
	2007	0.52	0.09	0.32	0.04	0.03	0	0
保持期	2008	0.54	0.02	0.3	0.05	0.08	0	0.02
	2009	0.61	0.04	0.32	0.03	0.01	0	0
	2010	0.37	0.16	0.35	0.05	0.06	0	0
	2011	0.37	0.18	0.32	0.1	0.03	0	0
	2012	0.41	0.09	0.3	0.14	0.03	0	0.05
衰退期	2013	0.31	0.1	0.36	0.18	0.06	0	0
	2014	0.3	0.11	0.44	0.11	0.04	0	0
	2015	0.35	0.12	0.29	0.18	0.06	0	0
	2016	0.52	0	0.19	0.13	0.17	0	0
	2017	0.45	0.06	0.37	0.11	0	0	0
	2018	0.46	0.07	0.24	0.23	0	0	0
	2019	0.4	0.09	0.29	0.22	0	0	0
	2020	1	0	0	0	0	0	0
	2021	0.86	0	0	0.07	0.07	0	0

对费德勒每年参加大满贯、年终总决赛、大师赛、ATP 500 巡回赛、ATP 250 巡回赛、ATP 低级别赛事、ITF 赛事的积分贡献率进行统计,根据表 2-1-10 的结果显示,在费德勒竞技状态形成期各级别赛事积分贡献率大小为:ATP 250 巡回赛＞大满贯＞大师赛＞ATP 500 巡回赛＞ATP 低级别赛事＞年终总决赛＞ITF 赛事,ATP 250 巡回赛积分贡献率最高,1998 年高达 0.98,大满贯在 0.003～0.38 之间,2002 年大师赛最高达 0.44;在此阶段,高级别赛事积分贡献率呈先上升再下降趋势,巡回赛及低级别赛事积分贡献率呈下降趋势。

在竞技状态最佳期各级别赛事积分贡献率大小为:大满贯＞大师赛＞年终总决赛＞ATP 500 巡回赛＞ATP 250 巡回赛＞ITF 赛事,大满贯积分贡献率在 0.43～0.52 之间,大

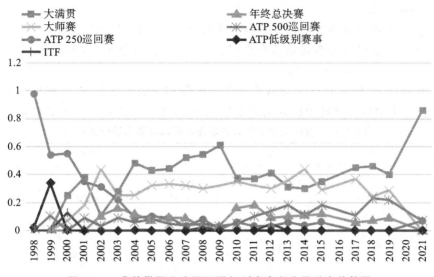

图 2-1-4 费德勒职业生涯不同级别赛事积分贡献率趋势图

师赛在 0.25~0.33 之间,ATP 500 巡回赛和 ATP 250 巡回赛在 0.1 以内。

在竞技状态保持期各级别赛事积分贡献率大小为:大满贯>大师赛>年终总决赛>ATP 500 巡回赛>ATP 250 巡回赛,大满贯积分贡献率在 0.37~0.61 之间,达到了职业生涯最大值,大师赛在 0.3~0.35 之间,其余赛事低于 0.2。

在竞技状态衰退期,大满贯积分贡献率稍有下降但仍保持贡献率第一,其次是大师赛和 ATP 500 巡回赛,年终总决赛和 ATP 250 巡回赛在 0.2 以内。

由图 2-1-4 可知,整体上各大赛事积分贡献率特征为:大满贯>大师赛>ATP 250 巡回赛>ATP 500 巡回赛>年终总决赛>ATP 低级别赛事>ITF 赛事,低级别赛事积分贡献能力有限。究其原因,大满贯赛事积分最高,其次为年终总决赛,最后是大师赛和 ATP 巡回赛,赛事级别越高,参赛每晋级一轮的积分就越多,奖金也就越多。同时也受到赛事数量的影响,比如年终总决赛,积分虽高,但比赛每年只有 1 次,贡献率较低。另外,参赛胜率也是重要的因素,赛事级别高,对手排名靠前,竞争大,胜率较低;低级别赛事则相反。网球运动员在职业生涯初期,参加低级别赛事获得积分和提升排名,进而获得参加高级别赛事资格;当积分达到高级别赛事的资格后,则以参加高积分赛事为主。费德勒在职业生涯初期,参加了大量低级别赛事,接触了大量对手,适应了不同打法,提升了胜率、积分和竞技能力,在少量较高级别比赛的对抗中,提高了竞技水平。费德勒职业生涯选择赛事还受奖金、家乡情怀、打法特点的影响,他在迪拜(14 次)、巴塞尔(19 次)和哈雷(18 次)这 3 个站的比赛中拿了非常好的成绩,28 个冠军和 10 个亚军,获得了较多积分。

综上所述,网球运动员在职业生涯初期,赛事选择以挑战赛、ATP 250 巡回赛为主,提升积分和竞技能力,尽力冲击高积分赛事;在满足 ATP 赛事积分规则的情况下,运动员在赛事级别的选择上主要考虑自身经济能力以及竞技能力,在各方面能力达到一定程度的情况下,增加大满贯、大师赛等高积分赛事参赛比例。

4. 费德勒职业阶段不同场地赛事积分贡献率

网球职业赛事主要由四种场地类型构成,参加不同场地类型的比赛获得的积分对总积分的贡献率也不相同,通过分析不同参赛场地之间积分贡献率的差异性,以找出参赛场地对参赛效率的影响关系。

$$该场地赛事积分贡献率 = 该场地积分总数/赛季总积分$$

例如,费德勒在2004年参加硬地赛事积分为4350,总积分为6360,那么2004年硬地赛事积分贡献率为4350/6360≈0.68。

在ATP官网上,收集费德勒每站比赛参赛积分和场地类型数据,依据场地类型对参赛积分进行求和,再根据参赛场地积分贡献率公式计算,得到表2-1-11及图2-1-5。

表2-1-11 费德勒职业生涯各阶段不同场地赛事积分贡献率

阶段	赛季	硬地	红土	草地	地毯
形成期	1998	0.95	0.03	0	0.02
	1999	0.61	0.07	0.05	0.27
	2000	0.63	0.15	0.06	0.16
	2001	0.37	0.24	0.2	0.19
	2002	0.6	0.2	0.05	0.15
	2003	0.55	0.15	0.26	0.03
最佳期	2004	0.68	0.12	0.19	0
	2005	0.58	0.16	0.18	0.07
	2006	0.66	0.17	0.15	0.03
	2007	0.63	0.23	0.14	0
保持期	2008	0.51	0.32	0.17	0
	2009	0.48	0.33	0.19	0
	2010	0.83	0.11	0.05	0
	2011	0.73	0.22	0.04	0
	2012	0.5	0.22	0.28	0
衰退期	2013	0.64	0.29	0.07	0
	2014	0.76	0.08	0.15	0
	2015	0.64	0.16	0.21	0
	2016	0.61	0.19	0.2	0
	2017	0.74	0	0.26	0
	2018	0.88	0	0.12	0
	2019	0.65	0.22	0.13	0
	2020	1	0	0	0
	2021	0.07	0.29	0.64	0

对费德勒每年参加硬地、红土、草地、地毯赛事积分贡献率进行统计,根据表2-1-11的结果显示,在费德勒竞技状态形成期,场地积分贡献率为:硬地＞红土＞地毯＞草地,硬地赛事在0.37~0.95之间,红土赛事贡献率在0.03~0.24之间,地毯赛事贡献率在0.03~0.27之间,草地在0~0.26之间,2001年四种场地参赛贡献率较为均衡;在此阶段,红土和草地赛事贡献率有上升趋势,地毯赛事贡献率呈下降趋势。

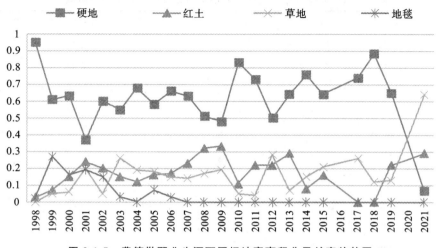

图 2-1-5　费德勒职业生涯不同场地赛事积分贡献率趋势图

在竞技状态最佳期,场地积分贡献率为:硬地＞红土＞草地＞地毯,硬地赛事贡献率在 0.58～0.68 之间,红土赛事在 0.12～0.23 之间,草地赛事在 0.14～0.19 之间,地毯赛事在 0.1 以内,在此阶段,红土赛事呈上升趋势,草地赛事呈下降趋势,地毯赛事参赛减少。

在竞技状态保持期,场地积分贡献率为:硬地＞红土＞草地,硬地赛事积分贡献率在 0.48～0.83 之间,红土赛事在 0.11～0.33 之间,草地赛事在 0.04～0.28 之间,2010 年和 2011 年草地积分贡献率均低于 0.1,红土赛事和草地赛事积分贡献率呈下降趋势。

在竞技状态衰退期,场地积分贡献率为:硬地＞草地＞红土,硬地赛事积分贡献率在 0.07～1 之间,红土赛事在 0～0.29 之间,草地赛事在 0～0.64 之间;在这个时期各场地积分贡献率波动较大,硬地赛事积分贡献率在 2013—2019 年期间为 0.5 以上,2021 年低至 0.07。

由图 2-1-5 可知,整体上,场地类型积分贡献率特征为:硬地＞红土＞草地＞地毯。结合表 2-1-4 来看,费德勒职业生涯参赛数量特征为:硬地＞红土＞草地＞地毯,费德勒在不同场地类型积分贡献率特征与赛事数量积分特征一致。进攻型打法在快速球场上能够发挥出更大的优势,尤其是在草地球场,费德勒在温网获得了 8 冠 4 亚的成绩,但草地赛事的积分贡献低于硬地赛事和红土赛事,究其原因是草地赛事参赛数量少。

5.费德勒职业阶段不同参赛时间赛事积分贡献率

网球职业赛事中,四大满贯和年终总决赛是重要的高积分、高级别赛事,以四大满贯、年终总决赛为核心的 5 个参赛时间安排,参加不同时间的比赛获得的积分对总积分的贡献率也不相同,通过分析不同参赛时间之间积分贡献率的差异性,以找出参赛时间对参赛效率的影响关系。

该参赛时间赛事积分贡献率＝该参赛时间积分/赛季总积分

例如,费德勒在 2004 年 1—3 月的赛事积分为 1895,年总积分为 6360,那么 2004 年 1—3 月赛事积分贡献率为 1895/6360≈0.3。

在 ATP 官网上,收集费德勒每站比赛参赛积分和参赛时间数据,依据 5 个参赛时间安排对参赛积分进行求和,再根据参赛时间积分贡献率公式计算,得到表 2-1-12 及图 2-1-6。

表 2-1-12　费德勒职业生涯各阶段不同参赛时间赛事积分贡献率

阶段	赛季	1—3月	4—5月	6—7月	8月	9—11月
形成期	1998	0	0	0.02	0.02	0.97
	1999	0.31	0.12	0.004	0.02	0.55
	2000	0.3	0.14	0.07	0.07	0.42
	2001	0.35	0.24	0.2	0.08	0.13
	2002	0.34	0.19	0.06	0.06	0.35
	2003	0.2	0.13	0.29	0.09	0.29
最佳期	2004	0.3	0.1	0.3	0.16	0.15
	2005	0.33	0.16	0.18	0.22	0.1
	2006	0.29	0.17	0.15	0.18	0.21
	2007	0.19	0.23	0.14	0.26	0.18
保持期	2008	0.15	0.32	0.19	0.21	0.13
	2009	0.19	0.33	0.19	0.23	0.07
	2010	0.24	0.11	0.05	0.25	0.34
	2011	0.24	0.22	0.04	0.12	0.37
	2012	0.31	0.22	0.28	0.04	0.16
衰退期	2013	0.28	0.25	0.11	0.09	0.27
	2014	0.23	0.08	0.15	0.25	0.29
	2015	0.17	0.16	0.21	0.27	0.19
	2016	0.61	0.19	0.2	0	0
	2017	0.42	0	0.26	0.1	0.22
	2018	0.56	0	0.12	0.03	0.29
	2019	0.32	0.22	0.13	0.1	0.23
	2020	1	0	0	0	0
	2021	0.07	0.29	0.64	0	0

对费德勒每年参赛时间的赛事积分贡献率进行统计,表2-1-12的结果显示,在费德勒竞技能力形成期参赛时间贡献率为:9—11月>1—3月>4—5月>6—7月>8月,9—11月参赛积分贡献率最高,在0.13~0.97之间,1—3月在0~0.35之间,8月参赛贡献率不足0.1。

在竞技状态最佳期,参赛时间积分贡献率为:1—3月>8月>6—7月>4—5月>9—11月,1—3月积分贡献率在0.19~0.33之间,4—5月在0.1~0.23之间,6—7月在0.14~0.3之间,8月在0.16~0.26之间,9—11月在0.1~0.21之间。4—5月积分贡献率呈上升趋势,1—3月、6—7月呈下降趋势。

在竞技状态保持期,参赛时间积分贡献率为:4—5月>1—3月>9~11月>8月>6—7月,1—3月积分贡献率在0.15~0.31之间,4—5月在0.11~0.33之间,6—7月积分贡献率最低,在0.04~0.28之间,8月在0.04~0.25之间,9—11月在0.07~0.37之间。4—5月和8月积分贡献率呈下降趋势。

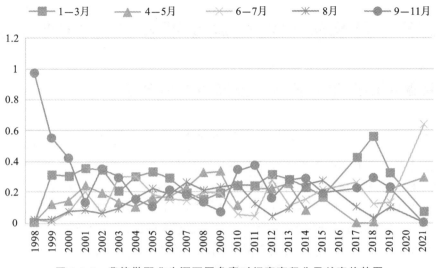

图 2-1-6　费德勒职业生涯不同参赛时间赛事积分贡献率趋势图

在竞技状态衰退期,参赛时间积分贡献率为:1—3月＞6—7月＞9—11月＞4—5月＞8月,因未参加2年红土赛事,4—5月贡献率较低。此阶段,各参赛时间积分贡献率波动较大。

由图2-1-6可知,整体上,参赛时间积分贡献率特征为:1—3月＞9—11月＞4—5月＞6—7月＞8月。究其原因,一是参赛数量,费德勒参赛数量关系是1—3月＞9—11月＞4—5月＞6—7月＞8月,在胜率大致相同的情况下,数量多,积分高;二是参赛级别,除了6—7月草地赛季有巡回赛和大满贯赛事,1—3月和8月有2个大师赛和1个大满贯赛事,9—11月有2个大师赛和1个年终总决赛,6—7月赛事积分最低,其余赛季相当。费德勒全面进攻型打法适合参加快速场地比赛,在温网获得了8冠4亚的绝佳成绩。

综上所述,费德勒的参赛组合特征为:①职业生涯呈现4个波段周期,分别是形成期(1998—2003年)、最佳期(2004—2007年)、保持期(2008—2012年)、衰退期(2013—2021年)。②参赛特征。参赛数量特征方面,形成期参赛数量最多,最佳期、保持期、衰退期参赛平均站数呈下降趋势;参赛级别方面,形成期前三年以ATP低级别赛事和巡回赛为主,最佳期形成以4站大满贯+1站年终总决赛+9站大师赛+5站的巡回赛的参赛模式,赛事安排以高级别赛事为主,衰退期参赛数量波动幅度大;参赛时间特征,以4大满贯和年终总决赛为核心的5个赛事时间阶段,形成以巡回赛或大师赛作为核心赛事的前后加预热赛事或放松赛事的组合模式,但保持期部分温网和衰退期澳网未安排热身赛事;参赛场地以硬地为主,硬地赛事参赛数量是红土赛事的2—3倍,职业生涯末期红土赛事参赛数量战略性减少;参赛地域方面,欧洲是主要的参赛目的地,北美洲是欧洲的1/2,其中参赛频率最高的大师赛和巡回赛城市分别是印第安维尔斯和巴塞尔。③参赛效率特征。最佳期和保持期有良好的参赛数量效率;形成期胜率呈上升趋势,最佳期胜率最高,保持期胜率较为稳定,衰退期胜率波动幅度较大;赛事级别积分贡献率方面,形成期ATP 250赛事积分贡献率最高,在剩余阶段大满贯和大师赛积分贡献率最高;场地积分贡献率方面,硬地赛事积分贡献率最高;参赛时间积分贡献率方面,以澳大利亚网球公开赛为核心的1—3月和年终总决赛为核心的9—11月积分贡献率最高。

第二节 费德勒职业生涯参赛竞技能力特征分析

一、费德勒职业生涯参赛竞技能力总体分析

(一)不同职业阶段发球竞技能力特征分析

1. 不同职业阶段发球竞技能力描述性统计分析

发球竞技能力指标包括 Aces、双误、一发成功率、一发得分率、二发得分率、破发点、挽救破发点率、发球局、发球局胜率、发球得分率。前文将费德勒职业生涯竞技状态划分为形成期(1998—2003年)、最佳期(2004—2007年)、保持期(2008—2012年)、衰退期(2013—2021年),根据表 2-2-1,本研究将对费德勒不同职业阶段发球竞技能力进行分析。

表 2-2-1　费德勒不同职业阶段发球竞技能力

阶段	赛季	Aces/个	双误/个	一发成功率/(%)	一发得分率/(%)	二发得分率/(%)	破发点/个	挽救破发点率/(%)	发球局/个	发球局胜率/(%)	发球得分率/(%)
形成期	1998	24	14	56	71	50	28	61	46	76	62
	1999	125	92	58	70	49	180	59	304	76	61
	2000	405	203	59	72	52	376	65	730	82	64
	2001	527	203	60	74	53	456	67	901	83	66
	2002	504	197	60	76	54	378	66	906	86	67
	2003	690	269	60	78	59	407	66	1082	87	71
最佳期	2004	563	156	62	78	58	285	73	925	92	70
	2005	599	152	63	76	59	327	64	1093	89	70
	2006	656	118	63	77	59	399	70	1229	90	70
	2007	597	86	62	77	59	308	66	971	89	70
保持期	2008	695	77	64	77	58	350	68	1033	89	70
	2009	657	134	62	79	57	320	69	1009	90	71
	2010	658	110	62	78	56	331	68	980	89	70
	2011	504	98	64	79	57	267	65	904	90	71
	2012	665	120	63	78	60	299	69	1042	91	71
衰退期	2013	399	104	63	76	55	304	65	793	87	69
	2014	627	117	64	79	58	321	71	1016	91	71
	2015	597	125	64	80	57	228	68	890	92	72
	2016	246	48	62	80	56	108	64	385	90	71
	2017	550	103	62	80	59	200	68	749	91	72

续表

阶段	赛季	Aces /个	双误 /个	一发成功率/(%)	一发得分率/(%)	二发得分率/(%)	破发点 /个	挽救破发点率/(%)	发球局 /个	发球局胜率/(%)	发球得分率/(%)
衰退期	2018	534	109	62	80	59	212	68	753	91	72
	2019	481	100	65	78	59	244	71	815	91	72
	2020	66	13	66	74	53	46	67	108	86	67
	2021	109	11	66	74	57	85	68	208	87	68

  第一阶段,竞技状态形成期(1998—2003年)。发球竞技能力处于逐年提升的状态。Aces数量在24～690个之间,达到职业生涯年度Aces较高水平。双误数量逐年增加,从14个增加到269个,2003赛季达到职业生涯最大值(269个)。一发成功率从56%提高到60%,一发得分率从70%提高到78%,二发得分率从49%提高到59%。破发点数量有所增加,从28个增加到456个,达到职业生涯年度最大值。挽救破发点率在59%～67%之间。发球局数量从46个增加到1082个,达到职业生涯较高水平。发球局胜率从76%提高到87%,发球得分率在61%～71%之间。由于参赛站数增多和发球竞技能力的提升,Aces、双误、破发点、发球局等指标数量增加幅度显著。

  第二阶段,竞技状态最佳期(2004—2007年)。发球竞技能力趋于稳定,处于职业生涯较高水平。年度Aces数量在600个左右,双误数量逐渐减少,从156个降到86个。一发成功率在62%～63%之间,一发得分率在76%～78%之间,二发得分率在58%～59%之间。破发点数量在285～399个之间,2006赛季破发点数量达到职业生涯最大值(399个)。挽救破发点率在64%～73%之间。年度发球局数量在925～1229个之间,2006赛季发球局数量达到职业生涯最大值(1229个)。发球局胜率在89%～92%之间,发球得分率稳定在70%。

  第三阶段,竞技状态保持期(2008—2012年)。发球竞技能力较为稳定,处于职业生涯较高水平。Aces数量在504～695个之间,双误数量在77～120个之间,2008年是发球状态最好的一年,费德勒发出了职业生涯中最多的Aces和最少的双误,是非常完美的发球竞技水平。一发成功率在62%～64%之间,一发得分率在77%～79%之间,二发得分率在56%～60%之间。破发点呈下降趋势,在267～350个之间。挽救破发点率在65%～69%之间。年度发球局数量在904～1042个之间,2008、2009、2012赛季发球局数量达到1000个以上。发球局胜率在89%～91%之间,发球得分率稳定在70%～71%之间。费德勒发球能力强,是其强力的得分手段。发球局胜率可以正向反映出网球运动员的保发能力,费德勒发球局胜率在80%～90%,保发能力强。

  第四阶段,竞技状态衰退期(2013—2021年)。发球竞技能力进一步提升,尤其是在2015—2018赛季,一发得分率达到了职业生涯最大值(80%)。Aces数量在66～627个之间,双误数量在11～125个之间。一发成功率在62%～66%之间,一发得分率在74%～80%之间,二发得分率在53%～59%之间。破发点数量主要是在200～321个之间。挽救破发点率在64%～71%之间。发球局数量在108～1016个之间,2014赛季发球局数量达到1000个以上。发球局胜率在86%～92%之间,发球得分率稳定在67%～72%之间。这个时期受伤病和年龄的影响,参赛数量减少。

发球是费德勒各项技术环节中强有力的得分武器之一。费德勒职业生涯发球稳定,尤其是在关键分时的发球。一发得分率保持在70%以上,二发得分率高达60%以上,发球局胜率高达92%,发球得分率在61%以上,发球竞技能力排名多次稳居世界第1位。变化发球落点、旋转、角度是费德勒赢得比赛的主要手段,其发球让对手难以判断,能建立得分优势。在职业生涯初期,发球上网是费德勒打法特色,在2004年,费德勒确定了以底线进攻为主的打法,发球依然在调整强化,尤其是到职业生涯后期。2015年,发球进一步提升,发球上网战术使用频率增加,比赛节奏更快。费德勒的发球从职业生涯的前期到后期,整个状态趋向于稳定,一发和二发都能保持很高的得分率以及成功率。

2. 发球落点分析

为了便于统计发球落点,将球场平分区和占先区发球区域分别划分为内角、中间、外角,总共6个区域对发球落点进行统计。

(1)一发发球落点(表2-2-2)。

表2-2-2 一发发球落点

项目	平分区内角	平分区中间	平分区外角	占先区外角	占先区中间	占先区内角
区域发球占比/(%)	46.2	5.7	48.1	51.2	4.4	44.4
区域发球数/发球总数	2466/5343	306/5343	2571/5343	2345/4582	203/4582	2034/4582
发球转化得分率/(%)	80.7	69.6	77.2	78.7	65.5	74.9
发球得分/区域发球数	1991/2466	213/306	1984/2571	1845/2345	133/203	1524/2034
平均发球速度/mph[①]	122	115	110	117	116	117
Aces/个	456	2	352	297	0	358
发球直接得分/个	607	73	761	642	46	478

网球比赛中运动员战术意图从发球开始执行,运用不同的发球落点来制约对手接发球技术发挥。由表2-2-2可知,平分区一发发球费德勒主要将球发向外角和内角,落点在中间位置极少,外角48.1%>内角46.2%>中间5.7%;发球转化得分率方面,内角80.7%>外角77.2%>中间69.6%;平均发球速度方面,内角122 mph>中间115 mph>外角110 mph;在Aces数量方面,内角456个>外角352个>中间2个;发球直接得分方面,外角761个>内角607个>中间73个。费德勒在平分区发球时,将球发向对手反手位和大角度发球将对手调至场外是其主要的战术,间或采用发追身球去干扰对手阅读发球的能力。究其原因是内角球的飞行时间和距离最短且球速最快,可以压缩对手接发球反应时间。从位置来说,平分区内角是大部分运动员的反手位,反手技术弱于正手技术,是给对手施加接发压力的重要手段;同时外角发球的重点是通过增加旋转变化,从而增加发球角度,将对手调离场地,增加对手跑动距离,可以降低对手击球的稳定性。

占先区一发发球,费德勒主要将球发向外角和内角,落点在中间位置极少,外角51.2%>内角44.4%>中间4.4%;发球得分率方面,外角78.7%>内角74.9%>中间65.5%;平均发球速度方面几乎没有差异;在Aces数量方面,内角358个>外角297个,中间区域没有Aces;在发球直接得分数量方面,外角642个>内角478个>中间46个。费德勒占先区一

---

① 1 mph=1.609344 km/h,全书同。

发发球战术思路主要是将球发向外角和内角。占先区外角是大部分运动员的反手位,发球角度大,可以使对手远离场地,增加对手场地空挡区、跑动距离和击球难度,降低对手接发球进攻性,增加发球方第三拍击球准备时间,创造进攻机会;内角球的飞行时间和距离最短,可以压缩对手接发反应时间。费德勒的发球落点具有随机性,故而得分率很高。

(2)二发发球落点(表 2-2-3)。

表 2-2-3　二发发球落点

项目	平分区内角	平分区中间	平分区外角	占先区外角	占先区中间	占先区内角
区域发球占比/(%)	48.8	24.1	27.1	45.1	26.2	28.7
区域发球数/发球总数	1385/2840	685/2840	770/2840	1254/2782	730/2782	798/2782
发球转化得分率/(%)	60.4	60.4	64.5	62.0	60.5	59.3
发球得分/区域发球数	836/1385	414/685	497/770	778/1254	442/730	473/798
平均发球速度/mph	96	98	101	92	95	103
Aces/个	7	0	13	6	0	27
发球直接得分/个	210	113	201	274	122	165

由表 2-2-3 可知,平分区二发发球,费德勒主要将球发向内角,中间和外角落点较为均衡,内角 48.8%>外角 27.1%>中间 24.1%。在发球得分率方面,外角 64.5%>内角和中间 60.4%,究其原因是外角发球可以将对手调离场地,增加对手跑动距离,可以降低对手击球的稳定性,是给对手施加接发压力的重要手段。平均发球速度方面,无显著差异,外角 101 mph>中间 98 mph>内角 96 mph,外角发球的重点是通过旋转变化,增加发球角度。在 Aces 数量方面,外角 13 个>内角 7 个,中间区域没有 Aces,二发外角发球在高速旋转的作用下,角度加大,移动距离增加,为发出 Aces 球创造了机会。

占先区二发发球,费德勒主要将球发向外角,中间和内角落点较为均衡,外角 45.1%>内角 28.7%>中间 26.2%。在发球得分率方面,外角 62.0%>中间 60.5%>内角 59.3%,究其原因,外角是大部分运动员的反手位,发球角度大,可以使对手远离场地,增加对手跑动距离和击球难度,降低接发球进攻性,增加发球方第三拍击球准备时间。为了增加发球的成功率,减少失误,有研究表明,费德勒在关键分落后时二发落点在中间(追身),这可以解释二发发球中间区域比例增加的原因。在平均发球速度方面,内角 103 mph>中间 95 mph>外角 92 mph。在 Aces 数量方面,内角 27 个>外角 6 个,中间区域没有 Aces。二发技战术表现使得费德勒硬地场的二发得分率处于最顶尖行列。

发球和正手是费德勒职业生涯参赛取胜的重要手段。费德勒发球时速不是男子网坛发球最快的,但是发球旋转变化、落点随机、动作隐蔽、效率高。费德勒的一发以平击或带侧旋的平击为主,普遍使用外角和内角发球,力争通过发球速度和力量的结合达到为第三拍进攻奠定基础;中间的发球使用率较低,但中间一发中的强力上旋、切削发球,完善了费德勒的一发技战术系统,且得分率较高。二发采取强力上旋和切削发球技术,平分区二发主要使用内角发球,占先区二发主要使用外角发球,重点方向为对手反手(纳达尔除外),在保证成功率的基础上又增加了威胁性。另外,费德勒会通过变换发球上网、放球抢攻等进攻方式来打破对手的防守体系,具有良好的体能和心智技能,攻守兼备。

综上所述,在平分区时,费德勒的一发和二发均以内角为主,且内角的得分率最高。在占先区时,一发和二发均以外角为主;一发内角的得分率和二发外角的得分率最高。

(3)发球竞技能力排名。

在发球竞技能力排名中,总指标为发球排名,分项指标包含一发成功率、一发得分率、二发得分率、发球局胜率、场均Aces、场均双误等项目的具体排名。1998年费德勒转入职业,只参加了下半年的比赛,2016年因伤缺席了大部分比赛,同时2020—2021年进入职业生涯末期,因此,1999年、2016年、2020年、2021年各项指标竞技能力未进入世界排名榜,未纳入趋势体系。

根据表2-2-4的发球排名来看,在费德勒职业生涯中,最高排名是第3位,分别在2005年、2006年、2008年、2012年和2017年。2000年发球竞技能力排名为20位,至2006年呈逐年上升趋势。在2002—2019年,发球竞技能力稳居世界前10,为其职业生涯的成功做出了突出贡献。

表2-2-4 费德勒职业生涯发球竞技能力排名

赛季/年	发球排名	一发成功率排名	一发得分率排名	二发得分率排名	发球局胜率排名	场均Aces排名	场均双误排名
2000	20	31	40	22	20	21	48
2001	11	24	19	14	11	16	32
2002	8	32	13	7	6	26	22
2003	5	37	9	2	2	18	34
2004	4	32	5	1	2	20	12
2005	3	27	13	1	4	25	7
2006	3	29	5	1	3	24	1
2007	4	34	9	2	4	15	1
2008	3	21	7	2	3	19	1
2009	4	29	3	2	3	11	10
2010	4	34	5	4	4	17	4
2011	4	20	3	2	3	25	1
2012	3	26	7	1	3	13	5
2013	7	27	8	6	6	36	7
2014	4	23	7	1	4	21	4
2015	4	18	3	4	4	21	9
2017	3	34	6	2	3	13	7
2018	5	39	4	2	2	15	9
2019	9	39	4	2	2	15	9

一发成功率最高排名为第18位(2015年),最低排名为第39位,整体排名在第20～40位之间。一发得分率最高排名为第3位(2009年、2011年、2015年),最低排名为第40位,总体排名在20位以内;除2005年(第13位)外,2003—2019年,稳居世界前十位。二发得分率最高排名为第1位,分别是在2004年、2005年、2006年、2012年、2014年;除了2000年(第22位)和2001年(第14位),其余赛季二发得分率排名稳居世界前十位。发球局胜率最高排名为第2位,分别在2003年、2004年、2018年、2019年;除了2000年(第20位)和2001年(第11位),其余赛季发球局胜率排名稳居世界前十位。场均Aces最高排名为11位(2009年),最低排名为36位,整体排名在第11～36位之间。场均双误数是低优指标,双误数越少,排名越靠前,场均双误最高排名为第1位,分别是在2006年、2007年、2008年、2011年,除了2000—2004年期间,其余赛季场均双误排名稳居世界前十位。

本书对费德勒发球局各项技术指标进行横向比较,了解了费德勒各项技术统计的年终排名变化,就能够更清楚地了解费德勒职业生涯发球局竞技能力的变化趋势。

由图2-2-1可知,费德勒发球局各项技术指标的排名整体上属于先上升再趋于稳定的态势。一发得分率、二发得分率、发球局胜率、场均双误等指标趋势与发球排名一致,一发成功率、场均Aces不一致。一发成功率、场均Aces排名在第10～40位之间上下波动。2002—2019年,发球排名均进入前十位,这足以证明费德勒世界顶尖水平的发球竞技能力。

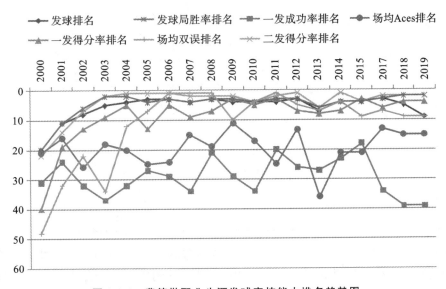

图2-2-1 费德勒职业生涯发球竞技能力排名趋势图

(二)不同职业阶段接发球竞技能力特征分析

1.不同职业阶段接发球竞技能力描述性统计分析

费德勒不同职业阶段接发球竞技能力如表2-2-5所示。

表 2-2-5 费德勒不同职业阶段接发球竞技能力

阶段	赛季/年	接一发得分率/(%)	接二发得分率/(%)	破发机会/个	破发成功率/(%)	接发球局/个	接发球局胜率/(%)	接发球得分率/(%)
形成期	1998	28	51	28	36	46	22	37
	1999	29	47	158	39	309	20	36
	2000	27	47	343	41	727	19	36
	2001	30	50	536	39	892	23	38
	2002	31	50	520	43	894	25	39
	2003	40	56	756	41	1055	29	46
最佳期	2004	35	52	653	41	886	30	41
	2005	35	52	733	44	1054	31	42
	2006	35	54	875	43	1190	32	42
	2007	34	52	662	41	940	29	41
保持期	2008	32	53	657	41	1004	27	40
	2009	31	51	582	41	980	24	38
	2010	34	51	631	41	951	27	40
	2011	33	51	593	41	877	28	40
	2012	31	51	630	42	1020	26	39
衰退期	2013	33	51	515	39	783	26	40
	2014	32	51	660	39	998	26	40
	2015	33	50	585	41	875	27	40
	2016	31	50	233	39	382	24	38
	2017	32	51	491	40	741	27	40
	2018	32	48	425	42	745	24	38
	2019	32	50	507	41	809	25	39
	2020	32	50	65	40	105	25	39
	2021	28	48	110	35	212	18	35

根据表 2-2-5 可知,第一阶段,竞技状态形成期(1998—2003 年)。接发球竞技能力处于逐渐提升的状态。接一发得分率在 27%～40%之间,达到职业生涯最大值。接二发得分率在 47%～56%之间,破发机会数量在 28～756 个之间,破发成功率在 36%～43%之间,2002 年达到职业生涯最大值。接发球局数量在 46～1055 个之间,达到职业生涯年度接发球局数较高水平。接发球局胜率在 19%～29%之间,接发球得分率在 36%～46%之间。由于参赛站数增多和接发球竞技能力的提升,破发机会、接发球局等指标数量增加幅度显著。

第二阶段,竞技状态最佳期(2004—2007 年)。接发球竞技能力趋于稳定,处于职业生涯最高水平,移动、体能处于职业生涯的黄金时期。接一发得分率在 34%～35%之间,接二发得分率在 52%～54%之间,破发机会数量在 653～875 个之间,破发成功率在 41%～44%之间,接发球局数量在886~1190个之间,接发球局胜率在29%~32%之间,接发球得分率在41%~42%之间。2006年破发机会、破发成功率、接发球局胜率达到职业生涯最大值。

第三阶段,竞技状态保持期(2008—2012年)。接发球竞技能力略微下降,处于职业生涯较高水平。接一发得分率在31%~34%之间,接二发得分率在51%~53%之间,破发机会数量在582~657个之间,破发成功率在41%~42%之间,接发球局在877~1020个之间,接发球局胜率在24%~28%之间,接发球得分率在38%~40%之间。

第四阶段,竞技状态衰退期(2013—2021年)。接发球竞技能力呈下降趋势,变化大,2020—2021赛季处于最低水平。接一发得分率在28%~33%之间,接二发得分率在48%~51%之间,破发机会数量在65~660个之间,破发成功率在35%~42%之间,接发球局数量在105~998个之间,接发球局胜率在18%~27%之间,接发球得分率在35%~40%之间。伤病和年龄是竞技能力下降的主要影响因素。

费德勒接发球具有一定的稳定性和创新性。接一发得分率可高达30%以上,接二发得分率可高达50%以上,接发球局胜率最高可达32%,接发球得分率均在35%以上,接发球竞技能力排名在世界排名30位以内,2次进入前十位。在竞技状态最佳时期,费德勒确定了以底线进攻为主的打法,正手接发球能力超群,反手是其弱项。正手球路多变,角度大、落点准,力量、速度都达到了顶尖水平,是最佳得分手段;反手接发经常用削球来变换节奏或改变战术。在职业生涯衰退期,费德勒由于体能下滑,接发球战术思路转换为加快比赛节奏,试图在场内击球,提升反手位的使用频率。2015年费德勒开始执行SABR接发球策略,开创性地将接发球的侵略性提升到了新的高度,他偶尔会在对手抛球的一瞬间突然冲到发球线附近,在对方发球刚一落地,就用半抽击或磕挡的方式将球回到对手底线深区,而这个时候发球者还没准备好回球;2015年的美网,费德勒的SABR接发球策略取得了短暂的效果,帮助其晋级决赛,但在决赛中被德约科维奇破解,也让费德勒无缘该届美网冠军。在2017年对反手击球进行了提升后,面对纳达尔回到反手位的上旋球,费德勒主动迎前抢在高点回击,给对手制造了很大的压力,但他的反手仍是弱于正手。单手反拍技术的提升,助力费德勒在职业生涯后期取得了3个大满贯的好成绩。

2.接发球落点分析

为了便于统计费德勒的接发球落点,将球场平分区和占先区接发球区域分别划分为前场、中场、后场,总共6个区域对发球落点进行统计。

(1)接一发发球落点(表2-2-6)。

表 2-2-6　接一发发球落点概况表

项目	平分区内角	平分区中间	平分区外角	占先区外角	占先区中间	占先区内角
接发球得分率/(%)	46.1	52.6	53.5	45.8	49.8	51.9
得分/接发球数	793/1719	210/399	609/1139	718/1568	203/408	600/1156
前场/(%)	26.7	22.1	19.1	26.2	24.0	22.1
中场/(%)	50.5	51.1	52.2	49.7	51.7	54.2
后场/(%)	22.8	26.8	28.7	24.0	24.3	23.6
占先区/(%)	67.2	63.9	59.7	73.6	66.4	64.9
平分区/(%)	32.8	36.1	40.3	26.4	33.6	35.1

由表2-2-6可知,费德勒在平分区接一发得分率外角53.5%＞中间52.6%＞内角46.1%;在占先区接一发得分率内角51.9%＞中间49.8%＞外角45.8%。在平分区接一发发球,接内角发球落点中场50.5%＞前场26.7%＞后场22.8%,占先区67.2%＞平分区32.8%;接中间发球落点中场51.1%＞后场26.8%＞前场22.1%,占先区63.9%＞平分区36.1%;接外角发球落点中场52.2%＞后场28.7%＞前场19.1%,占先区59.7%＞平分区40.3%。在占先区接一发发球,接外角发球落点中场49.7%＞前场26.2%＞后场24.0%,占先区73.6%＞平分区26.4%;接中间发球落点中场51.7%＞后场24.3%＞前场24.0%,占先区66.4%＞平分区33.6%;接内角发球落点中场54.2%＞后场23.6%＞前场22.1%,占先区64.9%＞平分区35.1%。费德勒接一发主要将球击打到占先区,在接发球落点深度方面,中场占比最高,其次是后场和前场。

(2)接二发发球落点(表2-2-7)。

表2-2-7 接二发发球落点统计表

项目	平分区内角	平分区中间	平分区外角	占先区外角	占先区中间	占先区内角
接发球得分率/(%)	54.4	53.6	53.3	56.3	55.1	56.8
得分/接发球数	947/1742	330/616	161/302	730/1296	467/847	172/303
前场/(%)	20.4	20.3	19.9	23.5	21.4	15.5
中场/(%)	54.2	55.5	51.7	55.4	55.3	58.1
后场/(%)	25.4	24.2	28.5	21.1	23.4	26.4
占先区/(%)	67.0	70.1	56.0	75.4	71.9	68.3
平分区/(%)	33.0	29.9	44.0	24.6	28.1	31.7

由表2-2-7可知,费德勒在平分区接二发得分率内角54.4%＞中间53.6%＞外角53.3%;在占先区接二发得分率内角56.8%＞外角56.3%＞中间55.1%。在平分区接二发发球,接内角发球落点中场54.2%＞后场25.4%＞前场20.4%,占先区67.0%＞平分区33.0%;接中间发球落点中场55.5%＞后场24.2%＞前场20.3%,占先区70.1%＞平分区29.9%;接外角发球落点中场51.7%＞后场28.5%＞前场19.9%,占先区56.0%＞平分区44.0%。在占先区接二发发球,接外角发球落点中场55.4%＞前场23.5%＞后场21.1%,占先区75.4%＞平分区24.6%;接中间发球落点中场55.3%＞后场23.4%＞前场21.4%,占先区71.9%＞平分区28.1%;接内角发球落点中场58.1%＞后场26.4%＞前场15.5%,占先区68.3%＞平分区31.7%。费德勒接二发主要将球击打到占先区,在接发球落点深度方面,中场占比最高,其次是后场和前场。

费德勒接二发主要将球击打到占先区,接不同区域的发球得分率不同。在平分区接发球得分率方面,费德勒职业生涯中接内角发球得分率最高,中间、外角得分率略低;在占先区接发球得分率方面,接内角发球得分率最高,中间和外角得分率略低;在接发球落点深度方面,中场占比最高,其次是后场和前场。

费德勒在平分区接不同角度的发球时,接二发的得分率均高于接一发,主要是因为一发的速度相对较快,力量、角度较大,回球难以对对手进行进攻。在接一发方面,平分区内角的得分率低,外角的得分率高,占先区内角的得分率较高、外角的得分率低,这是由于费德勒反手位使用的是单手击球,对于一些弹跳相对较高(尤其是红土场地)的接发球失误相对较多;

而发向费德勒的正手位,更容易得分。在接二发方面,内角、中间、外角接发球得分率都在53%~57%之间,没有明显差异,这是由于对方的二发速度较慢或落点较浅时,费德勒通常会抢接发的节奏和击球时机,也常常使用正手侧身攻(尤其是在移动、体能都处于职业生涯的黄金时期),得益于反手击球技术的提升,他也经常用反手抽球和切削来改变回球的节奏以遏制对手的进攻。

综上所述,在费德勒接发球战术思路中,将球接向对手反手位是其主要的战术。在接发球深度上,落点中场区居多,虽然后场区球可以给对手回球造成压力,但是承担的出界风险也比较大。费德勒在平分区接外角的一发和二发时,得分率最高,接内角的一发和二发得分率最低;在占先区接内角的一发和二发时,得分率最高,接外角的一发和二发得分率最低。

(3)接发球竞技能力排名。

在接发球竞技能力排名中,总指标为接发球排名,分项指标包含接一发得分率、接二发得分率、接发球局胜率、破发成功率等指标的具体排名。1998年费德勒转入职业,只参加了下半年的比赛,2016年因伤缺席了大部分比赛,2020—2021年进入职业生涯末期,因此,1999年、2016年、2020年、2021年各项指标竞技能力未进入世界排名榜。

由表2-2-8可知,费德勒职业生涯接发球排名最高排名为第5位(2006年),最低排名为第67位,2005年和2006年是接发能力巅峰时期,排名均进入了前10位。接一发得分率最高排名为第2位(2006年),除了2000—2003年(成长期)、2009年、2012年,其余赛季排名均进入前十位。接二发得分率最高排名为第9位(2006年),其余赛季均未进入世界前十位。接发球局胜率最高排名为第5位(2006年),其中2004—2007年以及2015年赛季排名进入了世界前十位。破发成功率最高排名为第14位(2005年)。

表2-2-8 费德勒职业生涯接发球竞技能力排名

赛季	接发球排名	接一发得分率排名	接二发得分率排名	接发球局胜率排名	破发成功率排名
2000	67	67	79	75	37
2001	54	31	54	55	55
2002	31	24	55	39	18
2003	21	15	13	14	46
2004	13	3	24	7	32
2005	9	8	18	9	14
2006	5	2	9	5	20
2007	13	5	14	9	36
2008	11	10	11	11	30
2009	26	23	24	24	31
2010	15	5	28	13	33
2011	17	9	25	12	38
2012	19	21	21	17	23
2013	19	7	30	16	42
2014	19	8	25	15	42

续表

赛季	接发球排名	接一发得分率排名	接二发得分率排名	接发球局胜率排名	破发成功率排名
2015	12	5	25	9	27
2017	14	9	16	12	35
2018	22	8	57	22	20
2019	15	6	30	12	29

本书对费德勒接发球局各项竞技能力排名进行横向比较，了解了费德勒各项技术统计的年终排名变化，就能够更清楚地了解费德勒职业生涯接发球局竞技能力的变化趋势。由图2-2-2可知，发球局排名整体上属于先上升再趋于稳定的态势。接一发得分率、接二发得分率、接发球局胜率等指标趋势与接发球排名一致，与破发成功率不一致。接发球排名2000—2003年为上升期，2004—2008年达到第一个职业高峰期，2009年是一个低谷，2010—2019年排名趋于平稳，在第20位左右。

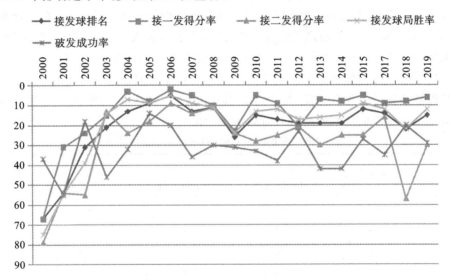

图2-2-2 费德勒职业生涯接发球竞技能力排名趋势图

（三）费德勒职业生涯总体竞技能力特征与胜率相关性分析

对费德勒职业生涯（1998—2021年）参加所有比赛的10项发球指标（Aces、一发成功率、双误、一发得分率、二发得分率、破发点、挽救破发点率、发球局、发球局胜率、发球得分率）和7项接发球指标（接一发得分率、接二发得分率、破发机会、破发成功率、接发球局、接发球局胜率、接发球得分率）与参赛胜率之间进行相关性检验。筛选出较高相关指标。

根据相关分析对数据的要求统计分析的内容，相关分析必须要结合以下步骤进行，缺一不可：①绘制散点图，看线性趋势；②定量、变量的正态性判断；③计算相关系数r；④开展假设检验，判断总体相关性的有无。由于Aces、双误、破发点、发球局、破发机会、接发球局与其他指标数据不同，故而分开做散点图。将表2-1-9、表2-2-1、表2-2-5数据录入SPSS绘制散点图，结果如图2-2-3和图2-2-4所示。

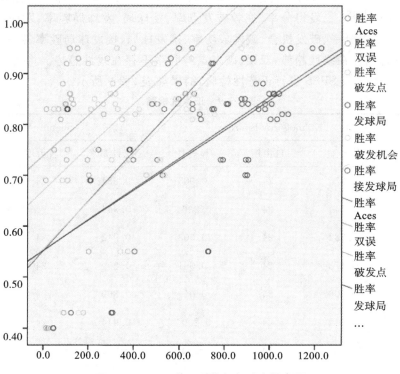

图 2-2-3　Aces 等 6 项指标与胜率散点图

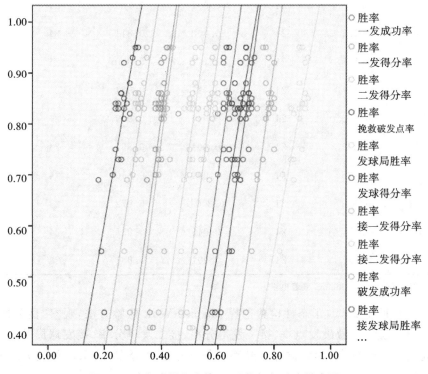

图 2-2-4　发球得分率等 11 项指标与胜率散点图

由图 2-2-3 和图 2-2-4 可知,费德勒职业生涯(1998—2021 年)参加所有比赛的 Aces、一发成功率、一发得分率、二发得分率、挽救破发点率、发球局、发球局胜率、发球得分率、接一发得分率、接二发得分率、破发机会、破发成功率、接发球局、接发球局胜率、接发球得分率指标与参赛胜率之间存在线性趋势,双误、破发点与胜率不存在线性趋势。将表 2-1-9、表 2-2-1、表 2-2-5 的数据录入 SPSS 进行正态性检验,结果如表 2-2-9 所示。

表 2-2-9 正态性检验

项目	Kolmogorov-Smirnov[a]			Shapiro-Wilk		
	统计量	自由度	显著性	统计量	自由度	显著性
Aces	0.216	24	0.005	0.834	24	0.001
双误	0.144	24	0.200*	0.944	24	0.205
一发成功率	0.222	24	0.003	0.942	24	0.177
一发得分率	0.173	24	0.061	0.899	24	0.020
二发得分率	0.206	24	0.010	0.869	24	0.005
破发点	0.144	24	0.200*	0.944	24	0.197
挽救破发点率	0.136	24	0.200*	0.961	24	0.468
发球局	0.224	24	0.003	0.849	24	0.002
发球局胜率	0.239	24	0.001	0.789	24	0.000
发球得分率	0.283	24	0.000	0.811	24	0.000
接一发得分率	0.139	24	0.200*	0.940	24	0.164
接二发得分率	0.197	24	0.017	0.924	24	0.073
破发机会	0.196	24	0.017	0.909	24	0.034
破发成功率	0.239	24	0.001	0.892	24	0.015
接发球局	0.238	24	0.001	0.840	24	0.001
接发球局胜率	0.119	24	0.200*	0.972	24	0.713
接发球得分率	0.177	24	0.049	0.935	24	0.129
胜率	0.237	24	0.001	0.831	24	0.001

"*":true 显著下限;"a":Lilliefors 显著更正。

由于样本量低于 2000,正态性检验选择 Shapiro-Wilk 检验方法,观察"显著性"。双误、一发成功率、破发点、挽救破发点率、接一发得分率、接二发得分率、接发球局胜率、接发球得分率指标符合正态性分布,其余指标与胜率不符合正态性分布,故采用秩相关分析,分析结果如表 2-2-10 所示。

表 2-2-10 相关性分析

检验方法	指标	项目	胜率
Spearman 的 rho	Aces	相关系数	0.573**
		显著性(双尾)	0.003
		N	24
	二发得分率	相关系数	0.768**
		显著性(双尾)	0
		N	24
	挽救破发点率	相关系数	0.552**
		显著性(双尾)	0.005
		N	24
	发球局	相关系数	0.615**
		显著性(双尾)	0.001
		N	24
	发球得分率	相关系数	0.603**
		显著性(双尾)	0.002
		N	24
	接一发得分率	相关系数	0.696**
		显著性(双尾)	0
		N	24
	接二发得分率	相关系数	0.571**
		显著性(双尾)	0.004
		N	24
	破发机会	相关系数	0.665**
		显著性(双尾)	0
		N	24
	破发成功率	相关系数	0.547**
		显著性(双尾)	0.006
		N	24
	接发球局	相关系数	0.567**
		显著性(双尾)	0.004
		N	24
	接发球局胜率	相关系数	0.791**
		显著性(双尾)	0
		N	24
	接发球得分率	相关系数	0.726**
		显著性(双尾)	0
		N	24

**：相关性在 0.01 级别(双尾)。

12项技战术指标分别与胜率的关联性存在统计学差异,存在显著相关关系,相关性由高到低的排序为:接发球局胜率(0.791)、二发得分率(0.768)、接发球得分率(0.726)、接一发得分率(0.696)、破发机会(0.665)、发球局(0.615)、发球得分率(0.603)、Aces(0.573)、接二发得分率(0.571)、接发球局(0.567)、挽救破发点率(0.552)、破发成功率(0.547),且呈正相关。上述相关性说明接发球局胜率、二发得分率、接发球得分率、接一发得分率、发球得分率、接二发得分率、挽救破发点率、破发成功率越高,胜率就越高;破发机会、发球局、Aces、接发球局数量越多胜率就越高;其余指标与胜率的关联性不存在统计学差异,不存在显著相关关系。

二、费德勒不同场地参赛竞技能力分析

(一)费德勒职业生涯硬地参赛竞技能力分析

1. 硬地参赛发球竞技能力特征分析

费德勒不同职业阶段硬地发球竞技能力如表2-2-11所示。

表2-2-11 费德勒不同职业阶段硬地发球竞技能力

阶段	赛季	Aces /个	双误 /个	一发成功率/(%)	一发得分率/(%)	二发得分率/(%)	破发点 /个	挽救破发点率/(%)	发球局 /个	发球局胜率/(%)	发球得分率/(%)
形成期	1998	23	11	58	72	55	23	70	36	81	65
	1999	71	53	57	73	47	79	58	149	78	62
	2000	250	123	58	74	54	198	69	425	86	65
	2001	238	93	59	74	53	173	64	364	83	65
	2002	293	111	59	75	56	210	68	520	87	67
	2003	392	178	59	80	60	257	68	642	87	72
最佳期	2004	379	99	61	78	57	169	73	563	92	70
	2005	381	86	63	77	60	191	70	645	91	71
	2006	403	83	62	77	58	246	72	738	91	70
	2007	410	49	63	78	61	164	64	628	91	72
保持期	2008	413	50	64	78	58	181	69	562	90	71
	2009	385	99	63	78	56	213	68	623	89	70
	2010	455	75	61	79	56	221	68	659	89	70
	2011	311	75	63	79	57	168	63	596	90	71
	2012	378	77	61	79	61	149	70	574	92	72
衰退期	2013	253	79	62	77	53	204	66	508	86	68
	2014	438	90	62	79	58	238	71	717	90	71
	2015	359	93	63	81	57	141	71	505	92	72

续表

阶段	赛季	Aces /个	双误 /个	一发成功率/(%)	一发得分率/(%)	二发得分率/(%)	破发点 /个	挽救破发点率/(%)	发球局 /个	发球局胜率/(%)	发球得分率/(%)
衰退期	2016	88	18	62	80	55	31	55	129	89	71
	2017	424	87	61	79	59	166	66	590	91	71
	2018	401	98	61	79	58	173	69	551	90	71
	2019	305	61	65	79	59	129	67	473	91	72
	2020	66	13	66	74	53	46	67	108	86	67
	2021	25	0	68	73	52	14	71	30	87	66

第一阶段,竞技状态形成期(1998—2003年)。硬地发球竞技能力处于逐渐提升的状态。Aces数量从23个增加到392个,双误数量从11个增加到178个,一发成功率在57%~59%之间,一发得分率从72%提高到了80%,二发得分率在47%~60%之间,破发点数量从23个增加到257个,挽救破发点率在58%~70%之间。发球局数量从36个增加到642个,发球局胜率在78%~87%之间,发球得分率在62%~72%之间。由于参赛站数增多和发球竞技能力的提升,Aces、双误、破发点、发球局等指标数量增加幅度显著。2003年Aces、双误、一发成功率、一发得分率、二发得分率、发球局、破发点、发球得分率等指标达到此阶段最大值。

第二阶段,竞技状态最佳期(2004—2007年)。发球竞技能力趋于稳定,处于职业生涯较高水平。受参赛数量的影响,Aces、双误、破发点、发球局数量变化大。Aces数量在379~410个之间,双误数量在49~99个之间,一发成功率在61%~63%之间,一发得分率在77%~78%之间,二发得分率在57%~61%之间,破发点数量在164~246个之间,挽救破发点率在64%~73%之间,发球局数量在563~738个之间,发球局胜率在91%~92%之间,发球得分率在70%~72%之间。

第三阶段,竞技状态保持期(2008—2012年)。发球竞技能力较为稳定,处于职业生涯较高水平。Aces数量在311~455个之间,双误数量在50~99个之间,一发成功率在61%~64%之间,一发得分率在78%~79%之间,二发得分率在56%~61%之间。破发点数量在149~221个之间,挽救破发点率在63%~70%之间,发球局数量在562~659个之间,发球局胜率在89%~92%之间,发球得分率在70%~72%之间。

第四阶段,竞技状态衰退期(2013—2021年)。发球竞技能力状态良好,参赛数量波动较大。受参赛数量的影响,Aces、双误、面临破发点、发球局数量变化大,Aces数量在25~438个之间,双误数量在0~98个之间,一发成功率在61%~68%之间,一发得分率在73%~81%之间,二发得分率在52%~59%之间,破发点数量在14~238个之间,挽救破发点率在55%~71%之间,发球局数量在30~717个之间,发球局胜率在86%~92%之间,发球得分率在66%~72%之间。

2.硬地参赛接发球竞技能力特征分析

费德勒不同职业阶段硬地接发球竞技能力如表2-2-12所示。

表 2-2-12　费德勒不同职业阶段硬地接发球竞技能力

阶段	赛季	接一发得分率/(%)	接二发得分率/(%)	破发机会/个	破发成功率/(%)	接发球局/个	接发球局胜率/(%)	接发球得分率/(%)
形成期	1998	25	52	25	32	36	22	37
	1999	28	48	80	41	148	22	37
	2000	27	47	185	47	423	21	36
	2001	30	50	236	37	360	24	39
	2002	32	49	301	42	507	25	39
	2003	42	57	424	41	628	28	48
最佳期	2004	35	51	403	39	538	29	41
	2005	35	52	428	44	620	30	42
	2006	35	53	514	44	710	32	42
	2007	32	54	423	41	607	29	41
保持期	2008	30	51	346	40	547	25	39
	2009	31	51	376	41	605	25	39
	2010	35	50	424	42	632	28	41
	2011	33	53	404	43	576	30	41
	2012	31	50	333	44	564	26	39
衰退期	2013	32	52	339	37	504	25	39
	2014	32	52	481	40	705	27	41
	2015	34	51	366	41	496	30	41
	2016	33	54	93	44	130	32	42
	2017	32	51	376	41	584	27	40
	2018	33	48	317	43	544	25	39
	2019	33	49	317	39	469	26	39
	2020	32	50	65	40	105	25	39
	2021	24	51	9	22	31	6	34

第一阶段,竞技状态形成期(1998—2003 年)。硬地接发球竞技能力呈现上升趋势。接一发得分率在 25%～42% 之间,接二发得分率在 47%～57% 之间,破发机会数量从 25 个增加到 424 个,破发成功率在 32%～47% 之间,接发球局数量从 36 个增加到 628 个,接发球局胜率在 21%～28% 之间,接发球得分率在 36%～48% 之间。由于参赛站数增多和接发球竞技能力的提升,破发机会、接发球局等指标数量增加幅度显著。

第二阶段,竞技状态最佳期(2004—2007 年)。接发球竞技能力趋于稳定,处于职业生涯最高水平。接一发得分率在 32%～35% 之间,接二发得分率在 51%～54% 之间,破发机会在 403～514 个之间,破发成功率在 39%～44% 之间,接发球局在 538～710 个之间,接发球局胜率在 29%～32% 之间,接发球得分率 41%～42% 之间。

第三阶段，竞技状态保持期（2008—2012年）。接发球竞技能力略微下降，处于职业生涯较高水平。接一发得分率在30%～35%之间，接二发得分率在50%～53%之间，破发机会数量在333～424个之间，破发成功率在40%～44%之间，接发球局数量在547～632个之间，接发球局胜率在25%～30%之间，接发球得分率在39%～41%之间。

第四阶段，竞技状态衰退期（2013—2021年）。接发球竞技能力呈下降趋势，变化大。接一发得分率在24%～34%之间，接二发得分率在48%～54%之间，破发机会数量在9～481个之间，破发成功率在22%～44%之间，接发球局数量在31～705个之间，接发球局胜率在6%～32%之间，接发球得分率在34%～42%之间。

3.费德勒职业生涯参加硬地比赛胜率分析

在ATP官网上，收集费德勒每年参加硬地比赛的胜场数、总场数，统计参加硬地赛事的胜率，得到表2-2-13。

表2-2-13 费德勒职业生涯参加硬地比赛胜率统计表

阶段	赛季	胜场数	总场数	胜率/(%)
形成期	1998	2	3	67
	1999	14	22	64
	2000	25	41	61
	2001	21	30	70
	2002	30	41	73
	2003	46	57	81
最佳期	2004	48	52	92
	2005	50	51	98
	2006	59	61	97
	2007	44	50	88
保持期	2008	34	44	77
	2009	36	46	78
	2010	47	54	87
	2011	46	53	87
	2012	41	48	85
衰退期	2013	28	39	72
	2014	56	63	89
	2015	39	45	87
	2016	8	10	80
	2017	42	46	91
	2018	38	46	83
	2019	33	40	83
	2020	5	6	83
	2021	1	2	50

在竞技状态形成期,胜场数和胜率逐渐增加,胜场数从 2 场增加到 46 场,总场数从 3 场增加到 57 场,胜率从 61% 提高到了 81%。在竞技状态最佳期,胜场数在 44~59 场之间,总场数在 51~61 场之间,胜率在 88%~98% 之间,此阶段胜率为职业生涯最高阶段,2004—2006 年胜率均在 90% 以上。在竞技状态保持期,胜场数在 34~47 场之间,总场数在 44~54 场之间,胜率在 77%~87% 之间。在竞技状态衰退期,参赛场数出现大幅度波动,胜场数在 1~56 场之间,总场数在 2~63 场之间,胜率在 50%~91% 之间。

4.硬地参赛竞技能力特征与胜率相关性分析

对费德勒职业生涯(1998—2021 年)参加硬地比赛的 10 项发球指标(Aces、一发成功率、双误、一发得分率、二发得分率、破发点、挽救破发点率、发球局、发球局胜率、发球得分率)和 7 项接发球指标(接一发得分率、接二发得分率、破发机会、破发成功率、接发球局、接发球局胜率、接发球得分率)与硬地参赛胜率之间进行相关性检验,筛选出较高相关指标。

根据相关分析对数据的要求统计分析的内容,相关分析必须要结合以下步骤进行,缺一不可:①绘制散点图,看线性趋势;②定量变量的正态性判断;③计算相关系数 r;④开展假设检验,判断总体相关性的有无。由于 Aces、双误、破发点、发球局、破发机会、接发球局与其他指标数据不同,故而分开做散点图。将表 2-2-11 至表 2-2-13 的数据录入 SPSS 绘制散点图,结果如图 2-2-5、图 2-2-6 所示。

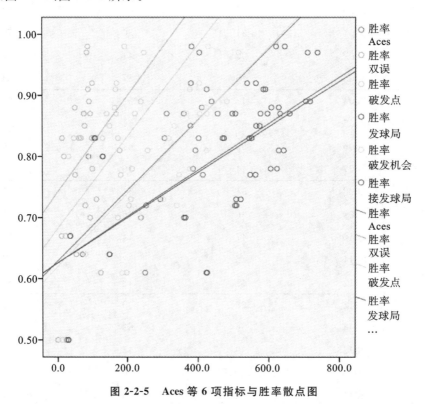

图 2-2-5　Aces 等 6 项指标与胜率散点图

由图 2-2-5 和图 2-2-6 可知,费德勒职业生涯参加硬地比赛的 Aces、一发得分率、二发得分率、发球局、发球局胜率、发球得分率、接一发得分率、接二发得分率、破发机会、破发成功率、接发球局、接发球局胜率、接发球得分率指标与硬地参赛胜率之间存在着线性趋势,双误、一发成功率、破发点、挽救破发点率与胜率不存在线性趋势,采用秩相关分析。将表 2-2-11 至表 2-2-13 的数据录入 SPSS 进行正态性检验,结果如表 2-2-14 所示。

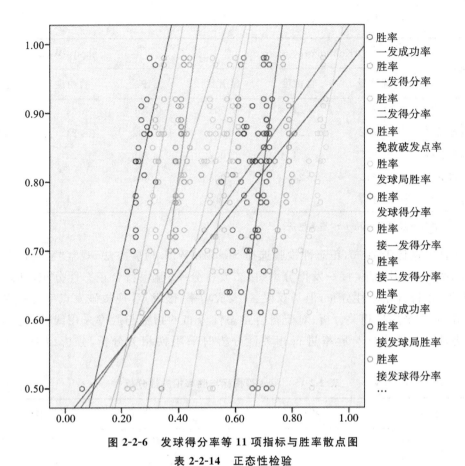

图 2-2-6 发球得分率等 11 项指标与胜率散点图

表 2-2-14 正态性检验

项目	Kolmogorov-Smirnov[a]			Shapiro-Wilk		
	统计量	自由度	显著性	统计量	自由度	显著性
Aces	0.216	24	0.005	0.835	24	0.001
双误	0.166	24	0.085	0.939	24	0.157
一发成功率	0.144	24	0.200*	0.964	24	0.513
一发得分率	0.210	24	0.008	0.892	24	0.014
二发得分率	0.121	24	0.200*	0.937	24	0.141
破发点	0.202	24	0.012	0.898	24	0.019
挽救破发点率	0.184	24	0.035	0.870	24	0.005
发球局	0.226	24	0.003	0.841	24	0.001
发球局胜率	0.203	24	0.012	0.852	24	0.002
发球得分率	0.269	24	0.000	0.835	24	0.001
接一发得分率	0.176	24	0.053	0.918	24	0.053
接二发得分率	0.140	24	0.200*	0.961	24	0.457
破发机会	0.205	24	0.010	0.887	24	0.011

续表

项目	Kolmogorov-Smirnov[a]			Shapiro-Wilk		
	统计量	自由度	显著性	统计量	自由度	显著性
破发成功率	0.236	24	0.001	0.759	24	0.000
接发球局	0.232	24	0.002	0.832	24	0.001
接发球局胜率	0.231	24	0.002	0.768	24	0.000
接发球得分率	0.215	24	0.005	0.884	24	0.010
胜率	0.139	24	0.200[*]	0.953	24	0.308

"*":true 显著下限;"a":Lilliefors 显著更正。

由于样本量低于2000,正态性检验选择 Shapiro-Wilk 检验方法,观察"显著性"。双误、一发成功率、二发得分率、接一发得分率、接二发得分率、胜率符合正态性分布,其余指标和胜率等指标不符合正态性分布,但是双误、一发成功率、破发点、挽救破发点率与胜率不存在线性趋势,必须采用秩相关分析;对于符合正态性分布的指标与胜率采用线性相关分析,不符合正态性分布的指标与胜率进行相关性分析时采用秩相关分析,分析结果如表 2-2-15 所示。

表 2-2-15 Aces 等指标与胜率相关性分析

检验方法	指标	项目	胜率
Spearman 的 rho	Aces	相关系数	0.676**
		显著性(双尾)	0.000
		N	24
	一发得分率	相关系数	0.517**
		显著性(双尾)	0.010
		N	24
	发球局	相关系数	0.733**
		显著性(双尾)	0.000
		N	24
	发球局胜率	相关系数	0.802**
		显著性(双尾)	0.000
		N	24
	发球得分率	相关系数	0.598**
		显著性(双尾)	0.002
		N	24
	破发机会	相关系数	0.792**
		显著性(双尾)	0.000
		N	24

续表

检验方法	指标	项目	胜率
Spearman 的 rho	接发球局	相关系数	0.706**
		显著性（双尾）	0.000
		N	24
	接发球局胜率	相关系数	0.826**
		显著性（双尾）	0.000
		N	24
	接发球得分率	相关系数	0.770**
		显著性（双尾）	0.000
		N	24
皮尔逊	二发得分率	皮尔逊相关	0.706**
		显著性（双尾）	0.000
		N	24
	接一发得分率	皮尔逊相关	0.725**
		显著性（双尾）	0.000
		N	24

"**"：相关性在 0.01 层上显著（双尾）。

11 项技战术指标分别与硬地胜率的关联性存在统计学差异，存在显著相关关系，相关性由高到低进行排序：接发球局胜率(0.826)、发球局胜率(0.802)、破发机会(0.792)、接发球得分率(0.770)、发球局(0.733)、接一发得分率(0.725)、接发球局(0.706)、二发得分率(0.706)、Aces(0.676)、发球得分率(0.598)、一发得分率(0.517)，且呈正相关；说明硬地接发球局胜率、发球局胜率、接发球得分率、接一发得分率、二发得分率、发球得分率、一发得分率越高胜率越高，破发机会、发球局、接发球局、Aces 数量越多胜率就越高；其余指标与胜率的关联性不存在统计学差异，不存在显著相关关系。

(二)费德勒职业生涯红土场地参赛竞技能力分析

1.红土场地参赛发球竞技能力特征分析

费德勒不同职业阶段红土场地发球竞技能力如表 2-2-16 所示。

表 2-2-16　费德勒不同职业阶段红土场地发球竞技能力

阶段	赛季	Aces /个	双误 /个	一发成功率/(%)	一发得分率/(%)	二发得分率/(%)	破发点/个	挽救破发点率/(%)	发球局/个	发球局胜率/(%)	发球得分率/(%)
形成期	1998	1	3	49	67	39	5	20	10	60	53
	1999	3	9	55	61	49	31	58	34	62	56
	2000	60	42	58	68	47	108	65	147	74	60

续表

阶段	赛季	Aces /个	双误 /个	一发成功率/(%)	一发得分率/(%)	二发得分率/(%)	破发点 /个	挽救破发点率/(%)	发球局 /个	发球局胜率/(%)	发球得分率/(%)
形成期	2001	65	41	58	70	52	134	68	191	77	63
	2002	66	23	57	71	49	87	67	123	76	61
	2003	125	51	58	74	56	96	61	213	83	67
最佳期	2004	93	33	59	78	57	75	68	208	88	70
	2005	69	37	60	73	58	71	58	203	85	67
	2006	90	21	60	74	57	117	68	260	85	67
	2007	102	31	58	74	54	120	68	241	84	65
保持期	2008	142	19	63	74	56	128	62	304	84	67
	2009	145	23	60	79	57	88	70	251	90	70
	2010	86	15	63	75	57	66	67	175	87	68
	2011	125	20	64	77	56	74	64	221	88	70
	2012	127	23	62	76	58	81	68	216	88	69
衰退期	2013	90	19	62	74	58	86	63	204	84	68
	2014	65	12	67	77	55	46	65	144	89	69
	2015	110	15	63	77	58	61	61	214	89	70
	2016	16	10	61	72	61	25	64	55	84	67
	2019	62	17	64	76	58	69	74	154	88	69
	2021	33	2	65	74	60	19	47	70	86	69

第一阶段，竞技状态形成期（1998—2003年）。红土场地发球竞技能力处于逐渐提升的状态。Aces数量从1个增加到125个，双误数量从3个增加到51个，一发成功率在49%～58%之间，一发得分率在61%～74%之间，二发得分率在39%～56%之间，破发点数量在5～134个之间，挽救破发点率在20%～68%之间。发球局数量从10个增加到213个，发球局胜率从60%提高到83%，发球得分率从53%提升到67%。由于参赛站数增多和发球竞技能力的提升，Aces、双误、破发点、发球局等指标数量增加幅度显著。2003年Aces、双误、一发成功率、一发得分率、二发得分率、发球局、发球局胜率、发球得分率等指标达到此阶段最大值。

第二阶段，竞技状态最佳期（2004—2007年）。发球竞技能力趋于稳定，处于职业生涯较高水平。受参赛数量的影响，Aces、双误、破发点、发球局数量变化大。Aces数量在69～102个之间，双误数量在21～37个之间，一发成功率在58%～60%之间，一发得分率在73%～78%之间，二发得分率在54%～58%之间，破发点数量在71～120个之间，挽救破发点率在58%～68%之间，发球局数量在203～260个之间，发球局胜率在84%～88%之间，发球得分率在65%～70%之间。

第三阶段，竞技状态保持期（2008—2012年）。发球竞技能力较为稳定，处于职业生涯较高水平。Aces 数量在 86～145 个之间,双误数量在 15～23 个之间,一发成功率在 60%～64% 之间,一发得分率在 74%～79% 之间,二发得分率在 56%～58% 之间。破发点数量在 66～128 个之间,挽救破发点率在 62%～70% 之间,发球局数量在 175～304 个之间,发球局胜率在 84%～90% 之间,发球得分率在 67%～70% 之间。2008 赛季发球局数量达到职业生涯红土场地参赛最大值。

第四阶段,竞技状态衰退期(2013—2021 年)。发球竞技能力状态良好,参赛数量波动较大。受参赛数量的影响,Aces、双误、破发点、发球局数量变化大,Aces 数量在 16～110 个之间,双误数量在 2～19 个之间,一发成功率在 61%～67% 之间,一发得分率在 72%～77% 之间,二发得分率在 55%～61% 之间,破发点数量在 19～86 个之间,挽救破发点率在 47%～74% 之间,发球局数量在 55～214 个之间,发球局胜率在 84%～89% 之间,发球得分率在 67%～70% 之间。

2. 红土场地参赛接发球竞技能力特征分析

费德勒不同职业阶段红土场地接发球竞技能力如表 2-2-17 所示。

表 2-2-17　费德勒不同职业阶段红土场地接发球竞技能力

阶段	赛季	接一发得分率/(%)	接二发得分率/(%)	破发机会/个	破发成功率/(%)	接发球局/个	接发球局胜率/(%)	接发球得分率/(%)
形成期	1998	37	44	3	67	10	20	39
	1999	24	32	10	20	36	6	27
	2000	26	45	75	28	143	15	35
	2001	35	48	132	34	191	24	40
	2002	37	49	93	44	127	32	42
	2003	41	59	185	41	204	37	47
最佳期	2004	34	51	140	43	201	30	41
	2005	39	53	145	48	196	35	44
	2006	37	55	215	39	255	33	42
	2007	39	50	187	38	234	30	42
保持期	2008	37	55	224	43	298	32	44
	2009	33	50	145	43	244	26	40
	2010	35	50	119	39	175	26	41
	2011	33	47	150	35	215	24	38
	2012	31	53	135	43	209	28	39
衰退期	2013	35	50	125	45	200	28	41
	2014	34	48	91	40	141	26	39
	2015	32	50	130	41	210	25	39
	2016	34	48	29	48	54	26	40
	2019	30	53	94	39	153	24	38
	2021	32	46	47	36	71	24	37

第一阶段,竞技状态形成期(1998—2003 年)。红土场地接发球竞技能力呈现上升趋势。接一发得分率在 24%～41% 之间,接二发得分率在 32%～59% 之间,破发机会数量在 3～185 个之间,破发成功率在 20%～67% 之间,接发球局数量在 10～204 个之间,接发球局胜率在 6%～37% 之间,接发球得分率在 27%～47% 之间。由于参赛站数增多和接发球竞

技能力的提升,破发机会、接发球局等指标数量增加幅度显著。

第二阶段,竞技状态最佳期(2004—2007年)。接发球竞技能力趋于稳定,处于职业生涯最高水平。接一发得分率在34%~39%之间,接二发得分率在50%~55%之间,破发机会数量在140~215个之间,破发成功率在38%~48%之间,接发球局数量在196~255个之间,接发球局胜率在30%~35%之间,接发球得分率41%~44%之间。2006年接二发得分率、破发机会、接发球局数量达到此阶段最大值。

第三阶段,竞技状态保持期(2008—2012年)。接发球竞技能力略微下降,处于职业生涯较高水平。接一发得分率在31%~37%之间,接二发得分率在47%~55%之间,破发机会数量在119~224个之间,破发成功率在35%~43%之间,接发球局数量在175~298个之间,接发球局胜率在24%~32%之间,接发球得分率在38%~44%之间。

第四阶段,竞技状态衰退期(2013—2021年)。接发球竞技能力呈下降趋势,受参赛数量影响,2021赛季处于最低水平。接一发得分率在30%~35%之间,接二发得分率在46%~53%之间,破发机会数量在29~130个之间,破发成功率在36%~48%之间,接发球局数量在54~210个之间,接发球局胜率在24%~28%之间,接发球得分率在37%~41%之间。

3. 费德勒职业生涯参加红土场地比赛胜率分析

在ATP官网上,收集费德勒每年参加红土场地比赛的胜场数、总场数,统计参加红土赛事的胜率,得到表2-2-18。

表2-2-18 费德勒职业生涯参加红土场地比赛胜率统计表

阶段	赛季	胜场数	总场数	胜率/(%)
形成期	1998	0	2	0
	1999	3	10	30
	2000	3	10	30
	2001	9	14	64
	2002	12	16	75
	2003	15	19	79
最佳期	2004	18	20	90
	2005	15	17	88
	2006	16	19	84
	2007	16	19	84
保持期	2008	21	25	84
	2009	18	20	90
	2010	10	14	71
	2011	12	16	75
	2012	15	17	88
衰退期	2013	16	21	76
	2014	8	12	67
	2015	13	17	76
	2016	3	5	60
	2019	9	11	82
	2021	3	4	75

在竞技状态形成期,胜场数和胜率逐年增加,胜场数从 0 场增加到 15 场,总场数从 2 场增加到 19 场,胜率从 0 提高到 79%。在竞技状态最佳期,胜场数在 15~18 场之间,总场数在 17~20 场之间,胜率在 84%~90% 之间,此阶段胜率为职业生涯最高阶段。在竞技状态保持期,胜场数在 10~21 场之间,总场数在 14~25 场之间,胜率在 71%~90% 之间。在竞技状态衰退期,参赛场数出现大幅度波动,胜场数在 3~16 场之间,总场数在 4~21 场之间,胜率在 60%~82% 之间。

4. 红土场地参赛竞技能力特征与胜率相关性分析

对费德勒职业生涯(1998—2021 年)参加红土比赛的 10 项发球指标(Aces、一发成功率、双误、一发得分率、二发得分率、破发点、挽救破发点率、发球局、发球局胜率、发球得分率)和 7 项接发球指标(接一发得分率、接二发得分率、破发机会、破发成功率、接发球局、接发球局胜率、接发球得分率)与红土参赛胜率之间进行相关性检验,筛选出较高相关指标。

根据相关分析对数据的要求统计分析的内容,相关分析必须要结合以下步骤进行,缺一不可:①绘制散点图,看线性趋势;②定量变量的正态性判断;③计算相关系数 r;④开展假设检验,判断总体相关性的有无。由于 Aces、双误、破发点、发球局、破发机会、接发球局与其他指标数据不同,故而分开做散点图。将表 2-2-16 至表 2-2-18 的数据录入 SPSS 绘制散点图,结果如图 2-2-7、图 2-2-8 所示。

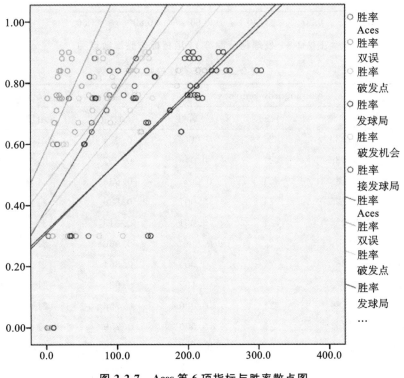

图 2-2-7　Aces 等 6 项指标与胜率散点图

由图 2-2-7 和图 2-2-8 可知,费德勒职业生涯参加红土比赛的 Aces、一发得分率、一发成功率、二发得分率、挽救破发点率、发球局、发球局胜率、发球得分率、接二发得分率、破发机会、接发球局、接发球局胜率、接发球得分率指标与红土参赛胜率之间存在着线性趋势,双误、接一发得分率、破发点、破发成功率与胜率不存在线性趋势,采用秩相关分析。将表 2-2-16 至表 2-2-18 的数据录入 SPSS 进行正态性检验,结果如表 2-2-19 所示。

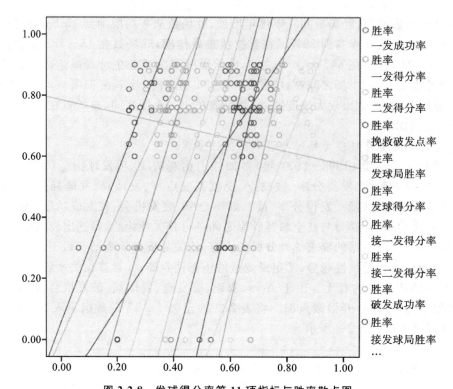

图 2-2-8　发球得分率等 11 项指标与胜率散点图

表 2-2-19　正态性检验

项目	Kolmogorov-Smirnov[a]			Shapiro-Wilk		
	统计量	自由度	显著性	统计量	自由度	显著性
Aces	0.130	21	0.200*	0.951	21	0.361
双误	0.189	21	0.048	0.957	21	0.462
一发成功率	0.139	21	0.200*	0.938	21	0.198
一发得分率	0.225	21	0.007	0.886	21	0.019
二发得分率	0.255	21	0.001	0.813	21	0.001
破发点	0.109	21	0.200*	0.968	21	0.681
挽救破发点率	0.267	21	0.000	0.661	21	0.000
发球局	0.173	21	0.102	0.935	21	0.171
发球局胜率	0.289	21	0.000	0.756	21	0.000
发球得分率	0.301	21	0.000	0.789	21	0.000
接一发得分率	0.118	21	0.200*	0.948	21	0.319
接二发得分率	0.164	21	0.147	0.877	21	0.013
破发机会	0.127	21	0.200*	0.961	21	0.543
破发成功率	0.169	21	0.122	0.884	21	0.017
接发球局	0.182	21	0.067	0.934	21	0.162
接发球局胜率	0.229	21	0.005	0.903	21	0.040
接发球得分率	0.185	21	0.058	0.871	21	0.010

续表

项目	Kolmogorov-Smirnov[a]			Shapiro-Wilk		
	统计量	自由度	显著性	统计量	自由度	显著性
胜率	0.254	21	0.001	0.759	21	0.000

"*":true 显著下限;"a":Lilliefors 显著更正。

由于样本量低于2000,正态性检验选择 Shapiro-Wilk 检验方法,观察"显著性"。Aces、双误、一发成功率、破发点、发球局、接一发得分率、破发机会、接发球局指标符合正态性分布,其余指标和胜率不符合正态性分布,由于胜率指标不满足正态性分布,故而各指标在与胜率进行相关性分析时采用秩相关分析,分析结果如表 2-2-20。

表 2-2-20　Aces 等指标与胜率相关性分析

检验方法	指标	项目	胜率
Spearman 的 rho	Aces	相关系数	0.753**
		显著性（双尾）	0.000
		N	21
	双误	相关系数	0.438*
		显著性（双尾）	0.047
		N	21
	二发得分率	相关系数	0.438*
		显著性（双尾）	0.047
		N	21
	一发得分率	相关系数	0.614**
		显著性（双尾）	0.003
		N	21
	发球局	相关系数	0.758**
		显著性（双尾）	0.000
		N	21
	发球局胜率	相关系数	0.554**
		显著性（双尾）	0.009
		N	21
	发球得分率	相关系数	0.534*
		显著性（双尾）	0.013
		N	21
	接二发得分率	相关系数	0.800**
		显著性（双尾）	0.000
		N	21
	破发机会	相关系数	0.756**
		显著性（双尾）	0.000
		N	21

续表

检验方法	指标	项目	胜率
Spearman 的 rho	接发球局	相关系数	0.749**
		显著性（双尾）	0.000
		N	21
	接发球局胜率	相关系数	0.675**
		显著性（双尾）	0.001
		N	21
	接发球得分率	相关系数	0.510*
		显著性（双尾）	0.018
		N	21

"*"：相关性在 0.05 层上显著（双尾）；"**"：相关性在 0.01 层上显著（双尾）。

12 项技战术指标分别与红土胜率的关联性存在统计学差异，存在显著相关关系，相关性由高到低进行排序：接二发得分率（0.800）、发球局（0.758）、破发机会（0.756）、Aces（0.753）、接发球局（0.749）、接发球局胜率（0.675）、一发得分率（0.614）、发球局胜率（0.554）、发球得分率（0.534）、接发球得分率（0.510）、双误（0.438）、二发得分率（0.438），且呈正相关；说明接二发得分率、接发球局胜率、一发得分率、接发球得分率、二发得分率越高胜率越高，发球局、破发机会、Aces、接发球局数量越多胜率就越高。双误相关系数为 0.438，呈弱相关；从比赛实际来看，双误与胜率应呈负相关，可能是因为硬地参赛数量增加，双误数量增加，胜率也在提高，从而出现错误；其余指标与胜率的关联性不存在统计学差异，不存在显著相关关系。

（三）费德勒职业生涯草地参赛竞技能力分析

1. 草地参赛发球竞技能力特征分析

费德勒不同职业阶段草地发球竞技能力如表 2-2-21 所示。

表 2-2-21 费德勒不同职业阶段草地发球竞技能力

阶段	赛季	Aces /个	双误 /个	一发成功率/(%)	一发得分率/(%)	二发得分率/(%)	破发点/个	挽救破发点率/(%)	发球局/个	发球局胜率/(%)	发球局得分率/(%)
形成期	1999	8	10	66	65	42	23	57	30	67	57
	2000	33	14	60	70	52	27	48	54	74	63
	2001	125	40	63	77	52	94	80	193	90	68
	2002	48	33	59	79	52	28	54	94	86	68
	2003	135	28	63	77	58	43	67	165	92	70
最佳期	2004	91	24	65	78	62	41	80	154	95	72
	2005	126	16	66	80	63	33	64	174	93	74
	2006	124	11	66	78	62	31	68	175	94	73
	2007	85	6	65	78	61	24	71	102	93	72

续表

阶段	赛季	Aces /个	双误 /个	一发成功率/(%)	一发得分率/(%)	二发得分率/(%)	破发点 /个	挽救破发点率/(%)	发球局 /个	发球局胜率/(%)	发球得分率/(%)
保持期	2008	140	8	68	80	63	41	85	167	96	74
	2009	127	12	67	87	62	19	74	135	96	79
	2010	117	20	64	78	57	44	73	146	92	70
	2011	68	3	69	82	64	25	80	87	94	76
	2012	160	20	67	77	58	69	67	252	91	71
衰退期	2013	56	6	67	80	62	14	71	81	95	74
	2014	124	15	69	80	62	37	78	155	95	74
	2015	128	17	68	83	58	26	73	171	96	75
	2016	142	20	63	82	56	52	69	201	92	72
	2017	126	16	67	82	62	34	74	159	94	75
	2018	133	11	66	84	61	39	67	202	94	76
	2019	114	22	65	80	62	46	76	188	94	74
	2021	51	9	65	74	56	52	75	108	88	68

第一阶段,竞技状态形成期(1998—2003年)。草地发球竞技能力处于逐年提升的状态。Aces 数量在 8~135 个之间,双误数量在 10~33 个之间,一发成功率在 59%~66% 之间,一发得分率在 65%~79% 之间,二发得分率在 42%~58% 之间,破发点数量在 23~94 个之间,挽救破发点率在 48%~80% 之间,发球局数量在 30~193 个之间,发球局胜率在 67%~92% 之间,发球得分率在 57%~70% 之间。由于参赛站数增多和发球竞技能力的提升,Aces、双误、破发点、发球局等指标数量增加幅度显著。2003 年 Aces、二发得分率、发球局胜率、发球得分率等指标达到此阶段最大值。

第二阶段,竞技状态最佳期(2004—2007年)。发球竞技能力趋于稳定,处于职业生涯较高水平。Aces 数量在 91~126 个之间。双误数量逐渐减少,从 24 个降到 6 个。一发成功率在 65%~66% 之间,一发得分率在 78%~80% 之间,二发得分率在 61%~63% 之间,破发点数量在 24~41 个之间,挽救破发点率在 64%~80% 之间,发球局数量在 102~175 个之间,发球局胜率在 93%~95% 之间,发球得分率在 72%~74% 之间。

第三阶段,竞技状态保持期(2008—2012年)。发球竞技能力较为稳定,处于职业生涯较高水平。Aces 数量在 68~160 个之间,双误数量在 3~20 个之间,一发成功率在 64%~69% 之间,一发得分率在 77%~87% 之间,二发得分率在 57%~64% 之间。破发点在 19~69 个之间,挽救破发点率在 67%~85% 之间,发球局数量在 87~252 个之间,发球局胜率在 91%~96% 之间,发球得分率在 70%~79% 之间。2012 赛季发球局数量达到职业生涯草地参赛最大值。

第四阶段,竞技状态衰退期(2013—2021年)。发球竞技能力状态良好,参赛数量波动较大。受参赛数量的影响,Aces、双误、面临破发点、发球局数量变化大,Aces 数量在 51~142 个之间,双误数量在 6~22 个之间,一发成功率在 63%~69% 之间,一发得分率在 74%

~84%之间,二发得分率在56%~62%之间,破发点数量在14~52个之间,挽救破发点率在67%~78%之间,发球局数量在81~202个之间,发球局胜率在88%~96%之间,发球得分率在68%~76%之间。

2. 草地参赛接发球竞技能力特征分析

费德勒不同职业阶段草地接发球竞技能力如表2-2-22所示。

表2-2-22 费德勒不同职业阶段草地接发球竞技能力

阶段	赛季	接一发得分率/(%)	接二发得分率/(%)	破发机会/个	破发成功率/(%)	接发球局/个	接发球局胜率/(%)	接发球得分率/(%)
形成期	1999	33	55	23	22	32	16	39
	2000	29	51	30	43	56	23	39
	2001	26	51	88	43	189	20	36
	2002	25	48	37	54	94	21	35
	2003	36	55	125	40	161	31	43
最佳期	2004	36	55	110	47	147	35	44
	2005	28	54	102	43	169	26	38
	2006	33	52	105	49	171	30	40
	2007	34	48	52	46	99	24	39
保持期	2008	29	54	87	41	159	23	38
	2009	25	51	61	38	131	18	34
	2010	28	54	88	38	144	23	38
	2011	34	47	39	51	86	23	38
	2012	31	52	162	38	247	25	38
衰退期	2013	35	49	51	41	79	27	39
	2014	31	48	88	39	152	22	37
	2015	30	47	89	40	169	21	36
	2016	28	49	111	33	198	19	36
	2017	34	51	115	37	157	27	40
	2018	31	50	108	38	201	20	38
	2019	32	50	96	47	187	24	39
	2021	27	48	54	35	110	17	35

第一阶段,竞技状态形成期(1998—2003年)。草地接发球竞技能力呈现上升趋势。接一发得分率在25%~36%之间,接二发得分率在48%~55%之间,破发机会数量在23~125个之间,破发成功率在22%~54%之间,接发球局数量在32~189个之间,接发球局胜率在16%~31%之间,接发球得分率在35%~43%之间。由于参赛站数增多和接发球竞技能力的提升,破发机会、接发球局等指标数量增加幅度显著。

第二阶段,竞技状态最佳期(2004—2007年)。接发球竞技能力趋于稳定,处于职业生涯最高水平。接一发得分率在28%~36%之间,接二发得分率在48%~55%之间,破发机会数量在52~110个之间,破发成功率在43%~49%之间,接发球局数量在99~171个之间,接发球局胜率在24%~35%之间,接发球得分率在39%~44%之间。

第三阶段,竞技状态保持期(2008—2012年)。接发球竞技能力略微下降,处于职业生涯较高水平。接一发得分率在25%~34%之间,接二发得分率在47%~54%之间,破发机会在39~162个之间,破发成功率在38%~51%之间,接发球局在86~247之间,接发球局胜率在18%~25%之间,接发球得分率在34%~38%之间。

第四阶段,竞技状态衰退期(2013—2021年)。接发球竞技能力呈下降趋势,变化大。接一发得分率在27%~35%之间,接二发得分率在47%~51%之间,破发机会数量在51~115个之间,破发成功率在33%~47%之间,接发球局数量在79~201个之间,接发球局胜率在17%~27%之间,接发球得分率在35%~40%之间。

3. 费德勒职业生涯参加草地比赛胜率分析

在ATP官网上,收集费德勒每年参加草地比赛的胜场数、总场数,统计参加草地赛事的胜率,得到表2-2-23。

表2-2-23 费德勒职业生涯参加草地比赛胜率统计表

阶段	赛季	胜场数	总场数	胜率/(%)
形成期	1999	3	6	50
	2000	2	5	40
	2001	9	12	75
	2002	5	8	63
	2003	12	12	100
最佳期	2004	12	12	100
	2005	12	12	100
	2006	12	12	100
	2007	6	6	100
保持期	2008	11	12	92
	2009	7	7	100
	2010	8	10	80
	2011	6	7	86
	2012	15	17	88
衰退期	2013	1	2	50
	2014	9	10	90
	2015	11	12	92
	2016	10	13	77
	2017	12	13	92
	2018	12	14	86
	2019	11	12	92
	2021	5	7	71

在竞技状态形成期,胜场数和胜率逐渐增加,胜场数在2~12场之间,总场数在5~12场之间,胜率从40%提高到了100%。在竞技状态最佳期,胜率为100%,此阶段胜率为职业生涯最高阶段。在竞技状态保持期,胜场数在6~15场之间,总场数在7~17场之间,胜率在80%~100%之间。在竞技状态衰退期,参赛场数出现大幅度波动,胜场数在1~12场之间,总场数在2~14场之间,胜率在50%~92%之间。

4.草地参赛竞技能力特征与胜率相关性分析

对费德勒职业生涯(1998—2021年)参加草地比赛的10项发球指标(Aces、一发成功率、双误、一发得分率、二发得分率、破发点、挽救破发点率、发球局、发球局胜率、发球得分率)和7项接发球指标(接一发得分率、接二发得分率、破发机会、破发成功率、接发球局、接发球局胜率、接发球得分率)与草地参赛胜率之间进行相关性检验,筛选出较高相关指标。

根据相关分析对数据的要求统计分析的内容,相关分析必须要结合以下步骤进行,缺一不可:①绘制散点图,看线性趋势;②定量变量的正态性判断;③计算相关系数 r;④开展假设检验,判断总体相关性的有无。由于 Aces、双误、破发点、发球局、破发机会、接发球局与其他指标数据不同,故而分开做散点图。将表2-2-21至表2-2-23的数据录入SPSS绘制散点图,结果如图2-2-9、图2-2-10所示。

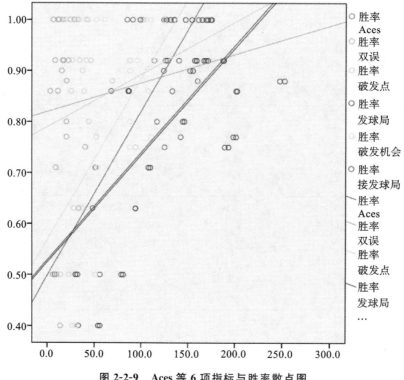

图2-2-9 Aces等6项指标与胜率散点图

由图2-2-9和图2-2-10可知,费德勒职业生涯参加草地比赛的Aces、一发成功率、一发得分率、二发得分率、挽救破发点率、发球局、发球局胜率、发球得分率、破发机会、接发球局、接发球局胜率指标与草地参赛胜率之间存在着线性趋势,双误、破发点、接一发得分率、接二发得分率、破发成功率、接发球得分率与胜率不存在线性趋势。将表2-2-21至表2-2-23的数据录入SPSS进行正态性检验,结果如表2-2-24。

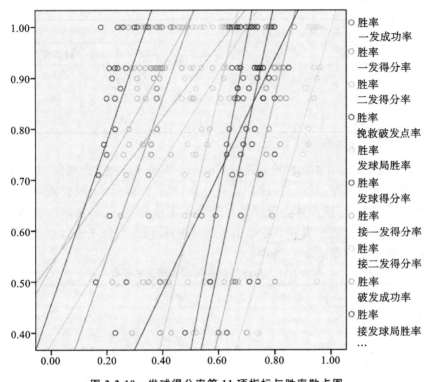

图 2-2-10　发球得分率等 11 项指标与胜率散点图

表 2-2-24　正态性检验

项目	Kolmogorov-Smirnov[a]			Shapiro-Wilk		
	统计量	自由度	显著性	统计量	自由度	显著性
Aces	0.244	22	0.001	0.880	22	0.012
双误	0.119	22	0.200*	0.942	22	0.220
一发成功率	0.171	22	0.092	0.926	22	0.100
一发得分率	0.222	22	0.006	0.895	22	0.024
二发得分率	0.228	22	0.004	0.812	22	0.001
破发点	0.150	22	0.200*	0.876	22	0.010
挽救破发点率	0.166	22	0.119	0.937	22	0.176
发球局	0.156	22	0.172	0.964	22	0.583
发球局胜率	0.285	22	0.000	0.645	22	0.000
发球得分率	0.170	22	0.096	0.877	22	0.011
接一发得分率	0.113	22	0.200*	0.953	22	0.355
接二发得分率	0.149	22	0.200*	0.916	22	0.063
破发机会	0.184	22	0.051	0.954	22	0.371
破发成功率	0.144	22	0.200*	0.947	22	0.271
接发球局	0.147	22	0.200*	0.971	22	0.742

续表

项目	Kolmogorov-Smirnov[a]			Shapiro-Wilk		
	统计量	自由度	显著性	统计量	自由度	显著性
接发球局胜率	0.131	22	0.200*	0.962	22	0.523
接发球得分率	0.177	22	0.070	0.932	22	0.133
胜率	0.204	22	0.017	0.849	22	0.003

"*":true 显著下限;"a":Lilliefors 显著更正。

由于样本量低于2000,正态性检验选择 Shapiro-Wilk 检验方法,观察"显著性"。双误、一发成功率、挽救破发点率、发球局、接一发得分率、接二发得分率、破发机会、破发成功率、接发球局、接发球局胜率、接发球得分率指标符合正态性分布,其余指标和胜率等指标不符合正态性分布,但是由于胜率指标不满足正态性分布,故而在与胜率进行相关性分析时采用秩相关分析,分析结果如表 2-2-25 所示。

表 2-2-25　Aces 等指标与胜率相关性分析

检验方法	指标	项目	胜率
Spearman 的 rho	Aces	相关系数	0.472*
		显著性(双尾)	0.027
		N	22
	二发得分率	相关系数	0.612**
		显著性(双尾)	0.002
		N	22
	发球局胜率	相关系数	0.559**
		显著性(双尾)	0.007
		N	22
	发球得分率	相关系数	0.480*
		显著性(双尾)	0.024
		N	22
	破发机会	相关系数	0.533*
		显著性(双尾)	0.011
		N	22
	接发球局胜率	相关系数	0.511*
		显著性(双尾)	0.015
		N	22

"*":相关性在 0.05 级别(双尾);"**":相关性在 0.01 级别(双尾)。

费德勒职业生涯参加草地比赛中有6项技战术指标分别与草地胜率的关联性存在统计学差异,存在显著相关关系,相关性由高到低进行排序:二发得分率(0.612)、发球局胜率(0.559)、破发机会(0.533)、接发球局胜率(0.511)、发球得分率(0.480)、Aces(0.472),且呈正相关;说明二发得分率、发球局胜率、接发球局胜率越高胜率越高,破发机会数量越多胜就越高;其余指标与胜率的关联性不存在统计学差异,不存在显著相关关系。

(四)费德勒在不同场地参赛竞技能力差异性分析

为比较费德勒职业生涯在硬地、红土、草地发球竞技能力的差异性,首先采用探索性分析以检验数据的正态性和方差齐性,具体过程如表 2-2-26 所示。

表 2-2-26 不同场地发球指标正态性检验表

项目	场地类型	Kolmogorov-Smirnov[a]			Shapiro-Wilk		
		统计量	自由度	显著性	统计量	自由度	显著性
场均 Aces	硬地	0.125	24	0.200*	0.938	24	0.149
	红土	0.159	21	0.178	0.922	21	0.097
	草地	0.244	22	0.001	0.807	22	0.001
场均双误	硬地	0.126	24	0.200*	0.969	24	0.651
	红土	0.198	21	0.031	0.845	21	0.003
	草地	0.153	22	0.197	0.923	22	0.090
一发成功率	硬地	0.144	24	0.200*	0.964	24	0.513
	红土	0.139	21	0.200*	0.938	21	0.198
	草地	0.171	22	0.092	0.926	22	0.100
一发得分率	硬地	0.210	24	0.008	0.892	24	0.014
	红土	0.225	21	0.007	0.886	21	0.019
	草地	0.222	22	0.006	0.895	22	0.024
二发得分率	硬地	0.121	24	0.200*	0.937	24	0.141
	红土	0.255	21	0.001	0.813	21	0.001
	草地	0.228	22	0.004	0.812	22	0.001
场均破发点	硬地	0.208	24	0.009	0.819	24	0.001
	红土	0.225	21	0.007	0.827	21	0.002
	草地	0.254	22	0.001	0.817	22	0.001
挽救破发点率	硬地	0.184	24	0.035	0.870	24	0.005
	红土	0.267	21	0.000	0.661	21	0.000
	草地	0.166	22	0.119	0.937	22	0.176
场均发球局	硬地	0.216	24	0.005	0.845	24	0.002
	红土	0.197	21	0.033	0.888	21	0.020
	草地	0.308	22	0.000	0.614	22	0.000
发球局胜率	硬地	0.203	24	0.012	0.852	24	0.002
	红土	0.289	21	0.000	0.756	21	0.000
	草地	0.285	22	0.000	0.645	22	0.000

续表

项目	场地类型	Kolmogorov-Smirnov[a]			Shapiro-Wilk		
		统计量	自由度	显著性	统计量	自由度	显著性
发球得分率	硬地	0.269	24	0.000	0.835	24	0.001
	红土	0.301	21	0.000	0.789	21	0.000
	草地	0.170	22	0.096	0.877	22	0.011
接一发得分率	硬地	0.176	24	0.053	0.918	24	0.053
	红土	0.118	21	0.200*	0.948	21	0.319
	草地	0.113	22	0.200*	0.953	22	0.355
接二发得分率	硬地	0.140	24	0.200*	0.961	24	0.457
	红土	0.164	21	0.147	0.877	21	0.013
	草地	0.149	22	0.200*	0.916	22	0.063
场均破发机会	硬地	0.212	24	0.007	0.849	24	0.002
	红土	0.164	21	0.146	0.896	21	0.029
	草地	0.281	22	0.000	0.873	22	0.000
破发成功率	硬地	0.236	24	0.001	0.759	24	0.000
	红土	0.169	21	0.122	0.884	21	0.017
	草地	0.144	22	0.200*	0.947	22	0.271
场均接发球局	硬地	0.182	24	0.039	0.862	24	0.004
	红土	0.170	21	0.114	0.905	21	0.043
	草地	0.310	22	0.000	0.606	22	0.000
接发球局胜率	硬地	0.231	24	0.002	0.768	24	0.000
	红土	0.229	21	0.005	0.903	21	0.040
	草地	0.131	22	0.200*	0.962	22	0.523
接发球得分率	硬地	0.215	24	0.005	0.884	24	0.010
	红土	0.185	21	0.058	0.871	21	0.010
	草地	0.177	22	0.070	0.932	22	0.133

"*":true 显著下限;"a":Lilliefors 显著更正。

为了比较不同场地上费德勒技战术指标的正态性,将费德勒不同场地上的技战术数据录入 SPSS 进行探索分析,结果如表 2-2-26 所示,列出了采用 Shapiro-Wilk 方法进行正态分布假设检验的结果,得到场均 Aces、场均双误、一发得分率、二发得分率、场均破发点、挽救破发点率、场均发球局、发球局胜率、发球得分率、接二发得分率、场均破发机会、破发成功率、场均接发球局、接发球局胜率、接发球得分率的显著性概率值均小于 0.05,应接受原假设,即认为以上指标不满足正态性分布;一发成功率、接一发得分率的显著性概率值均大于 0.05,应接受原假设,即认为以上指标满足正态性分布。

由于各场地上一发成功率、接一发得分率指标符合正态性分布,进行单因素方差分析(多重比较),其余技战术指标采用非参数检验多重比较。

为了探究 3 种场地上一发成功率、接一发得分率的方差齐性,将表 2-2-26 的数据录入 SPSS 进行探索性分析,结果如表 2-2-27 所示,各组方差相等,符合方差齐性,拒绝原假设,即认为不同阶段的站均积分符合方差齐性。

表 2-2-27　不同场地一发成功率、接一发得分率方差齐性检验表

项目	Levene 统计	d_{f1}	d_{f2}	显著性
一发成功率	1.841	2	64	0.167
接一发得分率	0.340	2	64	0.713

(1)一发成功率、接一发得分率单因素方差分析。

综上所述,各样本是相互独立的随机样本,各样本来自正态性分布总体,方差齐性,由此可以进行单因素方差分析。结果如表 2-2-28 所示,一发成功率显著性概率 $P=0.000<0.001$,3 种场地一发成功率存在显著性差异。接一发得分率显著性概率 $P=0.015<0.05$,3 种场地接一发得分率存在显著性差异。因此,对这 3 种场地的一发成功率、接一发得分率进行多重比较,结果如表 2-2-29 所示,一发成功率草地与硬地、红土的显著性概率都小于 0.05,由此可知,草地与硬地、红土的一发成功率存在显著性差异,硬地与红土的一发成功率不存在显著性差异,均值草地 65.36%>硬地 61.71%>红土 60.29%。接一发得分率草地与红土的显著性概率小于 0.05,由此可知,草地与红土的接一发得分率存在显著性差异,硬地与红土、草地的接一发得分率不存在显著性差异,均值红土 34.05%>硬地 31.92%>草地 30.68%。

表 2-2-28　不同场地一发成功率、接一发得分率单因素方差检验表

项目		平方和	DF	平均值平方	F	显著性
一发成功率	组间	0.030	2	0.015	15.641	0.000
	组内	0.061	64	0.001	—	—
	总计	0.091	66	—	—	—
接一发得分率	组间	0.012	2	0.006	4.451	0.015
	组内	0.089	64	0.001	—	—
	总计	0.102	66	—	—	—

表 2-2-29　不同场地一发成功率、接一发得分率多重比较表

LSD 方法

因变量	(I)场地	(J)场地	平均差异(I−J)	标准误差	显著性	95%置信区间	
						下限	上限
一发成功率	硬地	红土	0.01423	0.00923	0.128	−0.0042	0.0327
		草地	−0.03655*	0.00911	0.000	−0.0548	−0.0183
	红土	硬地	−0.01423	0.00923	0.128	−0.0327	0.0042
		草地	−0.05078*	0.00942	0.000	−0.0696	−0.0320
	草地	硬地	0.03655*	0.00911	0.000	0.0183	0.0548
		红土	0.05078*	0.00942	0.000	0.0320	0.0696

续表

因变量	(I)场地	(J)场地	平均差异(I−J)	标准误差	显著性	95％置信区间 下限	95％置信区间 上限
接一发得分率	硬地	红土	−0.02131	0.01117	0.061	−0.0436	0.0010
		草地	0.01235	0.01103	0.267	−0.0097	0.0344
	红土	硬地	0.02131	0.01117	0.061	−0.0010	0.0436
		草地	0.03366*	0.01140	0.004	0.0109	0.0564
	草地	硬地	−0.01235	0.01103	0.267	−0.0344	0.0097
		红土	−0.03366*	0.01140	0.004	−0.0564	−0.0109

"*":均值差的显著性水平为0.05。

(2)其余指标非参数检验。

对不同场地类型技术指标差异性进行 Kruskal Wallis Test 检验,发现在3种场地上,场均 Aces($\chi^2=31.846,P=0.000$)、一发得分率($\chi^2=20.448,P=0.000$)、二发得分率($\chi^2=9.103,P=0.011$)、场均破发点($\chi^2=7.602,P=0.022$)、挽救破发点率($\chi^2=12.967,P=0.002$)、发球局胜率($\chi^2=27.553,P=0.000$)、发球得分率($\chi^2=21.123,P=0.000$)、场均破发机会($\chi^2=44.103,P=0.000$)、场均接发球局($\chi^2=15.123,P=0.001$)、接发球局胜率($\chi^2=7.763,P=0.021$)、接发球得分率($\chi^2=8.627,P=0.013$);场均双误、接二发得分率、破发成功率等项指标,不因场地类型变化而呈差异性。

通过 Bonferonnia Adjustment 计算调整显著性,发现3种场地之间相互比较的12项指标存在差异性(图2-2-11)。由于是事后的两两比较,因此需要调整显著性水平(调整α水平),作为判断两两比较的显著性水平。依据 Bonferonnia 法,调整α水平=原α水平÷比较次数。本研究共比较了3次,调整α水平=0.05÷3≈0.017。因此,最终得到的P值需要和0.017比较,小于0.017则认为差异有统计学意义。①硬地与红土,场均 Aces、一发得分率等2项指标呈显著性差异($P<0.017$),其他技术指标未见差异,且两种场地的各项指标数据均值相差较小。②草地与红土,场均 Aces、一发得分率、二发得分率、挽救破发点率、场均发球局、发球局胜率、发球得分率、场均接发球局等指标呈显著性差异,其他技术指标未见显著性差异($P>0.017$),2种场地的各项指标数据均值相差最大。③硬地与草地,场均发球局、场均接发球局等2项指标呈显著性差异($P<0.017$),其他技术指标未见差异,且两种场地的各项指标数据均值相差较小。

将11项指标在3种场地横向比较:①场均 Aces 指标。红土与硬地比较具有显著性差异($P<0.05$),红土与草地比较具有显著性差异($P<0.05$),硬地与草地比较具有显著性差异($P<0.05$),均值草地最高10.76个,红土最低5.18个。②一发得分率红土与硬地比较具有显著性差异($P<0.05$),红土与草地比较具有显著性差异($P<0.05$),均值草地78.68％>硬地77.17％>红土73.38％。③二发得分率红土与硬地比较具有显著性差异($P<0.05$),红土与草地比较具有显著性差异($P<0.05$),均值草地58.5％>硬地56.38％>红土54.86％。④场均破发点红土与草地比较具有显著性差异($P<0.05$),均值草地最低4.03个,红土最高5.15个。⑤挽救破发点率红土与草地比较具有显著性差异($P<0.05$),均值草地70.5％>硬地67.38％>红土62.19％。⑥场均发球局硬地与草地比较具有显著性差异($P<0.05$),红土与草地比较具有显著性差异($P<0.05$),均值草地最多15.22个,红土最少

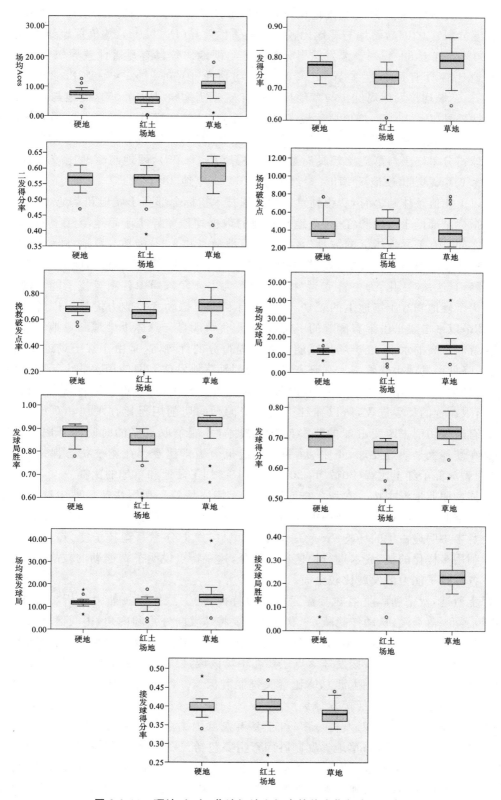

图 2-2-11 硬地、红土、草地场地之间竞技能力指标多重比较

11.66个。⑦发球局胜率红土与硬地比较具有显著性差异($P<0.05$),红土与草地比较具有显著性差异($P<0.05$),硬地与草地比较具有显著性差异($P<0.05$),均值草地90.95%>硬地88.29%>红土82.43%。⑧发球得分率红土与硬地比较具有显著性差异($P<0.05$),红土与草地比较具有显著性差异($P<0.05$),均值草地90.95%>硬地88.29%>红土82.43%。⑨场均接发球局红土与草地比较具有显著性差异($P<0.05$),硬地与草地比较具有显著性差异($P<0.05$),均值草地最多14.99个,红土11.47个。⑩接发球局胜率红土与草地比较具有显著性差异($P<0.05$),均值红土26.24%>硬地25.79%>草地23.41%。⑪接发球得分率红土与草地比较具有显著性差异($P<0.05$),硬地与草地比较具有显著性差异($P<0.05$),均值硬地39.79%>红土39.76%>草地38.14%。

从以上均值整体趋势看,费德勒草地的发球技术指标全部高于硬地和红土,草地的接发球技术指标全部低于硬地和红土,草地与硬地的数据均值差异小于草地与红土的差异。不同场地之间具有差异性指标的数量为:红土与草地最多共8个,硬地与草地、硬地与红土各2个。场地是影响费德勒竞技能力发挥的因素之一,随着年龄的增长,移动能力、体能等素质逐渐下降,打法从"变化"为主转变为"控制比赛"为主。发球局中各项竞技子能力的表现草地全面优于硬地和红土场地上的表现,说明最有利于费德勒竞技能力优势发挥的是草地赛事,尤其是以平击或平击带有侧旋的一发,草地上优势明显。总体上硬地和草地发球局竞技能力保持非常高的水平,红土场地减弱了发球局得分的优势,这是由于红土场地摩擦力大、球速慢,降低了发球得分效率。有研究表明,费德勒草地发球上网使用次数大于其他两种场地,红土场地反手使用率大于其他两种场地。因为在相持中,对手更多地将球击打至费德勒反手位,限制他的反手进攻,所以在红土场地费德勒的切削用得比在硬地和草地上的频率高。只有通过切削来改变击球的节奏或改变战术,才能争取更多的时间侧身用正手进攻。费德勒在硬地上是通过发球、正手、反手来创造机会赢得比赛。在竞技状态保持期和衰退期,费德勒放弃了红土比赛(2017年、2018年),只参加了硬地和草地的比赛。

费德勒职业生涯中技战术和竞技能力的空间特征是善于利用快速场地中球的高速度、低弹跳的空间运动特征,在发球局中运用高质量和快速发球制造速度优势进攻得分(草地相比其他赛事中明显占优的场均Aces、一发得分率、二发得分率等竞技子能力),以及在接发球局中利用多样化的技、战术进行快速反击得分,这一特点说明了费德勒的技战术以及竞技能力下各竞技子能力的发展比较全面。

综上所述,费德勒职业生涯参赛竞技能力特征为:①总体竞技能力分析。发球技术出色,旋转多变、落点随机、动作隐蔽,一发发球主要将球发向外角和内角,中间区域极少;二发发向平分区内角和占先区外角(大部分球员的反手位),其余区域占比相近;接发球节奏快、线路多变、角度大、落点准,接发球落点主要在中场区域,以及占先区;接发球局胜率、二发得分率、接发球得分率为职业生涯总体比赛关键制胜因素。②不同场地参赛竞技能力特征分析。硬地参赛制胜因素包括接发球局胜率、发球局胜率、破发机会、接发球得分率、发球局、接一发得分率、接发球局、二发得分率;红土参赛制胜因素主要包括接二发得分率、发球局、破发机会、Aces、接发球局;草地参赛制胜因素主要包括二发得分率、发球局胜率、破发机会、接发球局胜率;费德勒草地的发球技术指标全部高于硬地和红土,草地的接发球技术指标全部低于硬地和红土,草地与硬地的数据均值差异小于草地与红土的差异,不同场地竞技能力显著差异指标的个数:红土与草地8个,硬地与草地2个,硬地与红土2个。

第三章 德约科维奇职业生涯参赛组合和竞技能力特征分析

第一节 德约科维奇职业生涯参赛组合特征分析

一、德约科维奇职业生涯阶段划分

关于德约科维奇职业生涯竞技状态划分,众说纷纭。俞强等认为德约科维奇竞技巅峰期是2011—2016年。陈建才等(2016)以参加大满贯赛事成绩以及年终排名对德约科维奇职业生涯阶段进行划分:成长期(2003—2006年)、突破期(2007—2010年)、巅峰期(2011—2015年),该方法未将ATP 1000赛事等高积分赛事参赛情况考虑进来。李金川依据大满贯进入四强、夺冠数量及年终排名作为职业阶段划分标准,对德约科维奇职业生涯阶段进行划分:成长期(2003—2006年)、突破期(2007—2010年)、巅峰期(2011—2020年)。刘金生等(2012)认为大满贯冠军是区分的德约科维奇竞技状态的重要标志,2005—2008年是竞技状态的获得阶段,2008—2011年为竞技状态高峰期。可以采用赋值法对网球运动员职业生涯竞技状态进行评估,该方法对网球运动员参加高级别赛事晋级轮次(赛事积分在1000分以上)进行赋值,高级别赛事参赛晋级情况可以较好地反映运动员竞技状态,本研究认为该方法对网球运动员职业生涯竞技状态的阶段划分较为合理。本研究在赋值法基础上,结合冠军数(图3-1-1)、年终世界排名(图3-1-2)综合考虑德约科维奇职业生涯竞技状态划分。

根据赛事级别进行赋值,方法为:四大公开赛每轮赋值2分,年终总决赛每轮赋值1.5分,大师赛每轮赋值为1分,其余赛事级别较低,未在本研究统计范围之内,赋值后得到赋值积分见表3-1-1。自2003年德约科维奇转入网球职业联赛至2022年,竞技状态经历形成期、最佳期、保持期、衰退期四个阶段。根据表3-1-1,将德约科维奇职业生涯竞技状态划分为形成期(2003—2010年)、最佳期(2011—2016年)、保持期(2017—2019年)、衰退期(2020—2022年)。

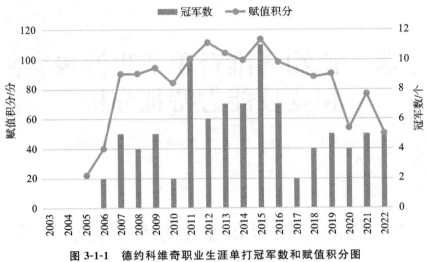

图 3-1-1　德约科维奇职业生涯单打冠军数和赋值积分图

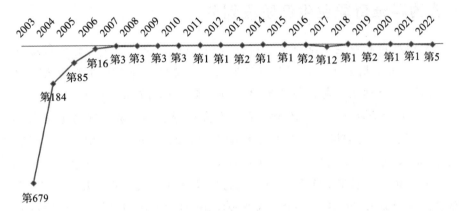

图 3-1-2　德约科维奇职业生涯年终世界排名

表 3-1-1　德约科维奇职业生涯参加高级别赛事轮次赋值积分表

阶段	赛季	澳网	法网	温网	美网	年终总决赛	大师赛总轮次	赋值积分	单打冠军数量	年终世界排名
形成期	2003	—	—	—	—	—	—	—	—	679
	2004	—	—	—	—	—	—	—	—	184
	2005	第一轮	第二轮	第三轮	第三轮	—	4	22	—	85
	2006	第一轮	八强	第四轮	第三轮	—	14	40	2	16
	2007	第四轮	四强	四强	亚军	小组赛	40	90.5	5	3
	2008	冠军	四强	第二轮	四强	冠军	41	90.5	4	3
	2009	八强	第三轮	八强	四强	小组赛	50	94.5	5	3
	2010	八强	八强	四强	亚军	四强	32	84	2	3

续表

阶段	赛季	澳网	法网	温网	美网	年终总决赛	大师赛总轮次	赋值积分	单打冠军数量	年终世界排名
最佳期	2011	冠军	四强	冠军	冠军	小组赛	42	100.5	10	1
	2012	冠军	亚军	四强	亚军	冠军	50	111.5	6	1
	2013	冠军	四强	亚军	亚军	冠军	43	104.5	7	2
	2014	八强	亚军	冠军	四强	冠军	42	99.5	7	1
	2015	冠军	亚军	冠军	冠军	冠军	50	113.5	11	1
	2016	冠军	冠军	第三轮	亚军	亚军	43	98.5	7	2
保持期	2017	第二轮	八强	八强	—	—	19	43	2	12
	2018	第四轮	八强	冠军	冠军	亚军	35	88.5	4	1
	2019	冠军	四强	冠军	第四轮	小组赛	38	90.5	5	2
衰退期	2020	冠军	亚军	—	第四轮	四强	12	54	4	1
	2021	冠军	冠军	冠军	亚军	四强	15	77	5	1
	2022	—	八强	冠军	—	冠军	19	50.5	5	5
小计		9冠0亚	2冠4亚	7冠1亚	3冠6亚	6冠2亚	589	1453	91	

第一阶段,竞技状态形成期(2003—2010年)。年终世界排名从679位跃升到第3位,获得了18个单打冠军,并在2008年拿到职业生涯的第一个大满贯冠军和年终总决赛冠军,竞技能力趋于成熟。24次参加大满贯,5次进入八强,6次进入四强,3次进入决赛,并在2008年澳大利亚网球公开赛夺得第一个大满贯赛冠军。2007—2010年世界排名为第3位。大师赛总轮次和赋值积分呈增加趋势,2010年竞技能力略有降低。

第二阶段,竞技状态最佳期(2011—2016年)。年终世界排名为第1~2位,获得了48个单打冠军,创造了连续夺得澳网3冠的历史,竞技能力处于巅峰状态。大满贯赛事成绩,24次参加大满贯,18次进入决赛,获得5个澳网冠军、3个温网冠军、2个美网冠军、1个法网冠军,成就全满贯,其中2011年、2015年每年获得3个大满贯冠军。大师赛参赛总轮次在42~50之间,赋值积分在98.5~113.5之间,2012年、2015年大师赛总轮次达到了职业生涯最大值(50轮次),赋值积分分别为111.5和113.5。

第三阶段,竞技状态保持期(2017—2019年)。年终排名出现波动(第1~12位),获得了11个单打冠军,竞技状态出现起伏,2017年温网时因肘伤退赛,并退出该赛季剩余比赛。大满贯赛事成绩,11次参加大满贯,3次进入八强,4次进入决赛,获得4个冠军(1个澳网、2个温网、1个澳网)。大师赛参赛总场数和赋值积分逐年上升,但总场数低于40轮次。

第四阶段,竞技状态衰退期(2020—2022年)。年终排名在第1~5位,获得了14个单打冠军,受年龄和体能影响,参赛数量减少。9次参加大满贯,7次进入决赛,获得5个冠军(2个澳网、1个法网、2个温网)。2021年出现了竞技状态的小高峰,4次进入大满贯决赛,获得3个冠军。大师赛参赛场数逐年上升,但总场次均低于20轮次。

二、德约科维奇职业生涯参赛特征分析

将德约科维奇 2003 年转职以来参加的所有赛事划分为大满贯赛事、年终总决赛、大师赛、ATP 巡回赛（ATP 500、ATP 250）、ATP 低级别赛事（挑战赛、资格赛）、ITF 赛事、ATP 和拉沃尔杯，由于 2009 年进行了赛事积分改革，为了便于统计，将 2009 年以前的巡回赛赛事进行分类，其中将冠军积分在 250 及以下的赛事计入 ATP 250 赛事，冠军积分在 250 分（不含）至 500 分的赛事计入 ATP 500 赛事。

（一）德约科维奇职业生涯参赛级别和数量特征分析

对德约科维奇职业生涯不同级别赛事参赛站数统计，如表 3-1-2 所示。

表 3-1-2　德约科维奇职业生涯不同级别赛事参赛站数统计表

阶段	赛季	大满贯	年终总决赛	大师赛	ATP 500 巡回赛	ATP 250 巡回赛	ATP 低级别赛事	ITF	ATP 和拉沃尔杯	总计
形成期	2003	—	—	—	—	—	6	—	—	6
	2004	—	—	—	—	3	16	1	—	20
	2005	4	—	4	1	5	4	2	—	20
	2006	4	—	7	2	6	4	3	—	26
	2007	4	1	9	3	5	—	2	—	24
	2008	4	1	9	2	2	—	3	—	21
	2009	4	1	9	3	5	—	1	—	23
	2010	4	1	8	4	2	—	4	—	23
最佳期	2011	4	1	7	2	1	—	1	—	16
	2012	4	1	9	2	—	—	1	—	17
	2013	4	1	9	2	—	—	4	—	20
	2014	4	1	8	2	—	—	—	—	15
	2015	4	1	8	2	1	—	1	—	17
	2016	4	1	8	1	1	—	2	—	17
保持期	2017	3	—	4	1	2	—	2	—	12
	2018	4	1	9	2	—	—	—	1	17
	2019	4	1	8	1	1	—	1	—	16
衰退期	2020	3	1	2	2	—	—	—	1	9
	2021	4	1	3	—	2	—	2	1	13
	2022	2	1	4	2	2	—	—	1	12

在竞技状态形成期,除了 2003 年外,德约科维奇参赛站数均不少于 20 场,2006 年更是达到 26 场。在德约科维奇转入职业赛场的初期,2003 年转战于青少年赛事和成人赛事之间,参加了 6 场 ATP 低级别赛事。2004 年淡出了青少年赛场,参加了 16 项低级别赛事,包括 6 场希望赛、7 场挑战赛、3 场资格赛;低级别赛事占据了全年参赛的四分之三。在这个时期,获得了参加高级别赛事(大满贯、大师赛、年终总决赛)的资格,用了 4 个赛季实现从低级别赛事为主到高级别赛事为主的转变。

在竞技状态最佳期,参赛站数明显降低,在 15～20 站,年均 17 站。在这个时期,赛事选择以高级别赛事为主。参赛类型为大满贯、大师赛、巡回赛、年终总决赛,未参加低级别赛事。同时积分在 250 以下的赛事参赛数量大幅度降低。参赛赛事构成为 4 站大满贯、1 站年终总决赛、7～9 站大师赛、2～3 站 ATP 巡回赛。在 2012 年、2013 年赛季时,参加了 4 站大满贯、1 站年终总决赛、9 站大师赛、2 站 ATP 500 巡回赛。

在竞技状态保持期,参赛站数在 12～17 站,年均 15 站。参赛类型为 3～4 站大满贯、1 站年终总决赛、4～9 站大师赛、2～3 站 ATP 巡回赛。2017 年受肘伤影响,参赛数量较少。从 2018 年起,德约科维奇满足 ATP 1000 大师赛强制参赛豁免条款,将不受强制参赛的限制,有权放弃任何一项大师赛的比赛。

在竞技状态衰退期,因为伤病和体能的影响,参赛站数呈减少趋势,每年参赛数量已低于 15 站,年均 11.3 站。2020 年由于疫情原因,ATP 取消了部分赛事活动,故 2020 年只参加了 9 站比赛。参赛赛事构成为 2～4 站大满贯、2～4 站大师赛、2～4 站 ATP 巡回赛。

综上所述,德约科维奇在职业生涯成长初期,参赛数量多,赛事选择上以低级别、低积分为主。在竞技状态最佳期,参赛数量适中,形成以 4 站大满贯＋1 站年终总决赛＋7～9 站 ATP 大师赛＋2～3 站 ATP 巡回赛的参赛模式,以高级别赛事为主。在竞技状态衰退期,参赛数量减少,低于其他三个阶段,大师赛参赛数量减少,ATP 巡回赛赛事在 2～4 站。

(二)德约科维奇不同职业阶段参赛时间特征分析

用数字表示不同赛事的场地类型,1 表示硬地,2 表示红土,3 表示草地,4 表示地毯。以字母代表赛事级别,G 表示大满贯,M 表示大师赛,T 表示巡回赛,F 代表年终总决赛,O 表示奥运会。运用描述性统计法对德约科维奇不同职业阶段参赛时间安排进行统计,得到表 3-1-3。

由表 3-1-3 可知,德约科维奇参加男子职业赛事的参赛时间特征具有相似性,根据每个月的参赛场地类型及核心赛事,将每年度的参赛时间划分为 5 个阶段,12 月至次年 3 月划分为以澳网为核心的硬地赛事阶段,4—5 月划分为以法网为核心的红土赛事阶段,6—7 月划分为以温网为核心的草地赛事阶段,8 月划分为以美网为核心的硬地赛事阶段,9—11 月划分为以年终总决赛为核心的硬地阶段。在时间统计上,以赛事开始时间作为区分标准。德约科维奇成人职业生涯单打参赛的 344 站赛事(包含大满贯、大师赛、巡回赛、年终总决赛、ITF 赛事、奥运会、拉沃尔杯、ATP 杯),德约科维奇几乎未安排 12 月参加比赛,因此未将 12 月列入表中。

表 3-1-3 德约科维奇不同职业阶段参赛时间安排表

阶段	赛季	1—3月	4—5月	6—7月	8月	9—11月
形成期	2003	—	—	—	—	—
	2004			2T	—	2T+1T
	2005	1G	2T+2G	3T+3G+2T+2T	1M+1M+1G	1T+1M+4T+4M
	2006	1G+4T+1T+1M+1M	2M+2T+2M+2G	3T+3G+2T+2T	1M+1G	1T+1T+1M+4M
	2007	1T+1G+1T+1T+1T+1M+1M	2M+2T+2M+2M+2G	3T+3G+2T	1M+1M+1G	1T+1M+1M+1F
	2008	1G+1T+1T+1M+1M	2M+2M+2M+2G	3T+3G+1M+1M	1O+1G	1T+1M+1M+1F
	2009	1T+1T+1G+1T+1T+1M+1M	2M+2M+2T+2M+2G	3T+3G	1M+1M+1G	1T+1M+1T+1M+1F
	2010	1G+1T+1T+1M+1M	2M+2M+2T+2G	3T+3G	1M+1M+1G	1T+1M+1T+1M+1F
最佳期	2011	1G+1T+1M+1M	2T+2M+2M+2G	3G	1M+1M+1G	1T+1M+1F
	2012	1G+1T+1M+1M	2M+2M+2M+2G	3G+3O	1M+1M+1G	1T+1M+1M+1F
	2013	1G+1T+1M+1M	2M+2M+2M+2G	3G	1M+1M+1G	1T+1M+1M+1F
	2014	1G+1T+1M+1M	2M+2M+2G	3G	1M+1M+1G	1T+1M+1M+1F
	2015	1T+1G+1T+1M+1M	2M+2M+2G	3G	1M+1M+1G	1T+1M+1M+1F
	2016	1T+1G+1T+1M+1M	2M+2M+2M+2G	3G+1M	1O+1G	1M+1M+1F
保持期	2017	1T+1G+1T+1M	2M+2M+2M+2G	3T+3G	—	—
	2018	1G+1M+1M	2M+2T+2M+2G	3T+3G	1M+1M+1G	1M+1M+1F
	2019	1T+1G+1M+1M	2M+2M+2M+2G	3G	1M+1G	1T+1M+1M+1F

续表

阶段	赛季	1—3月	4—5月	6—7月	8月	9—11月
衰退期	2020	1G+1T	—	—	1M+1G	2M+1T+1F
	2021	1G	2M+2T+2M+2T+2G	3G	1G	1M+1F
	2022	1T	2M+2T+2M+2M+2G	3G	—	1T+1T+1M+1F

在竞技状态形成期(2003—2010年),逐渐形成参赛时序组合。在2006年以后,1—3月以澳网为核心的硬地赛事中,大满贯之前会参加0~2站巡回赛,大满贯赛后参加4~5站比赛(2~3站巡回赛+2站大师赛);参加的地毯场地比赛主要集中在9月至次年3月。4—5月赛事在法网之前参加3~4站比赛(2~3站大师赛+1站巡回赛);6—7月比赛在温网之前参加1站巡回赛,温网后参加1~2站比赛(1~2站巡回赛或者2站大师赛),2009年和2010年温网后未安排比赛;8月在美网赛前参加1~2站比赛(1~2站大师赛),2008年美网赛前参加了奥运会的网球比赛;9—11月在年终总决赛前参加3~4站比赛(1~2站巡回赛+2站大师赛),2003—2006年未获得参加年终总决赛资格。

在竞技状态最佳期(2011—2016年),已形成参赛时序组合。在1—3月以澳网为核心的硬地赛事中,大满贯之前会参加0~1站巡回赛,大满贯赛后参加3站赛事(1站巡回赛+2站大师赛);在4—5月以法网为核心的红土赛事中,法网之前参加2~3站比赛(0~1站巡回赛+2~3站大师赛);在6—7月以温网为核心的草地赛事中,温网之前未参加草地赛事,除了2012年、2016年之外,温网后未安排其他级别的比赛;在8月以美网为核心的硬地赛事中,2016年参加了里约奥运会,其他时间美网赛前参加2站大师赛;在9—11月以年终总决赛为核心的硬地赛事中,年终总决赛前参加2~3站比赛(0~1站巡回赛+1~2站大师赛)。

在竞技状态保持期(2017—2019年),参赛时序组合稳定,并有略微调整。在1—3月以澳网为核心的硬地赛事中,大满贯之前会参加0~1站巡回赛,大满贯赛后参加2站比赛(0~1站巡回赛+1~2站大师赛组合);在4—5月以法网为核心的红土赛事中,法网之前参加3~4站比赛(3站大师赛+0~1站巡回赛);在6—7月以温网为核心的草地赛事中,温网之前参加0~1站巡回赛;在8月以美网为核心的硬地赛事中,美网赛前参加1~2站大师赛;在9—11月以年终总决赛为核心的硬地赛事中,主要参赛模式为0~1站巡回赛+2站大师赛。

在竞技状态衰退期(2020—2022年),参赛时序组合稳定,尤其是以澳网和美网为核心的硬地赛事明显减少。在1—3月以澳网为核心的硬地赛事中,大满贯之前未参加比赛,大满贯赛后参加0~1站巡回赛,2022年因未注射疫苗缺席澳网比赛;在4—5月以法网为核心的红土赛事中,法网之前参加4站比赛(1~2站巡回赛+2~3站大师赛);在6—7月只参加温网比赛;在8月以美网为核心的硬地赛事中,美网赛前参加0~1站大师赛;在9—11月以年终总决赛为核心的硬地赛事中,主要参赛模式为0~2站巡回赛+1站大师赛。

(三)德约科维奇不同职业阶段参赛场地与地域分析

1.德约科维奇不同职业阶段参赛场地特征分析

男子网球职业赛事有硬地、红土、草地、地毯四种场地类型,在巡回赛不同场地比赛硬地最多,草地最少,在2009年后,ATP不再使用地毯场作为巡回赛场地。对德约科维奇每年参加硬地、红土、草地、地毯比赛的数量进行统计,得到表3-1-4。

表 3-1-4　德约科维奇不同职业阶段参赛场地类型统计表

阶段	赛季/年	硬地/站	红土/站	草地/站	地毯/站	各场地类型占比/(%) (硬地、红土、草地、地毯)
形成期	2003	3	3	—	—	53、33、7、7
	2004	4	11	—	5	
	2005	6	9	2	3	
	2006	12	9	2	3	
	2007	14	7	2	1	
	2008	15	4	2		
	2009	15	6	2		
	2010	16	5	2		
最佳期	2011	11	4	1	—	69、24、7、0
	2012	11	4	2		
	2013	13	6	1	—	
	2014	11	3	1		
	2015	13	3	1		
	2016	12	4	1		
保持期	2017	6	4	2		61、28、11、0
	2018	10	5	2	—	
	2019	11	4	1		
衰退期	2020	7	2	—	—	62、32、6、0
	2021	7	5	1	—	
	2022	6	5	1	—	

德约科维奇职业生涯参加硬地赛事特征为:在竞技状态的形成期,参赛数量逐渐增多且高于其他阶段,最高时多达16站,最佳期参赛站数为11～13站,保持期参赛站数为6～11站,衰退期参赛站数为6～7站。

德约科维奇职业生涯参加红土赛事特征为:在竞技状态的形成期,参赛数量先增多后减少,在3～11站之间,高于其他阶段,最佳期参赛站数在3～6站,保持期参赛站数稳定在4～5站,衰退期参赛站数为2～5站。

德约科维奇职业生涯参加草地赛事特征为:草地参赛数量一直处于较低水平,形成期为2站,最佳期和保持期为1～2站,在衰退期,2021年、2022年每年只参加1站草地比赛。

德约科维奇职业生涯参加地毯赛事特征为：只在竞技状态形成期有参赛，2008年以后未参加地毯场地比赛。在职业生涯参加的12站地毯赛事中，有4站是在塞尔维亚举办。

德约科维奇职业生涯参加的各场地类型比赛数量特征：硬地＞红土＞草地＞地毯。在竞技状态形成期，硬地53%＞红土33%＞草地7%＞地毯7%，在2003—2005年期间，红土赛事参赛数量最多，主要参加塞尔维亚和相邻欧洲国家的希望赛和挑战赛；最佳期各场地类型比赛数量特征为：硬地69%＞红土24%＞草地7%；保持期各场地类型比赛数量特征为：硬地61%＞红土28%＞草地11%；衰退期各场地类型比赛数量特征为：硬地62%＞红土32%＞草地6%。各场地类型参赛数量不同职业阶段特点为：形成期＞最佳期＞保持期＞衰退期；草地参赛数量一直处于较低水平，每年参加1~2站比赛。

综上所述，德约科维奇参加的各场地类型比赛数量特征：硬地＞红土＞草地＞地毯，年均硬地参赛数量约为10站，红土参赛数量约为5站，草地参赛数量约为2站；草地参赛数量一直处于较低水平；在职业生涯初期，参赛选择以本土红土参赛为主。硬地赛事参赛数量经历着形成期逐步增加，最佳期少量减少并保持，保持期和衰退期逐步减少的过程。衰退期整体参赛数量减少，红土赛事参赛数量基本稳定，硬地赛事参赛数量减少，且硬地和红土场地参赛数量差距减小。

2. 德约科维奇不同职业阶段参赛地域特征分析

(1) 德约科维奇不同职业阶段参赛地域分析。

职业网球赛事分布广泛，五大洲（欧洲、美洲、亚洲、大洋洲、非洲）各有分布。四大满贯赛事中法网、温网在欧洲举办，澳网在大洋洲举办，美网在北美洲举办。欧洲是网球运动的起源地，有着浓厚的网球文化底蕴，举办赛事数量也最多，其举办的赛事多为红土赛事，其次为草地赛事、硬地赛事；亚洲作为五大洲面积最大的洲，举办的职业赛事较少，多为硬地赛事，主要为ATP 1000大师赛、ATP 500巡回赛及ATP 250巡回赛；美洲作为举办赛事较多的地域，多举办硬地赛事，美国网球公开赛是该地域的核心赛事；非洲网球赛事以低级别赛事为主且数量较少。

在ATP官网上，收集德约科维奇每年参加的赛事数据，按地域（欧洲、北美洲、大洋洲、亚洲、南美洲）进行数据整理，统计各个区域参加的赛事数量，得到表3-1-5。

表3-1-5 德约科维奇不同职业阶段参赛地域统计表

阶段	赛季	赛事数量/站					各洲占比/(%) (EU、NA、OA、AS、SA)
		欧洲	北美洲	大洋洲	亚洲	南美洲	
形成期	2003	6	—	—	—	—	69、17、5、9、0
	2004	19	—	—	1	—	
	2005	16	3	1	—	—	
	2006	20	4	1	1	—	
	2007	15	5	2	2	—	
	2008	11	5	1	4	—	
	2009	12	5	3	3	—	
	2010	14	5	1	3	—	

续表

阶段	赛季	赛事数量/站					各洲占比/(%) (EU、NA、OA、AS、SA)
		欧洲	北美洲	大洋洲	亚洲	南美洲	
最佳期	2011	9	5	1	1	—	47、29、6、17、1
	2012	8	5	1	3	—	
	2013	10	6	1	3	—	
	2014	6	5	1	3	—	
	2015	7	5	1	4	—	
	2016	8	4	1	3	1	
保持期	2017	8	2	1	1	—	56、27、6、11、0
	2018	9	6	1	1	—	
	2019	8	4	1	3	—	
衰退期	2020	4	2	2	1	—	65、9、11、15、0
	2021	9	1	2	1	—	
	2022	9	0	0	3	—	

在竞技状态形成期,德约科维奇参赛地域特点为:欧洲＞北美洲＞亚洲＞大洋洲,未参加南美洲赛事,主要参赛地是欧洲,最高达20站,其次是北美洲,在3~5站之间,大洋洲1~3站,亚洲1~4站。在职业生涯初期,如2003年,欧洲是德约科维奇参赛主战场,一是由于欧洲赛事多,二是德约科维奇出生于欧洲,职业生涯初期比赛奖金有限,本土作战是较优选择。

在竞技状态最佳期,德约科维奇参赛地域特点为:欧洲＞北美洲＞亚洲＞大洋洲＞南美洲。主要参赛地在欧洲,在6~10站之间,其次是北美洲,在4~6站之间,大洋洲只参加1站(澳大利亚网球公开赛),亚洲赛事为1~4站,仅参加的一项南美洲参赛赛事类型为里约奥运会。这个阶段整体参赛较少,参赛重视质量。相较于竞技状态形成期,欧洲参赛站数明显减少,亚洲参赛站数增加。

在竞技状态保持期,德约科维奇参赛地域特点为:欧洲＞北美洲＞亚洲＞大洋洲,未参加南美洲赛事。欧洲赛事参赛站数为8~9站,北美洲参赛站数为2~6站,亚洲赛事1~3站,大洋洲赛事1站。

在竞技状态衰退期,德约科维奇参赛地域特点为:欧洲＞北美洲＞亚洲＞大洋洲,未参加南美洲赛事。欧洲赛事参赛站数为4~9站,北美洲参赛站数为0~2站,大洋洲参赛站数为0~2站,亚洲参赛站数为1~3站。

综上所述,德约科维奇职业生涯参赛地域方面,参加欧洲赛事最多,北美洲赛事次之,亚洲和大洋洲赛事紧随其后,南美洲赛事最少。

(2)德约科维奇不同职业阶段参赛城市分析。

在ATP官网上,收集德约科维奇每年参加的ATP 1000大师赛按城市进行分类,统计各个城市参加的赛事数量,得到表3-1-6。

表 3-1-6 德约科维奇职业生涯 ATP 1000 大师赛参赛城市情况统计表

参赛城市	巴黎	罗马	蒙特卡洛	辛辛那提	印第安维尔斯	马德里	迈阿密	加拿大	上海	汉堡
站数	16	16	15	14	14	13	13	12	9	3
占比/(%)	12.8	12.8	12	11.2	11.2	10.4	10.4	9.6	7.2	2.4
冠军/个	6	6	2	2	5	3	6	4	4	—
亚军/个	2	6	2	5	1	—	1	1	—	—

从德约科维奇参加 ATP 1000 大师赛参赛站数来看，位列前五的是巴黎、罗马、蒙特卡洛、辛辛那提和印第安维尔斯。德约科维奇参赛频率最高的是巴黎大师赛，从 2005 年首次参赛直至 2022 年，只有 2017 年因伤病缺席；德约科维奇在此项比赛中 8 次进入决赛，获得了 6 届冠军，其中在 2013—2015 年连续蝉联三届冠军。德约科维奇从 2007 年首次参加罗马大师赛直至 2022 年，一共参加了 16 届，12 次进入决赛，获得了 6 届冠军，是德约科维奇职业生涯中进入大师赛决赛最多的赛事。德约科维奇从 2000 年首次参加蒙特卡洛大师赛直至 2019 年，一共参加了 15 届，只有 2011 年未出席，4 次进入决赛，获得了 2 届冠军。德约科维奇从 2005 年首次参加辛辛那提大师赛直至 2020 年，一共参加了 14 届，只有 2016 年、2017 年未出席，7 次进入决赛，获得了 2 届冠军。德约科维奇从 2006 年首次参加印第安维尔斯大师赛直至 2019 年，一共参加了 14 届，6 次进入决赛，获得了 5 届冠军，其中在 2014—2016 年蝉联三届冠军。

在 ATP 官网上，收集德约科维奇每年参加的巡回赛按城市进行分类，统计各个城市参加的赛事数量，得到表 3-1-7。

表 3-1-7 德约科维奇职业生涯 ATP 巡回赛参赛城市情况统计表

参赛城市	迪拜	北京	贝尔格莱德	伦敦	多哈	乌马格	巴塞尔	马赛	鹿特丹	维也纳	其他
站数	12	6	5	5	4	4	3	3	3	3	24
占比/(%)	16.7	8.3	6.9	6.9	5.6	5.6	4.2	4.2	4.2	4.2	33.3
冠军/个	5	6	2	—	2	0	1	—	—	1	9
亚军/个	1	—	—	2	—	1	—	1	—	—	2

注：ATP 巡回赛包含了 500 积分及以下赛事。参赛频率在 2 站及以下的赛事均作为其他进行统计。

从德约科维奇参加 ATP 巡回赛参赛站数来看，位列前四的是迪拜、北京、贝尔格莱德和伦敦。德约科维奇参赛站数最多的巡回赛赛事为迪拜网球公开赛，一共参加了 12 届，6 次进入决赛，获得了 5 届冠军，其中在 2009—2011 年蝉联三届冠军。德约科维奇参加 6 届中国网球公开赛，获得了 6 届冠军。德约科维奇参加 5 届塞尔维亚网球公开赛，3 次进入决赛，获得 2 届冠军；贝尔格莱德是德约科维奇家乡赛事，此项赛事难以吸引高水平球员参赛，2013 年停办，2021 年重新举办该赛事。德约科维奇参加 5 届女王杯网球公开赛，2 次进入决赛，获得 2 个亚军。

(四)德约科维奇职业生涯参赛效率分析

1.德约科维奇职业生涯不同阶段参赛数量效率分析

从赛事本身来看参赛效率,该年度参赛效率＝年度总积分/年度参赛总站数。从该参赛效率公式分析,年度总积分/年度参赛总站数即是站均积分。从积分角度来看,站均积分能较好地反映参赛效率。

$$站均积分＝年度总积分/年度参赛总站数$$

例如,德约科维奇在2011年总积分为13630,参赛总站数为16,那么2011年站均积分为13630/16≈852。

此积分为参赛的实际积分,与排名系统中积分计算规则不同。根据站均积分贡献率公式,在ATP官网上收集德约科维奇每站比赛参赛积分和站数数据,对参赛积分进行计算,得到表3-1-8及图3-1-3。

表3-1-8 德约科维奇不同职业阶段站均积分统计表

阶段	赛季	积分	站数	站均积分
形成期	2003	20	6	3
	2004	229	20	11
	2005	493	20	25
	2006	1408	26	54
	2007	4505	24	188
	2008	10590	21	504
	2009	8490	23	369
	2010	6215	23	270
最佳期	2011	13630	16	852
	2012	12920	17	760
	2013	11800	20	590
	2014	11360	15	757
	2015	16545	17	973
	2016	11780	17	693
保持期	2017	2585	12	215
	2018	9045	17	532
	2019	7488	16	468
衰退期	2020	5755	9	639
	2021	9970	13	767
	2022	4820	12	402

德约科维奇职业生涯积分共有7个赛季积分达到了10000分以上,在2008年与2011—2016年,2015年达到积分最大值16545分。在积分巅峰之后,迎来了下降期,2017年以后积分波动显著。

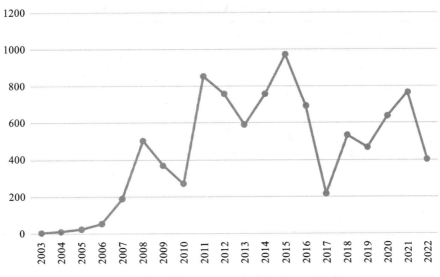

图 3-1-3　德约科维奇不同职业阶段站均积分趋势图

通过对德约科维奇职业生涯参赛效率(站均积分)进行统计发现,参赛效率趋势呈现多个波段周期。在竞技状态形成期,参赛效率呈倒 V 形,参赛效率先增加再下降,2007 年以前参赛效率值在 200 以下,2008 年达最大值(504)。

在竞技状态最佳期,参赛效率处于高位,出现两个峰值,第一个峰值在 2011 年(852),第二个峰值在 2015 年(973),并达到职业生涯最高参赛效率。此阶段是职业生涯参赛效率最高的阶段,参赛效率值均在 590 以上。

在竞技状态保持期,2017 年受伤病影响,参赛效率较低,2018 年站均积分为 532,2019 年为 468。

2020 年进入职业生涯竞技状态衰退期,2021 年参加了 13 站比赛,平均参赛轮次为 5.5,其中 7 次打入决赛并获得了 5 个冠军;2022 年参加了 12 站比赛,平均参赛轮次为 5,其中 7 次打入决赛并获得了 5 个冠军;2020 年和 2021 年参赛效率极高。2022 年是较为特殊的一年,德约科维奇参加温布尔登网球锦标赛并获得冠军,ATP 组织因温网官方禁止俄罗斯球员参赛取消了温网积分,在统计时温网积分为 0;因拒绝接种疫苗的原因,德约科维奇在 2022 赛季缺席了澳网、美网、印第安维尔斯大师赛、迈阿密大师赛、辛辛那提大师赛、罗杰斯杯。

综上所述,德约科维奇职业生涯参赛效率趋势呈现出三个波段周期。第一个和第二个参赛效率高峰出现在竞技状态最佳期,第三个参赛效率高峰出现在竞技状态衰退期。

2. 德约科维奇职业生涯参赛胜率分析

从参赛胜负来看,参赛胜率可以较好地反映运动员参赛效率。

$$参赛胜率=(获胜的场数/年度总场数)\times 100\%$$

例如,德约科维奇在 2011 年胜场数为 70 场,参赛总场数为 76 场,那么 2011 年参赛胜率为 $70/76\times 100\%\approx 92\%$。

在 ATP 官网上,收集德约科维奇每年参加比赛的胜场数、总场数,统计参加赛事的胜率,得到表 3-1-9。

表 3-1-9　德约科维奇职业生涯参赛胜率统计表

阶段	赛季	胜场数	总场数	胜率/(%)
形成期	2003	0	0	0
	2004	2	5	40
	2005	11	22	50
	2006	40	58	69
	2007	68	87	78
	2008	64	81	79
	2009	78	97	80
	2010	61	79	77
最佳期	2011	70	76	92
	2012	75	87	86
	2013	74	83	89
	2014	61	69	88
	2015	82	88	93
	2016	65	74	88
保持期	2017	32	40	80
	2018	53	66	80
	2019	57	68	84
衰退期	2020	41	46	89
	2021	55	62	89
	2022	42	49	86

在竞技状态形成期,胜场数和胜率逐年增加,胜场数在 0~78 场之间,总场数在 0~97 场之间,胜率在 0~80% 之间。在竞技状态最佳期,胜场数在 61~82 场之间,总场数在 69~88 场之间,胜率在 86%~93% 之间,此阶段胜率为职业生涯最高阶段,2011 年、2015 年胜率均在 90% 以上。在竞技状态保持期,胜场数在 32~57 场之间,总场数在 40~68 场之间,胜率在 80%~84% 之间。在竞技状态衰退期,胜场数在 41~55 场之间,总场数在 46~62 场之间,胜率在 86%~89% 之间。

3. 德约科维奇职业生涯不同级别赛事参赛效率分析

运动员总积分由不同级别赛事获得的积分构成,不同级别比赛获得的积分对总积分的贡献率不同,某一级别赛事积分贡献率用以下公式计算:

$$该级别赛事积分贡献率=该级别赛事积分总数/赛季总积分$$

例如,德约科维奇在 2011 年参加四大满贯赛事积分为 6720,总积分为 13630,那么 2011 年大满贯赛事积分贡献率为 6720/13630≈0.49。

在 ATP 官网上,收集德约科维奇每站比赛参赛积分和赛事级别数据,依据赛事级别对参赛积分进行求和,再根据赛事级别积分贡献率公式计算,得到表 3-1-10 及图 3-1-4。

表 3-1-10　德约科维奇职业生涯各阶段不同级别赛事积分贡献率

阶段	赛季	大满贯	年终总决赛	大师赛	ATP 500 巡回赛	ATP 250 巡回赛	ATP 低级别赛事	ITF	ATP 杯
形成期	2003	—	—	—	—	—	1	—	—
	2004	—	—	—	—	0.15	0.85	—	—
	2005	0.48	—	0.22	—	0.09	0.21	—	—
	2006	0.34	—	0.18	0.05	0.42	0.01	—	—
	2007	0.39	—	0.42	0.05	0.14	—	—	—
	2008	0.37	0.12	0.39	0.05	0.03	—	0.04	—
	2009	0.18	0.05	0.53	0.17	0.07	—	—	—
	2010	0.43	0.06	0.26	0.24	0.01	—	—	—
最佳期	2011	0.49	0.01	0.43	0.05	0.02	—	—	—
	2012	0.4	0.12	0.41	0.05	—	—	0.02	—
	2013	0.43	0.13	0.35	0.09	—	—	—	—
	2014	0.38	0.13	0.43	0.06	—	—	—	—
	2015	0.44	0.08	0.43	0.048	0.002	—	—	—
	2016	0.45	0.08	0.44	0.01	0.02	—	—	—
保持期	2017	0.3	—	0.48	0.03	0.19	—	—	—
	2018	0.5	0.11	0.36	0.03	—	—	—	—
	2019	0.52	0.03	0.37	0.07	0.01	—	—	—
衰退期	2020	0.45	0.07	0.26	0.1	—	—	—	0.12
	2021	0.72	0.06	0.17	—	0.04	—	—	0.01
	2022	0.08	0.31	0.41	0.12	0.08	—	—	—

对德约科维奇每年参加大满贯、年终总决赛、大师赛、ATP 500 巡回赛、ATP 250 巡回赛、ATP 低级别赛事、ITF 赛事、ATP 杯赛事的积分贡献率进行统计,根据表 3-1-10 的结果,在德约科维奇竞技状态形成期,各级别赛事整体积分贡献率大小为:大满贯＞ATP 低级别赛事＞大师赛＞ATP 250 巡回赛＞ATP 500 巡回赛＞年终总决赛＞ITF 赛事。其中,ATP 低级别赛事 2003 年和 2004 年积分贡献率最高,为排名的提升发挥了巨大的作用;大满贯积分贡献率在 0.18～0.48 之间,2009 年大师赛最高达 0.53;ATP 250 巡回赛及 ATP 低级别赛事积分贡献率呈下降趋势。

在竞技状态最佳期,各级别赛事整体积分贡献率大小为:大满贯＞大师赛＞年终总决赛＞ATP 500 巡回赛＞ATP 250 巡回赛＞ITF 赛事。其中,大满贯积分贡献率在 0.38～0.49 之间,大师赛在 0.35～0.44 之间,ATP 500 巡回赛和 ATP 250 巡回赛贡献率在 0.1 以内。

在竞技状态保持期,各级别赛事整体积分贡献率大小为:大满贯＞大师赛＞ATP 250 巡回赛＞年终总决赛＞ATP 500 巡回赛。其中,大满贯积分贡献率在 0.3～0.52 之间,大师赛在 0.36～0.48 之间,其余赛事低于 0.2。

在竞技状态衰退期,各级别赛事整体积分贡献率大小为:大满贯＞大师赛＞年终总决赛

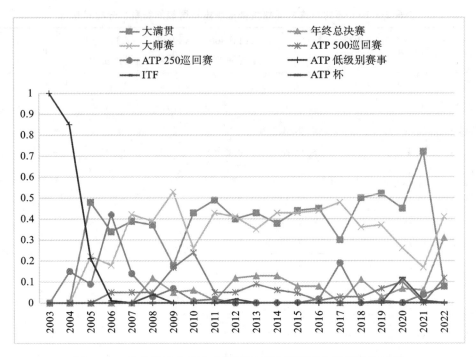

图 3-1-4 德约科维奇职业生涯不同级别赛事积分贡献率趋势图

＞ATP 500 巡回赛＞ATP 250 巡回赛＞ATP 杯。其中,大满贯总积分贡献率在 2021 年最高,达到职业生涯最大贡献值(0.72),2022 年大师赛贡献率最高(0.41)。

由图 3-1-4 可知,整体上,积分贡献率特征为:大满贯＞大师赛＞ATP 250 巡回赛＞ATP 500 巡回赛＞ATP 低级别赛事＞年终总决赛＞ATP 杯＞ITF 赛事。究其原因,大满贯赛事积分最高,其次为年终总决赛,最后是大师赛和 ATP 巡回赛,赛事级别越高,参赛每晋级一轮的积分就越多,奖金越多。同时积分贡献率也受到赛事数量的影响,比如年终总决赛,积分虽高,但比赛每年只有 1 次,贡献率较低。另外,参赛胜率也是重要的因素,赛事级别高,对手排名靠前,竞争大,胜率较低;低级别赛事则相反。网球运动员在职业生涯初期,参加低级别赛事获得积分和提升排名,进而获得参加高级别赛事资格;当积分达到高级别赛事的资格后,则以参加高积分赛事为主。德约科维奇在职业生涯初期,参加了大量低级别赛事,接触了大量对手,适应了不同打法,提升了胜率、积分和竞技能力,在少量较高级别比赛对抗中,提高了竞技水平。德约科维奇职业生涯选择赛事还受奖金、家乡情怀的影响,他在迪拜(12 次)、北京(6 次)、贝尔格莱德(5 次)这 3 站的比赛中拿到了非常好的成绩,获得了 13 个冠军和 2 个亚军,得到较多积分。

4.德约科维奇职业阶段不同场地赛事积分贡献率

网球职业赛事主要由四种场地类型构成,参加不同场地类型的比赛获得的积分对总积分的贡献率也不相同,通过分析不同参赛场地之间积分贡献率的差异性,以找出参赛场地对参赛效率的影响关系。

该场地赛事积分贡献率＝该场地赛事积分总数/赛季总积分

例如,德约科维奇在 2011 年参加硬地赛事积分为 8660,总积分为 13630,那么 2011 年硬地赛事积分贡献率为 8660/13630≈0.64。

在 ATP 官网上,收集德约科维奇每站比赛参赛积分和场地类型数据,依据场地类型对参赛积分进行求和,再根据参赛场地积分贡献率公式计算,得到表 3-1-11 及图 3-1-5。

表 3-1-11 德约科维奇职业生涯各阶段不同场地赛事积分贡献率

阶段	赛季	硬地	红土	草地	地毯
形成期	2003	0.6	0.4	—	—
	2004	0.07	0.61	—	0.32
	2005	0.24	0.33	0.18	0.25
	2006	0.38	0.44	0.12	0.06
	2007	0.68	0.22	0.1	—
	2008	0.7	0.26	0.04	—
	2009	0.72	0.22	0.06	—
	2010	0.73	0.15	0.12	—
最佳期	2011	0.63	0.22	0.15	—
	2012	0.72	0.2	0.08	—
	2013	0.74	0.16	0.1	—
	2014	0.6	0.22	0.18	—
	2015	0.69	0.19	0.12	—
	2016	0.69	0.31	0.01	—
保持期	2017	0.18	0.58	0.24	—
	2018	0.65	0.1	0.25	—
	2019	0.61	0.26	0.13	—
衰退期	2020	0.81	0.19	—	—
	2021	0.5	0.3	0.2	—
	2022	0.61	0.39	—	—

对德约科维奇每年参加硬地、红土、草地、地毯赛事积分贡献率进行统计,根据表 3-1-11 的结果显示,在德约科维奇竞技状态形成期,场地积分贡献率为:硬地＞红土＞地毯＞草地。其中,硬地赛事积分贡献率在 0.07~0.73 之间,红土赛事在 0.15~0.61 之间,草地在 0.04~0.18 之间,地毯在 0.06~0.32 之间;2004—2006 年,红土赛事积分贡献率高于硬地赛事。在此阶段,从 2004 年开始,硬地赛事积分贡献率呈上升趋势。

在竞技状态最佳期,场地积分贡献率为:硬地＞红土＞草地。其中,硬地赛事积分贡献率在 0.6~0.74 之间,红土赛事在 0.16~0.31 之间,草地赛事在 0.01~0.18 之间。在此阶段,各场地积分贡献率有波动。

在竞技状态保持期,场地积分贡献率为:硬地＞红土＞草地。其中,硬地赛事积分贡献

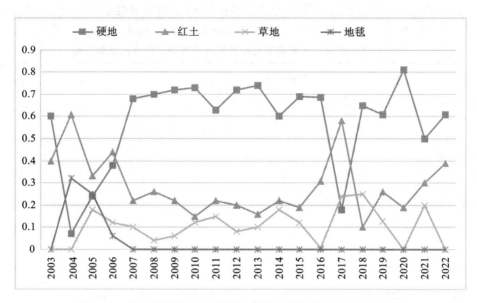

图 3-1-5 德约科维奇职业生涯不同场地赛事积分贡献率趋势图

率在 0.18~0.65 之间,红土赛事在 0.1~0.58 之间,草地赛事在 0.13~0.25 之间,2017 年红土赛事积分贡献率达到此阶段最大值(0.58)。

在竞技状态衰退期,场地积分贡献率为:硬地＞红土＞草地。其中,硬地赛事积分贡献率在0.5~0.81 之间,红土赛事在 0.19~0.39 之间,草地赛事积分贡献率为 0.2。

由图 3-1-5 可知,整体上,场地类型积分贡献率特征为:硬地＞红土＞草地＞地毯。究其原因,硬地赛事分布最广。高级别赛事以硬地场地为主,如大满贯赛事有硬地赛事 2 项(美网和澳网),大师赛有硬地赛事 7 项,导致硬地赛事对参赛效率影响较大。赛事数量特征为:硬地＞红土＞草地,德约科维奇场地类型积分贡献率特征与 ATP 年度赛事数量安排趋势一致。德约科维奇的打法在硬地上能够发挥出更大的优势,自 2003 年转入职业赛场起至 2022 年底,他参加澳网和美网获得了十二冠六亚的优异成绩。

综上所述,德约科维奇职业生涯场地类型积分贡献率特征为:硬地＞红土＞草地＞地毯,硬地赛事是德约科维奇作为职业网球运动员的主战场,其次是红土赛事。

5.德约科维奇职业阶段不同参赛时间赛事积分贡献率

网球职业赛事中,四大满贯和年终总决赛是重要的高积分、高级别赛事,本书以四大满贯、年终总决赛为核心划分了 5 个参赛时间,参加不同时间的比赛获得的积分对总积分的贡献率也不相同,通过分析不同参赛时间之间积分贡献率的差异性,以找出参赛时间对参赛效率的影响。

该参赛时间赛事积分贡献率＝该参赛时间总数/赛季总积分

例如,德约科维奇在 2011 年参加 1—3 月赛事的积分为 4500,总积分为 13630,那么 2011 年 1—3 月赛事积分贡献率为 4500/13630≈0.33。

在 ATP 官网上,收集德约科维奇每站比赛参赛积分和参赛时间数据,依据 5 个参赛时间安排对参赛积分进行求和,再根据参赛时间积分贡献率公式计算,得到表 3-1-12 及图3-1-6。

表 3-1-12　德约科维奇职业生涯各阶段不同参赛时间赛事积分贡献率

阶段	赛季	1—3月	4—5月	6—7月	8月	9—11月
形成期	2003	—	—	1	—	—
	2004	0.04	0.29	0.04	0.19	0.44
	2005	0.13	0.25	0.21	0.19	0.22
	2006	0.12	0.24	0.33	0.08	0.23
	2007	0.3	0.21	0.11	0.27	0.11
	2008	0.31	0.26	0.13	0.13	0.17
	2009	0.21	0.22	0.06	0.18	0.33
	2010	0.18	0.15	0.12	0.28	0.27
最佳期	2011	0.33	0.22	0.15	0.26	0.04
	2012	0.27	0.2	0.08	0.22	0.23
	2013	0.25	0.16	0.1	0.15	0.34
	2014	0.22	0.23	0.17	0.08	0.3
	2015	0.26	0.19	0.13	0.19	0.23
	2016	0.37	0.31	0.09	0.1	0.13
保持期	2017	0.18	0.58	0.24	—	—
	2018	0.02	0.09	0.26	0.34	0.29
	2019	0.29	0.26	0.13	0.07	0.25
衰退期	2020	0.55	—	—	0.17	0.28
	2021	0.22	0.3	0.2	0.12	0.16
	2022	0.02	0.39	—	—	0.59

对德约科维奇每年参赛时间的赛事积分贡献率进行统计，表 3-1-12 的结果显示，在德约科维奇竞技状态形成期，参赛时间积分贡献率为：6—7月＞9—11月＞4—5月＞8月＞1—3月，6—7月积分贡献率最高，在 0.04～1 之间，9—11月在 0.11～0.44 之间，4—5月在 0.15～0.29 之间，8月在 0.08～0.28 之间，1—3月在 0.04～0.31 之间。

在竞技状态最佳期，参赛时间积分贡献率为：1—3月＞4—5月＞9—11月＞8月＞6—7月，1—3月积分贡献率在 0.22～0.37 之间，4—5月在 0.16～0.31 之间，9—11月在 0.04～0.34 之间，6—7月在 0.08～0.17 之间，8月在 0.08～0.26 之间。

在竞技状态保持期，参赛时间积分贡献率为：4—5月＞6—7月＞9—11月＞1—3月＞8月，4—5月积分贡献率在 0.09～0.58 之间，6—7月在 0.13～0.26 之间，9—11月在 0.25～0.29 之间，1—3月在 0.02～0.29 之间，8月在 0.07～0.34 之间。8月和 9—11月积分贡献率呈下降趋势。

在竞技状态衰退期，参赛时间积分贡献率为：9—11月＞1—3月＞4—5月＞8月＞6—7月，因疫情原因，整体上各参赛时间积分贡献率波动较大。

由图 3-1-6 可知，整体上，参赛时间积分贡献率特征为：1—3月＞9—11月＞4—5月＞

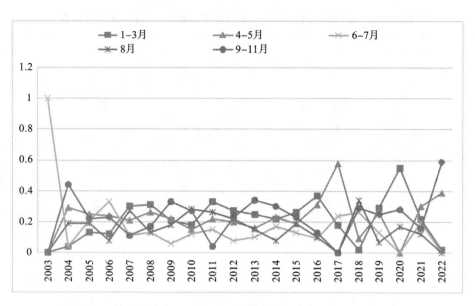

图 3-1-6 德约科维奇职业生涯不同参赛时间赛事积分贡献率趋势图

6—7月＞8月。

综上所述,德约科维奇参赛组合特征为:①职业生涯呈现4个波段周期,分别是形成期(2003—2010年)、最佳期(2011—2016年)、保持期(2017—2019年)、衰退期(2020—2022年)。②参赛特征。参赛数量特征方面,形成期、最佳期、保持期、衰退期平均参赛站数逐渐减少;参赛级别方面,形成期前两年以ATP低级别赛事为主,最佳期形成以4站大满贯＋1站年终总决赛＋7～9站大师赛＋2～3站ATP巡回赛的参赛模式,赛事安排以大满贯和大师赛为主;参赛时间特征,以4大满贯和年终总决赛为核心的5个赛事时间阶段,形成以巡回赛或大师赛作为核心赛事的前后加预热赛或放松赛赛事的组合模式,但在1—3月澳网和6—7月温网前经常未参加比赛;参赛场地以硬地为主,硬地参赛数量是红土的2～3倍,职业生涯前3年期红土参赛数量高于硬地;欧洲是主要的参赛地域,其中参赛频率最高的大师赛和巡回赛城市分别是巴黎和迪拜。③参赛效率特征。最佳期参赛数量效率最高;形成期胜率逐年提升,最佳期胜率最高,保持期和衰退期胜率稳定;赛事级别积分贡献率方面,大满贯和大师赛积分贡献率最大;场地积分贡献率方面,硬地赛事积分贡献率最高;参赛时间积分贡献率方面,以澳大利亚网球公开赛为核心的1—3月赛事和年终总决赛为核心的9—11月积分贡献率最高。

第二节 德约科维奇职业生涯参赛竞技能力特征分析

一、德约科维奇职业生涯参赛竞技能力总体分析

(一)不同职业阶段发球竞技能力分析

1. 不同职业阶段发球竞技能力描述性统计分析

发球竞技能力指标包括Aces、双误、一发成功率、一发得分率、二发得分率、破发点、挽

救破发点率、发球局、发球局胜率、发球得分率。前文将德约科维奇职业生涯竞技状态划分为形成期(2003—2010年)、最佳期(2011—2016年)、保持期(2017—2019年)、衰退期(2020—2022年),由于2003年只参加ATP低级别赛事,数据未被ATP官网统计,形成期的实际统计区间为2004—2010年。根据表3-2-1,本研究将对德约科维奇不同职业阶段发球竞技能力进行分析。

表3-2-1　德约科维奇不同职业阶段发球竞技能力

阶段	赛季	Aces/个	双误/个	一发成功率/(%)	一发得分率/(%)	二发得分率/(%)	破发点/个	挽救破发点率/(%)	发球局/个	发球局胜率/(%)	发球得分率/(%)
形成期	2004	26	21	62	61	44	39	49	54	63	54
	2005	88	58	63	70	48	161	59	261	75	62
	2006	285	154	63	72	53	330	63	652	81	65
	2007	518	195	64	72	54	495	65	1074	84	66
	2008	493	154	65	74	57	378	67	953	87	68
	2009	502	263	63	73	54	525	66	1139	85	66
	2010	304	282	64	71	52	493	67	907	82	64
最佳期	2011	343	143	65	74	56	351	65	899	86	68
	2012	512	147	64	75	56	411	66	1073	87	68
	2013	476	118	66	75	60	340	65	989	88	70
	2014	428	105	67	75	56	299	63	895	88	69
	2015	471	135	66	74	60	358	68	1082	89	70
	2016	276	174	65	73	56	364	68	841	86	67
保持期	2017	155	74	66	73	53	203	63	470	84	66
	2018	342	152	66	74	57	301	65	830	87	68
	2019	373	166	66	76	57	282	64	825	88	69
衰退期	2020	278	137	64	75	53	243	67	572	86	67
	2021	464	151	65	76	54	308	66	805	87	69
	2022	291	92	66	77	56	205	64	602	88	70

第一阶段,竞技状态形成期(2004—2010年)。发球竞技能力处于提升阶段。Aces数量呈上升趋势,在26~518个之间,2007年达到职业生涯年度Aces较高水平。双误个数呈增加趋势,从21个增加到282个,2010年达到职业生涯最大值(282个)。一发成功率在62%~65%之间,一发得分率在61%~74%之间,二发得分率在44%~57%之间。破发点数量在39~525个之间,2009年达到职业生涯年度最大值。挽救破发点率在49%~67%之间。发球局数量在54~1139个之间,2009年达到职业生涯最高水平。发球局胜率在63%~87%之间,发球得分率在54%~68%之间。由于参赛站数增多和发球竞技能力的提升,Aces、双误、破发点、发球局等指标数量增加幅度显著。

第二阶段,竞技状态最佳期(2011—2016年)。发球竞技能力趋于稳定,处于职业生涯较高水平。Aces 数量在 276～512 个之间,双误数量在 105～174 个之间,一发成功率在 64%～67%之间,一发得分率在 73%～75%之间,二发得分率在 56%～60%之间,破发点数量在 299～411 个之间,挽救破发点率在 63%～68%之间,发球局数量在 841～1082 个之间,发球局胜率在 86%～89%之间,发球得分率在 67%～70%之间。

第三阶段,竞技状态保持期(2017—2019 年)。发球竞技能力较为稳定,处于职业生涯较高水平。Aces 数量在 155～373 个之间,双误数量在 74～166 个之间,一发成功率稳定在 66%,一发得分率在 73%～76%之间,二发得分率在 53%～57%之间,破发点数量在 203～301 个之间。挽救破发点率在 63%～65%之间,发球局数量在 470～830 个之间,发球局胜率在 84%～88%之间,发球得分率在 66%～69%之间。在 2017、2018 赛季,德约科维奇深受肘伤困扰,在这段时期对发球动作做出了调整,自此之后,德约科维奇的发球技术更具威胁。

第四阶段,竞技状态衰退期(2020—2022 年)。Aces 数量在 278～464 个之间,双误数量在 92～151 个之间,一发成功率在 64%～66%之间,一发得分率在 75%～77%之间,二发得分率在 53%～56%之间,破发点数量在 205～308 个之间,挽救破发点率在 64%～67%之间,发球局数量在 572～805 个之间,发球局胜率在 86%～88%之间,发球得分率在 67%～70%之间。

德约科维奇发球兼具进攻型和稳定性。一发得分率最高达 77%,二发得分率最高达 60%,发球局胜率最高达 89%,发球得分率最高达 70%,发球竞技能力排名多次进入世界前十位。德约科维奇的发球一发以平击为主,二发以旋转为主,配合发球落点、角度是他赢得比赛的主要手段之一。

2. 发球落点分析

为了便于统计德约科维奇的发球落点,将球场平分区和占先区发球区域分别划分为内角、中间、外角,总共 6 个区域对发球落点进行统计。

(1)一发发球落点(表 3-2-2)。

表 3-2-2 一发发球落点

项目	平分区内角	平分区中间	平分区外角	占先区外角	占先区中间	占先区内角
区域发球占比/(%)	48.4	4.9	46.7	48.0	7.3	44.7
区域发球数/发球总数	4053/8378	410/8378	3915/8378	3561/7415	540/7415	3314/7415
发球转化得分率/(%)	75.7	66.3	77.0	73.0	70.0	72.0
发球得分/区域发球数	3069/4053	272/410	3013/3915	2601/3561	378/540	2387/3314
平均发球速度/mph	110	116	121	116	117	117
Aces/个	385	1	469	277	0	400
发球直接得分/个	1124	77	915	858	113	709

由表 3-2-2 可知,一发发球德约科维奇在平分区发球占比方面,内角 48.4%＞外角 46.7%＞中间 4.9%;在发球转化得分率方面,外角 77.0%＞内角 75.7%＞中间 66.3%;在平均发球速度方面,外角 121 mph＞中间 116 mph＞内角 110 mph;在 Aces 数量方面,外角 469 个＞内角 385 个＞中间 1 个;在发球直接得分方面,内角 1124 个＞外角 915 个＞中间 77 个。在占先区发球占比方面,外角 48.0%＞内角 44.7%＞中间 7.3%;在发球转化得分

率方面，外角 73.0%＞内角 72.0%＞中间 70.0%；在平均发球速度方面，内角和中间 117 mph＞外角 116 mph；在 Aces 数量方面，内角 400 个＞外角 277 个，中间区域没有 Aces；在发球直接得分方面，外角 858 个＞内角 709 个＞中间 113 个。

德约科维奇一发主要将球发到内角和外角，中间最少。发球转化得分率外角最高，且内角与外角差距较小。平均发球速度平分区差距较大，外角最高；占先区三者没有差别。

（2）二发发球落点（表 3-2-3）。

表 3-2-3　二发发球落点

项目	平分区内角	平分区中间	平分区外角	占先区外角	占先区中间	占先区内角
区域发球占比/(%)	37.9	23.1	39.0	28.3	34.1	37.6
区域发球数/发球总数	1551/4091	946/4091	1594/4091	1073/3789	1290/3789	1426/3789
发球转化得分率/(%)	59.8	59.1	62.5	60.7	56.4	64.0
发球得分/区域发球数	927/1551	559/946	996/1594	651/1073	727/1290	913/1426
平均发球速度/mph	89	92	99	89	88	103
Aces/个	5	1	22	0	0	56
发球直接得分/个	228	140	366	184	162	269

由表 3-2-3 可知，二发发球德约科维奇在平分区发球占比方面，外角 39.0%＞内角 37.9%＞中间 23.1%；在发球转化得分率方面，外角 62.5%＞内角 59.8%＞中间 59.1%；在平均发球速度方面，外角 99 mph＞中间 92 mph＞内角 89 mph；在 Aces 数量方面，外角 22 个＞内角 5 个＞中间 1 个；在发球直接得分方面，外角 366 个＞内角 228 个＞中间 140 个。在占先区发球占比方面，内角 37.6%＞中间 34.0%＞外角 28.3%；在发球转化得分率方面，内角 64.0%＞外角 60.7%＞中间 56.4%；在平均发球速度方面，内角 103 mph＞外角 89 mph＞中间 88 mph；在 Aces 数量方面，内角 56 个，外角和中间区域没有；在发球直接得分方面，内角 269 个＞外角 184 个＞中间 162 个。

德约科维奇二发平分区主要将球发到内角和外角，占先区主要发到内角和中间。发球转化得分率方面，平分区外角和占先区内角最高。平均发球速度平分区外角最快，占先区内角最快且占先区中间和外角速度几乎没有差别。

（3）发球竞技能力排名。

德约科维奇 2003 年转为职业球员，2003 年发球各项竞技能力指标未进入世界排名榜，未纳入技术统计（表 3-2-4）。

表 3-2-4　德约科维奇职业生涯发球竞技能力排名

赛季	发球排名	一发成功率排名	一发得分率排名	二发得分率排名	发球局胜率排名	场均 Aces 排名	场均双误排名
2004	84	25	85	85	85	32	78
2005	57	25	55	78	46	60	59
2006	20	27	34	21	23	37	54
2007	11	20	39	11	12	34	31
2008	9	18	27	3	7	35	65

续表

赛季	发球排名	一发成功率排名	一发得分率排名	二发得分率排名	发球局胜率排名	场均Aces排名	场均双误排名
2009	21	25	31	14	14	44	56
2010	37	20	51	34	24	64	84
2011	9	13	24	5	8	47	14
2012	8	20	16	6	7	36	8
2013	3	13	17	1	4	37	4
2014	6	9	22	4	6	33	5
2015	6	6	27	1	5	48	7
2016	11	10	30	2	8	68	22
2017	16	6	39	15	18	66	8
2018	8	6	26	5	8	55	25
2019	8	11	16	6	7	46	34
2020	11	14	12	14	10	22	31
2021	8	22	13	8	5	24	38
2022	6	18	10	3	8	35	16

本书对德约科维奇发球局各项技术指标进行横向比较，了解德约科维奇各项技术统计的年终排名变化，就能够更清楚地了解德约科维奇职业生涯发球竞技能力的变化趋势。由图 3-2-1 可知，德约科维奇的发球排名整体上属于先上升再趋于稳定的态势，2010 年和 2017 年出现波动。

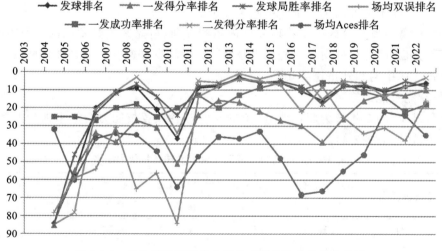

图 3-2-1 德约科维奇职业生涯发球竞技能力排名趋势图

根据表 3-2-4 可知，德约科维奇 2004 年发球竞技能力排名第 84 位，之后呈上升趋势。在 2011—2015 年，发球竞技能力稳居世界前 10 位，职业生涯发球最高排名是第 3 位（2013 年）。一发成功率最高排名为第 6 位（2015 年、2017 年、2018 年），最低排名为第 27 位，整体排名在 30 位以内。二发得分率最高排名为第 1 位(2013 年、2015 年),2011—2022 年整体排名在 20 位以内。发球局胜率最高排名为第 4 位(2013 年),2011—2022 年排名在 20 位以内。场均 Aces 最高排名为第 22 位(2020 年),整体排名在第 22~68 位。场均双误是低优指标,双误数越少,排名越靠前,场均双误最高排名为第 4 位(2013 年),2012—2015 年、2017 年排名进入前 10 位,整体排名在第 4~84 位。

(二)不同职业阶段接发球竞技能力分析

1. 不同职业阶段接发球竞技能力描述性统计分析

德约科维奇不同职业阶段接发球竞技能力如表 3-2-5 所示。

表 3-2-5 德约科维奇不同职业阶段接发球竞技能力

阶段	赛季	接一发得分率/(%)	接二发得分率/(%)	破发机会/个	破发成功率/(%)	接发球局/个	接发球局胜率/(%)	接发球得分率/(%)
形成期	2004	38	46	46	35	55	29	41
	2005	28	51	136	40	252	22	37
	2006	30	51	371	45	634	26	39
	2007	32	53	694	43	1055	28	40
	2008	32	53	595	47	936	30	41
	2009	33	54	825	42	1110	31	42
	2010	34	54	637	45	882	32	42
最佳期	2011	36	58	692	48	860	39	45
	2012	35	56	768	46	1033	35	43
	2013	35	55	758	42	960	33	43
	2014	33	58	632	45	862	33	43
	2015	34	57	824	44	1057	34	43
	2016	35	59	649	43	818	34	44
保持期	2017	33	55	316	45	461	31	42
	2018	34	55	617	40	813	30	42
	2019	34	54	516	49	796	32	42
衰退期	2020	35	58	421	43	557	33	43
	2021	36	55	603	45	789	35	43
	2022	33	56	388	43	576	29	41

根据表 3-2-5 可知,第一阶段,竞技状态形成期(2004—2010 年)。接发球竞技能力处于提升的趋势。接一发得分率在 28%~38% 之间,接二发得分率在 46%~54% 之间,破发机会数量在 46~825 个之间,破发成功率在 35%~47% 之间,接发球局数量在 55~1110 个之间,2009 年达到职业生涯年度接发球局数较高水平,接发球局胜率在 22%~32% 之间,接发球得分率在 37%~42% 之间。由于参赛站数增多和接发球竞技能力的提升,破发机会、接发球局等指标数量增加幅度显著。

第二阶段,竞技状态最佳期(2011—2016年)。接发球竞技能力趋于稳定,并处于职业生涯最高水平。接一发得分率在33%~36%之间,接二发得分率在55%~59%之间,破发机会数量在632~824个之间,破发成功率在42%~48%之间,接发球局数量在818~1057个之间,接发球局胜率在33%~39%之间,接发球得分率在43%~45%之间。

第三阶段,竞技状态保持期(2017—2019年)。接发球竞技能力略微下降,但仍处于职业生涯较高水平。接一发得分率在33%~34%之间,接二发得分率在54%~55%之间,破发机会数量在316~617个之间,破发成功率在40%~49%之间,接发球局数量在461~813个之间,接发球局胜率在30%~32%之间,接发球得分率稳定在42%。2017年受伤病影响,接发球竞技能力波动较大。

第四阶段,竞技状态衰退期(2020—2022年)。接发球竞技能力较为稳定。接一发得分率在33%~36%之间,接二发得分率在55%~58%之间,破发机会数量在388~603个之间,破发成功率在43%~45%之间,接发球局数量在557~789个之间,接发球局胜率在29%~35%之间,接发球得分率在41%~43%之间。此阶段受新冠疫情影响,全球范围内比赛减少。

德约科维奇是优秀的接发球运动员。接一发得分率最高达38%,接二发得分率最高达59%,接发球局胜率最高达39%,接发球得分率大部分在40%以上,接发球竞技能力处于顶尖水平,多次进入排名第一。双手反拍是德约科维奇最优秀的技术,反手的稳定性、变线能力、大角度增加了其接发球的进攻型。

2. 接发球落点分析

为了便于统计德约科维奇的接发球落点,将球场平分区和占先区接发球区域分别划分为前场、中场、后场,总共6个区域对发球落点进行统计。

(1)接一发发球落点(表3-2-6)。

表3-2-6 接一发发球落点统计表

项目	平分区内角	平分区中间	平分区外角	占先区外角	占先区中间	占先区内角
接发球得分率/(%)	50.8	53.5	50.4	53.9	54.6	47.0
得分/接发球数	1068/2102	316/591	1145/2273	1158/2147	314/575	907/1929
前场/(%)	23.8	18.8	18.2	25.2	21.6	23.2
中场/(%)	51.0	53.8	53.5	49.7	53.2	48.2
后场/(%)	25.1	27.4	28.3	25.2	25.2	28.6
占先区/(%)	52.3	58.9	51.8	67.0	58.6	65.9
平分区/(%)	47.7	41.1	48.2	33.0	41.4	34.1

由表3-2-6可知,德约科维奇在平分区接一发得分率中间53.5%>内角50.8%>外角50.4%;在占先区接一发得分率中间54.6%>外角53.9%>内角47.0%。在平分区接一发发球,接内角发球落点中场51.0%>后场25.1%>前场23.8%,占先区52.3%>平分区47.7%;接平分区中间发球落点中场53.8%>后场27.4%>前场18.8%,占先区58.9%>平分区41.1%;接平分区外角发球落点中场53.5%>后场28.3%>前场18.2%,占先区51.8%>平分区48.2%。在占先区接一发发球,接外角发球落点中场49.7%>前场25.2%和后场25.2%,占先区67.0%>平分区33.0%;接占先区中间发球落点中场53.2%>后场

25.2%＞前场21.6%,占先区58.6%＞平分区41.4%;接占先区内角发球落点中场48.2%＞后场28.6%＞前场23.2%,占先区65.9%＞平分区34.1%。

德约科维奇接一发主要将球击打到占先区,接不同区域的发球得分率不同。接一发球得分率方面,德约科维奇职业生涯中接中间发球得分率最高,内角、外角得分率略低。德约科维奇接一发主要将球击打到占先区,在接发球落点深度方面,中场占比最高,其次是后场和前场。

(2)接二发发球落点(表3-2-7)。

表3-2-7　接二发发球落点统计表

项目	平分区内角	平分区中间	平分区外角	占先区外角	占先区中间	占先区内角
接发球得分率/(%)	57.7	60.1	58.6	61.2	59.6	59.4
得分/接发球数	1176/2038	847/1409	260/444	369/603	989/1660	832/1400
前场/(%)	13.6	14.9	14.9	13.9	16.1	19.4
中场/(%)	56.2	56.5	55.9	60.7	57.0	54.1
后场/(%)	30.2	28.6	29.3	25.4	26.9	26.6
占先区/(%)	61.4	61.5	63.1	70.1	75.2	82.7
平分区/(%)	38.6	38.5	36.9	29.9	24.8	17.3

由表3-2-7可知,德约科维奇在平分区接二发得分率中间60.1%＞外角58.6%＞内角57.7%;在占先区接二发得分率外角61.2%＞中间59.6%＞内角59.4%。在平分区接二发发球,接内角发球落点中场56.2%＞后场30.2%＞前场13.6%,占先区61.4%＞平分区38.6%;接平分区中间发球落点中场56.5%＞后场28.6%＞前场14.9%,占先区61.5%＞平分区38.5%;接平分区外角发球落点中场55.9%＞后场29.3%＞前场14.9%,占先区63.1%＞平分区36.9%。在占先区接二发发球,接外角发球落点中场60.7%＞后场25.4%＞前场13.9%,占先区70.1%＞平分区29.9%;接占先区中间发球落点中场57.0%＞后场26.9%＞前场16.1%,占先区75.2%＞平分区24.8%;接占先区内角发球落点中场54.1%＞后场26.6%＞前场19.4%,占先区82.7%＞平分区17.3%。德约科维奇接二发主要将球击打到占先区,在接发球落点深度方面,中场占比最高,其次是后场和前场,前场落点占比显著低于后场。

德约科维奇接二发主要将球击打到占先区,接不同区域的发球得分率不同。在接平分区接发球得分率方面,德约科维奇职业生涯中接中间发球得分率最高,外角和内角得分率略低;在接占先区接发球得分率方面,接外角发球得分率最高,中间和内角得分率略低。德约科维奇在接二发发球落点深度方面,中场占比最高,其次是后场和前场。

综上所述,在德约科维奇接发球战术思路中,将球接向对手反手位是主要的战术。在接发球深度上,落点中场居多,虽然后场球可以给对手回球造成压力,但是承担的出界风险也比较大。德约科维奇在接一发时中间线路得分率高,二发时平分区中间线路得分高,占先区外角得分率高。

(3)接发球竞技能力排名。

德约科维奇2003年转为职业球员,2003年接发球各项竞技能力指标未进入世界排名榜,未纳入技术统计(表3-2-8)。

表3-2-8 德约科维奇职业生涯接发球竞技能力排名

赛季	接发球排名	接一发得分率排名	接二发得分率排名	接发球局胜率排名	破发成功率排名
2004	26	1	77	16	77
2005	52	68	30	57	46
2006	22	45	38	24	9
2007	12	14	10	11	18
2008	4	9	9	5	2
2009	6	7	4	5	23
2010	3	4	5	1	8
2011	1	2	1	1	4
2012	3	2	3	2	3
2013	2	3	4	3	22
2014	3	6	1	3	4
2015	1	2	1	1	6
2016	4	3	1	4	14
2017	4	4	3	4	5
2018	7	4	4	5	44
2019	4	4	7	4	5
2020	5	4	2	4	14
2021	2	3	3	2	3
2022	3	8	1	6	15

本书对德约科维奇接发球各项竞技能力排名进行横向比较,了解了德约科维奇各项技术统计的年终排名变化,就能够更清楚地了解德约科维奇职业生涯接发球竞技能力的变化趋势。由图3-2-2可知,接发球排名整体上属于先上升再趋于稳定的态势。接一发得分率、接二发得分率、接发球局胜率等指标趋势与接发球排名一致,与破发成功率不一致。接发球排名2004—2007年为上升期,2008—2022年排名相对平稳。

由表3-2-8可知,德约科维奇职业生涯接发球排名最高为第1位(2011年、2015年),最低排名为第52位,2008—2022年排名均进入了前10位,足以证明德约科维奇强势的接发能力。接一发得分率最高排名为第1位(2004年),除2005—2007年外,其余赛季排名均进入了前10位。接二发得分率最高排名为第1位,2007—2022年排名均进入了前10位。接发球局胜率最高排名为第1位(2010年、2011年、2015年),2008—2022年排名均进入了前10位。破发成功率最高排名为第2位(2008年),整体在第2~77位。

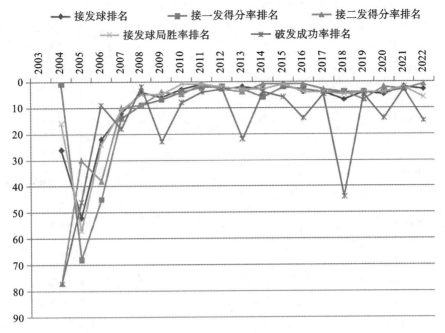

图 3-2-2　德约科维奇职业生涯接发球竞技能力排名趋势图

(三)德约科维奇职业生涯总体竞技能力特征与胜率相关性分析

对德约科维奇职业生涯(2003—2022 年)参加所有比赛的 10 项发球指标(Aces、一发成功率、双误、一发得分率、二发得分率、破发点、挽救破发点率、发球局、发球局胜率、发球得分率)和 7 项接发球指标(接一发得分率、接二发得分率、破发机会、破发成功率、接发球局、接发球局胜率、接发球得分率)与参赛胜率之间进行相关性检验,筛选出较高相关指标。

根据相关分析对数据的要求统计分析的内容,相关分析必须要结合以下步骤进行,缺一不可:①绘制散点图,看线性趋势;②定量变量的正态性判断;③计算相关系数 r;④开展假设检验,判断总体相关性的有无。由于 Aces、双误、破发点、发球局、破发机会、接发球局与其他指标数据不同,故而分开做散点图。将表 3-1-9、表 3-2-1 和表 3-2-5 的数据录入 SPSS 绘制散点图,结果如图 3-2-3、图 3-2-4 所示。

由图 3-2-3 和图 3-2-4 可知,德约科维奇职业生涯(2003—2022 年)参加所有比赛的 Aces、一发成功率、一发得分率、二发得分率、挽救破发点率、发球局、发球局胜率、发球得分率、接二发得分率、破发机会、破发成功率、接发球局、接发球局胜率、接发球得分率指标与参赛胜率之间存在着线性趋势,双误、破发点、接一发得分率与胜率不存在线性趋势。将表 3-1-9、表 3-2-1 和表 3-2-5 的数据录入 SPSS 进行正态性检验,结果如表 3-2-9 所示。

由于样本量低于 2000,正态性检验选择 Shapiro-Wilk 检验方法,观察"显著性"。Aces、双误、一发成功率、破发点、接一发得分率、接二发得分率、破发机会、破发成功率、接发球局、接发球局胜率、接发球得分率等指标符合正态性分布,其余指标与胜率不符合正态性分布,故采用秩相关分析,分析结果如表 3-2-10 所示。

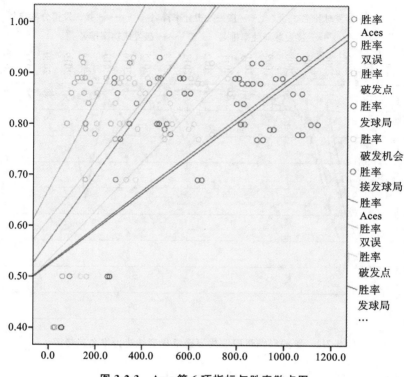

图 3-2-3 Aces 等 6 项指标与胜率散点图

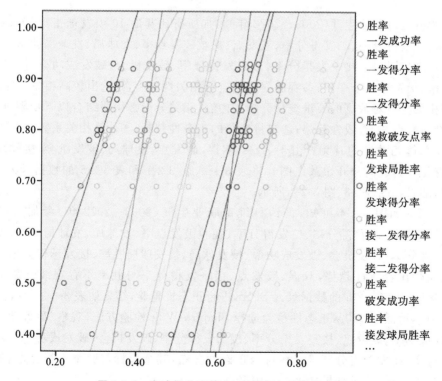

图 3-2-4 发球得分率等 11 项指标与胜率散点图

表 3-2-9 正态性检验

项目	Kolmogorov-Smirnov^a			Shapiro-Wilk		
	统计量	自由度	显著性	统计量	自由度	显著性
Aces	0.155	19	0.200*	0.909	19	0.070
双误	0.168	19	0.163	0.945	19	0.326
一发成功率	0.191	19	0.068	0.927	19	0.155
一发得分率	0.219	19	0.017	0.738	19	0.000
二发得分率	0.185	19	0.086	0.886	19	0.028
破发点	0.114	19	0.200*	0.968	19	0.742
挽救破发点率	0.283	19	0.000	0.692	19	0.000
发球局	0.211	19	0.025	0.900	19	0.049
发球局胜率	0.272	19	0.001	0.659	19	0.000
发球得分率	0.222	19	0.014	0.759	19	0.000
接一发得分率	0.169	19	0.155	0.943	19	0.302
接二发得分率	0.156	19	0.200*	0.916	19	0.094
破发机会	0.209	19	0.028	0.914	19	0.089
破发成功率	0.152	19	0.200*	0.935	19	0.213
接发球局	0.220	19	0.016	0.903	19	0.055
接发球局胜率	0.112	19	0.200*	0.964	19	0.655
接发球得分率	0.207	19	0.031	0.911	19	0.077
胜率	0.260	19	0.001	0.761	19	0.000

"*": true 显著下限;"a": Lilliefors 显著更正。

表 3-2-10 相关性分析

检验方法	指标	项目	胜率
Spearman 的 rho	一发成功率	相关系数	0.578**
		显著性(双尾)	0.010
		N	19
	一发得分率	相关系数	0.704**
		显著性(双尾)	0.001
		N	19
	二发得分率	相关系数	0.593**
		显著性(双尾)	0.007
		N	19
	挽救破发点率	相关系数	0.477*
		显著性(双尾)	0.039
		N	19

续表

检验方法	指标	项目	胜率
Spearman 的 rho	发球局胜率	相关系数	0.724**
		显著性(双尾)	0.000
		N	19
	发球得分率	相关系数	0.775**
		显著性(双尾)	0.000
		N	19
	接一发得分率	相关系数	0.508*
		显著性(双尾)	0.027
		N	19
	接二发得分率	相关系数	0.855**
		显著性(双尾)	0.000
		N	19
	破发机会	相关系数	0.495*
		显著性(双尾)	0.031
		N	19
	接发球局胜率	相关系数	0.835**
		显著性(双尾)	0.000
		N	19
	接发球得分率	相关系数	0.862**
		显著性(双尾)	0.000
		N	19

"*":相关性在 0.05 级别(双尾);"**":相关性在 0.01 级别(双尾)。

11 项技战术指标分别与胜率的关联性存在统计学差异,存在显著相关关系,相关性由高到低进行排序:接发球得分率(0.862)、接二发得分率(0.855)、接发球局胜率(0.835)、发球得分率(0.775)、发球局胜率(0.724)、一发得分率(0.704)、二发得分率(0.593)、一发成功率(0.578)、接一发得分率(0.508)、破发机会(0.495)、挽救破发点率(0.477),且呈正相关;说明接发球得分率、接二发得分率、接发球局胜率、发球得分率、发球局胜率、一发得分率、二发得分率、一发成功率、接一发得分率、挽救破发点率越高,胜率就越高;破发机会数量越多胜率就越高;其余指标与胜率的关联性不存在统计学差异,不存在显著相关关系。

二、德约科维奇不同场地参赛竞技能力分析

(一)德约科维奇职业生涯硬地参赛竞技能力分析

1. 硬地参赛发球竞技能力特征分析

德约科维奇不同职业阶段硬地发球竞技能力如表 3-2-11 所示。

表 3-2-11　德约科维奇不同职业阶段硬地发球竞技能力

阶段	赛季	Aces /个	双误 /个	一发成功率/(%)	一发得分率/(%)	二发得分率/(%)	破发点 /个	挽救破发点率/(%)	发球局 /个	发球局胜率/(%)	发球得分率/(%)
形成期	2004	15	12	59	64	46	15	67	16	69	57
	2005	25	18	64	67	47	53	49	100	73	60
	2006	132	72	62	71	52	157	65	282	80	64
	2007	345	124	63	74	55	262	68	644	87	67
	2008	368	108	64	75	57	236	67	659	88	69
	2009	330	179	63	72	54	367	68	760	85	66
	2010	206	177	64	71	53	331	67	613	82	64
最佳期	2011	220	101	65	73	54	234	63	572	85	67
	2012	317	93	63	75	57	233	69	645	89	69
	2013	334	92	65	76	61	219	68	665	89	70
	2014	269	75	67	76	56	174	64	540	89	69
	2015	326	110	65	74	60	254	66	735	88	69
	2016	209	127	64	75	56	238	68	562	87	68
保持期	2017	54	30	64	73	55	71	62	176	85	67
	2018	174	91	64	74	58	157	66	457	88	68
	2019	241	96	66	77	59	132	59	470	89	71
衰退期	2020	228	109	64	77	53	155	66	414	87	69
	2021	302	76	65	78	54	137	64	412	88	69
	2022	140	34	67	81	58	54	59	252	91	74

　　第一阶段,竞技状态形成期(2004—2010 年)。硬地发球竞技能力处于逐渐提升的状态。Aces 数量在 15~368 个之间,双误数量在 12~179 个之间,一发成功率在 59%~64%之间,一发得分率在 64%~75%之间,二发得分率在 46%~57%之间,破发点数量在 15~367 个之间,挽救破发点率在 49%~68%之间。发球局数量在 16~760 个之间,发球局胜率在 69%~88%之间,发球得分率在 57%~69%之间。由于参赛站数增多和发球竞技能力的提升,Aces、双误、破发点、发球局等指标数量增加幅度显著。

　　第二阶段,竞技状态最佳期(2011—2016 年)。发球竞技能力趋于稳定,处于职业生涯较高水平。Aces 数量在 209~334 个之间,双误数量在 75~127 个之间,一发成功率在 63%~67%之间,一发得分率在 73%~76%之间,二发得分率在 54%~61%之间,破发点数量在 174~254 个之间,挽救破发点率在 63%~69%之间,发球局数量在 540~735 个之间,发球局胜率在 85%~89%之间,发球得分率在 67%~70%之间。

　　第三阶段,竞技状态保持期(2017—2019 年)。发球竞技能力较为稳定,处于职业生涯较高水平。Aces 数量在 54~241 个之间,双误数量在 30~96 个之间,一发成功率在64%~66%,一发得分率在 73%~77%之间,二发得分率在 55%~59%之间,破发点数量在 71~

157 个之间,挽救破发点率在 59%~66%之间,发球局数量在 176~470 个之间,发球局胜率在 85%~89%之间,发球得分率在 67%~71%之间。

第四阶段,竞技状态衰退期(2020—2022 年)。Aces 数量在 140~302 个之间,双误数量在 34~109 个之间,一发成功率在 64%~67%之间,一发得分率在 77%~81%之间,二发得分率在 53%~58%之间,破发点数量在 54~155 个之间,挽救破发点率在 59%~66%之间,发球局数量在 252~414 个之间,发球局胜率在 87%~91%之间,发球得分率在 69%~74%之间。

2.硬地参赛接发球竞技能力特征分析

德约科维奇不同职业阶段硬地接发球竞技能力如表 3-2-12 所示。

表 3-2-12 德约科维奇不同职业阶段硬地接发球竞技能力

阶段	赛季	接一发得分率/(%)	接二发得分率/(%)	破发机会/个	破发成功率/(%)	接发球局/个	接发球局胜率/(%)	接发球得分率/(%)
形成期	2004	32	42	7	57	16	25	35
	2005	21	49	33	42	95	15	32
	2006	28	49	139	44	274	22	37
	2007	32	53	412	44	635	29	40
	2008	31	52	383	46	648	27	40
	2009	32	54	519	42	739	30	41
	2010	34	54	435	43	595	32	42
最佳期	2011	36	58	455	49	546	41	46
	2012	35	58	471	48	621	37	44
	2013	35	56	506	43	642	34	44
	2014	34	58	375	47	517	34	43
	2015	34	58	568	46	719	37	44
	2016	34	60	441	44	544	36	45
保持期	2017	31	55	92	49	173	26	40
	2018	33	55	347	37	443	29	41
	2019	34	55	303	47	454	31	42
衰退期	2020	32	58	277	43	401	30	42
	2021	33	55	272	49	409	32	41
	2022	31	56	139	45	240	26	40

第一阶段,竞技状态形成期(2004—2010 年)。硬地接发球竞技能力处于逐年提升的状态。接一发得分率在 21%~34%之间,接二发得分率在 42%~54%之间,破发机会数量在 7~519 个之间,破发成功率在 42%~57%之间,接发球局数量在 16~739 个之间,2009 年达到职业生涯接发球局数最高水平。接发球局胜率在 15%~32%之间,接发球得分率在 32%~42%之间。由于参赛站数增多和接发球竞技能力的提升,破发机会、接发球局等指标数量增加幅度显著。

第二阶段,竞技状态最佳期(2011—2016年)。接发球竞技能力趋于稳定,处于职业生涯最高水平。接一发得分率在34%~36%之间,接二发得分率在56%~60%之间,破发机会数量在375~568个之间,破发成功率在43%~49%之间,接发球局数量在517~719个之间,接发球局胜率在34%~41%之间,接发球得分率在43%~46%之间。

第三阶段,竞技状态保持期(2017—2019年)。接发球竞技能力略微下降,处于职业生涯较高水平。接一发得分率在31%~34%之间,接二发得分率稳定在55%,破发机会数量在92~347个之间,破发成功率在37%~49%之间,接发球局数量在173~454个之间,接发球局胜率在26%~31%之间,接发球得分率在40%~42%之间。2017年受伤病影响,接发球竞技能力波动较大。

第四阶段,竞技状态衰退期(2020—2022年)。接发球竞技能力较为稳定。接一发得分率在31%~33%之间,接二发得分率在55%~58%之间,破发机会数量在139~277个之间,破发成功率在43%~49%之间,接发球局数量在240~409个之间,接发球局胜率在26%~32%之间,接发球得分率在40%~42%之间。此阶段受新冠疫情影响,全球范围内比赛减少。

3. 德约科维奇职业生涯参加硬地比赛胜率分析

在ATP官网上,收集德约科维奇每年参加硬地比赛的胜场数、总场数,统计参加硬地赛事的胜率,得到表3-2-13。

表3-2-13 德约科维奇职业生涯参加硬地比赛胜率统计表

阶段	赛季/年	胜场数	总场数	胜率/(%)
形成期	2004	5	9	56
	2005	5	9	56
	2006	17	26	65
	2007	43	55	78
	2008	68	85	80
	2009	53	64	83
	2010	43	55	78
最佳期	2011	46	51	90
	2012	50	55	91
	2013	53	58	91
	2014	40	46	87
	2015	59	64	92
	2016	47	53	89
保持期	2017	12	15	80
	2018	31	38	82
	2019	35	43	81
衰退期	2020	30	34	88
	2021	30	34	88
	2022	21	24	88

在竞技状态形成期,胜场数在 5～68 场之间,总场数在 9～85 场之间,胜率在 56%～83%之间。在竞技状态最佳期,胜场数在 40～59 场之间,总场数在 46～64 场之间,胜率在 87%～92%之间,此阶段胜率为职业生涯最高阶段,2011—2013 年胜率均在 90%以上。在竞技状态保持期,胜场数在 12～35 场之间,总场数在 15～43 场之间,胜率在 80%～82%之间。在竞技状态衰退期,胜场数在 21～30 场之间,总场数在 24～34 场之间,胜率稳定在 88%。

4.硬地参赛竞技能力特征与胜率相关性分析

对德约科维奇职业生涯(2003—2022 年)参加硬地比赛的 10 项发球指标(Aces、一发成功率、双误、一发得分率、二发得分率、破发点、挽救破发点率、发球局、发球局胜率、发球得分率)和 7 项接发球指标(接一发得分率、接二发得分率、破发机会、破发成功率、接发球局、接发球局胜率、接发球得分率)与硬地参赛胜率之间进行相关性检验,筛选出较高相关指标。

根据相关分析对数据的要求统计分析的内容,相关分析必须要结合以下步骤进行,缺一不可:①绘制散点图,看线性趋势;②定量变量的正态性判断;③计算相关系数 r;④开展假设检验,判断总体相关性的有无。由于 Aces、双误、破发点、发球局、破发机会、接发球局与其他指标数据不同,故而分开做散点图。将表 3-2-11 至表 3-2-13 的数据录入 SPSS 绘制散点图,结果如图 3-2-5、图 3-2-6 所示。

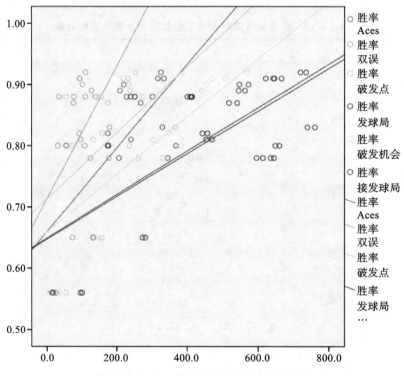

图 3-2-5　Aces 等 6 项指标与胜率散点图

由图 3-2-5 和图 3-2-6 可知,德约科维奇职业生涯参加硬地比赛的 Aces、一发成功率、一发得分率、二发得分率、发球局、发球局胜率、发球得分率、接一发得分率、接二发得分率、破发机会、接发球局、接发球局胜率、接发球得分率指标与硬地参赛胜率之间存在着线性趋势;双误、破发点、挽救破发点率、破发成功率与胜率线性趋势较弱,采用秩相关分析。将表 3-2-11 至表 3-2-13 的数据录入 SPSS 进行正态性检验,结果如表 3-2-14 所示。

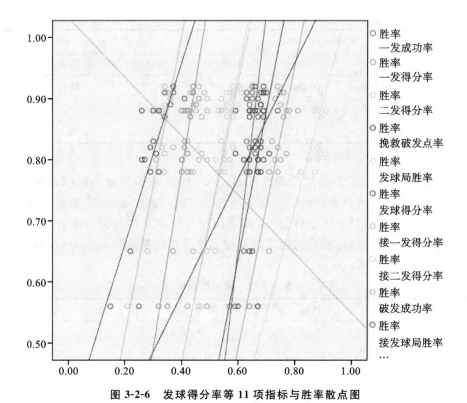

图 3-2-6 发球得分率等 11 项指标与胜率散点图

表 3-2-14 正态性检验

项目	Kolmogorov-Smirnov[a]			Shapiro-Wilk		
	统计量	自由度	显著性	统计量	自由度	显著性
Aces	0.133	19	0.200*	0.923	19	0.131
双误	0.134	19	0.200*	0.943	19	0.300
一发成功率	0.213	19	0.023	0.895	19	0.039
一发得分率	0.150	19	0.200*	0.939	19	0.250
二发得分率	0.145	19	0.200*	0.933	19	0.197
破发点	0.122	19	0.200*	0.967	19	0.708
挽救破发点率	0.205	19	0.034	0.771	19	0.000
发球局	0.148	19	0.200*	0.928	19	0.161
发球局胜率	0.275	19	0.001	0.752	19	0.000
发球得分率	0.215	19	0.021	0.886	19	0.027
接一发得分率	0.251	19	0.003	0.763	19	0.000
接二发得分率	0.192	19	0.063	0.862	19	0.010
破发机会	0.142	19	0.200*	0.930	19	0.170
破发成功率	0.146	19	0.200*	0.921	19	0.117
接发球局	0.135	19	0.200*	0.931	19	0.180

续表

项目	Kolmogorov-Smirnov[a]			Shapiro-Wilk		
	统计量	自由度	显著性	统计量	自由度	显著性
接发球局胜率	0.108	19	0.200*	0.971	19	0.802
接发球得分率	0.227	19	0.011	0.911	19	0.076
胜率	0.227	19	0.011	0.806	19	0.001

"*":true 显著下限;"a":Lilliefors 显著更正。

  由于样本量低于2000,正态性检验选择Shapiro-Wilk检验方法,观察"显著性"。Aces、双误、一发得分率、二发得分率、破发点、发球局、破发机会、破发成功率、接发球局、接发球局胜率、接发球得分率指标符合正态性分布,其余指标和胜率不符合正态性分布,但是由于胜率指标不满足正态性分布,故而在与胜率进行相关性分析时采用秩相关分析,分析结果如表3-2-15所示。

表 3-2-15　相关性分析

检验方法	指标	项目	胜率
Spearman 的 rho	Aces	相关系数	0.460*
		显著性(双尾)	0.047
		N	19
	一发成功率	相关系数	0.490*
		显著性(双尾)	0.033
		N	19
	一发得分率	相关系数	0.581**
		显著性(双尾)	0.009
		N	19
	二发得分率	相关系数	0.608**
		显著性(双尾)	0.006
		N	19
	发球局	相关系数	0.508*
		显著性(双尾)	0.026
		N	19
	发球局胜率	相关系数	0.625**
		显著性(双尾)	0.004
		N	19
	发球得分率	相关系数	0.657**
		显著性(双尾)	0.002
		N	19

续表

检验方法	指标	项目	胜率
Spearman 的 rho	接一发得分率	相关系数	0.683**
		显著性(双尾)	0.001
		N	19
	接二发得分率	相关系数	0.880**
		显著性(双尾)	0.000
		N	19
	破发机会	相关系数	0.656**
		显著性(双尾)	0.002
		N	19
	接发球局	相关系数	0.466*
		显著性(双尾)	0.045
		N	19
	接发球得分率	相关系数	0.831**
		显著性(双尾)	0.000
		N	19

"*":相关性在 0.05 级别(双尾);"**":相关性在 0.01 级别(双尾)。

12 项技战术指标分别与胜率的关联性存在统计学差异,存在显著相关关系,相关性由高到低进行排序:接二发得分率(0.880)、接发球得分率(0.831)、接一发得分率(0.683)、发球得分率(0.657)、破发机会(0.656)、发球局胜率(0.625)、二发得分率(0.608)、一发得分率(0.581)、发球局(0.508)、一发成功率(0.490)、接发球局(0.466)、Aces(0.460),且呈正相关;说明接二发得分率、接发球得分率、接一发得分率、发球得分率、发球局胜率、二发得分率、一发得分率、发球局、一发成功率越高,胜率就越高;破发机会、接发球局、Aces 数量越多胜率就越高;其余指标与胜率的关联性不存在统计学差异,不存在显著相关关系。

(二)德约科维奇职业生涯红土场地参赛竞技能力分析

1. 红土场地参赛发球竞技能力特征分析

德约科维奇不同职业阶段红土场地发球竞技能力如表 3-2-16 所示。

表 3-2-16 德约科维奇不同职业阶段红土场地发球竞技能力

阶段	赛季	Aces /个	双误 /个	一发成功率/(%)	一发得分率/(%)	二发得分率/(%)	破发点 /个	挽救破发点率/(%)	发球局 /个	发球局胜率/(%)	发球得分率/(%)
形成期	2004	11	9	64	59	42	24	38	38	61	53
	2005	13	15	61	66	45	42	60	51	67	58
	2006	75	43	66	68	55	112	59	214	79	64
	2007	88	48	64	67	50	180	62	286	76	61

续表

阶段	赛季	Aces/个	双误/个	一发成功率/(%)	一发得分率/(%)	二发得分率/(%)	破发点/个	挽救破发点率/(%)	发球局/个	发球局胜率/(%)	发球得分率/(%)
形成期	2008	68	23	66	71	57	99	68	212	85	66
	2009	71	56	62	72	51	102	59	236	82	64
	2010	32	60	64	68	47	113	68	171	79	61
最佳期	2011	62	26	66	74	59	89	72	210	88	69
	2012	84	37	65	72	55	115	55	268	81	66
	2013	62	15	68	71	58	85	59	207	83	67
	2014	73	18	67	72	57	89	58	220	83	67
	2015	68	14	68	75	60	72	71	225	91	70
	2016	47	36	68	70	57	93	62	229	85	66
保持期	2017	61	26	66	70	50	110	60	201	78	63
	2018	69	32	67	69	54	96	58	205	80	64
	2019	73	41	67	73	55	113	69	230	85	67
衰退期	2020	50	28	64	71	53	88	69	158	83	64
	2021	94	54	65	72	54	138	64	280	83	66
	2022	86	34	66	71	54	117	66	226	82	65

第一阶段,竞技状态形成期(2004—2010年)。红土场地发球竞技能力处于逐渐提升的状态。Aces数量在11~88个之间,双误数量在9~60个之间,一发成功率在61%~66%之间,一发得分率在59%~72%之间,二发得分率在42%~57%之间,破发点数量在24~180个之间,挽救破发点率在38%~68%之间。发球局数量在38~286个之间,发球局胜率在61%~85%之间,发球得分率在53%~66%之间。由于参赛站数增多和发球竞技能力的提升,Aces、双误、破发点、发球局等指标数量增加幅度显著。

第二阶段,竞技状态最佳期(2011—2016年)。发球竞技能力趋于稳定,处于职业生涯较高水平。Aces数量在47~84之间,双误数量在14~37个之间,一发成功率在65%~68%之间,一发得分率在70%~75%之间,二发得分率在55%~60%之间,破发点数量在72~115个之间,挽救破发点率在55%~72%之间,发球局数量在207~268个之间,发球局胜率在81%~91%之间,发球得分率在66%~70%之间。

第三阶段,竞技状态保持期(2017—2019年)。发球竞技能力较为稳定,处于职业生涯较高水平。Aces数量在61~73个之间,双误数量在26~41个之间,一发成功率在66%~67%之间,一发得分率在69%~73%之间,二发得分率在50%~55%之间,破发点数量在96~113个之间,挽救破发点率在58%~69%之间,发球局数量在201~230个之间,发球局胜率在78%~85%之间,发球得分率在63%~67%之间。

第四阶段,竞技状态衰退期(2020—2022年)。Aces数量在50~94个之间,双误数量在28~54个之间,一发成功率在64%~66%之间,一发得分率在71%~72%之间,二发得分率在53%~54%之间,破发点数量在88~138个之间,挽救破发点率在64%~69%之间,发球局数量在158～280个之间,发球局胜率在82%～83%之间,发球得分率在64%～66%之间。

2. 红土场地参赛接发球竞技能力特征分析

德约科维奇不同职业阶段红土场地接发球竞技能力如表3-2-17所示。

表3-2-17 德约科维奇不同职业阶段红土场地接发球竞技能力

阶段	赛季	接一发得分率/(%)	接二发得分率/(%)	破发机会/个	破发成功率/(%)	接发球局/个	接发球局胜率/(%)	接发球得分率/(%)
形成期	2004	41	47	39	31	39	31	43
	2005	37	57	44	48	50	42	45
	2006	35	54	160	46	206	36	43
	2007	35	53	200	44	278	32	42
	2008	38	55	157	49	207	37	45
	2009	38	57	213	41	227	38	45
	2010	38	55	128	51	168	39	45
最佳期	2011	36	58	163	46	202	37	44
	2012	37	53	199	43	257	33	43
	2013	36	54	156	45	204	34	43
	2014	34	59	172	46	212	37	44
	2015	33	56	186	39	218	33	42
	2016	38	54	174	44	225	34	44
保持期	2017	36	55	154	44	196	35	43
	2018	37	54	129	51	201	33	43
	2019	36	52	134	54	221	33	42
衰退期	2020	41	57	144	44	156	40	47
	2021	41	55	247	44	270	40	47
	2022	35	55	164	41	219	31	42

第一阶段,竞技状态形成期(2004—2010年)。红土接发球竞技能力处于逐年提升的状态。接一发得分率在35%～41%之间,接二发得分率在47%～57%之间,破发机会数量在39～213个之间,破发成功率从31%增加到51%。接发球局数量在39～278个之间,2007年达到职业生涯接发球局数最高水平。接发球局胜率在31%～42%之间,接发球得分率在42%～45%之间。由于参赛站数增多和接发球竞技能力的提升,破发机会、接发球局等指标数量增加幅度显著。

第二阶段,竞技状态最佳期(2011—2016年)。接发球竞技能力趋于稳定,处于职业生涯最高水平。接一发得分率在33%～38%之间,接二发得分率在53%～59%之间,破发机会数量在156～199个之间,破发成功率在39%～46%之间,接发球局数量在202～257个之间,接发球局胜率在33%～37%之间,接发球得分率在42%～44%之间。

第三阶段,竞技状态保持期(2017—2019年)。接发球竞技能力略微下降,处于职业生涯较高水平。接一发得分率在36%～37%之间,接二发得分率在52%～55%之间,破发机会数量在129～154个之间,破发成功率在44%～54%之间,接发球局数量在196～221个之间,接发球局胜率在33%～35%之间,接发球得分率在42%～43%之间。

第四阶段,竞技状态衰退期(2020—2022年)。接发球竞技能力较为稳定。接一发得分率在35%～41%之间,接二发得分率在55%～57%之间,破发机会数量在144～247个之间,破发成功率在41%～44%之间,接发球局数量在156～270个之间,接发球局胜率在31%～40%之间,接发球得分率在42%～47%之间。

3. 德约科维奇职业生涯参加红土场地比赛胜率分析

在ATP官网上,收集德约科维奇每年参加红土比赛的胜场数、总场数,统计参加红土赛事的胜率,得到表3-2-18。

表3-2-18 德约科维奇职业生涯参加红土场地比赛胜率统计表

阶段	赛季/年	胜场数	总场数	胜率/(%)
形成期	2004	22	28	79
	2005	11	17	65
	2006	14	19	74
	2007	18	23	78
	2008	16	19	84
	2009	17	23	74
	2010	12	16	75
最佳期	2011	17	18	94
	2012	16	20	80
	2013	15	18	83
	2014	14	16	88
	2015	16	17	94
	2016	16	18	89
保持期	2017	12	16	75
	2018	11	16	69
	2019	15	18	83
衰退期	2020	11	12	92
	2021	18	21	86
	2022	14	18	78

在竞技状态形成期,胜场数和胜率有所增加,胜场数在 11~22 场之间,总场数在 16~28 场之间,胜率在 65%~84% 之间。在竞技状态最佳期,胜场数在 14~17 场之间,总场数在 16~20 场之间,胜率在 80%~94% 之间,此阶段胜率为职业生涯最高阶段。在竞技状态保持期,胜场数在 11~15 场之间,总场数在 16~18 场之间,胜率在 69%~83% 之间。在竞技状态衰退期,胜场数在 11~18 场之间,总场数在 12~21 场之间,胜率在 78%~92% 之间。

4. 红土场地参赛竞技能力特征与胜率相关性分析

对德约科维奇职业生涯(2003—2022 年)参加红土比赛的 10 项发球指标(Aces、一发成功率、双误、一发得分率、二发得分率、破发点、挽救破发点率、发球局、发球局胜率、发球得分率)和 7 项接发球指标(接一发得分率、接二发得分率、破发机会、破发成功率、接发球局、接发球局胜率、接发球得分率)与红土参赛胜率之间进行相关性检验,筛选出较高相关指标。

根据相关分析对数据的要求统计分析的内容,相关分析必须要结合以下步骤进行,缺一不可:①绘制散点图,看线性趋势;②定量变量的正态性判断;③计算相关系数 r;④开展假设检验,判断总体相关性的有无。由于 Aces、双误、破发点、发球局、破发机会、接发球局与其他指标数据不同,故而分开做散点图。将表 3-2-16 至表 3-2-18 的数据录入 SPSS 绘制散点图,结果如图 3-2-7、图 3-2-8 所示。

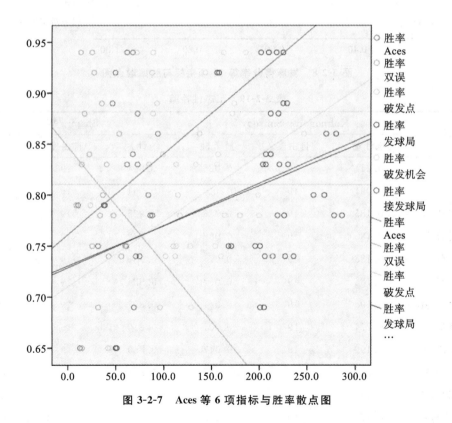

图 3-2-7　Aces 等 6 项指标与胜率散点图

由图 3-2-7 和图 3-2-8 可知,德约科维奇职业生涯参加红土比赛的一发成功率、一发得分率、二发得分率、发球局胜率、发球得分率指标与红土参赛胜率之间存在着线性趋势;其余指标与胜率不存在线性趋势,采用秩相关分析。将表 3-2-16 至表 3-2-18 的数据录入 SPSS 进行正态性检验,结果如表 3-2-19 所示。

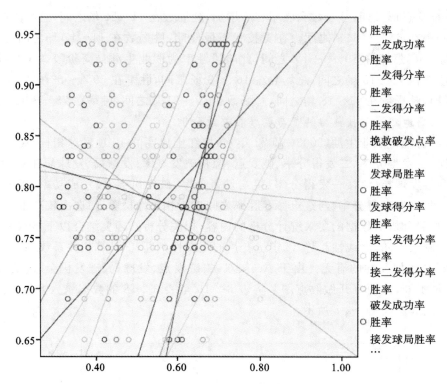

图 3-2-8 发球得分率等 11 项指标与胜率散点图

表 3-2-19 正态性检验

项目	Kolmogorov-Smirnov[a]			Shapiro-Wilk		
	统计量	自由度	显著性	统计量	自由度	显著性
Aces	0.211	19	0.025	0.894	19	0.038
双误	0.091	19	0.200*	0.961	19	0.593
一发成功率	0.185	19	0.086	0.925	19	0.142
一发得分率	0.185	19	0.088	0.862	19	0.011
二发得分率	0.188	19	0.075	0.930	19	0.174
破发点	0.185	19	0.087	0.924	19	0.133
挽救破发点率	0.198	19	0.047	0.857	19	0.009
发球局	0.274	19	0.001	0.810	19	0.002
发球局胜率	0.199	19	0.047	0.850	19	0.007
发球得分率	0.210	19	0.027	0.891	19	0.033
接一发得分率	0.164	19	0.195	0.928	19	0.158
接二发得分率	0.178	19	0.116	0.899	19	0.046
破发机会	0.183	19	0.092	0.903	19	0.054
破发成功率	0.174	19	0.131	0.932	19	0.192
接发球局	0.279	19	0.000	0.802	19	0.001

续表

项目	Kolmogorov-Smirnov[a]			Shapiro-Wilk		
	统计量	自由度	显著性	统计量	自由度	显著性
接发球局胜率	0.154	19	0.200*	0.945	19	0.326
接发球得分率	0.221	19	0.015	0.883	19	0.024
胜率	0.089	19	0.200*	0.971	19	0.803

"*":true 显著下限;"a":Lilliefors 显著更正。

由于样本量低于2000,正态性检验选择 Shapiro-Wilk 检验方法,观察"显著性"。双误、一发成功率、二发得分率、破发点、接一发得分率、破发机会、破发成功率、接发球局胜率、胜率指标符合正态性分布,其余指标不符合正态性分布;同时一发成功率、一发得分率、二发得分率、发球局胜率、发球得分率指标与红土参赛胜率之间存在着线性趋势,一发成功率、二发得分率与胜率采用线性相关分析,其余指标采用秩相关分析,分析结果如表 3-2-20 所示。

表 3-2-20 相关性分析

检验方法	指标	项目	胜率
Spearman 的 rho	一发得分率	相关系数	0.636**
		显著性(双尾)	0.003
		N	19
	挽救破发点率	相关系数	0.512*
		显著性(双尾)	0.025
		N	19
	发球局胜率	相关系数	0.805**
		显著性(双尾)	0.000
		N	19
	发球得分率	相关系数	0.727**
		显著性(双尾)	0.000
		N	19
皮尔逊	一发成功率	皮尔逊相关	0.512*
		显著性(双尾)	0.025
		N	19
	二发得分率	皮尔逊相关	0.645**
		显著性(双尾)	0.003
		N	19

"*":相关性在 0.05 级别(双尾);"**":相关性在 0.01 级别(双尾)。

6项技战术指标分别与红土胜率的关联性存在统计学差异,存在显著相关关系,相关性由高到低进行排序:发球局胜率(0.805)、发球得分率(0.727)、二发得分率(0.645)、一发得分率(0.636)、挽救破发点率(0.512)、一发成功率(0.512),且呈正相关;说明发球局胜率、发球得分率、二发得分率、一发得分率、挽救破发点率、一发成功率越高,胜率就越高;其余指标与胜率的关联性不存在统计学差异,不存在显著相关关系。

(三)德约科维奇职业生涯草地参赛竞技能力分析

1. 草地参赛发球竞技能力特征分析

德约科维奇不同职业阶段草地发球竞技能力如表 3-2-21 所示。

表 3-2-21　德约科维奇不同职业阶段草地发球竞技能力

阶段	赛季	Aces /个	双误 /个	一发成功率/(%)	一发得分率/(%)	二发得分率/(%)	破发点 /个	挽救破发点率/(%)	发球局 /个	发球局胜率/(%)	发球得分率/(%)
形成期	2005	16	13	66	75	50	30	57	64	80	67
	2006	43	30	62	79	51	33	61	100	87	68
	2007	85	23	68	75	54	53	60	144	85	68
	2008	57	23	70	73	49	43	67	82	83	66
	2009	101	28	63	76	55	56	68	143	87	68
	2010	66	45	65	75	55	49	65	123	86	68
最佳期	2011	61	16	68	77	59	28	61	117	91	72
	2012	111	17	68	78	57	63	76	160	91	71
	2013	80	11	65	78	57	36	64	117	89	71
	2014	86	12	67	76	59	36	69	135	92	70
	2015	77	11	70	77	64	32	81	122	95	73
	2016	20	11	66	74	54	33	82	50	88	67
保持期	2017	40	18	70	76	57	22	77	93	95	71
	2018	99	29	71	81	55	48	73	168	92	74
	2019	59	29	64	78	53	37	65	125	90	69
衰退期	2021	68	21	63	84	56	33	79	113	94	74
	2022	65	24	63	82	57	34	65	124	90	73

第一阶段,竞技状态形成期(2004—2010 年)。草地发球竞技能力处于逐年提升的状态。Aces 数量在 16~101 个之间,双误数量在 13~45 个之间,一发成功率在 62%~70%之间,一发得分率在 73%~79%之间,二发得分率在 49%~55%之间,破发点数量在 30~56 个之间,挽救破发点率在 57%~68%之间,发球局数量在 64~144 个之间,发球局胜率在 80%~87%之间,发球得分率在 66%~68%之间。由于参赛站数增多和发球竞技能力的提升,Aces、双误、破发点、发球局等指标数量增加幅度显著。2004 年因未参加草地比赛没有发球竞技能力数据。

第二阶段,竞技状态最佳期(2011—2016 年)。发球竞技能力趋于稳定,处于职业生涯较高水平。Aces 数量在 20~111 个之间,双误数量在 11~17 个之间,一发成功率在 65%~70%之间,一发得分率在 74%~78%之间,二发得分率在 54%~64%之间,破发点数量在 28~63 个之间,挽救破发点率在 61%~82%之间,发球局数量在 50~160 个之间,发球局胜率在 88%～95%之间,发球得分率在 67%～73%之间。

第三阶段,竞技状态保持期(2017—2019 年)。发球竞技能力较为稳定,处于职业生涯较高水平。Aces 数量在 40～99 个之间,双误数量在 18～29 个之间,一发成功率在 64%～71%,一发得分率在 76%～81%之间,二发得分率在 53%～57%之间,破发点数量在 22～48 个之间,挽救破发点率在 65%～77%之间,发球局数量在 93～168 个之间,发球局胜率在 90%～95%之间,发球得分率在 69%～74%之间。

第四阶段,竞技状态衰退期(2020—2022 年)。Aces 数量在 65～68 个之间,双误数量在 21～24 个之间,一发成功率稳定在 63%,一发得分率在 82%～84%之间,二发得分率在 56%～57%之间,破发点数量在 33～34 个之间,挽救破发点率在 65%～79%之间,发球局数量在 113～124 个之间,发球局胜率在 90%～94%之间,发球得分率在 73%～74%之间。2020 年因未参加草地比赛没有发球竞技能力数据。

2. 草地参赛接发球竞技能力特征分析

德约科维奇不同职业阶段草地接发球竞技能力如表 3-2-22 所示。

表 3-2-22 德约科维奇不同职业阶段草地接发球竞技能力

阶段	赛季/年	接一发得分率/(%)	接二发得分率/(%)	破发机会/个	破发成功率/(%)	接发球局/个	接发球局胜率/(%)	接发球得分率/(%)
形成期	2005	28	49	31	35	62	18	37
	2006	27	47	35	54	100	19	35
	2007	27	51	82	33	142	19	37
	2008	31	56	55	47	81	32	41
	2009	32	52	93	42	144	27	39
	2010	29	55	74	41	119	25	39
最佳期	2011	33	55	74	47	112	31	41
	2012	34	51	98	45	155	28	41
	2013	35	51	96	30	114	25	41
	2014	28	55	85	36	133	23	38
	2015	29	52	70	41	120	24	38
	2016	25	58	34	32	49	22	38
保持期	2017	33	55	70	40	92	30	42
	2018	35	55	141	38	169	31	42
	2019	32	54	79	47	121	31	41
衰退期	2021	31	55	84	38	110	29	41
	2022	32	57	85	40	117	29	42

第一阶段,竞技状态形成期(2004—2010 年)。草地接发球竞技能力处于上升的状态。接一发得分率在 27%～32%之间,接二发得分率在 47%～56%之间,破发机会数量在 31～93 个之间,破发成功率在 33%～54%之间,接发球局数量在 62～144 个之间,接发球局胜率在 18%～32%之间,接发球得分率在 35%～41%之间。由于参赛站数增多和接发球竞技能

力的提升,破发机会、接发球局等指标数量增加幅度显著。2004年因未参加草地比赛没有接发球竞技能力数据。

第二阶段,竞技状态最佳期(2011—2016年)。接发球竞技能力趋于稳定,处于职业生涯较高水平。接一发得分率在25%~35%之间,接二发得分率在51%~58%之间,破发机会数量在34~98个之间,破发成功率在30%~47%之间,接发球局数量在49~155个之间,接发球局胜率在22%~31%之间,接发球得分率在38%~41%之间。

第三阶段,竞技状态保持期(2017—2019年)。接发球竞技能力略微下降,处于职业生涯较高水平。接一发得分率在32%~35%之间,接二发得分率在54%~55%之间,破发机会数量在70~141个之间,破发成功率在38%~47%之间,接发球局数量在92~169个之间,接发球局胜率在30%~31%之间,接发球得分率在41%~42%之间。2017年受伤病影响,接发球竞技能力波动较大。

第四阶段,竞技状态衰退期(2020—2022年)。接发球竞技能力呈下降趋势。接一发得分率在31%~32%之间,接二发得分率在55%~57%之间,破发机会数量在84~85个之间,破发成功率在38%~40%之间,接发球局数量在110~117个之间,接发球局胜率稳定在29%,接发球得分率41%~42%之间。此阶段受新冠疫情影响,全球范围内比赛减少。2020年因未参加草地比赛没有接发球竞技能力数据。

3. 德约科维奇职业生涯参加草地比赛胜率分析

在ATP官网上,收集德约科维奇每年参加草地比赛的胜场数、总场数,统计参加草地赛事的胜率,得到表3-2-23。

表3-2-23 德约科维奇职业生涯参加草地比赛胜率统计表

阶段	赛季	胜场数	总场数	胜率/(%)
形成期	2006	4	6	67
	2007	6	8	75
	2008	5	7	71
	2009	8	10	80
	2010	6	8	75
最佳期	2011	7	7	100
	2012	9	12	75
	2013	6	7	86
	2014	7	7	100
	2015	7	7	100
	2016	2	3	67
保持期	2017	8	9	89
	2018	11	12	92
	2019	7	7	100
衰退期	2021	7	7	100
	2022	7	7	100

在竞技状态形成期,胜场数和胜率逐渐增加,胜场数在 4～8 场之间,总场数在 6～10 场之间,胜率在 67%～80% 之间。在竞技状态最佳期,胜场数在 2～9 场之间,总场数在 3～12 场之间,胜率在 67%～100% 之间,此阶段胜率为职业生涯较高阶段,2011 年以及 2014—2015 年胜率均为 100%。在竞技状态保持期,胜场数在 7～11 场之间,总场数在 7～12 场之间,胜率在 89%～100% 之间。在竞技状态衰退期,胜率为 100%。

4. 草地参赛竞技能力特征与胜率相关性分析

对德约科维奇职业生涯(2003—2022 年)参加草地比赛的 10 项发球指标(Aces、一发成功率、双误、一发得分率、二发得分率、破发点、挽救破发点率、发球局、发球局胜率、发球得分率)和 7 项接发球指标(接一发得分率、接二发得分率、破发机会、破发成功率、接发球局、接发球局胜率、接发球得分率)与草地参赛胜率之间进行相关性检验,筛选出较高相关指标。

根据相关分析对数据的要求统计分析的内容,相关分析必须要结合以下步骤进行,缺一不可:①绘制散点图,看线性趋势;②定量变量的正态性判断;③计算相关系数 r;④开展假设检验,判断总体相关性的有无。由于 Aces、双误、破发点、发球局、破发机会、接发球局与其他指标数据不同,故而分开做散点图。将表 3-2-21 至表 3-2-23 的数据录入 SPSS 绘制散点图,结果如图 3-2-9、图 3-2-10 所示。

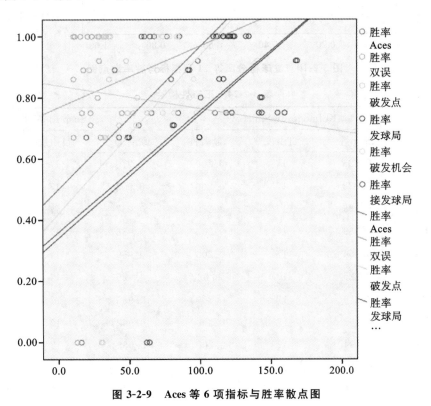

图 3-2-9　Aces 等 6 项指标与胜率散点图

由图 3-2-9 和图 3-2-10 可知,德约科维奇职业生涯参加草地比赛的二发得分率、发球局胜率、发球得分率、接发球局胜率与草地参赛胜率之间存在着线性趋势,其余指标与胜率不存在线性趋势(或线性趋势弱)。将表 3-2-21 至表 3-2-23 的数据录入 SPSS 进行正态性检验,结果如表 3-2-24 所示。

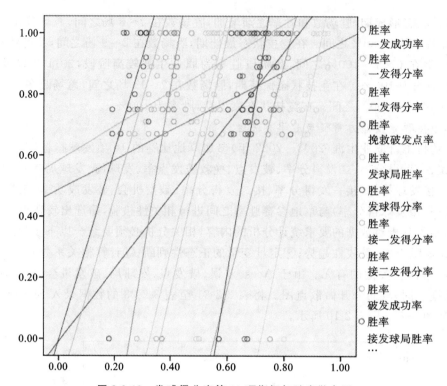

图 3-2-10　发球得分率等 11 项指标与胜率散点图

表 3-2-24　正态性检验

项目	Kolmogorov-Smirnov[a]			Shapiro-Wilk		
	统计量	自由度	显著性	统计量	自由度	显著性
Aces	0.123	17	0.200*	0.970	17	0.816
双误	0.132	17	0.200*	0.903	17	0.076
一发成功率	0.129	17	0.200*	0.937	17	0.284
一发得分率	0.169	17	0.200*	0.936	17	0.272
二发得分率	0.154	17	0.200*	0.959	17	0.611
破发点	0.225	17	0.022	0.925	17	0.183
挽救破发点率	0.159	17	0.200*	0.935	17	0.266
发球局	0.162	17	0.200*	0.962	17	0.674
发球局胜率	0.114	17	0.200*	0.965	17	0.735
发球得分率	0.191	17	0.100	0.929	17	0.207
接一发得分率	0.145	17	0.200*	0.952	17	0.495
接二发得分率	0.235	17	0.013	0.932	17	0.234
破发机会	0.182	17	0.138	0.920	17	0.150
破发成功率	0.106	17	0.200*	0.973	17	0.874
接发球局	0.153	17	0.200*	0.971	17	0.828

续表

项目	Kolmogorov-Smirnov[a]			Shapiro-Wilk		
	统计量	自由度	显著性	统计量	自由度	显著性
接发球局胜率	0.149	17	0.200*	0.917	17	0.133
接发球得分率	0.276	17	0.001	0.884	17	0.038
胜率	0.224	17	0.023	0.718	17	0.000

"*":true 显著下限;"a":Lilliefors 显著更正。

由于样本量低于 2000,正态性检验选择 Shapiro-Wilk 检验方法,观察"显著性"。Aces、双误、一发成功率、一发得分率、二发得分率、破发点、挽救破发点率、发球局、发球局胜率、发球得分率、接一发得分率、接二发得分率、破发机会、破发成功率、接发球局、接发球局胜率、接发球得分率指标符合正态性分布,接发球得分率与胜率不符合正态性分布,故采用秩相关分析,分析结果如表 3-2-25 所示。

表 3-2-25 相关性分析

检验方法	指标	项目	胜率
Spearman 的 rho	一发得分率	相关系数	0.556*
		显著性(双尾)	0.020
		N	17
	二发得分率	相关系数	0.701**
		显著性(双尾)	0.002
		N	17
	发球局胜率	相关系数	0.753**
		显著性(双尾)	0.000
		N	17
	发球得分率	相关系数	0.789**
		显著性(双尾)	0.000
		N	17
	接发球得分率	相关系数	0.497*
		显著性(双尾)	0.042
		N	17

"*":相关性在 0.05 级别(双尾);"**":相关性在 0.01 级别(双尾)。

德约科维奇职业生涯参加草地比赛中有 5 项技战术指标分别与胜率的关联性存在统计学差异,存在显著相关关系,相关性由高到低进行排序:发球得分率(0.789)、发球局胜率(0.753)、二发得分率(0.701)、一发得分率(0.556)、接发球得分率(0.497),且呈正相关;说明一发得分率、二发得分率、发球局胜率、发球得分率、接发球得分率越高,胜率就越高;其余指标与胜率的关联性不存在统计学差异,不存在显著相关关系。

(四)德约科维奇在不同场地参赛竞技能力差异性分析

为比较德约科维奇职业生涯在硬地、红土、草地发球竞技能力的差异性,首先采用探索性分析以检验数据的正态性和方差齐性,具体过程如表 3-2-26 所示。

表 3-2-26 不同场地竞技能力指标正态性检验表

项目	场地类型	Kolmogorov-Smirnov^a			Shapiro-Wilk		
		统计量	自由度	显著性	统计量	自由度	显著性
场均 Aces	硬地	0.148	19	0.200*	0.965	19	0.671
	红土	0.221	19	0.015	0.835	19	0.004
	草地	0.180	17	0.145	0.936	17	0.278
场均双误	硬地	0.125	19	0.200*	0.942	19	0.284
	红土	0.140	19	0.200*	0.956	19	0.492
	草地	0.126	17	0.200*	0.927	17	0.194
一发成功率	硬地	0.213	19	0.023	0.895	19	0.039
	红土	0.185	19	0.086	0.925	19	0.142
	草地	0.129	17	0.200*	0.937	17	0.284
一发得分率	硬地	0.150	19	0.200*	0.939	19	0.250
	红土	0.185	19	0.088	0.862	19	0.011
	草地	0.169	17	0.200*	0.936	17	0.272
二发得分率	硬地	0.145	19	0.200*	0.933	19	0.197
	红土	0.188	19	0.075	0.930	19	0.174
	草地	0.154	17	0.200*	0.959	17	0.611
场均破发点	硬地	0.146	19	0.200*	0.950	19	0.400
	红土	0.122	19	0.200*	0.914	19	0.088
	草地	0.220	17	0.028	0.790	17	0.001
挽救破发点率	硬地	0.205	19	0.034	0.771	19	0.000
	红土	0.198	19	0.047	0.857	19	0.009
	草地	0.159	17	0.200*	0.935	17	0.266
场均发球局	硬地	0.357	19	0.000	0.542	19	0.000
	红土	0.283	19	0.000	0.636	19	0.000
	草地	0.208	17	0.050	0.914	17	0.116
发球局胜率	硬地	0.275	19	0.001	0.752	19	0.000
	红土	0.199	19	0.047	0.850	19	0.007
	草地	0.114	17	0.200*	0.965	17	0.735
发球得分率	硬地	0.215	19	0.021	0.886	19	0.027
	红土	0.210	19	0.027	0.891	19	0.033
	草地	0.191	17	0.100	0.929	17	0.207

续表

项目	场地类型	Kolmogorov-Smirnov^a			Shapiro-Wilk		
		统计量	自由度	显著性	统计量	自由度	显著性
接一发得分率	硬地	0.251	19	0.003	0.763	19	0.000
	红土	0.164	19	0.195	0.928	19	0.158
	草地	0.145	17	0.200*	0.952	17	0.495
接二发得分率	硬地	0.192	19	0.063	0.862	19	0.010
	红土	0.178	19	0.116	0.899	19	0.046
	草地	0.235	17	0.013	0.932	17	0.234
场均破发机会	硬地	0.235	19	0.007	0.825	19	0.003
	红土	0.249	19	0.003	0.818	19	0.002
	草地	0.134	17	0.200*	0.951	17	0.474
破发成功率	硬地	0.146	19	0.200*	0.921	19	0.117
	红土	0.174	19	0.131	0.932	19	0.192
	草地	0.106	17	0.200*	0.973	17	0.874
场均接发球局	硬地	0.325	19	0.000	0.567	19	0.000
	红土	0.289	19	0.000	0.635	19	0.000
	草地	0.175	17	0.175	0.920	17	0.148
接发球局胜率	硬地	0.108	19	0.200*	0.971	19	0.802
	红土	0.154	19	0.200*	0.945	19	0.326
	草地	0.149	17	0.200*	0.917	17	0.133
接发球得分率	硬地	0.227	19	0.011	0.911	19	0.076
	红土	0.221	19	0.015	0.883	19	0.024
	草地	0.276	17	0.001	0.884	17	0.038

"*":true 显著下限;"a":Lilliefors 显著更正。

为了比较不同场地上德约科维奇技战术指标的正态性,将表 3-2-11、表 3-2-12、表 3-2-16、表 3-2-17、表 3-2-21、表 3-2-22 中德约科维奇不同场地上的技战术数据录入 SPSS 进行探索分析,结果如表 3-2-26 所示,列出了采用 Shapiro-Wilk 方法进行正态分布假设检验的结果,得到场均 Aces、一发成功率、一发得分率、二发得分率、场均破发点、挽救破发点率、场均发球局、发球局胜率、发球得分率、接一发得分率、接二发得分率、场均破发机会、场均接发球局、接发球得分率的显著性概率值均小于 0.05,应接受原假设,即认为以上指标不满足正态性分布;场均双误、破发成功率、接发球局胜率的显著性概率值均大于 0.05,应接受原假设,即认为以上指标满足正态性分布。

由于各场地上场均双误、破发成功率、接发球局胜率指标符合正态分布,进行单因素方差分析(多重比较),其余技战术指标采用非参数检验多重比较。

(1)场均双误、破发成功率、接发球局胜率单因素方差分析。

场均双误、破发成功率、接发球局胜率描述统计如表 3-2-27 所示。

表 3-2-27　场均双误、破发成功率、接发球局胜率描述统计

项目	场地类型	N	平均值	标准偏差	标准误差	平均值的95%置信区间	
						下限	上限
场均双误	硬地	19	2.111	0.5896	0.1353	1.826	2.395
	红土	19	1.774	0.8177	0.1876	1.380	2.168
	草地	17	2.882	1.2038	0.2920	2.263	3.501
	总计	55	2.233	0.9901	0.1335	1.965	2.500
破发成功率	硬地	19	0.4553	0.04101	0.00941	0.4355	0.4750
	红土	19	0.4479	0.05018	0.01151	0.4237	0.4721
	草地	17	0.4035	0.06294	0.01527	0.3712	0.4359
	总计	55	0.4367	0.05555	0.00749	0.4217	0.4517
接发球局胜率	硬地	19	0.3016	0.06021	0.01381	0.2726	0.3306
	红土	19	0.3553	0.03255	0.00747	0.3396	0.3710
	草地	17	0.2606	0.04630	0.01123	0.2368	0.2844
	总计	55	0.3075	0.06086	0.00821	0.2910	0.3239

场均双误、破发成功率、接发球局胜率方差齐性检验表如表 3-2-28 所示。

表 3-2-28　场均双误、破发成功率、接发球局胜率方差齐性检验表

项目	Levene 统计	DF_1	DF_2	显著性
场均双误	3.447	2	52	0.039
破发成功率	1.455	2	52	0.243
接发球局胜率	1.917	2	52	0.157

为了探究 3 种场地上场均双误、破发成功率、接发球局胜率的方差齐性，将表 3-2-27 数据录入 SPSS，进行探索性分析，结果如表 3-2-28 所示，方差齐性检验：场均双误 $P=0.039$，各场地场均双误方差不相等，采用韦尔奇检验；破发成功率 $P=0.243$、接发球局胜率 $P=0.157$，各场地破发成功率、接发球局胜率方差相等，符合方差齐性，可采用 F 检验，结果如表 3-2-29、表 3-2-30 所示。

表 3-2-29　破发成功率、接发球局胜率单因素方差检验表（F 检验）

项目		平方和	DF	平均值平方	F	显著性
破发成功率	组间	0.028	2	0.014	5.170	0.009
	组内	0.139	52	0.003	—	—
	总计	0.167	54	—	—	—
接发球局胜率	组间	0.081	2	0.041	17.847	0.000
	组内	0.119	52	0.002	—	—
	总计	0.200	54	—	—	—

表 3-2-30　场均双误单因素方差检验表(韦尔奇检验)

项目	Welch 统计[a]	DF_1	DF_2	显著性
场均双误	4.998	2	31.301	0.013

"a":渐进 F 分布。

场均双误显著性概率 $P=0.013<0.05$,3 种场地破发成功率存在显著性差异;破发成功率显著性概率 $P=0.009<0.01$,3 种场地破发成功率存在显著性差异;接发球局胜率显著性概率 $P=0.000<0.001$,3 种场地接一发得分率存在显著性差异。因此,对这 3 种场地的场均双误、破发成功率、接发球局胜率进行多重比较,结果如表 3-2-31 所示。场均双误草地与硬地、红土的显著性概率都小于 0.05,由此可知,草地与硬地、红土的场均双误存在显著性差异,硬地与红土的场均双误不存在显著性差异,均值草地 10.76 个＞硬地 7.83 个＞红土 5.18 个。破发成功率草地与硬地、红土的显著性概率都小于 0.05,由此可知,草地与硬地、红土的破发成功率存在显著性差异,硬地与红土的破发成功率不存在显著性差异,均值草地 41.05%＞红土 40.67%＞硬地 40.21%。接发球局胜率硬地与红土、硬地与草地、红土与草地的显著性概率都小于 0.05,由此可知,三种场地之间接发球局胜率均存在显著性差异,均值红土 26.24%＞硬地 25.79%＞草地 23.41%。

表 3-2-31　不同场地场均双误、破发成功率、接发球局胜率多重比较表

LSD 方法

因变量	(I)场地	(J)场地	平均差异 (I−J)	标准误差	显著性	95%置信区间	
						下限	上限
场均双误	硬地	红土	0.3368	0.2898	0.250	−0.245	0.918
		草地	−0.7718*	0.2982	0.012	−1.370	−0.174
	红土	硬地	−0.3368	0.2898	0.250	−0.918	0.245
		草地	−1.1087*	0.2982	0.000	−1.707	−0.510
	草地	硬地	0.7718*	0.2982	0.012	0.174	1.370
		红土	1.1087*	0.2982	0.000	0.510	1.707
破发成功率	硬地	红土	0.00737	0.01677	0.662	−0.0263	0.0410
		草地	0.05173*	0.01726	0.004	0.0171	0.0864
	红土	硬地	−0.00737	0.01677	0.662	−0.0410	0.0263
		草地	0.04437*	0.01726	0.013	0.0097	0.0790
	草地	硬地	−0.05173*	0.01726	0.004	−0.0864	−0.0171
		红土	−0.04437*	0.01726	0.013	−0.0790	−0.0097
接发球局胜率	硬地	红土	−0.05368*	0.01550	0.001	−0.0848	−0.0226
		草地	0.04099*	0.01595	0.013	0.0090	0.0730
	红土	硬地	0.05368*	0.01550	0.001	0.0226	0.0848
		草地	0.09467*	0.01595	0.000	0.0627	0.1267
	草地	硬地	−0.04099*	0.01595	0.013	−0.0730	−0.0090
		红土	−0.09467*	0.01595	0.000	−0.1267	−0.0627

"*":均值差的显著性水平为 0.05。

(2)其余指标非参数检验。

对不同场地类型技术指标差异性进行 Kruskal Wallis 检验,发现在 3 种场地上,场均 Aces($\chi^2=29.545, P=0.000$)、一发成功率($\chi^2=7.422, P=0.024$)、一发得分率($\chi^2=28.734, P=0.000$)、场均破发点($\chi^2=10.215, P=0.006$)、场均发球局($\chi^2=21.617, P=0.000$)、发球局胜率($\chi^2=19.494, P=0.000$)、发球得分率($\chi^2=20.407, P=0.000$)、接一发得分率($\chi^2=32.046, P=0.000$)、场均破发机会($\chi^2=13.883, P=0.001$)、场均接发球局($\chi^2=22.331, P=0.000$)、接发球得分率($\chi^2=24.409, P=0.000$);二发得分率、挽救破发点率、接二发得分率等指标,不因场地类型变化而呈差异性。

通过 Bonferonnia Adjustment 计算调整显著性,发现 3 种场地之间相互比较的 12 项指标存在差异性(图 3-2-11)。由于是事后的两两比较,因此需要调整显著性水平(调整 α 水平),作为判断两两比较的显著性水平。依据 Bonferonnia 法,调整 α 水平=原 α 水平÷比较次数。本研究共比较了 3 次,调整 α 水平=0.05÷3≈0.017。因此,最终得到的 P 值需要和 0.017 比较,小于 0.017 则认为差异有统计学意义。①硬地与红土,场均 Aces、一发得分率、场均破发点、接一发得分率等指标呈显著性差异($P<0.017$),其他技术指标未见差异,且两种场地的各项指标数据均值相差较小。②草地与红土,场均 Aces、一发得分率、场均发球局、发球局胜率、发球得分率、接一发得分率、场均接发球局、接发球得分率等指标呈显著性差异,其他技术指标未见显著性差异($P>0.017$),2 种场地的各项指标数据均值相差最大。③硬地与草地,场均发球局、场均破发机会、场均接发球局、接发球得分率等指标呈显著性差异($P<0.017$),其他技术指标未见差异,且两种场地的各项指标数据均值相差较小。

将 11 项指标在 3 种场地横向比较:①场均 Aces。硬地与红土比较具有显著性差异($P<0.05$),草地与红土比较具有显著性差异($P<0.05$),硬地与草地比较具有显著性差异($P<0.05$),均值草地最高 8.61 个,红土最低 3.45 个。②一发成功率硬地与草地比较具有显著性差异($P<0.05$),均值草地 66.41%>红土 65.47%>硬地 64.11%。③一发得分率硬地与红土比较具有显著性差异($P<0.05$),草地与红土比较具有显著性差异($P<0.05$),硬地与草地比较具有显著性差异($P<0.05$),均值草地 77.29%>硬地 73.84%>红土 70.05%。④场均破发点硬地与红土比较具有显著性差异($P<0.05$),红土最高 5.37 个,硬地最低 4.24 个。⑤场均发球局硬地与草地比较具有显著性差异($P<0.05$),草地与红土比较具有显著性差异($P<0.05$),均值草地最多 15.46 个,硬地最少 10.72 个。⑥发球局胜率硬地与红土比较具有显著性差异($P<0.05$),草地与红土比较具有显著性差异($P<0.05$),均值草地 89.12%>硬地 85.21%>红土 80.58%。⑦发球得分率硬地与红土比较具有显著性差异($P<0.05$),草地与红土比较具有显著性差异($P<0.05$),均值草地 70%>硬地 67.21%>红土 64.26%。⑧接一发得分率硬地与红土比较具有显著性差异($P<0.05$),草地与红土比较具有显著性差异($P<0.05$),均值红土 36.95%>硬地 32.21%>草地 30.65%。⑨场均破发机会硬地与红土比较具有显著性差异($P<0.05$),硬地与草地比较具有显著性差异($P<0.05$),均值草地最多 9.92 个,硬地最少 7.03 个。⑩场均接发球局硬地与草地比较具有显著性差异($P<0.05$),草地与红土比较具有显著性差异($P<0.05$),均值草地最多 15.13 个,硬地最少 10.41 个。⑪接发球得分率硬地与草地比较具有显著性差异($P<0.05$),草地与红土比较具有显著性差异($P<0.05$),均值红土 43.79%>硬地 41.00%>草地 39.59%。

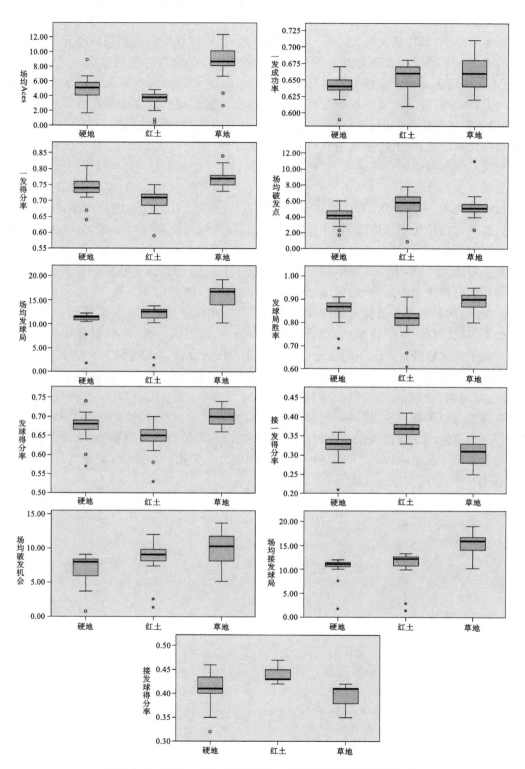

图 3-2-11 硬地、红土、草地场地之间竞技能力指标多重比较

从以上均值整体趋势看,德约科维奇发球和接发球竞技能力在不同场地类型上存在差异。从均值整体趋势看,草地的发球技术指标全部高于硬地和红土,草地的接发球技术指标低于硬地和红土(场均破发机会除外),硬地与草地、硬地与红土的数据均值差异小于草地与红土的差异。不同场地之间具有差异性指标的个数为:草地与红土最多共8个,硬地与红土、硬地与草地各4个。整体上发球局中各项竞技子能力的表现草地全面优于在硬地和红土场地上的表现,接发球局中各项竞技子能力的表现红土各项竞技子能力指标优于硬地和草地,但是在破发机会方面,草地高于红土和硬地,破发成功率硬地最高。有研究表明,德约科维奇在发球阶段,红土与硬地一发时速存在显著差异(硬地大于红土,红土发球增大了切削与上旋),红土与硬地发球落点不存在显著差异,说明在落点选择上执行相同战术布局,场地是发球落点选择较弱的影响因素;在接发阶段,接一发落点(右、中、左)不存在显著差异,都是以中路为主,接二发落点以中路为主,但是在红土接二发回向左路使用率更高,在硬地中接二发回向右路使用率更高,且存在显著性差异;在相持阶段,放小球数量红土显著性多于硬地,但是得分率不存在差异。

综上所述,德约科维奇职业生涯参赛竞技能力特征为:①总体竞技能力分析。一发发球主要将球发向外角和内角,中间区域极少;二发发向平分区内角和外角,发向占先区内角和中间区域;德约科维奇具备优秀的接发球能力,接发球落点主要在中场区域和占先区;接发球得分率、接二发得分率、接发球局胜率、发球得分率、发球局胜率、一发得分率为职业生涯总体比赛关键制胜因素。②不同场地参赛竞技能力特征分析。硬地参赛制胜因素主要包括接二发得分率、接发球得分率、接一发得分率、发球得分率、破发机会、发球局胜率、二发得分率;红土参赛制胜因素主要包括发球局胜率、发球得分率、二发得分率、一发得分率;草地参赛制胜因素主要包括二发得分率、发球局胜率、发球得分率;竞技能力特征受场地因素影响,具体表现为草地的发球技术指标全部高于硬地和红土,除场均破发机会外,草地的接发球技术指标全部低于硬地和红土,不同场地竞技能力显著差异指标的个数:草地与红土8个,硬地与红土4个,硬地与草地4个。

第四章 纳达尔职业生涯参赛组合和竞技能力特征分析

第一节 纳达尔职业生涯参赛组合特征分析

一、纳达尔职业生涯阶段划分

网球运动员职业生涯阶段可以采用参加高级别赛事（大满贯、大师赛、年终总决赛）的成绩进行划分。该方法对纳达尔参加高级别赛事晋级轮次（赛事积分在1000分以上）进行赋值，方法为：四大满贯每轮赋值2分，年终总决赛每轮赋值1.5分，大师赛每轮赋值为1分，其余赛事级别较低，未在本研究统计范围之内，赋值后得到赋值积分见表4-1-1。自2001年纳达尔转入网球职业联赛至2022年12月，竞技状态经历形成期、最佳期、保持期、衰退期四个阶段。同时本研究在赋值法基础上，结合冠军数（图4-1-1）、年终世界排名（图4-1-2）综合考虑纳达尔职业生涯竞技状态划分，将纳达尔职业生涯竞技状态划分为形成期（2001—2006年）、最佳期（2007—2011年）、保持期（2012—2019年）、衰退期（2020—2022年）。

表4-1-1 纳达尔职业生涯参加高级别赛事轮次赋值积分表

阶段	赛季	澳网	法网	温网	美网	年终总决赛	大师赛总轮次	赋值积分	单打冠军数量	年终世界排名
形成期	2001	—	—	—	—	—	—	—	—	811
	2002	—	—	—	—	—	—	—	—	200
	2003	—	—	第三轮	第二轮	—	7	17	—	49
	2004	第三轮	—	—	第二轮	—	11	21	1	51
	2005	第四轮	冠军	第二轮	第三轮	—	32	64	11	2
	2006	—	冠军	亚军	八强	半决赛	31	75	5	2
最佳期	2007	八强	冠军	亚军	第四轮	半决赛	47	99	6	2
	2008	四强	冠军	冠军	四强	—	47	99	8	1
	2009	冠军	第四轮	—	四强	小组赛	50	88.5	5	2
	2010	八强	冠军	冠军	冠军	亚军	42	101.5	7	1
	2011	八强	冠军	亚军	亚军	小组赛	41	97.5	3	2

续表

阶段	赛季	澳网	法网	温网	美网	年终总决赛	大师赛总轮次	赋值积分	单打冠军数量	年终世界排名
保持期	2012	亚军	冠军	第二轮	—	—	27	59	4	4
	2013	—	冠军	第一轮	冠军	亚军	46	83.5	10	1
	2014	亚军	冠军	第四轮	—	—	28	64	4	3
	2015	八强	八强	第二轮	第三轮	半决赛	39	75	3	5
	2016	第一轮	第三轮	—	第四轮	—	28	44	2	9
	2017	亚军	冠军	第四轮	冠军	小组赛	44	95.5	6	1
	2018	八强	冠军	四强	四强	—	22	70	5	2
	2019	亚军	冠军	四强	冠军	小组赛	33	91.5	4	1
衰退期	2020	八强	冠军	—	—	半决赛	9	39	2	2
	2021	八强	四强	—	—	—	14	36	2	6
	2022	冠军	冠军	四强	第四轮	小组赛	18	70.5	4	2
小计		2冠4亚	14冠0亚	2冠3亚	4冠1亚	0冠2亚	616	1390.5	92	

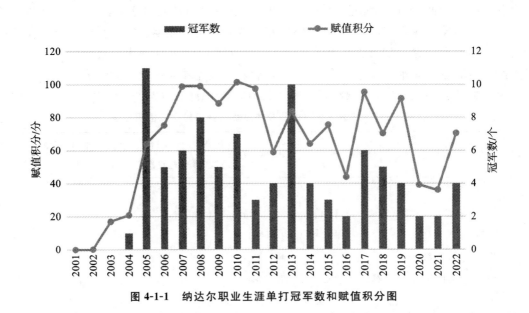

图 4-1-1 纳达尔职业生涯单打冠军数和赋值积分图

第一阶段,竞技状态形成期(2001—2006年)。年终世界排名从811位跃升到第2位,获得了17个单打冠军,竞技能力趋于成熟。11次参加大满贯,1次进入八强,3次进入决赛,获得2个冠军,其中2005年法国网球公开赛是纳达尔夺得的第一个大满贯冠军。2005年世界排名进入前10,年终世界排名为第2。大师赛总轮次呈增长趋势,赋值积分逐年增加。

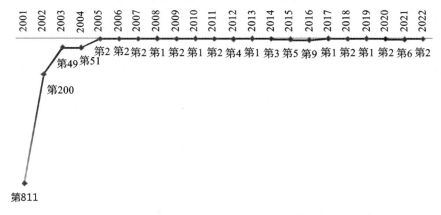

图 4-1-2 纳达尔职业生涯年终世界排名

第二阶段,竞技状态最佳期(2007—2011 年)。年终世界排名第 1~2 位,共获得了 29 个单打冠军,2008 年 8 月年终世界排名首次登上第 1,夺得法网四冠,竞技能力处于巅峰状态。19 次参加大满贯,11 次进入决赛,获得 1 个澳网冠军、4 个法网冠军、2 个温网冠军、1 个美网冠军,成就全满贯,其中 2008 年获得 2 个大满贯冠军,2010 年获得 3 个大满贯冠军。大师赛参赛总轮次和赋值积分处于较高水平,2009 年大师赛参赛总轮次达到职业生涯最大值(50 轮次);2010 年赋值积分达到了职业生涯最大值(101.5 分)。

第三阶段,竞技状态保持期(2012—2019 年)。年终世界排名出现波动(第 1~9 位),获得了 38 个单打冠军,竞技状态出现起伏。28 次参加大满贯,3 次进入四强,13 次进入决赛,获得 6 个法网冠军、3 个美网冠军,其中 2013 年、2017 年和 2019 年获得 2 个大满贯冠军。大师赛总轮次和赋值积分波动较大。

第四阶段,竞技状态衰退期(2020—2022 年)。年终世界排名在第 2~6 位,获得了 8 个单打冠军。8 次参加大满贯,3 次进入决赛,获得 3 个冠军,2022 年获得 1 个澳网冠军和 1 个法网冠军。大师赛总轮次在 9~18 轮之间。

二、纳达尔职业生涯参赛特征分析

将纳达尔 2001 年转职业以来参加的所有赛事划分为大满贯赛事、年终总决赛、大师赛、ATP 巡回赛(ATP 500、ATP 250)、ATP 低级别赛事(挑战赛、资格赛、希望赛)、ITF 赛事(含奥运会)、ATP 杯和拉沃尔杯,由于 2009 年进行了赛事积分改革,为了便于统计,将 2009 年以前的巡回赛赛事进行分类,其中将冠军积分在 250 分及以下的赛事计入 ATP 250 赛事,冠军积分在 250 分(不含)至 500 分的赛事计入 ATP 500 赛事。

(一)纳达尔职业生涯参赛级别和数量特征分析

对纳达尔职业生涯不同级别赛事参赛站数统计,如表 4-1-2 所示。

表 4-1-2　纳达尔职业生涯不同级别赛事参赛站数统计表

阶段	赛季/年	大满贯	年终总决赛	大师赛	ATP 500 巡回赛	ATP 250 巡回赛	ATP 低级别赛事	ITF	ATP杯和拉沃尔杯	总计
形成期	2001	—	—	—	—	—	2	—	—	2
	2002	—	—	—	—	1	12	—	—	13
	2003	2	—	3	1	5	12	—	—	23
	2004	2	—	5	1	10	—	3	—	21
	2005	4	—	6	1	10	—	1	—	22
	2006	3	1	7	2	3	—	1	—	17
最佳期	2007	4	1	9	2	4	—	—	—	20
	2008	4	—	9	2	3	—	3	—	21
	2009	3	1	9	3	1	—	2	—	19
	2010	4	1	8	1	3	—	—	—	17
	2011	4	1	8	2	2	—	3	—	20
保持期	2012	3	—	5	1	2	—	—	—	11
	2013	3	1	8	3	2	—	1	—	18
	2014	3	—	6	4	2	—	—	—	15
	2015	4	1	9	6	3	—	1	—	24
	2016	3	—	7	3	2	—	1	—	16
	2017	4	1	9	3	1	—	—	1	19
	2018	4	—	4	1	—	—	1	—	10
	2019	4	1	6	2	—	—	1	2	15
衰退期	2020	2	1	2	1	—	—	—	—	7
	2021	2	—	3	2	—	—	—	—	7
	2022	4	1	5	1	1	—	—	—	12
	小计	66	11	128	42	55	26	18	3	349

　　在竞技状态形成期，参赛数量逐年增加，2003—2005 赛季均超过了 20 场。在纳达尔转入成人赛场的初期（2001—2003 年）以 ATP 低级别赛事为主，转战于青少年赛事和成人赛事之间；2001 年参加了 1 站希望赛和 1 站挑战赛，2002 年参加了 9 站希望赛、2 站挑战赛、1 站资格赛；2003 年参加了 2 站大满贯、3 站大师赛、6 站巡回赛、9 站挑战赛、3 站资格赛，低级别赛事占据了全年参赛的二分之一；在这个时期，获得了参加高级别赛事（大满贯、大师赛、年终总决赛）的资格。同时，用了 3 个赛季实现从低级别赛事为主到高级别赛事为主的转变。

在竞技状态最佳期,参赛站数稍微减少,在 17~21 站之间,年均 19.4 站。在这个时期,赛事选择以高级别赛事为主。参赛类型以大满贯、大师赛、巡回赛、年终总决赛为主,同时 ATP 250 积分以下赛事数量大幅度降低。此阶段,参赛级别特征为 3~4 站大满贯、8~9 站大师赛、1~3 站 ATP 500 巡回赛、1~4 站 ATP 250 巡回赛、1 站年终总决赛(2008 年退赛)。

在竞技状态保持期,平均参赛站数明显降低,变化较大,在 10~24 站之间,年均 16 站。参赛级别特征为 3~4 站大满贯、0~1 站年终总决赛(2012、2014、2016、2018 赛季未参加)、4~9 站大师赛、1~6 站 ATP 500 巡回赛、0~4 站 ATP 250 巡回赛(2018—2019 赛季未参加)。膝伤、背伤、腕伤影响竞技状态,竞技能力起伏较大。2018 年开始大师赛参赛减少。纳达尔从 2017 年起满足大师赛强制参赛豁免条款,不受强制参赛的限制,有权放弃任何一项大师赛的比赛。

在竞技状态衰退期,因为伤病和年龄的影响,参赛站数呈减少趋势,年均 8.6 站。参赛级别特征为 2~4 站大满贯、0~1 站年终总决赛(2021 赛季未参加)、2~5 站大师赛、1~2 站 ATP 500 巡回赛、0~1 站 ATP 250 巡回赛(2020—2021 赛季未参加)。

综上所述,纳达尔在形成期用 3 个赛季完成了青少年赛场到职业赛场的转变,参赛数量逐渐增多;在转入职业赛场的前三年,以 ATP 低级别赛事为主,在此之后,高级别赛事的参赛数量逐步增加。竞技状态最佳期,年均参赛数量约为 19 站,形成以 3~4 站大满贯+8~9 站 ATP 大师赛+1~3 站 ATP 500 巡回赛+1~4 站 ATP 250 巡回赛+1 站年终总决赛的参赛模式,赛事安排以高级别赛事为主。衰退期各级别参赛数量大幅度减少。

(二)纳达尔不同职业阶段参赛时间特征分析

用数字表示不同赛事的场地类型,1 表示硬地,2 表示红土,3 表示草地,4 表示地毯。以字母代表赛事级别,G 表示大满贯,M 表示大师赛,T 表示巡回赛,F 代表年终总决赛,O 表示奥运会。运用描述性统计法对纳达尔不同职业阶段参赛时间安排进行统计,得到表 4-1-3。

由表 4-1-3 可知,纳达尔参加男子职业赛事的参赛时间特征具有相似性,根据每个月的参赛场地类型及核心赛事,将每年度的参赛时间划分为 5 个阶段,12 月至次年 3 月划分为以澳网为核心的硬地赛事阶段,4—5 月划分为以法网为核心的红土赛事阶段,6—7 月划分为以温网为核心的草地赛事阶段,8 月划分为以美网为核心的硬地赛事阶段,9—11 月划分为以年终总决赛为核心的硬地阶段。在时间统计上,以赛事开始时间作为区分标准。纳达尔成人职业生涯单打参赛的 349 站赛事,几乎未安排 12 月参加比赛,因此未将 12 月列入表中。

表 4-1-3 纳达尔不同职业阶段参赛时间安排表

阶段	赛季	1—3 月	4—5 月	6—7 月	8 月	9—11 月
形成期	2001	—	—	—	—	—
	2002	—	2T	—	—	—
	2003	—	2M+2T+2M	3G+2T+2T+2T	1G	4T+1M+4T
	2004	1T+1T+1G+4T+1T+1M+1M	2T	2T+2T+1M	1M+2T+1G	2T+4T+1M+4T

续表

阶段	赛季	1—3月	4—5月	6—7月	8月	9—11月
形成期	2005	1T+1T+1G+2T+2T+2T+1M	2T+2M+2T+2M+2G	3T+3G+2T+2T	1M+1M+1G	1T+1M
	2006	1T+1T+1M+1M	2M+2T+2M+2G	3T+3G	1M+1M+1G	1T+1M+1F
最佳期	2007	1T+1T+1G+1T+1M+1M	2M+2T+2M+2M+2G	3T+3G+2T	1M+1M+1G	1M+1M+1F
	2008	1T+1G+1T+1T+1M+1M	2M+2T+2M+2M+2G	3T+3G+1M+1M	1O+1G	1M+1M
	2009	1T+1M+1G+1M+1T	2M+2T+2M+2M+2G	—	1M+1M+1G	1T+1M+1M+1F
	2010	1T+1G+1M+1M	2M+2M+2M+2G	3T+3G	1M+1M+1G	1T+1T+1M+1F
	2011	1T+1M+1G+1M	2M+2T+2M+2G	3T+3G	1M+1M+1G	1T+1M+1F
保持期	2012	1T+1M+1G+1M	2M+2T+2M+2G	3T+3G	—	—
	2013	1M+2T+2T+2T	2M+2T+2M+2G	3G	1M+1M+1G	1T+1M+1M+1F
	2014	1T+1G+2T+1M+1M	2M+2T+2M+2G	3T+3G	—	1T+1M+1T
	2015	1T+1G+2T+2T+1M+1M	2M+2T+2M+2G	3T+3T+3G+2T	1M+1M+1G	1T+1M+1T+1M+1F
	2016	1T+1G+2T+2T+1M+1M	2M+2T+2M+2G	—	1O+1M+1G	1T+1M
	2017	1T+1T+1M+1G+1M	2M+2T+2M+2G	3G	1M+1M+1G	1T+1M+1M+1F
	2018	1G	2M+2T+2M+2G	3G	1M+1G	—
	2019	1G+1T+1M	2M+2T+2M+2G	3G	1M+1G	1M+1F

续表

阶段	赛季	1—3月	4—5月	6—7月	8月	9—11月
衰退期	2020	1G+1T	—	—	—	2M+2G+1M+1F
	2021	1G	2M+2T+2M+2M+2G	—	1T	—
	2022	1T+1G+1T+1M	2M+2M+2G	3G	1M+1G	1M+1F

在竞技状态形成期（2001—2006年），初步形成较为稳定的参赛组合。在1—3月以澳网为核心的硬地赛事中，大满贯之前会参加2站巡回赛，大满贯赛后参加4站比赛（2~3站巡回赛＋1~2站大师赛组合），2003年和2004年参加了地毯场地比赛主要集中在9月至次年3月。4—5月赛事在法网之前参加3~4站比赛（1~2站巡回赛＋2站大师赛）；6—7月比赛在温网之前参加0~1项巡回赛，温网后参加0~3项巡回赛；8月在美网赛前参加0~2站比赛（1大师赛＋1巡回赛或2站大师赛），2003年美网前未参加硬地赛事；9—11月以大师赛和巡回赛为主，2005年因伤退出年终总决赛，2006年第一次参加年终总决赛，总决赛前参加1站巡回赛和1站大师赛。

在竞技状态最佳期（2007—2011年），已形成参赛时序组合。在1—3月以澳网为核心的硬地赛事中，大满贯之前会参加1~2站比赛（1~2站巡回赛＋0~1站大师赛），大满贯赛后参加1~4站比赛；在4—5月以法网为核心的红土赛事中，法网之前参加3~4站比赛（0~1站巡回赛＋3站大师赛）；在6—7月以温网为核心的草地赛事中，温网之前参加1项巡回赛，除2007年、2008年外，温网后几乎未安排其他级别的比赛；在8月以美网为核心的硬地赛事中，美网赛前参加2站大师赛，2008年参加了北京奥运会；在9—11月以年终总决赛为核心的硬地赛事中，总决赛前参加2~3站比赛（1~2站巡回赛＋1~2站大师赛），2008年因伤退出年终总决赛的争夺。

在竞技状态保持期（2012—2019年），参赛时序组合较为稳定，并有略微调整。在1—3月以澳网为核心的硬地赛事中，参赛时序变化较大，大满贯之前会参加0~2站巡回赛，2014—2016赛季大满贯前只参加了1站巡回赛，2018—2019赛季澳网前未安排比赛；大满贯赛后比赛逐渐减少，2015—2016赛季澳网后参加4站比赛（2站红土巡回赛＋2站硬地大师赛），2013年未参加澳网。在4—5月以法网为核心的红土赛事中，参赛时序组合稳定，法网之前参加3项大师赛加1站巡回赛；在6—7月以温网为核心的草地赛事中，温网之前参加1~2项巡回赛，2017年后草地参赛数量减少，温网前不参加巡回赛逐渐成为一种选择；在8月以美网为核心的硬地赛事中，美网赛前参加1~2站大师赛，2016年美网前参加了里约奥运会；在9—11月以年终总决赛为核心的硬地赛事中，主要参赛模式为0~2站巡回赛加1~2站大师赛，2012、2014、2016、2018赛季因伤退出年终总决赛的争夺。

在竞技状态衰退期（2020—2022年），参赛时序组合变化较大。2020年因疫情推迟和取消了部分比赛。在1—3月以澳网为核心的硬地赛事中，大满贯之前很少参加比赛，大满贯赛后参加0~2站比赛（1站巡回赛或1站巡回赛＋1站大师赛）；在4—5月以法网为核心的红土赛事中，参赛减少，法网之前参加2~4站比赛，其中2~3站大师赛，0~1站巡回赛；在6—7月以温网为核心的草地赛事中，2022年参加了温网；在8月以美网为核心的硬地赛事中,只参加1站比赛,2020—2021赛季未参加美网;在9—11月以年终总决赛为核心的硬地赛事中,2022年的主要参赛模式为1站巡回赛加年终总决赛,2021赛季因伤退出年终总决赛的争夺。

(三)纳达尔不同职业阶段参赛场地与地域分析

1. 纳达尔不同职业阶段参赛场地特征分析

男子网球职业赛事有硬地、红土、草地、地毯四种场地类型,在巡回赛不同场地的比赛中硬地最多,草地最少,在2009年后,ATP不再使用地毯场作为巡回赛场地。对纳达尔不同职业阶段每年参加硬地、红土、草地、地毯比赛的数量进行统计,得到表4-1-4。

表4-1-4 纳达尔不同职业阶段参赛场地类型统计表

阶段	赛季	硬地/站	红土/站	草地/站	地毯/站	各场地类型占比/(%) (硬地、红土、草地、地毯)
形成期	2001	1	1	—	—	37、48、5、10
	2002	—	12	—	1	
	2003	6	11	1	5	
	2004	10	7	—	4	
	2005	9	11	2	—	
	2006	10	5	2	—	
最佳期	2007	12	6	2	—	61、31、8、0
	2008	13	6	2	—	
	2009	12	7	—	—	
	2010	11	4	2	—	
	2011	11	7	2	—	
保持期	2012	4	5	2	—	51、40、9、0
	2013	8	9	1	—	
	2014	7	6	1	—	
	2015	13	8	3	—	
	2016	9	7	—	—	
	2017	13	5	1	—	
	2018	3	6	1	—	
	2019	9	5	1	—	
衰退期	2020	5	2	—	—	58、38、4、0
	2021	2	5	—	—	
	2022	8	3	1	—	

纳达尔职业生涯参加硬地赛事特征为：参赛数量先增加，趋于平稳后下降，且参赛数量波动明显；在参赛站数方面，竞技状态形成期为1～10站，最佳期为11～13站，保持期为3～13站，衰退期为2～8站。在职业生涯初期，纳达尔2001年参加了马德里举办的硬地希望赛，2002年未参加硬地赛事，2003年参加了4站挑战赛、1站美国网球公开赛、1站马德里大师赛。

纳达尔职业生涯参加红土赛事特征为：在竞技状态的形成期，参赛数量逐渐增多，高于其他阶段；在参赛站数方面，竞技状态形成期为1～12站，最佳期为4～7站，保持期为5～9站，衰退期为2～5站。在职业生涯初期，纳达尔2001年参加了1站西班牙本土挑战赛；2002年参加的红土赛事都在西班牙，包含8站希望赛、2站挑战赛、1站资格赛和1站巡回赛；2003年奔赴多个国家参加红土赛事，如摩纳哥、德国、意大利等，参加赛事级别逐渐提高，包含3站挑战赛、2站资格赛。

纳达尔职业生涯参加草地赛事特征为：草地参赛数量一直处于较低水平；在参赛站数方面，竞技状态形成期为1～2站，最佳期为2站，保持期为1～3站，衰退期为1站。在职业生涯初期，2003年仅参加了温网比赛。

纳达尔职业生涯参加地毯赛事特征为：只有2002—2004赛季参加了地毯赛事。在职业生涯参加的10站地毯赛事中，包含4站ATP低级别赛事（1站希望赛、2站挑战赛、1站资格赛）和5站ATP 250巡回赛，在欧洲多个国家参赛。由于地毯场地球速快、弹跳低，运动员受伤率高，出于对运动员身体健康和职业生涯考虑，2009年ITF取消了地毯场地赛事。

在竞技状态形成期，纳达尔参加红土赛事数量高于其余3种场地赛事，参加的红土赛事地点主要是在西班牙、意大利、罗马；硬地、红土、草地、地毯各场地类型占比37%、48%、5%、10%；在竞技状态最佳期，硬地、红土、草地各场地类型占比分别为61%、31%、8%，硬地赛事比例增加，具体安排为硬地赛事11～13站，红土赛事4～7站，草地赛事2站。在竞技状态保持期，硬地、红土、草地各场地类型占比分别为51%、40%、9%，红土赛事占比增加，硬地赛事参赛数量在3～13站，红土赛事5～9站，草地赛事1～3站。在竞技状态衰退期，硬地、红土、草地各场地类型占比分别为58%、38%、4%，硬地赛事参赛数量在2～8站，红土赛事2～5站，草地赛事1站。

综上所述，纳达尔参加的各场地类型比赛数量特征：硬地＞红土＞草地＞地毯，职业生涯年均硬地参赛数量约为8站，红土参赛数量约为6站，草地参赛数量约为2站；草地参赛数量一直处于较低水平；虽然整体参赛数量硬地高于红土，但在形成期、保持期和衰退期，红土赛事参赛数量几乎与硬地赛事持平或者超过硬地赛事参赛数量，这与纳达尔的击球技术在红土场地上取得的高胜率有关。

2. 纳达尔不同职业阶段参赛地域特征分析

(1) 纳达尔不同职业阶段参赛地域分析。

职业网球赛事分布广泛，五大洲（欧洲、美洲、亚洲、大洋洲、非洲）各有分布。四大满贯赛事中法网、温网在欧洲举办，澳网在大洋洲举办，美网在北美洲举办。欧洲是网球运动的起源地，有着浓厚的网球文化底蕴，举办赛事数量也最多，其举办的赛事多为红土赛事，其次为草地赛事、硬地赛事；亚洲作为五大洲面积最大的洲，举办的职业赛事较少，主要为ATP 1000大师赛、ATP 500巡回赛及ATP 250巡回赛，其多为硬地赛事；美洲作为举办赛事较多的地域，其举办的赛事多为硬地赛事，美国网球公开赛是该地域的核心赛事；非洲网球赛事以低级别赛事为主且数量较少。

在 ATP 官网上，收集纳达尔每年参加的赛事数据，按地域（欧洲、北美洲、大洋洲、亚洲、南美洲）进行数据整理，统计各个区域参加的赛事数量，得到表 4-1-5。

表 4-1-5 纳达尔不同职业阶段参赛地域统计表

阶段	赛季	赛事数量/站					各洲占比/(%) (EU、NA、OA、AS、SA)
		欧洲	北美洲	大洋洲	亚洲	南美洲	
形成期	2001	2	—	—	—	—	72、16、4、6、2
	2002	13	—	—	—	—	
	2003	22	1	—	—	—	
	2004	12	5	2	2	—	
	2005	11	5	2	2	2	
	2006	10	5	—	2	—	
最佳期	2007	10	5	2	3	—	52、26、6、16、0
	2008	12	5	1	3	—	
	2009	10	5	1	3	—	
	2010	7	5	1	4	—	
	2011	11	5	1	3	—	
保持期	2012	7	2	1	1	—	53、24、6、11、6
	2013	9	5	—	2	2	
	2014	8	2	1	3	1	
	2015	13	5	1	3	2	
	2016	5	4	1	3	3	
	2017	9	6	2	2	—	
	2018	7	2	1	—	—	
	2019	10	4	1	—	—	
衰退期	2020	4	1	2	—	—	58、23、19、0、0
	2021	5	1	1	—	—	
	2022	6	4	2	—	—	

在竞技状态形成期，纳达尔参赛地域特点为：欧洲＞北美洲＞亚洲＞大洋洲＞南美洲，各洲占比为：72%、16%、6%、4%、2%。主要参赛地是欧洲，最高达到 22 站，其次是北美洲，在 1~5 站之间，大洋洲 2 站，亚洲 2 站。在职业生涯初期，如 2001 和 2002 赛季，欧洲是纳达尔参赛主战场，一是由于欧洲赛事多，二是纳达尔出生于欧洲，职业生涯初期比赛奖金有限，本土作战是较优选择。

在竞技状态最佳期,纳达尔参赛地域特点为:欧洲＞北美洲＞亚洲＞大洋洲,未参加南美洲赛事,各洲占比为:52%、26%、16%、6%。主要参赛地在欧洲,在7~12站之间,其次是北美洲,有5站赛事,亚洲赛事3~4站,大洋洲1~2站。这个阶段整体参赛较少,参赛重视质量。相较于竞技状态形成期,欧洲参赛站数相对减少,亚洲参赛站数增加。

在竞技状态保持期,纳达尔参赛地域特点为:欧洲＞北美洲＞亚洲＞大洋洲＞南美洲,各洲占比为:53%、24%、11%、6%、6%。欧洲赛事参赛站数为5~13站,北美洲为2~6站,亚洲为1~3站,大洋洲为1~2站,南美洲为1~3站。

在竞技状态衰退期,纳达尔参赛地域特点为:欧洲＞北美洲＞大洋洲,未参加亚洲、南美洲赛事,各洲占比为:58%、23%、19%。欧洲赛事参赛站数为4~6站,北美洲为1~4站,大洋洲为1~2站。

综上所述,纳达尔职业生涯参赛地域方面,参加欧洲赛事最多,北美洲赛事次之,亚洲和大洋洲赛事紧随其后,南美洲赛事最少。

(2)纳达尔不同职业阶段参赛城市分析。

在ATP官网上,收集纳达尔每年参加的ATP 1000大师赛按城市进行分类,统计各个城市参加的赛事数量,得到表4-1-6。

表4-1-6 纳达尔职业生涯ATP 1000大师赛参赛城市情况统计表

参赛城市	马德里	罗马	蒙特卡洛	印第安维尔斯	加拿大	辛辛那提	迈阿密	巴黎	上海	汉堡
站数	19	18	17	15	13	13	13	9	8	3
占比/(%)	14.8	14.1	13.3	11.7	10.2	10.2	10.2	7	6.3	2.2
冠军/个	5	10	11	3	5	1	—	—	—	1
亚军/个	3	2	1	2	—	—	5	1	2	1

从纳达尔参加ATP 1000大师赛参赛站数来看,位列前四站的是马德里、罗马、蒙特卡洛、印第安维尔斯。夺冠次数位列前四站的是蒙特卡洛、罗马、马德里、加拿大,纳达尔在红土赛事上获得的冠军最多,这与纳达尔擅长红土比赛密切相关。纳达尔参赛频率最高的是马德里大师赛,从2003年首次参赛直至2022年,只有2020年因新冠疫情该赛事取消未参加,纳达尔在此项比赛中8次进入决赛,获得了5届冠军,是迄今为止参加决赛次数最多和夺冠次数最多的运动员。纳达尔从2005年首次参加罗马大师赛直至2022年,一共参加了18届,12次进入决赛,获得了10届冠军,是迄今为止夺冠次数最多的运动员。纳达尔从2003年首次参加蒙特卡洛大师赛直至2022年,一共参加了17届,只有2004年、2020年、2022年未出席,12次进入决赛,获得了11届冠军,是纳达尔职业生涯中大师赛冠军获得次数最多的赛事,其中2005—2012赛季连续蝉联8届冠军。纳达尔从2004年首次参加印第安维尔斯大师赛直至2022年,一共参加了15届,5次进入决赛,获得了3届冠军。

在ATP官网上,收集纳达尔每年参加的巡回赛按城市进行分类,统计各个城市参加的赛事数量,得到表4-1-7。

表 4-1-7 纳达尔职业生涯 ATP 巡回赛参赛城市情况统计表

参赛城市	巴塞罗那	多哈	北京	阿卡普尔科	伦敦	斯图加特	巴塞尔	迪拜	清奈	博斯塔德	布宜诺斯艾利斯	里约热内卢	哈雷	其他
站数	16	8	7	6	6	5	4	4	3	3	3	3	3	26
占比/(%)	16.5	8.2	7.2	6.2	6.2	5.2	4.1	4.1	3.1	3.1	3.1	3.1	3.1	26.8
冠军/个	12	1	2	4	1	3	—	1	—	1	1	1	—	6
亚军/个	—	2	2	1	—	—	1	—	1	—	—	—	—	4

注：ATP 巡回赛包含了 500 积分及以下赛事。参赛频率在 2 站及以下的赛事均作为其他进行统计。

从纳达尔参加 ATP 巡回赛参赛站数来看，位列前三的是巴塞罗那、多哈、北京。夺冠次数位列前三的是巴塞罗那、阿卡普尔科、斯图加特，在红土赛事上获得的冠军最多，这与纳达尔擅长红土比赛息息相关。纳达尔参赛频率最高的巡回赛赛事为巴塞罗那网球公开赛，是西班牙本土赛事。此项赛事，从 2003 年开始直至 2022 年，纳达尔共获得了 12 届冠军，其中 2005—2009 赛季蝉联 5 届冠军。多哈网球公开赛是室外硬地赛事，纳达尔 8 次参加比赛，3 次进入决赛，获得 1 届冠军。中国网球公开赛，纳达尔从 2002 年开始至 2017 年，7 次参加此项赛事，4 次进入决赛，获得 2 届冠军。

(四) 纳达尔职业生涯参赛效率分析

1. 纳达尔职业生涯不同阶段参赛数量效率分析

从赛事本身来看参赛效率，该年度参赛效率=年度总积分/年度参赛总站数。从该参赛效率公式分析，年度总积分/年度参赛总站数即是站均积分。从积分角度来看，站均积分能较好地反映参赛效率。

$$站均积分 = 年度总积分 / 年度参赛总站数$$

例如，纳达尔在 2007 年总积分为 5735，参赛总站数为 20，那么 2007 年站均积分为 5735/20≈287。

此积分为参赛的实际积分，与排名系统中积分计算规则不同。通过根据站均积分贡献率公式，在 ATP 官网上收集纳达尔每站比赛参赛积分和站数数据，对参赛积分导入 Excel 进行计算，得到表 4-1-8 及图 4-1-3。

表 4-1-8 纳达尔不同职业阶段站均积分统计表

阶段	赛季	积分	站数	站均积分
形成期	2001	5	2	3
	2002	163	13	13
	2003	778	23	34
	2004	820	21	39
	2005	5090	22	231
	2006	4470	17	263

续表

阶段	赛季	积分	站数	站均积分
最佳期	2007	5735	20	287
	2008	13400	21	638
	2009	9205	19	484
	2010	12495	17	735
	2011	9575	20	479
保持期	2012	6650	11	605
	2013	13030	18	724
	2014	6835	15	456
	2015	5455	24	227
	2016	3300	16	206
	2017	10645	19	560
	2018	7480	10	748
	2019	8495	15	566
衰退期	2020	2960	7	423
	2021	2985	7	426
	2022	6020	12	502

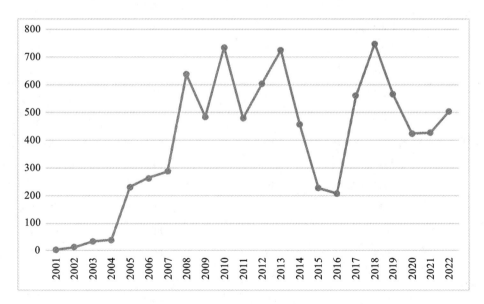

图 4-1-3　纳达尔不同职业阶段站均积分趋势图

纳达尔职业生涯共有 4 个赛季积分达到了 10000 分以上，分别是 2008 年、2010 年、2013 年、2017 年，2008 年达到积分最大值 13400 分。在积分巅峰之后，迎来了下降期，并出现大幅度波动，2013 年再次达到高峰，2015 年、2016 年状态低迷，积分较低，2017 年以后出现反弹，并再次达到高峰。

通过对纳达尔职业生涯参赛效率进行统计发现。在竞技状态形成期,参赛效率逐年提升,效率值在 270 以下;在竞技状态最佳期,参赛效率值在 287～735 之间,波动较大,参赛效率值存在 2 个峰值,其中 2008 年参赛效率为 638,2010 年参赛效率为 735;在竞技状态保持期,参赛效率值存在 2 个峰值,其中 2013 年参赛效率为 724,2018 年达到职业生涯最大值(748)。2020 年进入职业生涯竞技状态衰退期,参赛数量少,但仍具备较高参赛效率,站均积分在 400 以上。

综上所述,纳达尔职业生涯参赛效率趋势出现了 4 个峰值,峰值大小较为接近。竞技状态的最佳期和保持期参赛效率较高。

2. 纳达尔职业生涯参赛胜率分析

从参赛胜负来看,参赛胜率可以较好地反映运动员参赛效率。

$$参赛胜率 = (获胜的场数 / 年度总场数) \times 100\%$$

例如,纳达尔在 2007 年胜场数为 70 场,参赛总场数为 85 场,那么 2007 年参赛胜率为 $70/85 \times 100\% \approx 82\%$。

在 ATP 官网上,收集纳达尔每年参加的比赛的胜场数、总场数,统计参加赛事的胜率,得到表 4-1-9。

表 4-1-9 纳达尔职业生涯参赛胜率统计表

阶段	赛季	胜场数	总场数	胜率/(%)
形成期	2001	0	0	0
	2002	1	2	50
	2003	14	25	56
	2004	30	47	64
	2005	79	89	89
	2006	59	71	83
最佳期	2007	70	85	82
	2008	82	93	88
	2009	66	80	83
	2010	71	81	88
	2011	69	80	86
保持期	2012	42	48	88
	2013	75	82	91
	2014	48	59	81
	2015	61	81	75
	2016	39	53	74
	2017	68	80	85
	2018	45	49	92
	2019	58	65	89

续表

阶段	赛季	胜场数	总场数	胜率/(%)
衰退期	2020	27	34	79
	2021	24	29	83
	2022	39	47	83

在竞技状态形成期,胜场数和胜率逐渐增加,胜场数在0~79场之间,总场数在0~89场之间,胜率在0~89%之间。在竞技状态最佳期,胜场数在66~82场之间,总场数在80~93场之间,胜率在82%~88%之间,此阶段胜率为职业生涯较高阶段。在竞技状态保持期,胜场数在42~75场之间,总场数在48~82场之间,胜率在74%~92%之间。在竞技状态衰退期,参赛场数出现减少,胜场数在24~39场之间,总场数在29~47场之间,胜率在79%~83%之间。

3. 纳达尔职业生涯不同级别赛事参赛效率分析

运动员总积分由不同级别赛事获得的积分构成,不同级别比赛获得的积分对总积分的贡献率不同,某一级别赛事积分贡献率用以下公式计算:

$$该级别赛事积分贡献率=该级别赛事积分总数/赛季总积分$$

例如,纳达尔在2007年参加四大满贯赛事积分为2100,总积分为5735,那么2007年大满贯赛事积分贡献率为2100/5735≈0.37。

在ATP官网上,收集纳达尔每站比赛参赛积分和赛事级别数据,依据赛事级别对参赛积分进行求和,再根据赛事级别积分贡献率公式计算,得到表4-1-10及图4-1-4。

表4-1-10 纳达尔职业生涯各阶段不同级别赛事积分贡献率

阶段	赛季	大满贯	年终总决赛	大师赛	ATP 500 巡回赛	ATP 250 巡回赛	ATP 低级别赛事	ITF	ATP 杯
形成期	2001	—	—	—	—	—	1	—	—
	2002	—	—	—	—	0.09	0.91	—	—
	2003	0.14	—	0.24	0.02	0.18	0.42	—	—
	2004	0.13	—	0.19	0.09	0.59	—	—	—
	2005	0.25	—	0.46	0.06	0.23	—	—	—
	2006	0.44	0.04	0.35	0.13	0.04	—	—	—
最佳期	2007	0.37	0.03	0.47	0.06	0.07	—	—	—
	2008	0.43	—	0.39	0.06	0.06	—	0.06	—
	2009	0.32	—	0.57	0.11	—	—	—	—
	2010	0.51	0.08	0.35	0.04	0.02	—	—	—
	2011	0.5	0.02	0.39	0.08	0.01	—	—	—

续表

阶段	赛季	大满贯	年终总决赛	大师赛	ATP 500 巡回赛	ATP 250 巡回赛	ATP 低级别赛事	ITF	ATP 杯
保持期	2012	0.49	—	0.42	0.08	0.01	—	—	—
	2013	0.31	0.08	0.48	0.1	0.03	—	—	—
	2014	0.49	—	0.36	0.11	0.04	—	—	—
	2015	0.16	0.11	0.4	0.24	0.09	—	—	—
	2016	0.09	—	0.61	0.23	0.07	—	—	—
	2017	0.51	—	0.37	0.12	—	—	—	—
	2018	0.51	—	0.42	0.07	—	—	—	—
	2019	0.65	0.05	0.28	0.02	—	—	—	—
衰退期	2020	0.46	0.14	0.15	0.17	—	—	—	0.08
	2021	0.36	—	0.46	0.18	—	—	—	—
	2022	0.7	0.03	0.15	0.08	0.04	—	—	—

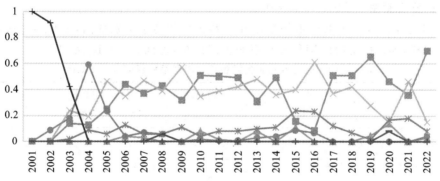

图 4-1-4 纳达尔职业生涯不同级别赛事积分贡献率趋势图

对纳达尔每年参加大满贯、年终总决赛、大师赛、ATP 500 巡回赛、ATP 250 巡回赛、ATP 低级别赛事、ITF 和 ATP 杯赛事积分贡献率进行统计,根据表 4-1-10 的结果显示,在纳达尔竞技状态形成期各级别赛事贡献率大小为:ATP 低级别赛事>大师赛>ATP 250 巡回赛>大满贯>ATP 500 巡回赛>年终总决赛,2001—2003 赛季 ATP 低级别赛事积分贡献率最高,在 0.42~1 之间;大师赛在 0.19~0.46 之间,ATP 250 巡回赛在 0.04~0.59 之间,大满贯在 0.13~0.44 之间,ATP 500 巡回赛在 0.02~0.13 之间,年终总决赛为 0.04;2004 年 ATP 250 巡回赛积分贡献率最高,2005 年大师赛积分贡献率最高,2006 年大满贯积分贡献率最高;在此阶段,高级别赛事积分贡献率呈上升趋势,ATP 巡回赛及低级别赛事积分贡献率呈下降趋势。

在竞技状态最佳时期,各级别赛事贡献率大小为:大师赛>大满贯>ATP 500 巡回赛>ATP 250 巡回赛>年终总决赛>ITF 赛事,大满贯积分贡献率在 0.32~0.51 之间,大师赛在 0.35~0.57 之间,年终总决赛、ITF 赛事、ATP 500 巡回赛和 ATP 250 巡回赛积分贡献率在 0.1 左右;2007 年和 2009 年大师赛积分贡献率最高,2008 年、2010 年、2011 年大满贯赛事积分贡献率最高。

在竞技状态保持期,各级别赛事贡献率大小为:大师赛＞大满贯＞ATP 500 巡回赛＞年终总决赛与 ATP 250 巡回赛,大师赛积分贡献率在 0.28～0.61 之间,大满贯在 0.09～0.65 之间,ATP 500 巡回赛在 0.02～0.24 之间,其余赛事贡献率在 0.1 左右;2013 年、2015 年和 2016 年和 2018 年大师赛积分贡献率较高,达到了职业生涯最大值,2012 年、2014 年、2017—2019 年大满贯赛事积分贡献率较高。

在竞技状态衰退期,各级别赛事贡献率大小为:大满贯＞大师赛＞ATP 500 巡回赛＞年终总决赛＞ATP 250 巡回赛,大满贯积分贡献率在 0.36～0.7 之间,大师赛在 0.15～0.46 之间,ATP 500 巡回赛在 0.08～0.18 之间;2021 年大师赛积分贡献率最高,2022 年大满贯赛事积分贡献率最高,达到了职业生涯最大值。

由图 4-1-4 可知,整体上,积分贡献率特征为:大满贯＞大师赛＞ATP 500 巡回赛＞ATP 250 巡回赛＞年终总决赛＞ATP 低级别赛事＞ITF 赛事,大满贯与大师赛积分贡献率较为接近。

4. 纳达尔职业阶段不同场地赛事积分贡献率

网球职业赛事主要由四种场地类型构成,参加不同场地类型的比赛获得的积分对总积分的贡献率也不相同,通过分析不同参赛场地之间积分贡献率的差异性,以找出参赛场地对参赛效率的影响关系。

该场地赛事积分贡献率＝该场地积分总数/赛季总积分

例如,纳达尔在 2011 年参加硬地赛事积分为 3630,总积分为 9575,那么 2011 年硬地赛事积分贡献率为 3630/9575＝0.38。

在 ATP 官网上,收集纳达尔每站比赛参赛积分和场地类型数据,依据场地类型对参赛积分进行求和,再根据参赛场地积分贡献率公式计算,得到表 4-1-11 及图 4-1-5。

表 4-1-11　纳达尔职业生涯各阶段不同场地赛事积分贡献率

阶段	赛季	硬地	红土	草地	地毯
形成期	2001	—	1	—	—
	2002	—	0.89	—	0.11
	2003	0.22	0.61	0.1	0.07
	2004	0.57	0.4	—	0.03
	2005	0.36	0.63	0.01	—
	2006	0.32	0.51	0.17	—
最佳期	2007	0.36	0.51	0.13	—
	2008	0.47	0.35	0.18	—
	2009	0.64	0.36	—	—
	2010	0.44	0.4	0.16	—
	2011	0.38	0.49	0.13	—

续表

阶段	赛季	硬地	红土	草地	地毯
保持期	2012	0.3	0.69	0.01	—
	2013	0.54	0.46	—	—
	2014	0.33	0.64	0.03	—
	2015	0.49	0.45	0.06	—
	2016	0.27	0.73	—	—
	2017	0.54	0.44	0.02	—
	2018	0.28	0.63	0.09	—
	2019	0.55	0.41	0.04	—
衰退期	2020	0.63	0.37	—	—
	2021	0.14	0.86	—	—
	2022	0.62	0.38	—	—

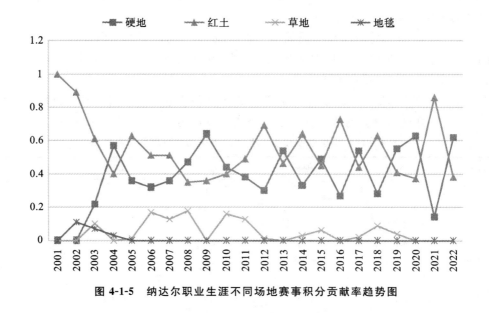

图 4-1-5 纳达尔职业生涯不同场地赛事积分贡献率趋势图

对纳达尔每年参加硬地、红土、草地、地毯赛事积分贡献率进行统计,根据表 4-1-11 的结果显示,在纳达尔竞技状态形成期,场地积分贡献率为:红土＞硬地＞草地＞地毯,红土赛事贡献率在 0.4～1 之间,硬地赛事在 0.22～0.57 之间,草地赛事在 0.2 以内,地毯赛事在 0.1 左右;2002 年红土积分贡献率最高,2004 年硬地最高;在此阶段,硬地和草地赛事积分贡献率有上升趋势,红土、地毯赛事呈下降趋势。

在竞技状态最佳期,场地积分贡献率为:硬地＞红土＞草地,硬地赛事积分贡献率在 0.36～0.64 之间,红土赛事在 0.35～0.51 之间,草地赛事在 0.13～0.18 之间;2009 年硬地赛事积分贡献率最高,2007年红土赛事最高;在此阶段,硬地赛事积分贡献率呈上升再下降的趋势,红土和草地赛事呈下降趋势。

在竞技状态保持期,场地积分贡献率为:红土＞硬地＞草地,红土赛事积分贡献率在0.41～0.73之间,硬地赛事在0.27～0.55之间,草地赛事低于0.1;2016年红土赛事积分贡献率最高,2019年硬地赛事最高。

在竞技状态衰退期,场地积分贡献率为:红土＞硬地＞草地,硬地赛事积分贡献率在0.14～0.63之间,红土赛事在0.37～0.86之间;在这个时期各场地积分贡献率波动较大,2020年硬地赛事积分贡献率最高,2021年红土赛事最高。

由图4-1-5可知,整体上,场地类型积分贡献率特征为:红土＞硬地＞草地＞地毯。究其原因,纳达尔打法类型在红土场上能够发挥出更大的优势,因此红土赛事积分贡献率最高。纳达尔参加红土赛事以法国网球公开赛和大师赛为主,并获得过14个法网冠军和27个红土场地大师赛冠军,是当之无愧的红土之王。

综上所述,纳达尔职业生涯场地类型积分贡献率特征为:红土＞硬地＞草地＞地毯,红土赛事是纳达尔作为职业网球运动员的第一战场。

5.纳达尔职业阶段不同参赛时间赛事积分贡献率

网球职业赛事中,四大满贯和年终总决赛是重要的高积分、高级别赛事,以四大满贯、年终总决赛为核心的5个参赛时间安排,参加不同时间的比赛获得的积分对总积分的贡献率也不相同,通过分析不同参赛时间之间积分贡献率的差异性,以找出参赛时间对参赛效率的影响关系。

该参赛时间赛事积分贡献率＝该参赛时间总数/赛季总积分

例如,纳达尔在2011年参加1—3月赛事积分为1650,总积分为9575,那么2011年1—3月赛事积分贡献率为1650/9575≈0.17。

在ATP官网上,收集纳达尔每站比赛参赛积分和参赛时间数据,依据5个参赛时间安排对参赛积分进行求和,再根据参赛时间积分贡献率公式计算,得到表4-1-12及图4-1-6。

表4-1-12　纳达尔职业生涯各阶段不同参赛时间赛事积分贡献率

阶段	赛季	1—3月	4—5月	6—7月	8月	9—11月
形成期	2001	—	—	—	—	1
	2002	—	0.1	0.13	0.15	0.62
	2003	0.22	0.33	0.37	0.05	0.03
	2004	0.49	0.05	0.13	0.26	0.07
	2005	0.2	0.46	0.09	0.12	0.13
	2006	0.14	0.51	0.17	0.1	0.08
最佳期	2007	0.18	0.46	0.17	0.07	0.12
	2008	0.19	0.34	0.29	0.13	0.05
	2009	0.38	0.36	—	0.14	0.12
	2010	0.1	0.4	0.16	0.2	0.14
	2011	0.17	0.49	0.13	0.15	0.06

续表

阶段	赛季	1—3月	4—5月	6—7月	8月	9—11月
保持期	2012	0.3	0.69	0.01	—	—
	2013	0.15	0.39	—	0.31	0.15
	2014	0.38	0.56	0.03	0	0.03
	2015	0.19	0.28	0.14	0.07	0.32
	2016	0.24	0.65	—	0.08	0.03
	2017	0.21	0.44	0.02	0.21	0.12
	2018	0.05	0.62	0.1	0.23	—
	2019	0.17	0.41	0.04	0.29	0.09
衰退期	2020	0.37	—	—	—	0.63
	2021	0.12	0.86	—	0.02	—
	2022	0.56	0.38	—	0.03	0.03

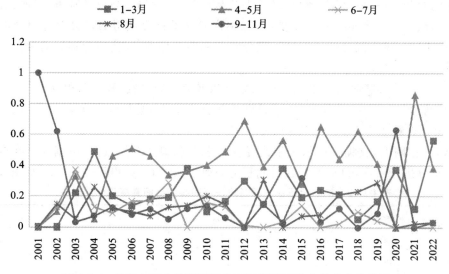

图 4-1-6 纳达尔职业生涯不同参赛时间赛事积分贡献率趋势图

对纳达尔每年参赛时间的赛事积分贡献率进行统计，表 4-1-12 的结果显示，在纳达尔竞技状态形成期，参赛时间贡献率为：9—11月＞4—5月＞1—3月＞6—7月＞8月，9—11月参赛积分贡献率最高，在 0.03～1 之间，4—5月在 0.05～0.51 之间，1—3月在 0.14～0.49之间，6—7月在 0.09～0.37 之间，8月在 0.05～0.26 之间；2001 年 9—11月积分贡献率最高，2003年 6—7月最高，2004年 1—3月最高，2005—2006年 4—5月最高；在此期间，1—3月、6—7月、8月积分贡献率波动明显。

在竞技状态最佳期，参赛时间积分贡献率为：4—5月＞1—3月＞6—7月＞8月＞9—11月，4—5月积分贡献率在 0.34～0.49 之间，1—3月在 0.1～0.38 之间，6—7月在 0.13～0.29之间，8月在 0.07～0.2 之间，9—11月在 0.05～0.14 之间；2011年 4—5月积分贡献率最高，2009年 1—3月最高。

在竞技状态保持期,参赛时间积分贡献率为:4—5月＞1—3月＞8月＞9—11月＞6—7月,4—5月积分贡献率在0.28～0.69之间,1—3月在0.05～0.38之间,8月在0～0.31之间,9—11月在0.0,3～0.32之间,6—7月积分贡献率最低,0.02～0.1之间;2015年9—11月积分贡献率最高,其余赛季4—5月贡献率最高。

在衰退期,参赛时间积分贡献率为:4—5月＞1—3月＞9—11月＞8月,4—5月积分贡献率在0.38～0.86之间,1—3月在0.12～0.56之间,8月低于0.1;2020年、2022年1—3月积分贡献率最高,2021年4—5月最高;各参赛时间积分贡献率波动较大。

由图4-1-6可知,整体上,参赛时间积分贡献率特征为:4—5月＞1—3月＞9—11月＞8月＞6—7月。究其原因,4—5月是以法国网球公开赛为核心的红土赛事,纳达尔在法网和红土场地大师赛取得的优异成绩(14个法网冠军和27个大师赛冠军)。纳达尔打法类型在红土上能够发挥出更大的优势,红土赛事积分贡献率最高。

综上所述,纳达尔参赛组合特征为:①职业生涯呈现4个波段周期,分别是形成期(2001—2006年)、最佳期(2007—2011年)、保持期(2012—2019年)、衰退期(2020—2022年)。②参赛特征。参赛数量特征方面,形成期平均参赛站数逐渐增加,最佳期、保持期、衰退期参赛平均站数呈下降趋势;参赛级别方面,形成期前三年,以ATP低级别赛事为主,此后,大满贯和大师赛参赛数量逐步增加,竞技状态最佳期形成以3～4站大满贯＋8～9站大师赛＋1～3站ATP 500巡回赛＋1～4站ATP 250巡回赛＋1站年终总决赛的参赛模式,赛事安排以高级别赛事为主,衰退期各级别赛事参赛数量大幅度减少;参赛时间特征,最佳期参赛组合稳定,在澳网(1—3月)前参加1～2站比赛,大满贯赛后参加1～4站比赛;法网(4—5月)前参加3～4站比赛;温网(6—7月)前参加1项草地巡回赛,之后未参加草地比赛;美网(8月)前参加2站大师赛;参赛场地以硬地和红土为主,年均参赛数量方面硬地和红土相差较小(硬地约8站,红土约6站),尤其是在职业生涯初期,红土赛事参赛数量最多;参赛地域方面,参加欧洲赛事最多,其中参加频率最高的大师赛和巡回赛城市分别是马德里和巴塞罗那。③参赛效率特征。形成期胜率逐渐提升,最佳期胜率较为稳定,保持期胜率波动较大,衰退期胜率保持稳定;场地积分贡献率方面,最佳期硬地赛事积分贡献率最高,形成期、保持期、衰退期红土赛事积分贡献率最高;赛事级别积分贡献率方面,在形成期的前三年,低级别赛事积分贡献率最高,随后大满贯和大师赛积分贡献率增大,成为职业生涯积分的主要贡献力量;参赛时间积分贡献率方面,以法国网球公开赛为核心的4—5月赛事积分贡献率最高。

第二节 纳达尔职业生涯参赛竞技能力特征分析

一、纳达尔职业生涯参赛竞技能力总体分析

(一)不同职业阶段发球竞技能力分析

1.不同职业阶段发球竞技能力描述性统计分析

发球竞技能力指标包括Aces、双误、一发成功率、一发得分率、二发得分率、破发点、挽救破发点率、发球局、发球局胜率、发球得分率。前文将纳达尔职业生涯竞技状态划分为形

成期(2001—2006年)、最佳期(2007—2011年)、保持期(2012—2019年)、衰退期(2020—2022年),由于纳达尔2001年只参加了ATP低级别赛事,数据未被ATP官网统计,故而形成期时间区间为2002—2006年。根据表4-2-1,本研究对纳达尔不同职业阶段发球竞技能力进行分析。

表 4-2-1 纳达尔不同职业阶段发球竞技能力

阶段	赛季	Aces/个	双误/个	一发成功率/(%)	一发得分率/(%)	二发得分率/(%)	破发点/个	挽救破发点率/(%)	发球局/个	发球局胜率/(%)	发球得分率/(%)
形成期	2002	1	1	86	59	29	18	61	18	61	55
	2003	37	46	73	70	56	169	64	285	79	66
	2004	57	84	70	67	54	287	61	485	77	63
	2005	219	131	69	71	57	449	64	1038	84	66
	2006	240	108	69	72	57	368	68	873	86	67
最佳期	2007	238	128	68	73	56	408	67	985	86	67
	2008	283	117	69	72	60	395	67	1054	88	68
	2009	219	102	68	71	57	405	65	871	84	66
	2010	310	120	67	75	60	322	69	1001	90	70
	2011	267	121	68	71	57	436	64	944	83	67
保持期	2012	160	59	67	75	57	234	71	564	88	69
	2013	221	120	69	73	57	356	69	913	88	68
	2014	181	90	70	72	55	312	66	713	85	67
	2015	222	166	68	72	55	425	62	965	83	66
	2016	115	88	70	69	54	339	70	542	81	64
	2017	286	123	68	74	61	340	70	939	89	70
	2018	122	91	66	72	60	281	70	612	86	68
	2019	271	118	65	76	60	231	68	737	90	70
衰退期	2020	157	66	64	75	58	160	68	414	87	69
	2021	116	79	64	73	54	181	66	380	84	66
	2022	228	168	65	73	55	289	61	669	83	66

第一阶段,竞技状态形成期(2002—2006年)。发球竞技能力整体处于逐年提升的阶段。Aces数量从1个增加到240个,双误数量从1个增加到131个,一发成功率在69%~86%之间,一发得分率从59%提高到了72%,二发得分率从29%提升到57%,破发点数量从18个增加到449个,达到职业生涯年度最大值。挽救破发点率在61%~68%之间。发球局数量从18个增加到1038个。发球局胜率从61%提高到86%,发球得分率从55%提升到67%。由于参赛站数增多和发球竞技能力的提升,Aces、双误、破发点、发球局等指标数量增加幅度显著。

第二阶段,竞技状态最佳期(2007—2011年)。发球竞技能力趋于稳定,处于职业生涯较高水平。Aces 数量在 219～310 个之间,双误数量在 102～128 个之间,一发成功率在 67%～69%之间,一发得分率在 71%～75%之间,二发得分率在 56%～60%之间,破发点数量在 322～436 个之间,挽救破发点率在 64%～69%之间,发球局数量在 871～1054 之间,发球局胜率在 83%～90%之间,发球得分率在 66%～70%之间。

第三阶段,竞技状态保持期(2012—2019 年)。发球竞技能力较为稳定,处于职业生涯较高水平。Aces 数量在 115～286 个之间,双误数量在 59～166 个之间,一发成功率在 65%～70%之间,一发得分率在 69%～76%之间,二发得分率在 54%～61%之间,破发点数量在 231～425 个之间。挽救破发点率在 62%～71%之间,发球局数量在 542～965 个之间,发球局胜率在 81%～90%之间,发球得分率在 64%～70%之间。

第四阶段,竞技状态衰退期(2020—2022 年)。Aces 数量在 116～228 个之间,双误数量在 66～168 个之间,一发成功率在 64%～65%之间,一发得分率在 73%～75%之间,二发得分率在 54%～58%之间,破发点数量在 160～289 个之间,挽救破发点率在 61%～68%之间,发球局数量在 380～669 个之间,发球局胜率在 83%～87%之间,发球得分率在 66%～69%之间。

纳达尔发球稳定性高。一发得分率保持在 70%左右,二发得分率在 60%左右,发球局胜率高达 90%,发球得分率高达 70%,发球竞技能力排名多次进入世界前 10 位。纳达尔发球以旋转为主,配合发球落点、角度是他赢得比赛的主要手段之一。

2. 发球落点分析

为了便于统计发球落点,将球场平分区和占先区发球区域分别划分为内角、中间、外角,总共 6 个区域对发球落点进行统计。

(1)一发发球落点(表 4-2-2)。

表 4-2-2 一发发球落点

项目	平分区内角	平分区中间	平分区外角	占先区外角	占先区中间	占先区内角
区域发球占比/(%)	54.0	14.8	31.2	48.8	18.4	32.7
区域发球数/发球总数	3214/5948	880/5948	1854/5948	2840/5815	1073/5815	1902/5815
发球转化得分率/(%)	71.6	65.0	75.6	74.8	65.4	73.3
发球得分/区域发球数	2300/3214	572/880	1402/1854	2124/2840	702/1073	1395/1902
平均发球速度/mph	113	112	115	107	111	118
Aces/个	145	2	212	135	0	250
发球直接得分/个	738	161	468	706	231	405

由表 4-2-2 可知,纳达尔一发发球在平分区发球占比方面,内角 54.0%>外角 31.2%>中间 14.8%,在发球转化得分率方面,外角 75.6%>内角 71.6%>中间 65.0%,在平均发球速度方面,外角 115 mph>内角 113 mph>中间 112 mph,在 Aces 数量方面,外角 212 个>内角 145 个>中间 2 个,在发球直接得分方面,内角 738 个>外角 468 个>中间 161 个。在占先区发球占比方面,外角 48.8%>内角 32.7%>中间 18.4%,在发球转化得分率方面,外角 74.8%>内角 73.3%>中间 65.4%,在平均发球速度方面,内角 118 mph>中间 111 mph>外角 107 mph,在 Aces 数量方面,内角 250 个>外角 135 个>中间 0 个,在发球直接

得分方面,外角 706 个＞内角 405 个＞中间 231 个。

纳达尔一发平分区主要将球发向内角,占先区一发发向外角,中路最少。发球转化为分数外角最高,且内角与外角差距较小。平均发球速度平分区外角、占先区内角最高。

(2)二发发球落点(表 4-2-3)。

表 4-2-3 二发发球落点

项目	平分区内角	平分区中间	平分区外角	占先区外角	占先区中间	占先区内角
区域发球占比/(%)	53.6	33.4	13.1	28.7	45.5	25.8
区域发球数/发球总数	1601/2988	997/2988	390/2988	664/2312	1052/2312	596/2312
发球转化得分率/(%)	60.9	59.7	64.4	58.7	61.2	63.1
发球得分/区域发球数	975/1601	595/997	251/390	390/664	644/1052	376/596
平均发球速度/mph	91	91	96	90	92	96
Aces/个	3	0	16	4	0	8
发球直接得分/个	239	152	76	112	152	102

由表 4-2-3 可知,纳达尔二发发球在平分区发球占比方面,内角 53.6%＞中间 33.4%＞外角 13.1%,在发球转化得分率方面,外角 64.4%＞内角 60.9%＞中间 59.7%,在平均发球速度方面,外角 96 mph＞中间 91 mph 和内角 91 mph,在 Aces 数量方面,外角 16 个＞内角 3 个＞中间 0 个,在发球直接得分方面,内角 239 个＞中间 152 个＞外角 76 个。在占先区发球占比方面,中间 45.5%＞外角 28.7%＞内角 25.8%,在发球转化得分率方面,内角 63.1%＞中间 61.2%＞外角 58.7%,在平均发球速度方面,内角 96 mph＞中间 92 mph＞外角 90 mph,在 Aces 数量方面,内角 8 个＞外角 4 个＞中间 0 个,在发球直接得分方面,中间 152 个＞外角 112 个＞内角 102 个。

纳达尔二发平分区主要将球发到内角,占先区主要发到中路。发球转化得分平分区外角和占先区内角最高。平均发球速度平分区外角最快、占先区内角最快。

(3)发球竞技能力排名。

纳达尔 2001 年转为职业球员,2001 年发球竞技能力各项指标未进入世界排名榜,未纳入技术统计。

纳达尔职业生涯发球竞技能力排名如表 4-2-4 所示。

表 4-2-4 纳达尔职业生涯发球竞技能力排名

赛季	发球	一发成功率排名	一发得分率排名	二发得分率排名	发球局胜率排名	场均 Aces 排名	场均双误排名
2002	86	1	88	88	88	88	1
2003	18	1	70	18	29	80	5
2004	38	2	77	12	61	84	9
2005	9	2	46	2	14	75	3
2006	5	6	35	2	5	63	5
2007	6	6	38	4	6	77	5
2008	5	6	41	1	5	68	3
2009	12	7	48	3	17	76	2

续表

赛季	发球	一发成功率排名	一发得分率排名	二发得分率排名	发球局胜率排名	场均Aces排名	场均双误排名
2010	3	7	16	1	2	72	6
2011	11	6	35	3	17	64	6
2012	5	9	19	3	4	60	4
2013	4	5	29	2	3	73	3
2014	12	1	41	7	15	72	7
2015	22	4	48	9	27	76	23
2016	24	2	73	14	28	84	5
2017	8	4	31	1	7	70	5
2018	11	10	52	1	10	84	13
2019	6	25	17	1	5	58	18
2020	6	17	17	2	6	31	7
2021	23	30	34	11	18	62	44
2022	23	28	31	10	23	47	65

本书对纳达尔发球局各项技术指标进行横向比较，了解了纳达尔各项技术统计的年终排名变化，就能够更清楚地了解纳达尔职业生涯发球局竞技能力的变化趋势。由图4-2-1可知，纳达尔发球局排名整体呈上升—稳定—波动的趋势，2004年、2009年、2011年出现小幅度波动，2015—2022年波动幅度较大。

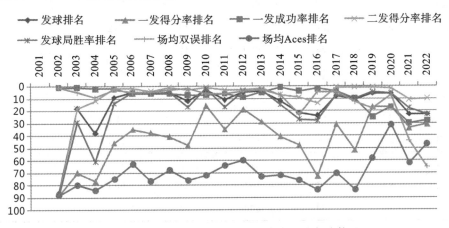

图4-2-1 纳达尔职业生涯发球竞技能力排名趋势图

由表4-2-4可知，纳达尔职业生涯发球最高排名是第3位（2010年），除2002年外，其余赛季发球排名在40位以内。一发成功率最高排名为第1位（2002年、2003年、2014年），2002—2018年排名稳居世界前10，总体排名在30位以内。一发得分率最高排名为第16位（2010年），排名波动较大（第16~88位）。二发得分率最高排名为第1位（2008年、2010年、2017—2019年），2003—2022年排名在20位以内。发球局胜率最高排名为第2位（2010年），2005—2022年排名在30位以内。场均Aces排名在第31~88位。场均双误最高排名为第1位（2002年），2002—2014年、2016—2017年、2020年排名进入前10。纳达尔一发稳定性高，但得分率低，二发得分能力强。

(二)不同职业阶段接发球竞技能力分析

1. 不同职业阶段接发球竞技能力描述性统计分析

不同职业阶段接发球竞技能力如表 4-2-5 所示。

表 4-2-5 不同职业阶段接发球竞技能力

阶段	赛季	接一发得分率/(%)	接二发得分率/(%)	破发机会/个	破发成功率/(%)	接发球局/个	接发球局胜率/(%)	接发球得分率/(%)
形成期	2002	39	47	7	71	18	28	41
	2003	33	56	187	41	279	27	43
	2004	33	53	325	43	467	30	41
	2005	37	57	845	46	1031	38	45
	2006	32	54	600	43	878	29	41
最佳期	2007	35	54	739	44	991	33	42
	2008	34	55	786	45	1045	33	43
	2009	33	57	627	47	879	34	43
	2010	31	55	674	44	1002	29	40
	2011	34	57	706	46	951	34	43
保持期	2012	38	55	433	49	565	38	44
	2013	35	54	662	47	916	34	42
	2014	35	56	514	48	712	35	43
	2015	33	53	699	42	959	31	41
	2016	35	56	475	45	530	41	44
	2017	35	56	718	41	908	33	43
	2018	36	57	474	46	591	37	44
	2019	35	56	556	45	715	35	42
衰退期	2020	35	57	278	49	398	34	43
	2021	34	57	294	44	365	36	43
	2022	34	54	466	44	651	31	41

第一阶段,竞技状态形成期(2002—2006 年)。接发球竞技能力处于提升阶段。接发球局数量在 18~1031 个之间,达到职业生涯年度接发球局数较高水平。破发机会数量在 7~845 个之间。接一发得分率在 32%~39%之间,接二发得分率在 47%~57%之间,破发成功率在 41%~71%之间,接发球局胜率在 28%~38%之间,接发球得分率在 41%~45%之间。由于参赛站数增多和接发球竞技能力的提升,破发机会、接发球局等指标数量增加幅度显著。

第二阶段,竞技状态最佳期(2007—2011 年)。接发球竞技能力趋于稳定,处于职业生涯最高水平。接一发得分率在 31%~35%之间,接二发得分率在 54%~57%之间,破发机会数量在 627~786 个之间,破发成功率在 44%~47%之间,接发球局数量在 879~1045 个之间,接发球局胜率在 29%～34% 之间,接发球得分率 40%～43% 之间。

第三阶段,竞技状态保持期(2012—2019 年)。接发球竞技能力略微下降,处于职业生涯较高水平。接一发得分率在 33%～38% 之间,接二发得分率在 53%～57% 之间,破发机会数量在 433～718 个之间,破发成功率在 41%～49% 之间,接发球局数量在 530～959 个之间,接发球局胜率在 31%～41% 之间,接发球得分率在 41%～44% 之间。

第四阶段,竞技状态衰退期(2020—2022 年)。接发球竞技能力呈下降趋势。接一发得分率在 34%～35% 之间,接二发得分率在 54%～57% 之间,破发机会数量在 278～466 个之间,破发成功率在 44%～49% 之间,接发球局数量在 365～651 个之间,接发球局胜率在 31%～36% 之间,接发球得分率在 41%～43% 之间。此阶段受新冠疫情影响,全球范围内比赛减少。

纳达尔是优秀的接发球运动员,接一发得分率高达 39%,接二发得分率高达 57%,接发球局胜率高达 41%,接发球得分率在 40% 以上。纳达尔接发球竞技能力处于顶尖水平,多次进入世界排名第一,其正手强烈上旋球增加了接发球的进攻性。

2.接发球落点分析

为了便于统计纳达尔的接发球落点,将球场平分区和占先区接发球区域分别划分为前场、中场、后场,总共 6 个区域对发球落点进行统计。

(1)接一发发球落点。

接一发发球落点概况表如表 4-2-6 所示。

表 4-2-6　接一发发球落点概况表

项目	平分区外角	平分区中间	平分区内角	占先区内角	占先区中间	占先区外角
接发球得分率/(%)	48.3	48.2	49.6	49.8	56.1	48.6
得分/接发球数	924/1915	163/338	631/1273	933/1875	134/239	538/1107
前场区/(%)	30.4	29.9	31.3	31.5	31.0	35.0
中场区/(%)	45.7	47.3	45.3	48.8	50.6	42.6
后场区/(%)	23.9	22.8	23.4	19.7	18.4	22.4
占先区/(%)	45.5	57.1	51.0	67.9	64.0	72.6
平分区/(%)	54.5	42.9	49.0	32.1	36.0	27.4

由表 4-2-6 可知,纳达尔在平分区接一发得分率内角 49.6%＞外角 48.3%＞中间 48.2%;在占先区接一发得分率中间 56.1%＞内角 49.8%＞外角 48.6%。在平分区接一发发球,接外角发球落点中场 45.7%＞前场 30.4%＞后场 23.9%,平分区 54.5%＞占先区 45.5%;接平分区中间发球落点中场 47.3%＞前场 29.9%＞后场 22.8%,占先区 57.1%＞平分区 42.9%;接平分区内角发球落点中场 45.3%＞前场 31.3%＞后场 23.4%,占先区 51.0%＞平分区 49.0%。在占先区接一发发球,接内角发球落点中场 48.8%＞前场 31.5%＞后场 19.7%,占先区 67.9%＞平分区 32.1%;接占先区中间发球落点中场 50.6%＞前场 31.0%＞后场 18.4%,占先区 64.0%＞平分区 36.0%;接占先区外角发球落点中场 42.6%＞前场 35.0%＞后场 22.4%,占先区 72.6%＞平分区 27.4%。

纳达尔职业生涯中接内角发球得分率较高,外角得分率较低。纳达尔接一发主要将球击打到占先区,接占先区发球回球落点比例:占先区高于平分区;接平分区发球回球落点比例:占先区和平分区相差较小;接平分区外角发球时,平分区落点比例甚至高于占先区。在接发球落点深度方面,中场占比最高,其次是前场和后场,接发球落点较浅。

(2)接二发发球落点。

接二发发球落点统计表如表4-2-7所示。

表 4-2-7 接二发发球落点统计表

项目	平分区外角	平分区中间	平分区内角	占先区内角	占先区中间	占先区外角
接发球得分率/(%)	57.4	57.4	58.9	59.0	59.5	56.1
得分/接发球数	766/1334	503/876	264/448	868/1470	314/528	352/627
前场区/(%)	26.1	26.0	31.0	27.3	27.5	32.5
中场区/(%)	53.8	57.0	46.0	54.6	51.9	48.0
后场区/(%)	20.1	17.0	23.0	18.0	20.6	19.5
占先区/(%)	35.4	52.1	58.9	75.4	74.2	79.4
平分区/(%)	64.6	47.9	41.1	24.6	25.8	20.6

由表4-2-7可知,纳达尔在平分区接二发得分率方面,内角58.9%>中间57.4%和外角57.4%;在占先区接二发得分率方面,中间59.5%>内角59.0%>外角56.1%。在平分区接二发发球,接外角发球落点中场53.8%>前场26.1%>后场20.1%,占先区35.4%<平分区64.6%;接中间发球落点中场57.0%>前场26.0%>后场17.0%,占先区52.1%>平分区47.9%;接内角发球落点中场46.0%>前场31.0%>后场23.0%,占先区58.9%>平分区41.1%。在占先区接二发发球,接内角发球落点中场54.6%>前场27.3%>后场18.0%,占先区75.4%>平分区24.6%;接中间发球落点中场51.9%>前场27.5%>后场20.6%,占先区74.2%>平分区25.8%;接外角发球落点中场48.0%>前场32.5%>后场19.5%,占先区79.4%>平分区20.6%。纳达尔接二发主要将球击打到占先区,在接发球落点深度方面,中场占比最高,其次是前场和后场,后场落点占比显著低于前场。

纳达尔接二发不同区域的发球得分率不同。在得分率方面,接平分区内角发球得分率最高;接占先区中间发球得分率最高,接占先区外角发球得分率最低。纳达尔接二发主要将球击打到占先区,接占先区发球回球落点比例占先区高于平分区;接平分区发球回球落点比例占先区高于平分区,接平分区外角发球时,平分区落点比例甚至高于占先区。在接发球落点深度方面,中场占比最高,其次是前场和后场,接发球落点较浅。

纳达尔在平分区接不同角度的发球时,接二发的得分率均高于接一发,主要是因为一发的速度相对较快,力量、角度较大,难以进攻对手。接外角的得分率最低,内角的得分率最高。由于纳达尔击球带有强烈的旋转,虽然接发球落点较浅,但是稳定性和得分率较高。

综上所述,在纳达尔接发球战术思路中,接平分区外角球将球回至对手正手位,其余发球主要接向对手反手位是主要的战术。在接发球深度上,接发球落点较浅。接二发内角和中间线路发球得分率高,外角得分率低。

(3)接发球竞技能力排名。

纳达尔2001年转为职业球员,2001年接发球各项竞技能力指标未进入世界排名榜,未纳入趋势体系。纳达尔职业生涯接发球竞技能力排名如表4-2-8所示。

表 4-2-8 纳达尔职业生涯接发球竞技能力排名

赛季	接发球排名	接一发得分率排名	接二发得分率排名	接发球局胜率排名	破发成功率排名
2002	1	1	79	19	1
2003	41	72	9	28	47
2004	10	13	9	9	12
2005	1	2	1	1	7
2006	13	17	7	12	25
2007	2	3	3	2	12
2008	1	1	1	1	7
2009	2	6	1	1	4
2010	8	20	2	8	13
2011	3	4	2	3	7
2012	2	1	4	1	2
2013	1	3	8	1	4
2014	1	2	2	2	2
2015	5	3	8	4	17
2016	1	2	3	1	6
2017	3	2	2	2	25
2018	2	3	1	1	8
2019	3	2	3	1	7
2020	2	3	4	2	6
2021	1	4	1	1	6
2022	2	2	6	2	9

本书对纳达尔接发球局各项竞技能力排名进行横向比较,了解了纳达尔各项技术统计的年终排名变化,就能够更清楚地了解纳达尔职业生涯接发球局竞技能力的变化趋势。由图 4-2-2 可知,接发球局排名整体上属于先上升再趋于稳定的态势。接一发得分率、接二发得分率、接发球局胜率等指标趋势与接发球排名一致,与破发成功率有区别。接发球排名 2004 年至 2007 年为上升期,2010 年出现小幅度下降,2011 年至 2022 年排名趋于平稳。

由表 4-2-8 可知,纳达尔职业生涯接发球排名最高排名为第 1 位(2002 年、2005 年、2008 年、2013 年、2014 年、2016 年、2021 年),最低排名为 41 位(2003 年),除 2003 年和 2006 年外排名均进入前 10 位,足以证明纳达尔强势的接发球能力。接一发得分率最高排名为第 1 位(2002 年、2008 年、2012 年),除 2003 年、2004 年、2006 年、2010 年外,其余赛季排名均进入前 10 位。接二发得分率最高排名为第 1 位(2005 年、2008 年、2009 年、2018 年、2021 年),除 2002 年外,其余赛季排名均进入前 10 位。接发球局胜率最高排名为第 1 位(2005 年、2008 年、2009 年、2012 年、2013 年、2016 年、2018 年、2019 年、2021 年),除 2002 年、2003 年、2006 年外,其余赛季排名均进入前 10 位。破发成功率最高排名为第 1 位(2002 年),整体在第 1~47 位。

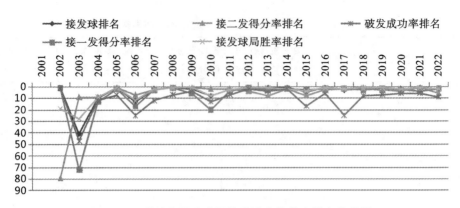

图 4-2-2 纳达尔职业生涯接发球竞技能力排名趋势图

(三)纳达尔职业生涯总体竞技能力特征与胜率相关性分析

对纳达尔职业生涯(2001—2022年)参加所有比赛的10项发球指标(Aces、一发成功率、双误、一发得分率、二发得分率、破发点、挽救破发点率、发球局、发球局胜率、发球得分率)和7项接发球指标(接一发得分率、接二发得分率、破发机会、破发成功率、接发球局、接发球局胜率、接发球得分率)与参赛胜率之间进行相关性检验,筛选出较高相关指标。

根据相关分析对数据的要求统计分析的内容,相关分析必须要结合以下步骤进行,缺一不可:①绘制散点图,看线性趋势;②定量变量的正态性判断;③计算相关系数 r;④开展假设检验,判断总体相关性的有无。由于 Aces、双误、破发点、发球局、破发机会、接发球局与其他指标数据不同,故而分开做散点图。将表 4-1-9、表 4-2-1 和表 4-2-5 的数据录入 SPSS 绘制散点图,结果如图 4-2-3、图 4-2-4 所示。

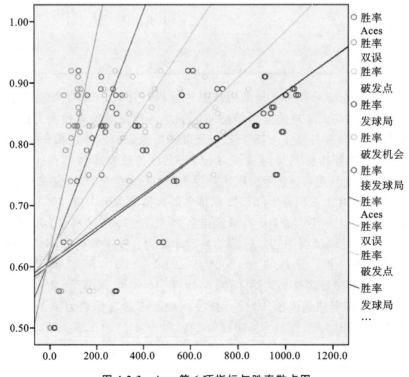

图 4-2-3　Aces 等 6 项指标与胜率散点图

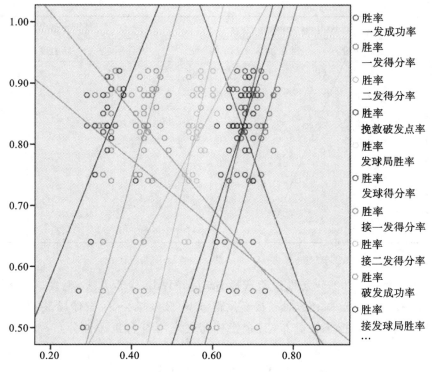

图 4-2-4 发球得分率等 11 项指标与胜率散点图

由图 4-2-3 和图 4-2-4 可知,纳达尔职业生涯参加所有比赛的 Aces、一发成功率、双误、一发得分率、二发得分率、破发点、挽救破发点率、发球局、发球局胜率、发球得分率、接二发得分率、破发机会、接发球局、接发球得分率指标与参赛胜率之间存在着线性趋势,接一发得分率、破发成功率、接发球局胜率与参赛胜率之间不存在线性趋势(弱趋势)。将表 4-1-9、表 4-2-1 和表 4-2-5 的数据录入 SPSS 进行正态性检验,结果如表 4-2-9 所示。

表 4-2-9 正态性检验

项目	Kolmogorov-Smirnov[a]			Shapiro-Wilk		
	统计量	自由度	显著性	统计量	自由度	显著性
Aces	0.211	21	0.015	0.933	21	0.161
双误	0.135	21	0.200*	0.951	21	0.354
一发成功率	0.293	21	0.000	0.687	21	0.000
一发得分率	0.236	21	0.003	0.781	21	0.000
二发得分率	0.351	21	0.000	0.538	21	0.000
破发点	0.127	21	0.200*	0.936	21	0.181
挽救破发点率	0.136	21	0.200*	0.928	21	0.126
发球局	0.185	21	0.058	0.920	21	0.088
发球局胜率	0.252	21	0.001	0.738	21	0.000
发球得分率	0.287	21	0.000	0.762	21	0.000

续表

项目	Kolmogorov-Smirnov[a]			Shapiro-Wilk		
	统计量	自由度	显著性	统计量	自由度	显著性
接一发得分率	0.220	21	0.009	0.944	21	0.256
接二发得分率	0.197	21	0.033	0.756	21	0.000
破发机会	0.116	21	0.200*	0.951	21	0.361
破发成功率	0.276	21	0.000	0.586	21	0.000
接发球局	0.200	21	0.028	0.918	21	0.078
接发球局胜率	0.130	21	0.200*	0.977	21	0.869
接发球得分率	0.229	21	0.005	0.928	21	0.124
胜率	0.235	21	0.004	0.806	21	0.001

"*":true 显著下限;"a":Lilliefors 显著更正。

由于样本量低于 2000,正态性检验选择 Shapiro-Wilk 检验方法,观察"显著性"。Aces、双误、破发点、挽救破发点率、发球局、接一发得分率、破发机会、接发球局、接发球局胜率、接发球得分率等指标符合正态性分布,其余指标与胜率不符合正态性分布,故采用秩相关分析,分析结果如表 4-2-10 所示。

表 4-2-10 相关性分析

检验方法	指标	项目	胜率
Spearman 的 rho	Aces	相关系数	0.543*
		显著性(双尾)	0.011
		N	21
	一发成功率	相关系数	−0.451*
		显著性(双尾)	0.040
		N	21
	一发得分率	相关系数	0.503*
		显著性(双尾)	0.020
		N	21
	二发得分率	相关系数	0.721**
		显著性(双尾)	0.000
		N	21
	挽救破发点率	相关系数	0.503*
		显著性(双尾)	0.020
		N	21
	发球局	相关系数	0.531*
		显著性(双尾)	0.013
		N	21

续表

检验方法	指标	项目	胜率
Spearman 的 rho	发球局胜率	相关系数	0.708**
		显著性(双尾)	0.000
		N	21
	发球得分率	相关系数	0.655**
		显著性(双尾)	0.001
		N	21
	破发机会	相关系数	0.497*
		显著性(双尾)	0.022
		N	21
	接发球局	相关系数	0.540*
		显著性(双尾)	0.011
		N	21
	接发球局胜率	相关系数	0.452*
		显著性(双尾)	0.040
		N	21

"*":相关性在 0.05 级别(双尾);"**":相关性在 0.01 级别(双尾)。

11 项技战术指标分别与胜率的关联性存在统计学差异,存在显著相关关系,相关性(绝对值)由高到低进行排序:二发得分率(0.721)、发球局胜率(0.708)、发球得分率(0.655)、Aces(0.543)、接发球局(0.540)、发球局(0.531)、一发得分率(0.503)、挽救破发点率(0.503)、破发机会(0.497)、接发球局胜率(0.452),呈正相关;一发成功率(-0.451),呈负相关。说明二发得分率、发球局胜率、发球得分率、一发得分率、挽救破发点率、接发球局胜率数值越高,胜率就越高;Aces、接发球局、发球局、破发机会数量越多胜率就越高;一发成功率呈负相关的主要原因是 2002 年一发成功率高达 86%,但胜率只有 50%,处于职业生涯最低水平,同时一发得分率只有 59%,二发得分率只有 29%,在职业生涯初期,纳达尔发球缺乏进攻性和得分能力。其余指标与胜率的关联性不存在统计学差异,不存在显著相关关系。

二、纳达尔不同场地参赛竞技能力分析

(一)纳达尔职业生涯硬地参赛竞技能力分析

1. 硬地参赛发球竞技能力特征分析

纳达尔不同职业阶段硬地发球竞技能力如表 4-2-11 所示。

表 4-2-11　纳达尔不同职业阶段硬地发球竞技能力

阶段	赛季	Aces/个	双误/个	一发成功率/(%)	一发得分率/(%)	二发得分率/(%)	破发点/个	挽救破发点率/(%)	发球局/个	发球局胜率/(%)	发球得分率/(%)
形成期	2003	6	11	69	95	81	25	64	44	80	91
	2004	33	47	69	67	56	169	65	283	79	64
	2005	97	67	68	71	58	169	60	443	85	67
	2006	131	58	65	72	58	169	67	412	87	67
最佳期	2007	132	74	66	72	55	224	65	492	84	66
	2008	177	77	68	71	60	245	67	624	87	68
	2009	181	79	67	72	57	308	65	642	83	67
	2010	204	77	64	76	59	198	68	604	89	70
	2011	142	77	65	71	56	232	63	486	82	66
保持期	2012	66	24	70	74	55	112	71	256	88	68
	2013	121	68	68	74	58	161	70	446	89	69
	2014	87	40	70	73	57	117	64	307	86	68
	2015	121	96	67	73	56	219	61	525	84	67
	2016	71	59	68	68	54	192	72	265	80	64
	2017	188	91	69	74	60	230	72	619	89	70
	2018	54	32	67	71	55	129	68	237	83	66
	2019	162	62	63	78	59	96	67	380	92	71
衰退期	2020	137	54	64	77	56	114	68	299	88	69
	2021	56	15	66	78	58	30	67	111	91	71
	2022	166	119	64	74	54	177	66	410	85	67

第一阶段,竞技状态形成期(2002—2006 年)。发球竞技能力处于逐年提升的状态。Aces 数量从 6 个增加到 131 个,双误数量在 11~67 个之间,一发成功率在 65%~69%之间,一发得分率在 67%~95%之间,二发得分率在 56%~81%之间,破发点数量从 25 个增加到 169 个,挽救破发点率在 60%~67%之间。发球局数量在 44~443 个之间,发球局胜率在 79%~87%之间,发球得分率在 64%~91%之间。由于参赛站数增多和发球竞技能力的提升,Aces、双误、破发点、发球局等指标数量增加幅度显著。

第二阶段,竞技状态最佳期(2007—2011 年)。发球竞技能力趋于稳定,处于职业生涯较高水平。Aces 数量在 132~204 个之间,双误数量在 74~79 个之间,一发成功率在64%~68%之间,一发得分率在 71%~76%之间,二发得分率在 55%~60%之间,破发点数量在 198~308 个之间,挽救破发点率在 63%~68%之间,发球局数量在 486~642 个之间,发球局胜率在 82%~89%之间,发球得分率在 66%~70%之间。

第三阶段,竞技状态保持期(2012—2019 年)。发球竞技能力较为稳定,处于职业生涯较高水平。Aces 数量在 54~188 个之间,双误数量在 24~96 个之间,一发成功率在 63%~

70%,一发得分率在 68%～78%之间,二发得分率在 54%～60%之间,破发点数量在 96～230 个之间,挽救破发点率在 61%～72%之间,发球局数量在 237～619 个之间,发球局胜率在 80%～92%之间,发球得分率在 64%～71%之间。

第四阶段,竞技状态衰退期(2020—2022 年)。Aces 数量在 56～166 个之间,双误数量在 15～119 个之间,一发成功率在 64%～66%之间,一发得分率在 74%～78%之间,二发得分率在 54%～58%之间,破发点数量在 30～177 个之间,挽救破发点率在 66%～68%之间,发球局数量在 111～410 个之间,发球局胜率在 85%～91%之间,发球得分率在 67%～71%之间。

2.硬地参赛接发球竞技能力特征分析

纳达尔不同职业阶段硬地接发球竞技能力如表 4-2-12 所示。

表 4-2-12　纳达尔不同职业阶段硬地接发球竞技能力

阶段	赛季	接一发得分率/(%)	接二发得分率/(%)	破发机会/个	破发成功率/(%)	接发球局/个	接发球局胜率/(%)	接发球得分率/(%)
形成期	2003	55	75	32	31	44	23	63
	2004	33	51	188	40	275	28	40
	2005	32	55	316	41	439	29	41
	2006	29	53	249	42	417	25	38
最佳期	2007	31	52	338	41	496	28	40
	2008	32	54	442	42	619	30	41
	2009	32	56	446	44	649	30	42
	2010	29	53	383	40	607	26	39
	2011	34	54	350	45	493	32	42
保持期	2012	36	52	184	45	256	32	42
	2013	32	55	297	46	452	30	41
	2014	31	54	208	44	309	30	41
	2015	31	52	342	41	517	27	39
	2016	32	56	225	48	258	41	42
	2017	32	55	421	40	597	28	40
	2018	32	55	163	43	231	30	41
	2019	31	56	261	43	370	30	40
衰退期	2020	30	56	184	43	283	28	40
	2021	30	54	69	43	107	28	40
	2022	32	53	259	43	398	28	40

第一阶段,竞技状态形成期(2002—2006 年)。接发球竞技能力处于逐年提升的状态。接发球局数量在 44～439 个之间,破发机会数量在 32～316 个之间。接一发得分率在 29%～55%之间,接二发得分率在 51%～75%之间,破发成功率在 31%～42%之间,接发球局胜率在 23%～29%之间,接发球得分率在 38%～63%之间。由于参赛站数增多和接发球

竞技能力的提升,破发机会、接发球局等指标数量增加幅度显著。

第二阶段,竞技状态最佳期(2007—2011年)。接发球竞技能力趋于稳定,处于职业生涯最高水平。接一发得分率在29%~34%之间,接二发得分率在52%~56%之间,破发机会数量在338~446个之间,破发成功率在40%~45%之间,接发球局数量在493~649个之间,接发球局胜率在26%~32%之间,接发球得分率在39%~42%之间。

第三阶段,竞技状态保持期(2012—2019年)。接发球竞技能力略微下降,处于职业生涯较高水平。接一发得分率在31%~36%之间,接二发得分率在52%~56%之间,破发机会数量在163~421个之间,破发成功率在40%~48%之间,接发球局数量在231~597个之间,接发球局胜率在27%~41%之间,接发球得分率在39%~42%之间。

第四阶段,竞技状态衰退期(2020—2022年)。接发球竞技能力较为稳定。接一发得分率在30%~32%之间,接二发得分率在53%~56%之间,破发机会数量在69~259个之间,破发成功率稳定在43%,接发球局数量在107~398个之间,接发球局胜率稳定在28%,接发球得分率稳定在40%。此阶段受新冠疫情影响,全球范围内比赛减少。

3. 纳达尔职业生涯参加硬地比赛胜率分析

在ATP官网上,收集纳达尔每年参加硬地比赛的胜场数、总场数,统计参加硬地赛事的胜率,得到表4-2-13。

表 4-2-13 纳达尔职业生涯参加硬地比赛胜率统计表

阶段	赛季	胜场数	总场数	胜率/(%)
形成期	2003	11	16	69
	2004	14	24	58
	2005	28	34	82
	2006	25	35	71
最佳期	2007	31	43	72
	2008	46	56	82
	2009	42	54	78
	2010	40	49	82
	2011	33	44	75
保持期	2012	17	20	85
	2013	36	40	90
	2014	20	26	77
	2015	30	42	71
	2016	18	28	64
	2017	41	51	80
	2018	14	16	88
	2019	32	35	91

续表

阶段	赛季	胜场数	总场数	胜率/(%)
	2020	18	24	75
衰退期	2021	5	7	71
	2022	24	30	80

在竞技状态形成期,胜场数和胜率有所增加,胜场数在 11～28 场之间,总场数从 16 场增加到 35 场,胜率在 58%～82%之间。在竞技状态最佳期,胜场数在 31～46 场之间,总场数在 43～56 场之间,胜率在 72%～82%之间。在竞技状态保持期,胜场数在 14～41 场之间,总场数在 16～51 场之间,胜率在 64%～91%之间。在竞技状态衰退期,胜场数在 5～24 场之间,总场数在 7～30 场之间,胜率在 71%～80%之间。

4. 硬地参赛竞技能力特征与胜率相关性分析

对纳达尔职业生涯(2001—2022 年)参加硬地比赛的 10 项发球指标(Aces、一发成功率、双误、一发得分率、二发得分率、破发点、挽救破发点率、发球局、发球局胜率、发球得分率)和 7 项接发球指标(接一发得分率、接二发得分率、破发机会、破发成功率、接发球局、接发球局胜率、接发球得分率)与硬地参赛胜率之间进行相关性检验,筛选出较高相关指标。

根据相关分析对数据的要求统计分析的内容,相关分析必须要结合以下步骤进行,缺一不可:①绘制散点图,看线性趋势;②定量变量的正态性判断;③计算相关系数 r;④开展假设检验,判断总体相关性的有无。由于 Aces、双误、破发点、发球局、破发机会、接发球局与其他指标数据不同,故而分开做散点图。将表 4-2-11 至表 4-2-13 的数据录入 SPSS 绘制散点图,结果如图 4-2-5、图 4-2-6 所示。

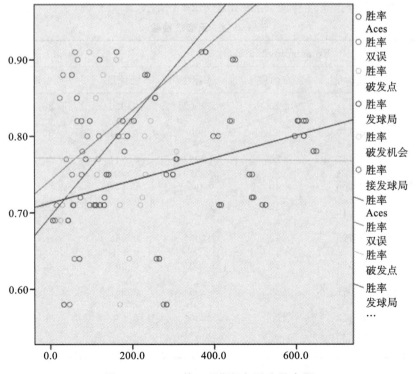

图 4-2-5 Aces 等 6 项指标与胜率散点图

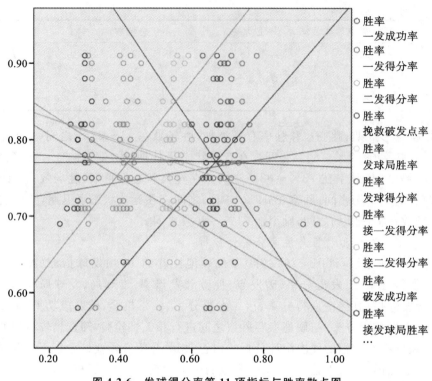

图 4-2-6 发球得分率等 11 项指标与胜率散点图

由图 4-2-4 和图 4-2-5 可知,纳达尔职业生涯参加硬地比赛的 Aces 与硬地参赛胜率之间存在着线性趋势;其余指标与胜率线性趋势弱,采用秩相关分析。将表 4-2-11 至表 4-2-13 的数据录入 SPSS 进行正态性检验,结果如表 4-2-14 所示。

表 4-2-14 正态性检验

项目	Kolmogorov-Smirnov[a]			Shapiro-Wilk		
	统计量	自由度	显著性	统计量	自由度	显著性
Aces	0.131	20	0.200*	0.966	20	0.670
双误	0.110	20	0.200*	0.974	20	0.842
一发成功率	0.155	20	0.200*	0.941	20	0.256
一发得分率	0.253	20	0.002	0.723	20	0.000
二发得分率	0.319	20	0.000	0.538	20	0.000
破发点	0.123	20	0.200*	0.968	20	0.720
挽救破发点率	0.124	20	0.200*	0.967	20	0.690
发球局	0.097	20	0.200*	0.961	20	0.557
发球局胜率	0.103	20	0.200*	0.970	20	0.759
发球得分率	0.297	20	0.000	0.572	20	0.000

续表

项目	Kolmogorov-Smirnov[a]			Shapiro-Wilk		
	统计量	自由度	显著性	统计量	自由度	显著性
接一发得分率	0.358	20	0.000	0.491	20	0.000
接二发得分率	0.374	20	0.000	0.525	20	0.000
破发机会	0.083	20	0.200*	0.969	20	0.728
破发成功率	0.203	20	0.030	0.840	20	0.004
接发球局	0.088	20	0.200*	0.965	20	0.644
接发球局胜率	0.255	20	0.001	0.819	20	0.002
接发球得分率	0.419	20	0.000	0.427	20	0.000
胜率	0.089	20	0.200*	0.976	20	0.869

"*"：true 显著下限；"a"：Lilliefors 显著更正。

由于样本量低于2000，正态性检验选择Shapiro-Wilk检验方法，观察"显著性"。Aces、双误、一发成功率、破发点、挽救破发点率、发球局、发球局胜率、破发机会、接发球局与胜率指标符合正态性分布，其余指标不符合正态性分布；Aces与硬地参赛胜率之间存在着线性趋势且满足正态性分布，采用线性相关分析，其余指标采用秩相关分析，分析结果如表4-2-15所示。

表 4-2-15 相关性分析

检验方法	指标	项目	胜率	发球局胜率
Spearman 的 rho	胜率	相关系数	1.000	0.558*
		显著性（双尾）	—	0.011
		N	20	20
	发球局胜率	相关系数	0.558*	1.000
		显著性（双尾）	0.011	—
		N	20	20

"*"：相关性在 0.05 级别（双尾）。

发球局胜率与硬地胜率的关联性存在统计学差异，存在显著相关关系，相关系数为0.558，说明发球局胜率越高，硬地参赛胜率越高；其余指标与胜率的关联性不存在统计学差异，不存在显著相关关系。

（二）纳达尔职业生涯红土场地参赛竞技能力分析

1. 红土场地参赛发球竞技能力特征分析

纳达尔不同职业阶段红土场地发球竞技能力如表4-2-16所示。

表 4-2-16　纳达尔不同职业阶段红土场地发球竞技能力

阶段	赛季	Aces /个	双误 /个	一发成功率/(%)	一发得分率/(%)	二发得分率/(%)	破发点 /个	挽救破发点率/(%)	发球局 /个	发球局胜率/(%)	发球得分率/(%)
形成期	2002	1	1	86	59	29	18	61	18	61	55
	2003	22	21	73	67	52	100	66	168	80	63
	2004	20	26	72	66	51	90	54	159	74	62
	2005	102	58	70	70	56	266	67	549	84	66
	2006	45	30	73	69	58	143	66	304	84	66
最佳期	2007	61	34	71	72	57	140	70	334	87	68
	2008	34	22	72	69	58	108	65	244	84	66
	2009	38	23	70	70	57	97	64	229	85	66
	2010	41	23	73	73	58	92	77	238	91	69
	2011	57	29	70	70	57	149	66	301	83	66
保持期	2012	64	30	65	75	58	101	73	249	89	69
	2013	94	49	71	73	56	184	69	450	87	68
	2014	55	41	70	71	54	162	67	319	83	66
	2015	54	50	69	69	54	156	59	338	81	65
	2016	44	29	74	69	54	147	67	277	82	65
	2017	59	27	67	72	64	90	68	245	88	70
	2018	34	41	63	72	62	105	70	263	88	68
	2019	52	42	69	71	61	111	68	265	87	68
衰退期	2020	20	12	64	69	62	46	67	115	87	67
	2021	60	64	64	71	53	151	66	269	81	64
	2022	28	29	66	69	57	70	51	165	79	65

第一阶段,竞技状态形成期(2002—2006 年)。发球竞技能力处于逐年提升的状态。Aces 数量在 1~102 个之间,双误数量在 1~58 个之间,一发成功率在 70%~86% 之间,一发得分率从 59% 提升到 70%,二发得分率在 29%~58% 之间,破发点数量在 18~266 个之间,挽救破发点率在 54%~67% 之间。发球局数量在 18~549 个之间,发球局胜率从 61% 提升到 84%,发球得分率从 55% 提升到 66%。由于参赛站数增多和发球竞技能力的提升,Aces、双误、破发点、发球局等指标数量增加幅度显著。

第二阶段,竞技状态最佳期(2007—2011 年)。发球竞技能力趋于稳定,处于职业生涯最高水平。Aces 数量在 34~61 个之间,双误数量在 22~34 个之间,一发成功率在 70%~73% 之间,一发得分率在 69%~73% 之间,二发得分率在 57%~58% 之间,破发点数量在 92~149 个之间,挽救破发点率在 64%~77% 之间,发球局数量在 229~334 个之间,发球局胜率在 83%~91% 之间,发球得分率在 66%~69% 之间。

第三阶段,竞技状态保持期(2012—2019 年)。发球竞技能力较为稳定,处于职业生涯较高水平。Aces 数量在 34～94 个之间,双误数量在 27～50 个之间,一发成功率在 63%～74%之间,一发得分率在 69%～75%之间,二发得分率在 54%～64%之间,破发点数量在 90～184 个之间,挽救破发点率在 59%～73%之间,发球局数量在 245～450 个之间,发球局胜率在 81%～89%之间,发球得分率在 65%～70%之间。

第四阶段,竞技状态衰退期(2020—2022 年)。Aces 数量在 20～60 个之间,双误数量在 12～64 个之间,一发成功率在 64%～66%之间,一发得分率在 69%～71%之间,二发得分率在 53%～62%之间,破发点数量在 46～151 个之间,挽救破发点率在 51%～67%之间,发球局数量在 115～269 个之间,发球局胜率在 79%～87%之间,发球得分率在 64%～67%之间。

2.红土场地参赛接发球竞技能力特征分析

纳达尔不同职业阶段红土场地接发球竞技能力如表 4-2-17 所示。

表 4-2-17　纳达尔不同职业阶段红土场地接发球竞技能力

阶段	赛季	接一发得分率/(%)	接二发得分率/(%)	破发机会/个	破发成功率/(%)	接发球局/个	接发球局胜率/(%)	接发球得分率/(%)
形成期	2002	39	47	7	71	18	28	41
	2003	31	53	104	47	163	30	40
	2004	35	61	124	48	150	40	46
	2005	42	59	496	50	543	46	48
	2006	39	56	271	45	306	40	46
最佳期	2007	41	59	314	48	337	45	48
	2008	45	60	239	52	243	51	50
	2009	38	58	181	54	230	43	46
	2010	38	60	199	49	237	41	47
	2011	39	61	272	49	301	44	47
保持期	2012	42	59	225	52	251	47	48
	2013	38	54	358	48	447	38	44
	2014	41	60	262	53	316	44	48
	2015	39	56	316	44	341	40	45
	2016	38	56	250	44	272	40	45
	2017	43	57	244	45	237	46	49
	2018	41	60	243	48	252	46	48
	2019	41	56	232	48	255	44	47
衰退期	2020	47	58	94	62	115	50	51
	2021	36	58	225	44	258	39	45
	2022	39	58	144	44	161	40	45

第一阶段,竞技状态形成期(2002—2006 年)。接发球竞技能力处于提升状态。接发球局数量在 18～543 个之间,破发机会数量在 7～496 个之间。接一发得分率在 31%～42%之

间,接二发得分率在47%～61%之间,破发成功率在45%～71%之间,接发球局胜率在28%～46%之间,接发球得分率在40%～48%之间。由于参赛站数增多和接发球竞技能力的提升,破发机会、接发球局等指标数量增加幅度显著。

第二阶段,竞技状态最佳期(2007—2011年)。接发球竞技能力趋于稳定,处于职业生涯最高水平。接一发得分率在38%～45%之间,接二发得分率在58%～61%之间,破发机会数量在181～314个之间,破发成功率在48%～54%之间,接发球局数量在230～337个之间,接发球局胜率在41%～51%之间,接发球得分率在46%～50%之间。

第三阶段,竞技状态保持期(2012—2019年)。接发球竞技能力略微下降,但仍处于职业生涯较高水平。接一发得分率在38%～43%之间,接二发得分率在54%～60%之间,破发机会数量在225～358个之间,破发成功率在44%～52%之间,接发球局数量在237～447个之间,接发球局胜率在38%～47%之间,接发球得分率在44%～49%之间。

第四阶段,竞技状态衰退期(2020—2022年)。接发球竞技能力较为稳定。接一发得分率在36%～47%之间,接二发得分率稳定在58%,破发机会数量在94～225个之间,破发成功率在44%～62%之间,接发球局数量在115～258个之间,接发球局胜率在39%～50%之间,接发球得分率在45%～51%之间。此阶段受新冠疫情影响,全球范围内比赛减少。

3. 纳达尔职业生涯参加红土场地比赛胜率分析

在ATP官网上,收集纳达尔每年参加红土比赛的胜场数、总场数,统计参加红土赛事的胜率,得到表4-2-18。

表 4-2-18　纳达尔职业生涯参加红土比赛胜率统计表

阶段	赛季	胜场数	总场数	胜率/(%)
形成期	2002	37	43	86
	2003	24	32	75
	2004	14	18	78
	2005	50	52	96
	2006	26	26	100
最佳期	2007	31	32	97
	2008	24	25	96
	2009	24	26	92
	2010	22	22	100
	2011	28	30	93
保持期	2012	23	24	96
	2013	39	41	95
	2014	25	28	89
	2015	26	32	81
	2016	21	25	84
	2017	24	25	96
	2018	26	27	96
	2019	21	24	88

阶段	赛季	胜场数	总场数	胜率/(%)
衰退期	2020	9	10	90
	2021	19	22	86
	2022	10	12	83

在竞技状态形成期,胜场数和胜率有所增加,胜场数在 14~50 场之间,总场数在 18~52 场之间,胜率从 75% 提升到 100%。在竞技状态最佳期,胜场数在 22~31 场之间,总场数在 22~32 场之间,胜率在 92%~100% 之间,此阶段红土赛事参赛胜率最高。在竞技状态保持期,胜场数在 21~39 场之间,总场数在 24~41 场之间,胜率在 81%~96% 之间,处于较高水平。在竞技状态衰退期,胜场数在 9~19 场之间,总场数在 10~22 场之间,胜率在 83%~90% 之间。

4. 红土场地参赛竞技能力特征与胜率相关性分析

对纳达尔职业生涯(2001—2022 年)参加红土比赛的 10 项发球指标(Aces、一发成功率、双误、一发得分率、二发得分率、破发点、挽救破发点率、发球局、发球局胜率、发球得分率)和 7 项接发球指标(接一发得分率、接二发得分率、破发机会、破发成功率、接发球局、接发球局胜率、接发球得分率)与红土参赛胜率之间进行相关性检验,筛选出较高相关指标。

根据相关分析对数据的要求统计分析的内容,相关分析必须要结合以下步骤进行,缺一不可:①绘制散点图,看线性趋势;②定量变量的正态性判断;③计算相关系数 r;④开展假设检验,判断总体相关性的有无。由于 Aces、双误、破发点、发球局、破发机会、接发球局与其他指标数据不同,故而分开做散点图。将表 4-2-16 至表 4-2-18 的数据录入 SPSS 绘制散点图,结果如图 4-2-7、图 4-2-8 所示。

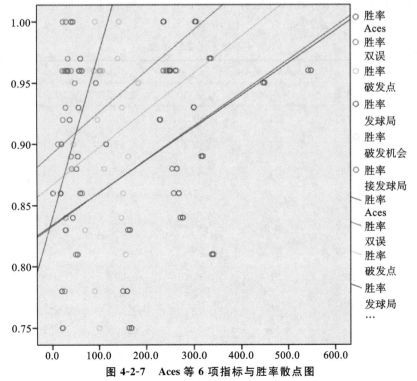

图 4-2-7 Aces 等 6 项指标与胜率散点图

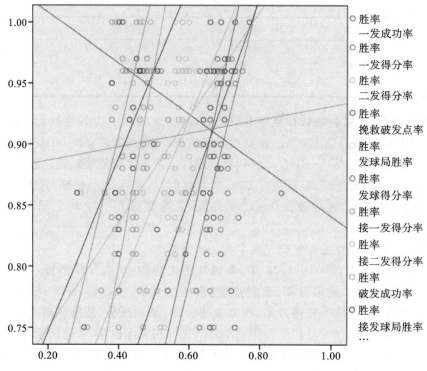

图 4-2-8　发球得分率等 11 项指标与胜率散点图

由图 4-2-7 和图 4-2-8 可知,纳达尔职业生涯参加红土比赛的挽救破发点率、发球局胜率、发球得分率、接一发得分率、接发球局胜率、接发球得分率与红土参赛胜率之间存在着线性趋势;其余指标与胜率不存在线性趋势(弱线性趋势)。将表 4-2-16 至表 4-2-18 的数据录入 SPSS 进行正态性检验,结果如表 4-2-19 所示。

表 4-2-19　正态性检验

项目	Kolmogorov-Smirnov[a]			Shapiro-Wilk		
	统计量	自由度	显著性	统计量	自由度	显著性
Aces	0.141	21	0.200*	0.957	21	0.449
双误	0.184	21	0.062	0.964	21	0.591
一发成功率	0.182	21	0.068	0.859	21	0.006
一发得分率	0.258	21	0.001	0.843	21	0.003
二发得分率	0.218	21	0.011	0.696	21	0.000
破发点	0.142	21	0.200*	0.941	21	0.224
挽救破发点率	0.231	21	0.005	0.901	21	0.036
发球局	0.152	21	0.200*	0.944	21	0.256
发球局胜率	0.181	21	0.070	0.800	21	0.001
发球得分率	0.209	21	0.017	0.825	21	0.002

续表

项目	Kolmogorov-Smirnov[a]			Shapiro-Wilk		
	统计量	自由度	显著性	统计量	自由度	显著性
接一发得分率	0.175	21	0.091	0.956	21	0.440
接二发得分率	0.189	21	0.048	0.839	21	0.003
破发机会	0.153	21	0.200[*]	0.956	21	0.445
破发成功率	0.213	21	0.013	0.768	21	0.000
接发球局	0.160	21	0.169	0.947	21	0.293
接发球局胜率	0.170	21	0.116	0.913	21	0.064
接发球得分率	0.157	21	0.189	0.938	21	0.197
胜率	0.170	21	0.115	0.933	21	0.156

"*":true 显著下限;"a":Lilliefors 显著更正。

由于样本量低于2000,正态性检验选择 Shapiro-Wilk 检验方法,观察"显著性"。Aces、双误、破发点、发球局、接一发得分率、破发机会、接发球局、接发球局胜率、接发球得分率、胜率符合正态性分布,其余指标不符合正态性分布;同时挽救破发点率、发球局胜率、发球得分率、接一发得分率、接发球局胜率、接发球得分率与红土参赛胜率之间存在着线性趋势,接一发得分率、接发球局胜率、接发球得分率与红土参赛胜率采用线性相关分析,其余指标采用秩相关分析,分析结果如表4-2-20所示。

表 4-2-20 相关性分析

检验方法	指标	项目	胜率
Spearman 的 rho	一发得分率	相关系数	0.621[**]
		显著性(双尾)	0.003
		N	21
	二发得分率	相关系数	0.652[**]
		显著性(双尾)	0.001
		N	21
	挽救破发点率	相关系数	0.638[**]
		显著性(双尾)	0.002
		N	21
	发球局胜率	相关系数	0.775[**]
		显著性(双尾)	0.000
		N	21
	发球得分率	相关系数	0.757[**]
		显著性(双尾)	0.000
		N	21

续表

检验方法	指标	项目	胜率
皮尔逊	接一发得分率	皮尔逊相关	0.569**
		显著性（双尾）	0.007
		N	21
	接发球局胜率	皮尔逊相关	0.552**
		显著性（双尾）	0.009
		N	21
	接发球得分率	皮尔逊相关	0.591**
		显著性（双尾）	0.005
		N	21

**：相关性在 0.01 级别（双尾）。

8 项技战术指标分别与红土胜率的关联性存在统计学差异，存在显著相关关系，相关性由高到低进行排序：发球局胜率（0.775）、发球得分率（0.757）、二发得分率（0.652）、挽救破发点率（0.638）、一发得分率（0.621）、接发球得分率（0.591）、接一发得分率（0.569）、接发球局胜率（0.552），且呈正相关；说明发球局胜率、发球得分率、二发得分率、挽救破发点率、一发得分率、接发球得分率、接一发得分率、接发球局胜率数值越高，胜率就越高；其余指标与胜率的关联性不存在统计学差异，不存在显著相关关系。

（三）纳达尔职业生涯草地参赛竞技能力分析

纳达尔 2004 年、2009 年、2016 年、2020 年、2021 年在 ATP 高级别比赛中未获得好成绩，因此，其数据未被 ATP 官网统计。

1. 草地参赛发球竞技能力特征分析

纳达尔不同职业阶段草地发球竞技能力如表 4-2-21 所示。

表 4-2-21 纳达尔不同职业阶段草地发球竞技能力

阶段	赛季	Aces /个	双误 /个	一发成功率/(%)	一发得分率/(%)	二发得分率/(%)	破发点/个	挽救破发点率/(%)	发球局/个	发球局胜率/(%)	发球得分率/(%)
形成期	2003	7	5	72	68	50	33	67	48	77	63
	2005	20	6	68	78	56	14	64	46	89	71
	2006	64	20	71	75	55	56	71	157	90	69
最佳期	2007	45	20	68	75	59	44	66	159	91	70
	2008	72	18	70	78	62	42	79	186	95	73
	2010	65	20	69	78	62	32	56	159	91	73
	2011	68	15	69	74	59	55	62	157	87	69

续表

阶段	赛季	Aces /个	双误 /个	一发成功率/(%)	一发得分率/(%)	二发得分率/(%)	破发点/个	挽救破发点率/(%)	发球局/个	发球局胜率/(%)	发球得分率/(%)
保持期	2012	30	5	66	76	59	21	52	59	83	71
	2013	6	3	67	65	54	11	73	17	82	61
	2014	39	9	73	75	57	33	73	87	90	70
	2015	47	20	68	73	56	50	76	102	88	68
	2017	39	5	67	79	59	20	65	75	91	73
	2018	34	18	69	72	64	47	79	112	91	69
	2019	57	14	62	81	61	24	75	92	93	73
衰退期	2022	34	20	66	72	54	42	60	94	82	66

第一阶段，竞技状态形成期（2002—2006年）。发球竞技能力处于逐年提升的状态。Aces 数量从 7 个增加到 64 个，双误数量从 5 个增加到 20 个，一发成功率在 68%～72% 之间，一发得分率在 68%～78% 之间，二发得分率在 50%～56% 之间，破发点数量在 14～56 个之间，挽救破发点率在 64%～71% 之间，发球局数量在 46～157 个之间，发球局胜率从 77% 提高到 90%，发球得分率在 63%～71% 之间。由于参赛站数增多和发球竞技能力的提升，Aces、双误、破发点、发球局等指标数量增加幅度显著。

第二阶段，竞技状态最佳期（2007—2011年）。发球竞技能力趋于稳定，处于职业生涯较高水平。Aces 数量在 45～72 个之间，双误数量在 15～20 个之间，一发成功率在 68%～70% 之间，一发得分率在 74%～78% 之间，二发得分率在 59%～62% 之间，破发点数量在 32～55 个之间，挽救破发点率在 56%～79% 之间，发球局数量在 157～186 个之间，发球局胜率在 87%～95% 之间，发球得分率在 69%～73% 之间。

第三阶段，竞技状态保持期（2012—2019年）。发球竞技能力波动较大。Aces 数量在 6～57 个之间，双误数量在 3～20 个之间，一发成功率在 62%～73% 之间，一发得分率在 65%～81% 之间，二发得分率在 54%～64% 之间，破发点数量在 11～50 个之间，挽救破发点率在 52%～79% 之间，发球局数量在 17～112 个之间，发球局胜率在 82%～93% 之间，发球得分率在 69%～73% 之间。

第四阶段，竞技状态衰退期（2020—2022年）。2022 年 Aces 数量为 34 个，双误数量为 20 个，一发成功率为 66%，一发得分率为 72%，二发得分率为 54%，破发点数量为 42 个，挽救破发点率为 60%，发球局数量为 94 个，发球局胜率为 82%，发球得分率为 66%。

2. 草地参赛接发球竞技能力特征分析

纳达尔不同职业阶段草地接发球竞技能力如表 4-2-22 所示。

表 4-2-22 纳达尔不同职业阶段草地接发球竞技能力

阶段	赛季	接一发得分率/(%)	接二发得分率/(%)	破发机会/个	破发成功率/(%)	接发球局/个	接发球局胜率/(%)	接发球得分率/(%)
形成期	2003	26	60	38	34	46	28	40
	2005	23	51	33	24	49	16	34
	2006	27	52	80	35	155	18	36
最佳期	2007	30	51	87	44	158	24	37
	2008	28	54	105	38	183	22	37
	2010	25	56	92	45	158	26	37
	2011	28	56	84	46	157	25	38
保持期	2012	26	51	24	54	58	22	36
	2013	26	43	7	29	17	12	33
	2014	27	51	44	39	87	20	36
	2015	23	52	41	49	101	20	34
	2017	30	57	53	36	74	26	40
	2018	31	53	68	43	108	27	39
	2019	32	54	63	43	90	30	39
衰退期	2022	34	53	63	44	92	30	41

第一阶段,竞技状态形成期(2002—2006年)。接发球竞技能力起伏较大。接一发得分率在23%～27%之间,接二发得分率在51%～60%之间,破发机会数量在33～80个之间,破发成功率在24%～35%之间,接发球局数量在46～155个之间,接发球局胜率在16%～28%之间,接发球得分率在34%～40%之间。由于参赛站数增多和接发球竞技能力的提升,破发机会、接发球局等指标数量增加幅度显著。

第二阶段,竞技状态最佳期(2007—2011年)。接发球竞技能力趋于稳定,处于职业生涯最高水平。接一发得分率在25%～30%之间,接二发得分率在51%～56%之间,破发机会数量在84～105个之间,破发成功率在38%～46%之间,接发球局数量在157～183个之间,接发球局胜率在22%～26%之间,接发球得分率在37%～38%之间。

第三阶段,竞技状态保持期(2012—2019年)。接发球竞技能力起伏较大。接一发得分率在23%～32%之间,接二发得分率在43%～57%之间,破发机会数量在7～68个之间,破发成功率在29%～54%之间,接发球局数量在17～108个之间,接发球局胜率在12%～30%之间,接发球得分率在33%～40%之间。

第四阶段,竞技状态衰退期(2020—2022年)。2022年接发球竞技能力较为稳定。接一发得分率为34%,接二发得分率为53%,破发机会数量为63个,破发成功率为44%,接发球局数量为92个,接发球局胜率为30%,接发球得分率为41%。

3. 纳达尔职业生涯参加草地比赛胜率分析

在ATP官网上,收集纳达尔每年参加草地比赛的胜场数、总场数,统计参加草地赛事的胜率,得到表4-2-23。

表 4-2-23　纳达尔职业生涯参加草地比赛胜率统计表

阶段	赛季	胜场数	总场数	胜率/(%)
形成期	2003	2	3	67
	2005	1	3	33
	2006	8	10	80
最佳期	2007	8	10	80
	2008	12	12	100
	2010	9	10	90
	2011	8	10	80
保持期	2012	2	4	50
	2013	0	1	0
	2014	3	5	60
	2015	5	7	71
	2017	3	4	75
	2018	5	6	83
	2019	5	6	83
衰退期	2022	5	5	100

在竞技状态形成期，胜场数和胜率有所增加，胜场数在 1~8 场之间，总场数在 3~10 场之间，胜率在 33%~80% 之间。在竞技状态最佳期，胜场数在 8~12 场之间，总场数在 10~12 场之间，胜率在 80%~100% 之间。在竞技状态保持期，草地胜率波动最大，胜场数在 0~5 场之间，总场数在 1~7 场之间，胜率在 0~83% 之间。在竞技状态衰退期，只有 2022 年参加了草地比赛，总场数为 5 场，胜率为 100%。

4. 草地参赛竞技能力特征与胜率相关性分析

对纳达尔职业生涯（2001—2022 年）参加草地比赛的 10 项发球指标（Aces、一发成功率、双误、一发得分率、二发得分率、破发点、挽救破发点率、发球局、发球局胜率、发球得分率）和 7 项接发球指标（接一发得分率、接二发得分率、破发机会、破发成功率、接发球局、接发球局胜率、接发球得分率）与草地参赛胜率之间进行相关性检验，筛选出较高相关指标。

根据相关分析对数据的要求统计分析的内容，相关分析必须要结合以下步骤进行，缺一不可：①绘制散点图，看线性趋势；②定量变量的正态性判断；③计算相关系数 r；④开展假设检验，判断总体相关性的有无。由于 Aces、双误、破发点、发球局、破发机会、接发球局与其他指标数据不同，故而分开做散点图。将表 4-2-21 至表 4-2-23 的数据录入 SPSS 绘制散点图，结果如图 4-2-9、图 4-2-10 所示。

由图 4-2-9 和图 4-2-10 可知，纳达尔职业生涯参加草地比赛的 Aces、双误、破发点、发球局、破发机会、接发球局、接二发得分率、接发球局胜率、接发球得分率与草地参赛胜率之间存在着线性趋势，其余指标与胜率不存在线性趋势（或线性趋势弱）。将表 4-2-16 至表 4-2-18 的数据录入 SPSS 进行正态性检验，结果如表 4-2-24 所示。

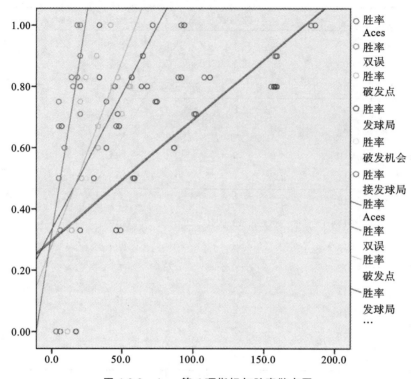

图 4-2-9 Aces 等 6 项指标与胜率散点图

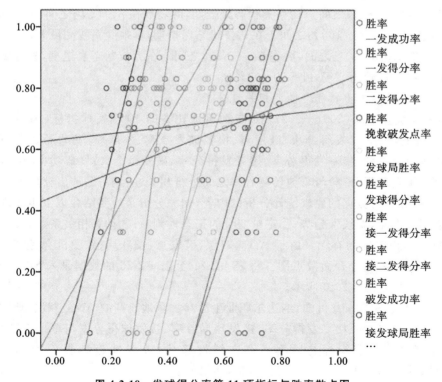

图 4-2-10 发球得分率等 11 项指标与胜率散点图

表 4-2-24　正态性检验

项目	Kolmogorov-Smirnov[a]			Shapiro-Wilk		
	统计量	自由度	显著性	统计量	自由度	显著性
Aces	0.122	15	0.200*	0.947	15	0.486
双误	0.225	15	0.040	0.815	15	0.006
一发成功率	0.135	15	0.200*	0.960	15	0.686
一发得分率	0.138	15	0.200*	0.945	15	0.443
二发得分率	0.160	15	0.200*	0.970	15	0.862
破发点	0.153	15	0.200*	0.950	15	0.527
挽救破发点率	0.134	15	0.200*	0.959	15	0.674
发球局	0.189	15	0.158	0.945	15	0.446
发球局胜率	0.191	15	0.145	0.906	15	0.119
发球得分率	0.204	15	0.094	0.876	15	0.042
接一发得分率	0.133	15	0.200*	0.963	15	0.745
接二发得分率	0.239	15	0.021	0.905	15	0.113
破发机会	0.111	15	0.200*	0.980	15	0.972
破发成功率	0.174	15	0.200*	0.975	15	0.919
接发球局	0.188	15	0.163	0.940	15	0.388
接发球局胜率	0.114	15	0.200*	0.958	15	0.658
接发球得分率	0.122	15	0.200*	0.959	15	0.679
胜率	0.186	15	0.173	0.861	15	0.025

"*":true 显著下限;"a":Lilliefors 显著更正。

由于样本量低于 2000,正态性检验选择 Shapiro-Wilk 检验方法,观察"显著性"。Aces、一发成功率、一发得分率、二发得分率、破发点、挽救破发点率、发球局、发球局胜率、接一发得分率、接二发得分率、破发机会、破发成功率、接发球局、接发球局胜率、接发球得分率指标符合正态性分布,双误、发球得分率与胜率不符合正态性分布,故采用秩相关分析,分析结果如表 4-2-25 所示。

表 4-2-25　相关性分析

检验方法	指标	项目	胜率
Spearman 的 rho	Aces	相关系数	0.656**
		显著性(双尾)	0.008
		N	15
	发球局	相关系数	0.784**
		显著性(双尾)	0.001
		N	15

续表

检验方法	指标	项目	胜率
Spearman 的 rho	接一发得分率	相关系数	0.610*
		显著性（双尾）	0.016
		N	15
	接二发得分率	相关系数	0.522*
		显著性（双尾）	0.046
		N	15
	破发机会	相关系数	0.846**
		显著性（双尾）	0.000
		N	15
	接发球局	相关系数	0.773**
		显著性（双尾）	0.001
		N	15
	接发球局胜率	相关系数	0.626*
		显著性（双尾）	0.013
		N	15
	接发球得分率	相关系数	0.606*
		显著性（双尾）	0.017
		N	15

"*"：相关性在 0.05 级别（双尾）；"**"：相关性在 0.01 级别（双尾）。

纳达尔职业生涯参加草地比赛中有 8 项技战术指标分别与胜率的关联性存在统计学差异，存在显著相关关系，相关性由高到低进行排序：破发机会（0.846）、发球局（0.784）、接发球局（0.773）、Aces（0.656）、接发球局胜率（0.626）、接一发得分率（0.610）、接发球得分率（0.606）、接二发得分率（0.522），且呈正相关；说明接发球局胜率、接一发得分率、接发球得分率、接二发得分率数值越高，胜率就越高；破发机会、发球局、接发球局、Aces 数量越多，胜率就越高；其余指标与胜率的关联性不存在统计学差异，不存在显著相关关系。

（四）纳达尔在不同场地参赛竞技能力差异性分析

为比较纳达尔职业生涯在硬地、红土、草地发球竞技能力的差异性，首先采用探索性分析，以检验数据的正态性和方差齐性，具体过程如表 4-2-26 所示。

表 4-2-26 不同场地竞技能力指标正态性检验表

项目	场地类型	Kolmogorov-Smirnov[a]			Shapiro-Wilk		
		统计量	自由度	显著性	统计量	自由度	显著性
场均 Aces	硬地	0.217	20	0.014	0.895	20	0.033
	红土	0.161	21	0.162	0.924	21	0.106
	草地	0.189	15	0.155	0.922	15	0.203

续表

项目	场地类型	Kolmogorov-Smirnov[a]			Shapiro-Wilk		
		统计量	自由度	显著性	统计量	自由度	显著性
场均双误	硬地	0.202	20	0.032	0.816	20	0.002
	红土	0.177	21	0.085	0.893	21	0.025
	草地	0.246	15	0.015	0.886	15	0.058
一发成功率	硬地	0.155	20	0.200*	0.941	20	0.256
	红土	0.182	21	0.068	0.859	21	0.006
	草地	0.135	15	0.200*	0.960	15	0.686
一发得分率	硬地	0.253	20	0.002	0.723	20	0.000
	红土	0.258	21	0.001	0.843	21	0.003
	草地	0.138	15	0.200*	0.945	15	0.443
二发得分率	硬地	0.319	20	0.000	0.538	20	0.000
	红土	0.218	21	0.011	0.696	21	0.000
	草地	0.160	15	0.200*	0.970	15	0.862
场均破发点	硬地	0.149	20	0.200*	0.960	20	0.551
	红土	0.158	21	0.184	0.893	21	0.026
	草地	0.198	15	0.118	0.902	15	0.101
挽救破发点率	硬地	0.124	20	0.200*	0.967	20	0.690
	红土	0.231	21	0.005	0.901	21	0.036
	草地	0.134	15	0.200*	0.959	15	0.674
场均发球局	硬地	0.270	20	0.000	0.766	20	0.000
	红土	0.272	21	0.000	0.739	21	0.000
	草地	0.266	15	0.005	0.856	15	0.021
发球局胜率	硬地	0.103	20	0.200*	0.970	20	0.759
	红土	0.181	21	0.070	0.800	21	0.001
	草地	0.191	15	0.145	0.906	15	0.119
发球得分率	硬地	0.297	20	0.000	0.572	20	0.000
	红土	0.209	21	0.017	0.825	21	0.002
	草地	0.204	15	0.094	0.876	15	0.042
接一发得分率	硬地	0.358	20	0.000	0.491	20	0.000
	红土	0.175	21	0.091	0.956	21	0.440
	草地	0.133	15	0.200*	0.963	15	0.745
接二发得分率	硬地	0.374	20	0.000	0.525	20	0.000
	红土	0.189	21	0.048	0.839	21	0.003
	草地	0.239	15	0.021	0.905	15	0.113

续表

项目	场地类型	Kolmogorov-Smirnov[a]			Shapiro-Wilk		
		统计量	自由度	显著性	统计量	自由度	显著性
场均破发机会	硬地	0.267	20	0.001	0.703	20	0.000
	红土	0.312	21	0.000	0.707	21	0.000
	草地	0.147	15	0.200*	0.949	15	0.508
破发成功率	硬地	0.203	20	0.030	0.840	20	0.004
	红土	0.213	21	0.013	0.768	21	0.000
	草地	0.174	15	0.200*	0.975	15	0.919
场均接发球局	硬地	0.270	20	0.001	0.744	20	0.000
	红土	0.234	21	0.004	0.740	21	0.000
	草地	0.214	15	0.062	0.914	15	0.158
接发球局胜率	硬地	0.255	20	0.001	0.819	20	0.002
	红土	0.170	21	0.116	0.913	21	0.064
	草地	0.114	15	0.200*	0.958	15	0.658
接发球得分率	硬地	0.419	20	0.000	0.427	20	0.000
	红土	0.157	21	0.189	0.938	21	0.197
	草地	0.122	15	0.200*	0.959	15	0.679

"*":true 显著下限;"a":Lilliefors 显著更正。

将表 4-2-11、表 4-2-12、表 4-2-16、表 4-2-17、表 4-2-21、表 4-2-22 中纳达尔不同场地上的技战术数据录入 SPSS,进行探索性分析,结果如表 4-2-26 所示。表 4-2-26 列出了采用 Shapiro-Wilk 方法进行正态分布假设检验的结果,得到场均 Aces、场均双误、一发成功率、一发得分率、二发得分率、场均破发点、挽救破发点率、场均发球局、发球局胜率、发球得分率、接一发得分率、接二发得分率、场均破发机会、破发成功率、场均接发球局、接发球局胜率、接发球得分率的显著性概率存在小于 0.05 的值,应接受原假设,即认为以上指标不满足正态性分布,采用非参数检验进行多重比较。

对不同场地类型技术指标差异性进行 Kruskal Wallis Test 检验,发现在 3 种场地上,场均 Aces($\chi^2=37.779,P=0.000$)、场均双误($\chi^2=18.184,P=0.000$)、一发成功率($\chi^2=8.680,P=0.013$)、一发得分率($\chi^2=16.138,P=0.000$)、场均发球局($\chi^2=36.810,P=0.000$)、发球局胜率($\chi^2=7.710,P=0.021$)、发球得分率($\chi^2=11.614,P=0.003$)、接一发得分率($\chi^2=37.937,P=0.000$)、接二发得分率($\chi^2=18.649,P=0.000$)、场均破发机会($\chi^2=7.586,P=0.023$)、破发成功率($\chi^2=24.518,P=0.000$)、场均接发球局($\chi^2=36.810,P=0.000$)、接发球局胜率($\chi^2=38.581,P=0.000$)、接发球得分率($\chi^2=38.715,P=0.000$);二发得分率、场均破发点、挽救破发点率等指标,不因场地类型变化而呈差异性。

通过 Bonferonnia Adjustment 计算调整显著性,发现 3 种场地之间相互比较的 12 项指标存在差异性(图 4-2-11)。由于是事后的两两比较(Post hoc test),因此需要调整显著性水平(调整 α 水平),作为判断两两比较的显著性水平。依据 Bonferonnia 法,调整 α 水平＝原 α 水平÷比较次数。本研究共比较了 3 次,调整 α 水平＝0.05÷3≈0.017。因此,最终得到的

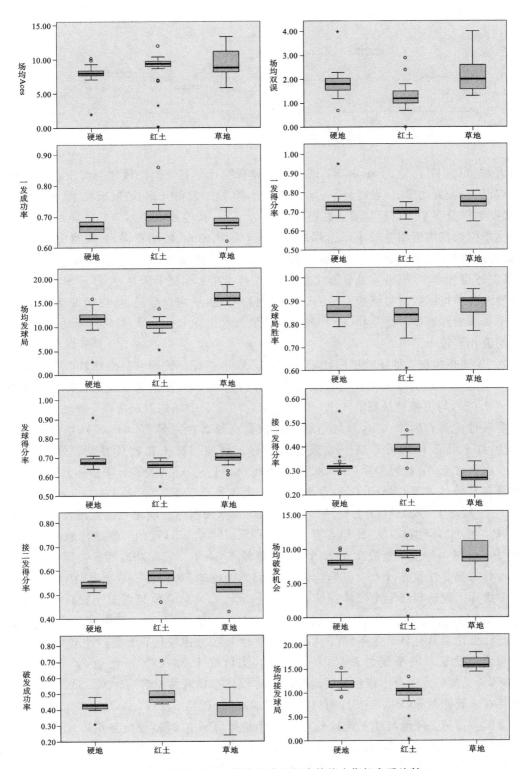

图 4-2-11 硬地、红土、草地场地之间竞技能力指标多重比较

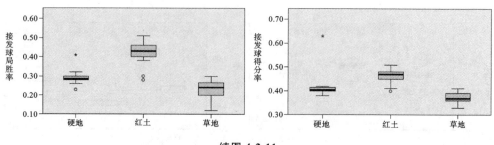

续图 4-2-11

P 值需要和 0.017 比较,小于 0.017 则认为差异有统计学意义。①硬地与红土,场均 Aces、场均双误、一发成功率、一发得分率、接一发得分率、接二发得分率、破发成功率、接发球局胜率、接发球得分率 9 项指标呈显著性差异($P<0.017$),其他技术指标未见差异,且两种场地的各项指标数据均值相差较小。②草地与红土,场均 Aces、场均双误、一发得分率、场均发球局、发球得分率、接一发得分率、接二发得分率、破发成功率、场均接发球局、接发球局胜率、接发球得分率 11 项指标呈显著性差异,其他技术指标未见显著性差异($P>0.017$),且两种场地的各项指标数据均值相差最大。③硬地与草地,场均发球局、场均接发球局、接发球得分率 3 项指标呈显著性差异($P<0.017$),其他技术指标未见差异,且两种场地的各项指标数据均值相差较小。

将 14 项指标在 3 种场地横向比较:①场均 Aces 指标。硬地与红土比较具有显著性差异($P<0.05$),草地与红土比较具有显著性差异($P<0.05$),硬地与草地比较具有显著性差异($P<0.05$),均值草地最高 6.6 个,红土最低 1.79 个。②场均双误指标。硬地与红土比较具有显著性差异($P<0.05$),草地与红土比较具有显著性差异($P<0.05$),均值草地最高 2.15 个,红土最低 1.29 个。③一发成功率指标。硬地与红土比较具有显著性差异($P<0.05$),均值红土 70.10%>草地 68.33%>硬地 66.61%。④一发得分率指标。硬地与红土比较具有显著性差异($P<0.05$),草地与红土比较具有显著性差异($P<0.05$),均值草地 74.60%>硬地 73.28%>红土 69.81%。⑤场均发球局指标。硬地与红土比较具有显著性差异($P<0.05$),草地与红土比较具有显著性差异($P<0.05$),硬地与草地比较具有显著性差异($P<0.05$),均值草地最高 6.21 个,红土最低 4.54 个。⑥发球局胜率指标。草地与红土比较具有显著性差异($P<0.05$),均值草地 88%>硬地 86.22%>红土 83.10%。⑦发球得分率指标。硬地与红土比较具有显著性差异($P<0.05$),草地与红土比较具有显著性差异($P<0.05$),均值草地 69.27%>硬地 67.83%>红土 65.81%。⑧接一发得分率指标。硬地与红土比较具有显著性差异($P<0.05$),草地与红土比较具有显著性差异($P<0.05$),硬地与草地比较具有显著性差异($P<0.05$),均值红土 39.62%>硬地 31.56%>草地 27.73%。⑨接二发得分率指标。硬地与红土比较具有显著性差异($P<0.05$),草地与红土比较具有显著性差异($P<0.05$),均值红土 57.43%>硬地 54.17%>草地 52.93%。⑩场均破发机会指标。硬地与红土比较具有显著性差异($P<0.05$),硬地与草地比较具有显著性差异($P<0.05$),均值草地最高 9.48 个,红土最低 8.29 个。⑪破发成功率。硬地与红土比较具有显著性差异($P<0.05$),草地与红土比较具有显著性差异($P<0.05$),均值红土 49.76%>硬地 43%>草地 40.2%。⑫场均接发球局指标。硬地与红土比较具有显著性差异($P<0.05$),草地与红土比较具有显著性差异($P<0.05$),硬地与草地比较具有显著性差

异($P<0.05$),均值草地最高 16.19 个,红土最低 9.81 个。⑬接发球局胜率指标。硬地与红土比较具有显著性差异($P<0.05$),草地与红土比较具有显著性差异($P<0.05$),硬地与草地比较具有显著性差异($P<0.05$),均值红土 42%＞硬地 29.56%＞草地 23.07%。⑭接发球得分率指标。硬地与红土比较具有显著性差异($P<0.05$),草地与红土比较具有显著性差异($P<0.05$),硬地与草地比较具有显著性差异($P<0.05$),均值红土 46.38%＞硬地 40.5%＞草地 37.13%。

从以上均值整体趋势看,纳达尔发球和接发球竞技能力在不同场地类型上存在差异。从均值整体趋势看,红土的发球技术指标全部低于硬地和草地(一发成功率除外),红土的接发球技术指标高于硬地和红土(场均破发机会、场均接发球局除外),硬地与草地、硬地与红土的数据均值差异小于草地与红土的差异。不同场地之间具有差异性指标的个数为:红土与草地最多共 11 个,硬地与红土共 9 个,硬地与草地最少共 3 个。整体上发球局中各项竞技子能力的表现草地优于硬地和红土,但一发成功率红土最高;接发球局中各项竞技子能力的表现红土优于硬地和草地,但是在破发机会方面,草地高于红土和硬地,破发成功率硬地最高。纳达尔在发球方面,一发成功率和发球落点,不同场地存在差异,红土一发成功率更高,发球落点更偏向于占先区的外角;因为红土场地表面粗糙,摩擦系数大,会降低速度优势,所以在红土场地上的一发主要保证了发球的成功率,战术上选择更为稳妥的增强旋转(尤其是侧上旋)与落点的变化,将比赛带到相持阶段进行得分;发球落点更偏向于占先区的外角,硬地与红土场地存在显著性差异。在前人研究中,相较于硬地和红土,红土场地摩擦系数大,球在落地后反弹角度大,球速的减慢和球落地弹跳的高度增加,都更有利于接出高质量的接发球。在站位上,红土接发球站位远离底线,在下降期用高质量正反手上旋击球,使回球弧度高、球质重、落点又很深,将比赛带到相持阶段进行得分;硬地和草地接发时站位会相对靠近底线。在相持阶段,底线正手的使用率和得分率最高,硬地上反手使用率最高,主要作用为正手进攻过渡。

综上所述,纳达尔职业生涯参赛竞技能力特征为:①总体竞技能力分析。一发发球主要将球发向平分区内角和占先区外角,中间区域较少;二发发向平分区内角和占先区中间区域,平分区外角最少;纳达尔具备非常优秀的接发球能力,接发球落点主要在中场区域,以及占先区;二发得分率、发球局胜率、发球得分率为职业生涯总体比赛关键制胜因素。②不同场地参赛竞技能力特征分析。硬地参赛制胜因素为发球局胜率;红土参赛制胜因素主要包括发球局胜率、发球得分率、二发得分率、挽救破发点率、一发得分率;草地参赛制胜因素主要包括破发机会、发球局、接发球局、双误、Aces、接发球局胜率、接一发得分率、接发球得分率;纳达尔发球和接发球竞技能力在不同场地类型上存在差异,红土大部分发球技术指标低于硬地和草地(一发成功率除外),红土大部分接发球技术指标高于硬地和红土(场均破发机会、场均接发球除外),不同场地竞技能力显著差异指标的个数:硬地与红土 9 个,红土与草地 11 个,硬地与草地 3 个。

第五章 穆雷职业生涯参赛组合和竞技能力特征分析

第一节 穆雷职业生涯参赛组合特征分析

一、穆雷职业生涯阶段划分

网球运动员职业生涯阶段可以采用参加高级别赛事(大满贯、大师赛、年终总决赛)的成绩进行划分。该方法对穆雷参加高级别赛事晋级轮次(赛事积分在1000以上)进行赋值,方法为:四大公开赛每轮赋值2分,年终总决赛每轮赋值1.5分,大师赛每轮赋值1分,其余赛事级别较低未在本研究统计范围之内,赋值后得到赋值积分见表5-1-1。自2005年穆雷转入网球职业联赛至2022年12月,竞技状态经历形成期、最佳期、保持期、衰退期四个阶段。本研究在赋值法基础上,结合冠军数(图5-1-1)、年终世界排名(图5-1-2)综合考虑穆雷职业生涯竞技状态划分,将穆雷职业生涯竞技状态划分为形成期(2005—2007年)、最佳期(2008—2012年)、保持期(2013—2016年)、衰退期(2017—2022年)。

表 5-1-1 穆雷职业生涯参加高级别赛事轮次赋值积分表

阶段	赛季	澳网	法网	温网	美网	年终总决赛	大师赛总轮次	赋值积分	单打冠军数量	年终世界排名
形成期	2005	—	—	第三轮	第二轮	—	2	12	—	64
	2006	第一轮	第一轮	第四轮	第四轮	—	22	42	1	17
	2007	第四轮	—	—	第三轮	—	24	38	2	11
最佳期	2008	第一轮	第三轮	八强	亚军	四强	35	73	5	4
	2009	第四轮	八强	四强	第四轮	小组赛	39	81.5	6	4
	2010	亚军	第四轮	四强	第三轮	四强	36	82	2	4
	2011	亚军	四强	四强	四强	小组赛	35	86.5	5	4
	2012	四强	八强	亚军	冠军	四强	30	86	3	3

续表

阶段	赛季	澳网	法网	温网	美网	年终总决赛	大师赛总轮次	赋值积分	单打冠军数量	年终世界排名
保持期	2013	亚军	—	冠军	八强	—	28	66	4	3
	2014	八强	四强	八强	八强	四强	30	76.5	3	6
	2015	亚军	四强	四强	第四轮	小组赛	44	94.5	4	2
	2016	亚军	亚军	冠军	八强	冠军	41	100.5	9	1
衰退期	2017	第四轮	四强	八强	—	—	10	40	1	16
	2018	—	—	—	第二轮		1	5	—	240
	2019	第一轮	—	—	—		3	3	1	125
	2020	—	第一轮	—	第二轮		3	9	—	122
	2021	—	—	第三轮	第一轮		6	14	—	134
	2022	第二轮	—	第二轮	第三轮	—	9	23	—	49
	小计	0冠5亚	0冠1亚	2冠1亚	1冠1亚	1冠0亚	398	932.5	46	

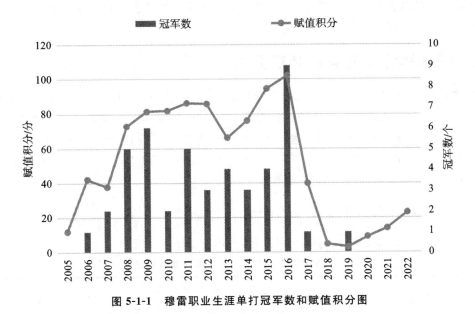

图 5-1-1　穆雷职业生涯单打冠军数和赋值积分图

第一阶段,竞技状态形成期(2005—2007年)。年终世界排名从64位上升到第11位,获得了3个单打冠军,并在2006年拿到职业生涯的第一个职业巡回赛冠军,竞技能力逐渐形成。8次参加大满贯,3次进入16强。大师赛总轮次逐年递增,赋值积分逐年递增。

第二阶段,竞技状态最佳期(2008—2012年)。年终世界排名第3~4位,获得了21个单打冠军,竞技能力处于巅峰状态。20次参加大满贯,6次进入四强,5次进入决赛,获得1个美网冠军和4个亚军(2个澳网、1个温网、1个美网)。大师赛参赛总轮次和赋值积分处于最

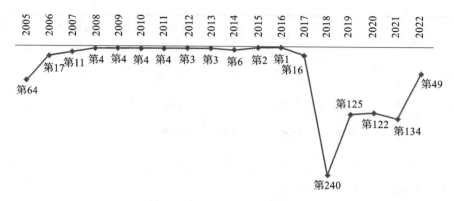

图 5-1-2 穆雷职业生涯年终世界排名

高水平,2009 年大师赛参赛总轮次达到 39 轮次;赋值积分逐年增加。

第三阶段,竞技状态保持期(2013—2016 年)。年终排名第 1~6 位,2016 赛季年终世界排名第一;获得了 20 个单打冠军,竞技状态出现起伏。19 次参加大满贯,3 次进入四强,6 次进入决赛,获得 2 个温网冠军、3 个澳网亚军、1 个法网亚军。2015 年大师赛参赛总轮次达到最大值(44 轮次),2016 年赋值积分达到最大值(100.5 分)。

第四阶段,竞技状态衰退期(2017—2022 年)。年终世界排名在第 16~240 位,获得了 2 个单打冠军,受伤病困扰,竞技状态急剧下滑。12 次参加大满贯,2 次进入第三轮。大师赛参赛总轮次和赋值积分处于较低水平。2017 年温网后因髋部伤病退出剩余比赛,2018 年澳网后进行了髋部手术,竞赛成绩不理想。

二、穆雷职业生涯参赛特征分析

将穆雷 2005 年转职业以来参加的所有赛事划分为大满贯赛事、年终总决赛、大师赛、巡回赛(ATP 500、ATP 250)、ATP 低级别赛事(挑战赛、资格赛、希望赛)、ITF 赛事(含奥运会)、拉沃尔杯,由于 2009 年进行了赛事积分改革,为了便于统计,将 2009 年以前的巡回赛赛事进行分类,其中将冠军积分在 250 及以下的赛事计入 ATP 250 赛事,冠军积分在 250 分(不含)至 500 分的赛事计入 ATP 500 赛事。

(一)穆雷职业生涯参赛描述性统计

对穆雷职业生涯不同级别赛事参赛站数统计,如表 5-1-2 所示。

表 5-1-2 穆雷职业生涯不同级别赛事参赛站数统计表

阶段	赛季	大满贯	年终总决赛	大师赛	ATP 500 巡回赛	ATP 250 巡回赛	ATP 低级别赛事	ITF	拉沃尔杯	总计
形成期	2005	2	—	1	1	6	10	1	—	21
	2006	4	—	9	2	11	—	2	—	28
	2007	2	—	8		7		2	—	19

续表

阶段	赛季	大满贯	年终总决赛	大师赛	ATP 500 巡回赛	ATP 250 巡回赛	ATP 低级别赛事	ITF	拉沃尔杯	总计
最佳期	2008	4	1	9	3	4	—	2	—	23
	2009	4	1	8	3	2	—	1	—	19
	2010	4	1	9	3	2	—	—	—	19
	2011	4	1	9	2	2	—	2	—	20
	2012	4	1	8	3	2	—	1	—	19
保持期	2013	3	—	7	—	2	—	1	—	13
	2014	4	1	8	4	4	—	2	—	23
	2015	4	1	8	4	1	—	4	—	22
	2016	4	1	8	3	—	—	3	—	19
衰退期	2017	3	—	4	2	1	—	—	—	10
	2018	1	—	1	2	2	—	—	—	6
	2019	—	—	2	1	4	1	1	—	9
	2020	2	—	1	—	1	—	—	—	4
	2021	2	—	3	3	6	2	—	—	16
	2022	3	—	5	4	6	1	1	1	21
	小计	54	8	108	40	63	14	23	1	311

在竞技状态形成期,参赛站数在19~28站之间,参赛均数为22.7。在穆雷转入成人赛场的第一年以ATP低级别赛事为主,参加了2站大满贯赛事、7站巡回赛和10站低级别赛事(3站希望赛和7站挑战赛),低级别赛事占据了全年参赛的约二分之一;在这个时期,穆雷获得了参加高级别赛事(大满贯、大师赛、年终总决赛)的资格。穆雷仅用1年时间完成ATP低级别赛事过渡,并在转职业的当年参加两项大满贯赛事。在参赛选择上迅速完成了从以低级别赛事为主向高级别赛事为主的转化。

在竞技状态最佳期,参赛站数在19~23站之间,年均20站。在这个时期,赛事选择以高级别赛事为主。参赛类型为大满贯、大师赛、巡回赛、年终总决赛,同时ATP 250积分以下赛事数量大幅度降低。此阶段,参赛级别特征为4站大满贯,8~9站大师赛、2~3站ATP 500巡回赛,2~4站ATP 250巡回赛,1站年终总决赛。

在竞技状态保持期,参赛站数在13~23站之间,年均19.25站。参赛级别特征为3~4站大满贯、1站年终总决赛(2013赛季未参加)、7~8站大师赛、3~4站ATP 500巡回赛(2013赛季未参加),1~4站ATP 250巡回赛(2016赛季未参加)。2013年5月因背伤退出罗马大师赛,并在同年9月接受手术,缺席该赛季剩余比赛;竞技能力保持较高水平。

在竞技状态衰退期,因为伤病影响,参赛站数变化较大,在4~21站之间,年均11站。参赛级别特征为1~3站大满贯、1~5站大师赛、1~4站ATP 500巡回赛(2020赛季未参加),1~6站ATP 250巡回赛。2017—2020赛季参赛数量为10站及以下。2018年起穆雷不受大师赛强制参赛的限制。

综上所述，穆雷在竞技状态形成期，快速完成了青少年赛事与职业赛事之间的过渡。竞技状态最佳期，年均参赛数量20站，形成以4站大满贯＋8～9站大师赛＋2～3站ATP 500巡回赛＋2～4站ATP 250巡回赛＋1站年终总决赛的参赛模式，赛事安排以高级别赛事为主。竞技状态衰退期参赛数量大幅度减少，一般高级别赛事较少，ATP低级别赛事参加1～2站。

(二)穆雷不同职业阶段参赛时间特征分析

用数字表示不同赛事的场地类型，1表示硬地，2表示红土，3表示草地，4表示地毯。以字母代表赛事级别，G表示大满贯，M表示大师赛，T表示巡回赛，F代表年终总决赛，O表示奥运会。运用描述性统计法，得到表5-1-3。

由表5-1-3可知，穆雷参加男子职业赛事的参赛时间特征具有相似性，根据每个月的参赛场地类型及核心赛事，将每年度的参赛时间划分为5个阶段，12—3月划分为以澳网为核心的硬地赛事阶段，4—5月划分为以法网为核心的红土赛事阶段，6—7月划分为以温网为核心的草地赛事阶段，8月划分为以美网为核心的硬地赛事阶段，9—11月划分为以年终总决赛为核心的硬地阶段。在时间统计上，以赛事开始时间作为区分标准。穆雷成人职业生涯单打参赛311站赛事(包含大满贯、大师赛、巡回赛、年终总决赛、奥运会、拉沃尔杯)，几乎未安排12月参加比赛。

表5-1-3 穆雷不同职业阶段参赛时间安排表

阶段	赛季	1—3月	4—5月	6—7月	8月	9—11月
形成期	2005	—	2T＋2T	3T＋3G＋3T＋1T	1M＋1G	1T＋4T
	2006	1T＋1T＋1G＋4T＋1T＋1T＋1T＋1M＋1M	2M＋2T＋2M＋2M＋2G	3T＋3T＋3G＋3T＋1T	1M＋1M＋1G	1T＋1T＋1M＋4M
	2007	1T＋1G＋1T＋1T＋1M＋1M	2M＋2M	—	1M＋1M＋1G	1T＋1T＋1T＋1M＋4T＋1M
最佳期	2008	1T＋1G＋1T＋1T＋1T＋1M＋1M	2M＋2T＋2M＋2M＋2G	3T＋3G＋1M＋1M	1O＋1G	1M＋1T＋1M＋1F
	2009	1T＋1G＋1T＋1T＋1M＋1M	2M＋2M＋2M＋2G	3T＋3G	1M＋1M＋1G	1T＋1M＋1F
	2010	1G＋1T＋1M＋1M	1M＋2M＋2M＋2G	3T＋3G＋1T	1M＋1M＋1G	1T＋1M＋1T＋1M＋1F
	2011	1G＋1T＋1M＋1M	2M＋2M＋2M＋2G	3T＋3G	1M＋1M＋1G	1T＋1T＋1M＋1M＋1F
	2012	1T＋1G＋1T＋1M＋1M	2M＋2T＋2M＋2G	3T＋3G＋3O	1M＋1M＋1G	1T＋1M＋1M＋1F

续表

阶段	赛季	1—3月	4—5月	6—7月	8月	9—11月
保持期	2013	1T+1G+1M+1M	2M+2M+2M	3T+3G	1M+1M+1G	—
	2014	1T+1G+1T+1T+1M+1M	2M+2M+2G	3T+3G	1M+1M+1G	1T+1T+1M+1T+1T+1M+1F
	2015	1G+1T+1T+1M+1M	2T+2M+2M+2G	3T+3G	1T+1M+1M+1G	1M+1M+1F
	2016	1G+1M+1M	2M+2M+2M+2G	3T+3G	1O+1M+1G	1T+1M+1T+1M+1F
衰退期	2017	1T+1G+1M	2M+2T+2M+2M+2G	3T+3G	—	—
	2018	—	—	3T+3T+1T	1M+1G	1T
	2019	1T+1M	—	—	1T	1T+1T+1M+1T
	2020	—	—	—	1M+1G	2G+1T
	2021	1T+1T	—	3T+3G	1M+1T+1G	1T+1T+1M+1T+1T+1M+1T
	2022	1T+1T+1G+1T+1T+1T+1M	2M	3T+3G+3T	1T+1M+1M+1G	1T+1T+1M

在竞技状态形成期（2005—2007年），初步形成较为稳定的参赛组合。在1—3月以澳网为核心的硬地赛事中，大满贯之前参加1~2站巡回赛，大满贯赛后参加4~6站比赛（2~4站巡回赛＋2站大师赛组合）。4—5月赛事以巡回赛和大师赛为主，只有2006年参加了法网，法网前参加了4站比赛（3站大师赛＋1站巡回赛）。6—7月比赛在温网之前参加1~2项巡回赛，温网后参加2项巡回赛，2007年因右手手腕受伤缺席法网和6—7月比赛；8月参赛时序较为稳定，在美网赛前参加1~2站大师赛；9—11月以大师赛和巡回赛为主，未获得年终总决赛参赛资格，参赛数量逐年增多，2007年参加了4站巡回赛和2站大师赛。

在竞技状态最佳期（2008—2012年），已形成较为稳定的参赛时序组合。在1—3月以澳网为核心的硬地赛事中，大满贯之前参加0~1站巡回赛，大满贯赛后参加3~5站比赛（1~3站巡回赛＋2站大师赛）；在4—5月以法网为核心的红土赛事中，法网之前参加3~4站比赛（0~1站巡回赛＋2~3站大师赛）；在6—7月以温网为核心的草地赛事中，温网之前参加1项巡回赛，除2008年外，温网后很少安排其他比赛，2012年参加了伦敦奥运会；在8月以美网为核心的硬地赛事中，2008年参加了北京奥运会，其他年度美网赛前参加2站大师赛；在9—11月以年终总决赛为核心的硬地赛事中，总决赛前参加2~4站比赛（1~2站巡回赛＋1~2站大师赛）。

在竞技状态保持期(2013—2016年),参赛时序组合较为稳定,并有略微调整。在1—3月以澳网为核心的硬地赛事中,大满贯之前参加0~1站巡回赛,大满贯赛后参加2~4站比赛(0~2站巡回赛+2站大师赛)。在4—5月以法网为核心的红土赛事中,参赛时序组合稳定,法网之前参加2~3项大师赛,2013年参加了3站红土大师赛,同时因伤缺席法网;在6—7月以温网为核心的草地赛事中,温网之前参加1站巡回赛;在8月以美网为核心的硬地赛事中,美网前参加1~2站大师赛,2016年美网前参加了里约奥运会;在9—11月以年终总决赛为核心的硬地赛事中,总决赛前参加2~6站比赛(2站大师赛+0~4站巡回赛),2013年因伤退出年终总决赛的争夺。

在竞技状态衰退期(2017—2022年),缺席比赛较多,尤其是4—5月比赛。2021—2022赛季参赛数量增加,但参赛效率不理想。2020年因疫情推迟和取消了部分比赛。此阶段以大师赛和巡回赛参赛为主,未获得年终总决赛参赛资格。

(三)穆雷不同职业阶段参赛场地与地域分析

1. 穆雷不同职业阶段参赛场地特征分析

男子网球职业赛事有硬地、红土、草地、地毯四种场地类型,在巡回赛不同场地比赛中硬地最多,草地最少,在2009年后,ATP不再使用地毯场地作为巡回赛场地。对穆雷职业阶段每年参加硬地、红土、草地、地毯比赛的数量进行统计,得到表5-1-4。

表 5-1-4 穆雷不同职业阶段参赛场地类型统计表

阶段	赛季	硬地/站	红土/站	草地/站	地毯/站	各场地类型占比/(%) (硬地、红土、草地、地毯)
形成期	2005	9	7	3	2	58、22、13、7
	2006	15	6	5	2	
	2007	15	2	1	1	
最佳期	2008	15	5	3	—	68、20、12、0
	2009	13	4	2	—	
	2010	14	3	2	—	
	2011	14	4	2	—	
	2012	12	4	3	—	
保持期	2013	7	4	2	—	65、23、12、0
	2014	16	5	2	—	
	2015	14	5	3	—	
	2016	13	4	2	—	
衰退期	2017	3	5	2	—	74、11、15、0
	2018	4	—	2	—	
	2019	9	—	—	—	
	2020	3	1	—	—	
	2021	14	—	2	—	
	2022	16	1	4	—	

穆雷职业生涯参加硬地赛事特征为：参赛数量先增加，趋于平稳后下降，且参赛数量波动明显；在年均参赛站数方面，形成期为13站，最佳期为13.6站，保持期为12.5站，衰退期约为8站。

穆雷职业生涯参加红土赛事特征为：在竞技状态形成期，参赛数量逐渐减少，年均参赛数量高于其他阶段；在年均参赛站数方面，形成期为5站，最佳期为4站，保持期为4.5站，衰退期约为2.3站。在职业生涯初期，穆雷2005年参加了4站西班牙红土赛事（2站希望赛和2站巡回赛），其余3站红土赛事分布在德国、意大利、瑞士，2006年参加的红土赛事类型有大满贯、大师赛、ATP 500巡回赛，2007年仅参加2站红土大师赛。2018—2019赛季因伤缺席红土赛季。

穆雷职业生涯参加草地赛事特征为：形成期草地参赛数量高于其他阶段，但整体数量处于较低水平；在年均参赛站数方面，形成期为3站，最佳期约为2.4站，保持期约为2.3站，衰退期为2.5站。在职业生涯初期，2006年参加了5站草地比赛，主要参赛类型为3站巡回赛、1站大满贯。

穆雷职业生涯参加地毯赛事特征为：在竞技状态形成期参加5站地毯赛事，其他阶段未参加地毯赛事。参赛类型为3站巡回赛、1站大师赛、1站挑战赛，在欧洲多个国家参赛。由于地毯场地球速快、弹跳低，运动员受伤率高，出于运动员身体健康和职业生涯考虑，2009年ITF取消了地毯场地赛事。

在竞技状态形成期，穆雷参加硬地赛事数量高于其余3种场地赛事；硬地、红土、草地、地毯各场地类型占比约为58%、22%、13%、7%；在竞技状态最佳期，硬地、红土、草地各场地类型占比分别为68%、20%、12%，硬地赛事比例增加，未参加地毯赛事；具体安排为硬地赛事12~15站，红土赛事3~5站，草地赛事2~3站。在竞技状态保持期，硬地、红土、草地各场地类型占比约为65%、23%、12%，红土赛事占比增加，硬地赛事参赛数量为7~16站，红土4~5站，草地赛事2~3站。在竞技状态衰退期，硬地、红土、草地各场地类型占比约为74%、11%、15%，硬地赛事参赛数量为3~16站，红土1~5站，草地赛事2~4站。

综上所述，穆雷参加的各场地类型比赛数量特征：硬地＞红土＞草地＞地毯，职业生涯年均硬地参赛数量约为11站，红土参赛数量为4站，草地参赛数量约为3站；硬地赛事参赛数量一直处于最高水平，在职业生涯初期红土和草地参赛数量处于最高水平，最佳期和保持期的红土和草地参赛数量较为稳定，衰退期三种场地参赛数量出现大幅度波动，尤其是伤病缺席红土和草地赛事，导致红土和草地赛事参赛数量急剧减少。

2. 穆雷不同职业阶段参赛地域特征分析

（1）穆雷不同职业阶段参赛地域分析。

职业网球赛事分布广泛，五大洲（欧洲、美洲、亚洲、大洋洲、非洲）各有分布。四大满贯赛事中法网、温网在欧洲举办，澳网在大洋洲举办，美网在北美洲举办。欧洲是网球运动的起源地，有着浓厚的网球文化底蕴，举办赛事数量也最多，其举办的赛事多为红土赛事，其次为草地赛事、硬地赛事；亚洲作为五大洲面积最大的洲，举办的职业赛事较少，主要为ATP 1000大师赛、ATP 500巡回赛及ATP 250巡回赛，且多为硬地赛事；美洲作为举办赛事较多的地域，举办的赛事多为硬地赛事，美国网球公开赛是该地域的核心赛事；非洲网球赛事以低级别赛事为主且数量少。

在ATP官网上，收集穆雷每年参加的赛事数据，按地域（欧洲、北美洲、大洋洲、亚洲、南美洲)进行数据整理,统计各个区域参加的赛事数量,得到表 5-1-5。

表 5-1-5　穆雷不同职业阶段参赛地域统计表

阶段	赛季	赛事数量/站					各洲占比/(%) (EU、NA、OA、AS、AF)
		欧洲	北美洲	大洋洲	亚洲	南美洲	
形成期	2005	12	8	—	1	—	51、37、6、6、0
	2006	13	10	3	2	—	
	2007	10	7	1	1	—	
最佳期	2008	13	5	1	4	—	53、26、6、15、0
	2009	11	5	1	2	—	
	2010	9	6	1	1	—	
	2011	11	5	1	3	—	
	2012	9	5	2	3	—	
保持期	2013	6	5	—	—	—	53、29、6、10、2
	2014	11	7	1	4	—	
	2015	13	6	1	2	—	
	2016	11	4	1	2	1	
衰退期	2017	7	1	1	1	—	53、29、7、11、0
	2018	2	3	—	1	—	
	2019	3	2	1	3	—	
	2020	2	2	—	—	—	
	2021	11	5	—	—	—	
	2022	10	6	3	2	—	

在竞技状态形成期,穆雷参赛地域特点为:欧洲>北美洲>大洋洲和亚洲,未参加南美洲赛事,各洲占比为:51%、37%、6%、6%。主要参赛地是欧洲,在 10~13 站之间,其次是北美洲,在 7~10 站之间,大洋洲在 1~3 站之间,亚洲在 1~2 站之间。欧洲是穆雷参赛主战场,欧洲参赛主要以大满贯、大师赛举办地为主,如英国、西班牙、法国、意大利等,整体上英国参赛数量较多。穆雷出生于英国,职业生涯初期比赛奖金有限,本土作战是较优选择。北美洲主要参赛国家为美国,2006 年参加了 1 项大满贯、3 项大师赛、5 项巡回赛。

在竞技状态最佳期,穆雷参赛地域特点为:欧洲>北美洲>亚洲>大洋洲,未参加南美洲赛事,各洲占比为:53%、26%、15%、6%。主要参赛地是欧洲,在 9~13 站之间,其次是北美洲为 5~6 站,大洋洲为 1~2 站,亚洲为 2~4 站。这个阶段整体参赛较少,参赛重视质量。相较于形成期,北美洲参赛站数明显减少,亚洲参赛站数增加,中国和迪拜是主要的亚洲赛事参赛国家。

在竞技状态保持期,穆雷参赛地域特点为:欧洲>北美洲>亚洲>大洋洲>南美洲,各洲占比为:53%、29%、10%、6%、2%。欧洲参赛站数为 6~13 站,北美洲参赛站数为 4~7 站,亚洲参赛站数为 2~4 站,大洋洲参赛站数为 1~2 站,南美洲参赛站数为 1 站,即 2016 年里约热内卢奥运赛事。

在竞技状态衰退期,穆雷参赛地域特点为:欧洲＞北美洲＞亚洲＞大洋洲,未参加南美洲赛事,各洲占比为:53%、29%、11%、7%。欧洲参赛站数为2～11站,北美洲参赛站数为1～6站,大洋洲参赛站数1～3站,亚洲参赛站数为1～3站。

综上所述,穆雷职业生涯参赛地域方面,参加欧洲赛事最多,北美洲赛事次之,亚洲赛事和大洋洲赛事紧随其后,南美洲赛事几乎没有。

(2)穆雷不同职业阶段参赛城市分析。

在ATP官网上,收集穆雷每年参加的ATP 1000大师赛按城市进行分类,统计各个城市参加的赛事数量,得到表5-1-6。

表5-1-6 穆雷职业生涯ATP 1000大师赛参赛城市情况统计表

参赛城市	辛辛那提	印第安维尔斯	马德里	巴黎	罗马	加拿大	迈阿密	蒙特卡洛	上海	汉堡
站数	17	14	12	12	12	11	11	9	7	3
占比/(%)	15.7	13	11.1	11.1	11.1	10.2	10.2	8.3	6.5	2.8
冠军/个	2	—	2	1	1	3	2	—	3	—
亚军/个	1	1	1	1	—	—	2	—	1	—

从穆雷参加ATP 1000大师赛参赛站数来看,位列前五的是辛辛那提、印第安维尔斯、马德里、巴黎、罗马。夺冠次数排名前列为:加拿大、上海、辛辛那提、马德里、迈阿密,在硬地赛事上获得的冠军最多。穆雷参赛站数最多的是辛辛那提大师赛,从2005年首次参赛直至2022年,只有2017年因髋部伤势未参加;穆雷在此项比赛中3次进入决赛,获得了2届冠军。穆雷从2006年首次参加印第安维尔斯大师赛直至2022年,一共参加了14届(缺席2018—2020赛季),获得了1届亚军。穆雷从2006年首次参加马德里大师赛直至2022年,一共参加了12届,3次进入决赛,获得了2届冠军。穆雷从2006年首次参加巴黎大师赛直至2022年,一共参加了12届,2次进入决赛,获得了1届冠军。穆雷从2006年首次参加罗马大师赛直至2017年,一共参加了12届,获得了1届冠军。

在ATP官网上,收集穆雷每年参加巡回赛的情况按城市进行分类,统计各个城市参加的赛事数量,得到表5-1-7。

表5-1-7 穆雷职业生涯ATP巡回赛参赛城市情况统计表

参赛城市	伦敦	鹿特丹	多哈	迪拜	巴塞罗那	瓦伦西亚	北京	华盛顿	梅斯	布里斯班	维也纳	曼谷	东京	纽波特	其他
站数	14	7	6	6	5	4	4	4	3	3	3	3	3	3	35
占比/(%)	13.6	6.8	5.8	5.8	4.9	3.9	3.9	3.9	2.9	2.9	2.9	2.9	2.9	2.9	34
冠军/个	5	1	2	1	—	2	1	—	2	2	1	1	—	—	8
亚军/个	—	—	3	1	—	—	1	—	—	1	—	—	—	—	2

注:ATP巡回赛包含了500积分及以下赛事。参赛频率在2站及以下的赛事均作为其他进行统计。

从穆雷参加ATP巡回赛参赛站数来看,位列前四的是伦敦、鹿特丹、多哈、迪拜。夺冠次数排名前列为:伦敦、多哈、瓦伦西亚、布里斯班、维也纳,在草地赛事上获得的冠军最多,这与穆雷擅长草地比赛息息相关。穆雷参赛站数最多的是女王杯草地公开赛,它是英国本土赛事。此项赛事,从 2005 年开始直至 2022 年,穆雷除了 2019、2020、2022 赛季未参加,14 次参加比赛,并获得了 5 届冠军。穆雷 7 次参加鹿特丹网球公开赛,获得 1 届冠军。多哈网球公开赛是室外硬地赛事,穆雷 6 次参加比赛,5 次进入决赛,获得 2 届冠军。穆雷 6 次参加迪拜网球公开赛,2 次进入决赛,获得 1 届冠军。

(四)穆雷职业生涯参赛效率分析

1. 穆雷职业生涯不同阶段参赛数量效率分析

从赛事本身来看参赛效率,该年度参赛效率＝年度总积分/年度参赛总站数。从该参赛效率公式分析,年度总积分/年度参赛总站数即是站均积分。从积分角度来看,站均积分能较好地反映参赛效率。

$$站均积分＝年度总积分/年度参赛总站数$$

例如,穆雷 2008 年总积分为 7560 分,参赛总站数为 23 站,那么 2008 年站均积分为 7560/23≈329。

此积分为参赛的实际积分,与排名系统中积分计算规则不同。根据站均积分贡献率公式,在 ATP 官网上收集穆雷每站比赛参赛积分和站数数据,对参赛积分进行计算,得到表 5-1-8、图 5-1-3。

表 5-1-8　穆雷不同职业阶段站均积分统计表

阶段	赛季	积分	站数	站均积分
形成期	2005	573	21	27
	2006	1440	28	51
	2007	1805	19	95
最佳期	2008	7560	23	329
	2009	6490	19	342
	2010	5760	19	303
	2011	7380	20	369
	2012	8000	19	421
保持期	2013	5790	13	445
	2014	4660	23	203
	2015	8320	22	378
	2016	12410	19	653
衰退期	2017	1790	10	179
	2018	200	6	33
	2019	442	9	49
	2020	135	4	34
	2021	521	16	33
	2022	895	21	43

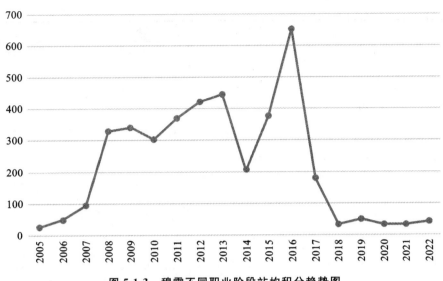

图 5-1-3 穆雷不同职业阶段站均积分趋势图

穆雷职业生涯积分逐年提高,其中 2016 赛季积分达到了 10000 分以上。在积分巅峰之后,迎来大幅度下降期,2017 年以后站均积分处于较低水平。

通过对穆雷职业生涯参赛效率进行统计发现,在竞技状态的形成期参赛效率逐年提升,参赛效率值在 100 以下;在竞技状态的最佳期参赛效率呈上升趋势,2012 年参赛效率值为 421,达到此阶段最大参赛效率。在竞技状态的保持期参赛效率值在 203~653 之间,波动较大,出现两个峰值,分别在 2013 年和 2016 年;2013 年参赛效率值为 445,2016 年参赛效率值达到职业生涯巅峰,为 653;2017 年以后进入职业生涯竞技状态的衰退期,自 2018 年起,参赛数量少,参赛效率较低,站均积分在 50 以下。

综上所述,穆雷职业生涯参赛数量效率只有 1 个峰值,在竞技状态保持期参赛效率最高。穆雷职业生涯后期饱受伤病困扰,尤其是在 2017 年髋部伤病以后,虽然采用了减少参赛数量来促进竞技能力恢复,但是对参赛效率没有产生积极影响。2021—2022 赛季增加参赛数量,但并未取得良好收益。

2.穆雷职业生涯参赛胜率分析

从参赛胜负来看,参赛胜率可以较好地反映运动员参赛效率。

$$参赛胜率=(获胜的场数/年度总场数)×100\%$$

例如,穆雷 2008 年获胜场数为 58 场,参赛总场数为 74 场,那么 2008 年参赛胜率为 (58/74)×100%≈78%。

在 ATP 官网上,收集穆雷每年参加比赛的胜场数、总场数,统计参加赛事的胜率,得到表 5-1-9。

表 5-1-9 穆雷职业生涯参赛胜率统计表

阶段	赛季	胜场数	总场数	胜率/(%)
	2005	14	24	58
形成期	2006	40	65	62
	2007	43	57	75

续表

阶段	赛季	胜场数	总场数	胜率/(%)
最佳期	2008	58	74	78
	2009	66	77	86
	2010	46	64	72
	2011	56	69	81
	2012	56	72	78
保持期	2013	43	51	84
	2014	59	79	75
	2015	71	85	84
	2016	78	87	90
衰退期	2017	25	35	71
	2018	7	12	58
	2019	11	18	61
	2020	3	7	43
	2021	15	29	52
	2022	26	45	58

在竞技状态形成期,胜场数和胜率逐年增加,胜场数从14场增加到43场,总场数在24～62场之间,胜率从58%提高到了75%。在竞技状态最佳期,胜场数在46～66场之间,参赛总场数在64～77场之间,胜率在72%～86%之间。在竞技状态保持期,胜场数在43～78场之间,总场数在51～87场之间,胜率在75%～90%之间,此阶段胜率为职业生涯最高阶段。在竞技状态衰退期,参赛场数出现减少,胜场数在3～26场之间,总场数在7～45场之间,胜率在43%～71%之间。

3.穆雷职业生涯不同级别赛事参赛效率分析

网球运动员总积分由不同级别赛事获得的积分构成,不同级别比赛获得的积分对总积分的贡献率不同,某一级别赛事积分贡献率用以下公式计算:

$$该级别赛事积分贡献率=该级别赛事积分总数/赛季总积分$$

例如,穆雷在2008年参加四大满贯赛事积分为2060,总积分为7560,那么2008年大满贯赛事积分贡献率为2060/7560≈0.27。

网球运动员年度总积分是运动员一年以来参加赛事获得积分的总和,不同级别赛事获得积分对总积分的贡献率不同,则该级别赛事积分贡献率=该级别赛事获得的积分总数/年度总积分。通过分析不同级别赛事之间积分贡献率的差异性,找出参赛级别对参赛效率的影响关系。在ATP官网上,收集穆雷每站比赛参赛积分和赛事级别数据,依据赛事级别对参赛积分进行求和,再根据赛事级别积分贡献率公式计算,得到表5-1-10、图5-1-4。

表 5-1-10 穆雷职业生涯各阶段不同级别赛事积分贡献率

阶段	赛季	大满贯	年终总决赛	大师赛	ATP 500 巡回赛	ATP 250 巡回赛	ATP 低级别赛事	ITF
形成期	2005	0.22	—	0.06	0.01	0.39	0.32	—
	2006	0.22	—	0.39	0.01	0.38	—	—
	2007	0.12	—	0.39	—	0.49	—	—
最佳期	2008	0.27	0.08	0.43	0.02	0.199	—	0.001
	2009	0.22	0.06	0.47	0.17	0.08	—	—
	2010	0.38	0.07	0.49	0.03	0.03	—	—
	2011	0.45	—	0.41	0.07	0.07	—	—
	2012	0.54	0.05	0.22	0.07	0.03	—	0.09
保持期	2013	0.61	—	0.3	—	0.09	—	—
	2014	0.39	0.04	0.25	0.2	0.12	—	—
	2015	0.34	0.02	0.53	0.08	0.03	—	—
	2016	0.38	0.12	0.38	0.12	—	—	—
衰退期	2017	0.71	—	0.11	0.1	0.08	—	—
	2018	0.22	—	—	0.45	0.33	—	—
	2019	—	—	0.12	0.2	0.66	0.02	—
	2020	0.33	—	0.67	—	—	—	—
	2021	0.19	—	0.17	0.26	0.27	0.11	—
	2022	0.15	—	0.19	0.15	0.46	0.05	—

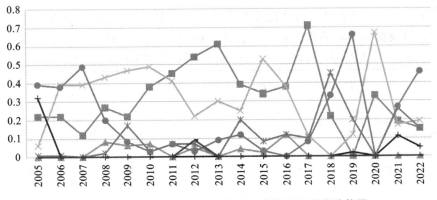

图 5-1-4 穆雷职业生涯不同级别赛事积分贡献率趋势图

对穆雷每年参加大满贯、年终总决赛、大师赛、ATP 500 巡回赛、ATP 250 巡回赛、ATP 低级别赛事、ITF 赛事积分贡献率进行统计，根据表 5-1-10 结果显示，在穆雷竞技状态形成期各级别赛事积分贡献率大小为：ATP 250 巡回赛＞大师赛＞大满贯＞ATP 低级别赛事＞ATP 500 巡回赛，ATP 250 巡回赛积分贡献率最高，在 0.38~0.49 之间，大师赛在 0.06~

0.39之间,大满贯在0.12~0.22之间,ATP 500巡回赛为0.01。

在竞技状态最佳期各级别赛事积分贡献率大小为:大师赛＞大满贯＞ATP 250巡回赛＞ATP 500巡回赛＞年终总决赛＞ITF赛事,大师赛积分贡献率在0.22~0.49之间,大满贯在0.22~0.54之间,年终总决赛、ITF赛事、ATP 500巡回赛和ATP 250巡回赛均未超过0.2;2008—2010赛季大师赛贡献率最高,2011—2012赛季大满贯赛事贡献率最高。

在竞技状态保持期各级别赛事积分贡献率大小为:大满贯＞大师赛＞ATP 500巡回赛＞ATP 250巡回赛＞年终总决赛,大满贯积分贡献率在0.34~0.61之间,大师赛在0.25~0.53之间,ATP 500巡回赛在0.08~0.2之间,其余赛事在0.1左右;2013年、2014年大满贯积分贡献率最高,2015年大师赛积分贡献率最高。

在竞技状态衰退期各级别赛事积分贡献率大小为:大满贯＞ATP 250巡回赛＞大师赛＞ATP 500巡回赛＞ATP低级别赛事,大满贯积分贡献率在0.15~0.71之间,ATP 250巡回赛在0.08~0.66之间,大师赛在0.11~0.67之间,ATP 500巡回赛在0.1~0.45之间,ATP低级别赛事在0.1左右。2017年大满贯赛事积分贡献率最高,2018年ATP 500巡回赛赛事贡献率最高,2019年、2021年、2022年ATP 250巡回赛赛事积分贡献率最高,2020年大师赛积分贡献率最高。

由图5-1-4可知,整体上,积分贡献率特征为:大满贯＞大师赛＞ATP 250巡回赛＞ATP 500巡回赛＞ATP低级别赛事＞年终总决赛＞ITF赛事,竞技状态最佳期和保持期,大满贯与大师赛赛事积分贡献率较多。

4.穆雷职业阶段不同场地赛事积分贡献率

网球职业赛事主要由四种场地类型构成,参加不同场地类型的比赛获得的积分对总积分的贡献率也不相同,通过分析不同参赛场地之间赛事积分贡献率的差异性,以找出参赛场地对参赛效率的影响关系。

该场地赛事积分贡献率＝该场地积分总数/赛季总积分

例如,穆雷2008年参加硬地赛事积分为6043,总积分为7560,那么2008年硬地赛事积分贡献率为6030/7560≈0.85。

在ATP官网上,收集穆雷每站比赛参赛积分和场地类型数据,依据场地类型对参赛积分进行求和,再根据参赛场地积分贡献率公式计算,得到表5-1-11、图5-1-5。

表5-1-11 穆雷职业生涯各阶段不同场地赛事积分贡献率

阶段	赛季	硬地	红土	草地	地毯
形成期	2005	0.63	0.04	0.19	0.14
	2006	0.71	0.04	0.19	0.06
	2007	0.86	0.006	—	0.134
最佳期	2008	0.85	0.07	0.08	—
	2009	0.71	0.14	0.15	—
	2010	0.79	0.08	0.13	—
	2011	0.66	0.21	0.13	—
	2012	0.67	0.09	0.24	—

续表

阶段	赛季	硬地	红土	草地	地毯
保持期	2013	0.56	0.05	0.39	—
	2014	0.71	0.21	0.08	—
	2015	0.6	0.25	0.15	—
	2016	0.55	0.25	0.2	—
衰退期	2017	0.19	0.61	0.2	—
	2018	0.9	—	0.1	—
	2019	1	—	—	—
	2020	1	—	—	—
	2021	0.74	—	0.26	—
	2022	0.63	0.1	0.27	—

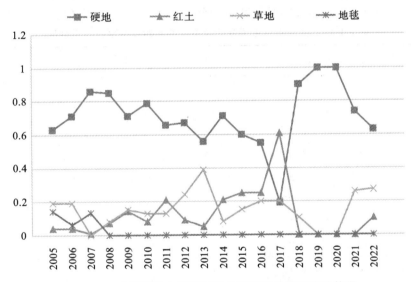

图 5-1-5　穆雷职业生涯不同场地赛事积分贡献率趋势图

对穆雷每年参加硬地、红土、草地、地毯赛事积分贡献率进行统计,根据表 5-1-11 结果显示,在穆雷竞技状态形成期场地赛事积分贡献率为:硬地＞草地＞地毯＞红土,硬地赛事积分贡献率在 0.63～0.86 之间,草地赛事在 0.19,红土赛事在 0.1 以内,地毯赛事在 0.1 左右。在此阶段,硬地赛事积分贡献率呈上升趋势。

在竞技状态最佳期场地赛事积分贡献率为:硬地＞草地＞红土,硬地赛事积分贡献率在 0.66～0.85 之间,草地赛事在 0.08～0.24 之间,红土赛事在 0.07～0.21 之间。

在竞技状态保持期场地赛事积分贡献率为:硬地＞草地＞红土,硬地赛事积分贡献率在 0.55～0.71 之间,草地赛事在 0.08～0.39 之间,红土赛事在 0.05～0.25 之间;在此阶段,硬地赛事积分贡献率呈下降趋势,红土赛事积分贡献率呈上升趋势。

在竞技状态衰退期场地赛事积分贡献率为:硬地＞草地＞红土,硬地赛事积分贡献率在 0.19～1 之间,红土赛事在 0.1～0.61 之间,草地赛事在 0.1～0.27 之间;在此阶段,各场地积分贡献率波动较大，2018—2022赛季硬地赛事积分贡献率最高，2017年红土赛事积分贡献率最高。

由图5-1-5可知，整体上，场地类型积分贡献率特征为：硬地＞草地＞红土＞地毯。硬地赛事积分贡献率最高，草地赛事位居第二。

综上所述，穆雷职业生涯场地类型积分贡献率特征为：硬地＞草地＞红土＞地毯。

5. 穆雷职业阶段不同时间赛事积分贡献率

在网球职业赛事中，四大满贯和年终总决赛是重要的高积分高级别赛事，以四大满贯、年终总决赛为核心的5个参赛时间安排，参加不同时间的比赛获得的积分对总积分的贡献率也不相同，通过分析不同参赛时间之间积分贡献率的差异性，找出参赛时间对参赛效率的影响关系。

$$该参赛时间赛事积分贡献率＝该参赛时间总数/赛季总积分$$

例如，穆雷2008年1—3月的赛事积分为1220，总积分为7560，那么2008年1—3月赛事积分贡献率为1220/7560≈0.16。

在ATP官网上，收集穆雷每站比赛参赛积分和参赛时间数据，依据5个参赛时间安排对参赛积分进行求和，再根据参赛时间赛事积分贡献率公式计算，得到表5-1-12、图5-1-6。

表5-1-12 穆雷职业生涯各阶段不同参赛时间赛事积分贡献率

阶段	赛季	1—3月	4—5月	6—7月	8月	9—11月
形成期	2005	0.01	0.04	0.34	0.26	0.35
	2006	0.21	0.05	0.28	0.35	0.11
	2007	0.59	0.01	—	0.06	0.34
最佳期	2008	0.16	0.07	0.27	0.19	0.31
	2009	0.32	0.14	0.15	0.24	0.15
	2010	0.25	0.08	0.15	0.22	0.3
	2011	0.17	0.21	0.13	0.23	0.26
	2012	0.24	0.09	0.24	0.27	0.16
保持期	2013	0.45	0.05	0.39	0.11	—
	2014	0.2	0.21	0.08	0.16	0.35
	2015	0.28	0.25	0.15	0.18	0.14
	2016	0.1	0.26	0.2	0.08	0.36
衰退期	2017	0.19	0.61	0.2	—	—
	2018	—	—	0.54	0.23	0.23
	2019	0.07	—	—	0.01	0.92
	2020	—	—	—	1	—
	2021	0.18	—	0.26	0.12	0.44
	2022	0.37	0.15	0.22	0.15	0.11

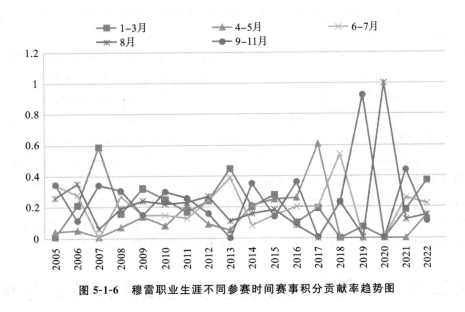

图 5-1-6　穆雷职业生涯不同参赛时间赛事积分贡献率趋势图

对穆雷每年参加比赛的时间赛事积分贡献率进行统计,表 5-1-12,结果显示,在穆雷竞技状态形成期,赛事积分贡献率为:1—3月＞9—11月＞8月＞6—7月＞4—5月,1—3月参赛积分贡献率最高,在 0.01～0.59 之间,9—11 月赛事积分贡献率在 0.11～0.35 之间,8月赛事积分贡献率在 0.06～0.35 之间,6—7月赛事积分贡献率在 0.28～0.34 之间,4—5月赛事积分贡献率低于 0.1;2005 年 9—11 月赛事积分贡献率最高,2006 年 8 月赛事积分贡献率最高,2007 年 1—3 月赛事积分贡献率最高。

在竞技状态最佳期,赛事积分贡献率为:9—11月＞8月＞1—3月＞6—7月＞4—5月,9—11月赛事积分贡献率在 0.15～0.31 之间,8月赛事积分贡献率在 0.19～0.27 之间,1—3月赛事积分贡献率在 0.16～0.32 之间,6—7月赛事积分贡献率在 0.13～0.27 之间,4—5月赛事积分贡献率在 0.07～0.21 之间;2008 年、2010—2011 年 9—11 月赛事积分贡献率最高,2009 年 1—3 月贡献率最高,2012 年 8 月赛事积分贡献率最高。

在竞技状态保持期,赛事积分贡献率为:1—3月＞9—11月＞6—7月＞4—5月＞8月,1—3月赛事积分贡献率在 0.1～0.45 之间,9—11月赛事积分贡献率在 0.14～0.36 之间,6—7月赛事积分贡献率在 0.08～0.39,4—5月赛事积分贡献率在 0.05～0.26 之间,8月赛事积分贡献率在 0.08～0.18 之间;2013 年、2015 年 1—3月赛事积分贡献率最高,2014 年、2016 年 9—11 月积分贡献率最高。

在竞技状态衰退期,赛事积分贡献率为:9—11月＞8月＞6—7月＞1—3月＞4—5月,9—11月赛事积分贡献率在 0.11～0.92 之间,8月赛事积分贡献率在 0.01～1 之间,6—7月赛事积分贡献率在 0.2～0.54 之间,1—3月赛事积分贡献率在 0.07～0.37 之间,4—5月赛事积分贡献率在 0.15～0.61 之间。各赛事积分贡献率波动较大。

由图 5-1-6 可知,整体上,穆雷职业生涯参赛时间积分贡献率特征为:9—11月＞1—3月＞6—7月＞8月＞4—5月。

综上所述,穆雷参赛组合特征为:①业生涯呈现 4 个波段周期,分别是形成期(2005—2007 年)、最佳期(2008—2012 年)、保持期(2013—2016 年)、衰退期(2017—2022 年)。②参赛特征。参赛数量特征方面,形成期、最佳期、保持期、衰退期参赛平均站数呈下降趋势;参赛级别方面,形成期第一年快速完成 ATP 低级别赛事到高级别赛事的过渡,此后,大满贯和大师赛参赛数量逐步增加,竞技状态最佳期形成以 4 站大满贯＋8~9 站大师赛＋2~3 站 ATP500 巡回赛＋2~4 站 ATP 250 巡回赛＋1 站年终总决赛的参赛模式,衰退期各级别赛事参赛数量大幅度减少,ATP 低级别赛事数量增多。参赛时间特征,最佳期和保持期参赛组合稳定,4—5 月和 6—7 月大满贯赛事前参加大师赛或巡回赛,衰退期参赛组合不稳定,尤其是 4—5 月参赛频率降低;参赛场地以硬地为主,硬地参赛数量约为红土 3 倍,衰退期红土赛事数量大幅度减少;参赛地域方面,参加欧洲赛事最多,其中参加频率最高的大师赛和巡回赛城市分别是辛辛那提和伦敦。③参赛效率特征。最佳期和保持期参赛数量效率良好,形成期和衰退期较低;参赛胜率在保持期达到最大值,衰退期胜率下降;赛事级别积分贡献率方面,最佳期和保持期大满贯和大师赛赛事积分贡献较高,形成期巡回赛积分贡献率较高。场地积分贡献率方面,硬地赛事积分贡献率最高,远高于红土赛事和草地赛事。参赛时间积分贡献率方面,以澳网为核心的 1~3 月赛事和 9~11 月积分贡献率最高。

第二节 穆雷职业生涯参赛竞技能力特征分析

一、穆雷职业生涯参赛竞技能力总体分析

(一)不同职业阶段发球竞技能力分析

1. 不同职业阶段发球竞技能力描述性统计分析

发球竞技能力指标包括 Aces、双误、一发成功率、一发得分率、二发得分率、破发点、挽救破发点率、发球局、发球局胜率、发球得分率。上文将穆雷职业生涯竞技状态划分为形成期(2005—2007 年)、最佳期(2008—2012 年)、保持期(2013—2016 年)、衰退期(2017—2022 年)。根据表 5-2-1,本研究对穆雷不同职业阶段发球竞技能力进行分析。

表 5-2-1 穆雷不同职业阶段发球竞技能力

阶段	赛季	Aces/个	双误/个	一发成功率/(%)	一发得分率/(%)	二发得分率/(%)	破发点/个	挽救破发点率/(%)	发球局/个	发球局胜率/(%)	发球得分率/(%)
形成期	2005	180	89	51	77	49	166	63	314	80	63
	2006	295	205	53	69	50	482	57	751	72	60
	2007	328	138	54	74	52	292	60	606	81	64
最佳期	2008	469	157	57	75	51	436	63	881	82	64
	2009	575	163	58	76	54	380	65	898	85	67
	2010	537	156	54	77	53	362	64	791	84	66
	2011	494	149	59	75	50	407	61	813	80	65
	2012	521	163	60	74	54	463	67	954	84	66

续表

阶段	赛季	Aces/个	双误/个	一发成功率/(%)	一发得分率/(%)	二发得分率/(%)	破发点/个	挽救破发点率/(%)	发球局/个	发球局胜率/(%)	发球得分率/(%)
保持期	2013	353	108	62	75	52	286	66	633	85	66
	2014	450	201	60	74	51	459	61	944	81	65
	2015	518	173	62	75	52	429	64	976	84	66
	2016	551	218	60	76	54	446	66	1009	85	67
衰退期	2017	202	98	59	72	53	226	56	482	79	64
	2018	88	52	58	72	47	98	63	167	78	62
	2019	147	47	58	75	50	113	60	228	80	64
	2020	33	28	52	69	50	62	56	99	73	60
	2021	230	78	58	73	51	183	62	361	81	63
	2022	290	120	60	74	49	268	57	554	79	64

第一阶段,竞技状态形成期(2005—2007 年)。发球竞技能力处于上升阶段。Aces 数量从 180 个增加到 328 个,双误数量在 89~205 个之间,一发成功率在 51%~54%之间,一发得分率在 69%~77%之间,二发得分率从 49%提升到 52%。破发点数量在 166~482 个之间,挽救破发点率在 57%~63%之间。发球局数量在 314~751 个之间,发球局胜率在 72%~81%之间,发球得分率在 60%~64%之间。由于参赛站数增多和发球竞技能力的提升,Aces、双误、破发点、发球局等指标数量增加幅度显著。

第二阶段,竞技状态最佳期(2008—2012 年)。发球竞技能力趋于稳定,并处于职业生涯较高水平。Aces 数量在 469~575 个之间,双误数量在 149~163 个之间,一发成功率在 54%~60%之间,一发得分率在 74%~77%之间,二发得分率在 50%~54%之间,破发点数量在 362~463 个之间,挽救破发点率在 61%~67%之间,发球局数量在 791~954 之间,发球局胜率在 80%~85%之间,发球得分率在 64%~67%之间。

第三阶段,竞技状态保持期(2013—2016 年)。发球竞技能力较为稳定,并处于职业生涯较高水平。Aces 数量在 353~551 个之间,双误数量在 108~218 个之间,一发成功率在 60%~62%之间,一发得分率在 74%~76%之间,二发得分率在 51%~54%之间,破发点数量在 286~459 个之间,挽救破发点率在 61%~66%之间,发球局数量在 633~1009 个之间,发球局胜率在 81%~85%之间,发球得分率在 65%~67%之间。

第四阶段,竞技状态衰退期(2017—2022 年)。Aces 数量在 33~290 个之间,双误数量在 28~120 个之间,一发成功率在 52%~60%之间,一发得分率在 69%~75%之间,二发得分率在 47%~53%之间,破发点数量在 62~268 个之间,挽救破发点率在 56%~63%之间,发球局数量在 99~554 个之间,发球局胜率在 73%~81%之间,发球得分率在 60%~64%之间。

穆雷发球进攻性强、稳定性较弱。一发得分率达 77%,二发得分率达 54%,发球局胜率达 85%,发球得分率达 67%。穆雷一发以平击为主,追求力量,缺少旋转和角度,二发发球缺少变化。

2.发球落点分析

为了便于统计发球落点,将球场平分区和占先区发球区域分别划分为内角、中间、外角,总共6个区域对发球落点进行统计。

(1)一发发球落点(表5-2-2)。

表 5-2-2　一发发球落点

项目	平分区内角	平分区中间	平分区外角	占先区外角	占先区中间	占先区内角
区域发球占比/(%)	42.7	4.9	52.4	37.7	6.0	56.4
区域发球数/发球总数	2104/4933	243/4933	2586/4933	1607/4266	254/4266	2405/4266
发球转化得分率/(%)	79.0	70.0	71.5	75.2	64.2	68.9
发球得分/区域发球数	1662/2104	170/243	1849/2586	1209/1607	163/254	1657/2405
平均发球速度/mph	125	108	108	121	110	114
Aces/个	471	0	211	276	0	222
发球直接得分/个	533	51	692	390	40	488

由表5-2-2可知,穆雷一发发球在平分区发球占比方面,外角52.4%>内角42.7%>中间4.9%,在发球转化得分率方面,内角79.0%>外角71.5%>中间70.0%,在平均发球速度方面,内角125 mph>中间108 mp/h和外角108 mph,在Aces数量方面,内角471个>外角211个>中间0个,在发球直接得分方面,外角692个>内角533个>中间51个;在占先区发球占比方面,内角56.4%>外角37.7%>中间6.0%,在发球转化得分率方面,外角75.2%>内角68.9%>中间64.2%,在平均发球速度方面,内角114 mph和外角121 mph>中间110 mph,在Aces数量方面,外角276个>内角222个>中间0个,在发球直接得分方面,内角488个>外角390个>中间40个。

穆雷一发发球主要将球发到内角和外角,中间区域极少。发球转化得分率平分区内角最高,占先区外角最高。平均发球速度平分区内角最快,占先区外角最快。

(2)二发发球落点(表5-2-3)。

表 5-2-3　二发发球落点

项目	平分区内角	平分区中间	平分区外角	占先区外角	占先区中间	占先区内角
区域发球占比/(%)	64.1	25.4	10.5	38.7	39.7	21.6
区域发球数/发球总数	1962/3062	779/3062	321/3062	1161/3004	1194/3004	649/3004
发球转化得分率/(%)	54.5	54.0	55.8	56.6	53.3	53.9
发球得分/区域发球数	1069/1962	421/779	179/321	657/1161	636/1194	350/649
平均发球速度/mph	89	89	93	87	87	94
Aces/个	4	0	3	2	0	9
发球直接得分/个	242	94	51	184	154	97

由表5-2-3可知,穆雷二发发球在平分区发球占比方面,内角64.1%>中间25.4%>外角10.5%,在发球转化得分率方面,外角55.8%>内角54.5%>中间54.0%,在平均发球速度方面,外角93 mph>中间89 mph和内角89 mph,在Aces数量方面,内角4个>外角3个>中间0个,在发球直接得分方面,内角242个>中间94个>外角51个;在占先区发球占

比方面,中间 39.7%>外角 38.6%>内角 21.6%,在发球转化得分率方面,外角 56.6%>内角 53.9%>中间 53.3%,在平均发球速度方面,内角 94 mph>中间 87 mph 和外角 87 mph,在 Aces 数量方面,内角 9 个>外角 2 个>中间 0 个,在发球直接得分方面,外角 184 个>中间 154 个>内角 97 个。

穆雷二发平分区主要将球发到内角,占先区主要发到外角和中间。发球转化得分各区域内无差异。平均发球速度平分区外角最快,占先区内角最快,且中间和外角速度没有差别。

(3)发球竞技能力排名(表 5-2-4)。

穆雷 2003 年转为职业球员,2003—2005 年发球各项竞技能力指标未进入世界排名榜,未纳入技术统计。

表 5-2-4 穆雷职业生涯发球竞技能力排名

赛季	发球排名	一发成功率排名	一发得分率排名	二发得分率排名	发球局胜率排名	场均 Aces 排名	场均双误排名
2006	75	79	56	60	68	43	65
2007	50	75	32	33	32	36	44
2008	59	70	23	45	31	32	26
2009	16	63	13	12	9	23	20
2010	27	86	7	23	18	18	34
2011	27	60	20	58	27	15	25
2012	20	51	22	14	19	24	31
2013	16	30	21	20	15	24	19
2014	37	55	26	44	36	37	8
2015	25	35	20	34	23	35	24
2016	18	42	11	18	12	34	27
2017	44	53	44	24	43	49	37
2022	42	67	26	64	43	27	44

本文对穆雷发球局各项技术指标进行了横向比较,了解了穆雷各项技术统计的年终排名变化,就能够更清楚地了解穆雷职业生涯发球局竞技能力的变化趋势。由图 5-2-1 可知,发球局排名整体经历上升再缓慢下降趋势,且出现一定程度的波动。

根据表 5-2-4,穆雷职业生涯发球最高排名是第 16 位(2009 年、2013 年),整体排名在第 16~75 位之间。一发成功率整体排名在第 30~86 位。一发得分率最高排名第 7 位(2010 年),排名波动较大(第 7~56 位)。二发得分率最高排名为第 12 位(2009 年),整体排名在 12~64 位。发球局胜率最高排名为第 9 位(2009 年),整体排名在第 9~68 位。场均 Aces 最高排名为第 15 位(2011 年),整体排名在第 15~49 位。场均双误最高排名为第 8 位(2014 年),整体排名在第 8~65 位。

(二)不同职业阶段接发球竞技能力分析

1.不同职业阶段接发球竞技能力描述性统计分析

不同职业阶段接发球竞技能力如表 5-2-5 所示。

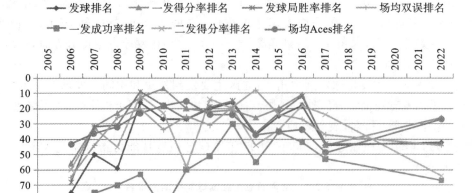

图 5-2-1 穆雷职业生涯发球竞技能力排名趋势图

表 5-2-5 不同职业阶段接发球竞技能力

阶段	赛季	接一发得分率/(%)	接二发得分率/(%)	破发机会/个	破发成功率/(%)	接发球局/个	接发球局胜率/(%)	接发球得分率/(%)
形成期	2005	29	52	181	42	317	24	38
	2006	34	55	585	42	759	33	43
	2007	34	55	482	40	604	32	42
最佳期	2008	33	54	611	42	882	29	41
	2009	35	56	646	46	886	33	43
	2010	32	55	552	42	771	30	41
	2011	37	56	637	46	809	36	44
	2012	32	56	696	41	935	31	42
保持期	2013	34	55	448	44	635	31	42
	2014	33	55	691	44	951	32	42
	2015	33	55	672	45	966	31	42
	2016	34	56	793	45	977	37	42
衰退期	2017	35	54	314	48	466	32	42
	2018	28	55	107	41	166	27	39
	2019	29	53	131	38	225	22	37
	2020	25	44	35	34	100	12	32
	2021	28	51	202	40	360	22	37
	2022	29	55	333	39	554	24	38

第一阶段,竞技状态形成期(2005—2007 年)。接发球竞技能力处于逐年提升的状态。接发球局数量在 317～759 个之间,破发机会数量在 181～585 个之间。接一发得分率在 29%～34% 之间,接二发得分率从 52% 提高到 55%,破发成功率在 40%～42% 之间,接发球局胜率在 24%～33% 之间,接发球得分率在 38%～43% 之间。由于参赛站数增多和接发球竞技能力的提升,破发机会、接发球局等指标数量增加幅度显著。

第二阶段,竞技状态最佳期(2008—2012 年)。接发球竞技能力趋于稳定,并处于职业生涯最高水平。接一发得分率在 32%～37% 之间,接二发得分率在 54%～56% 之间,破发机会数量在 552～696 个之间,破发成功率在 41%～46% 之间,接发球局数量在 771～935 个之间,接发球局胜率在 29%～36% 之间,接发球得分率在 41%～44% 之间。

第三阶段,竞技状态保持期(2013—2016 年)。接发球竞技能力略微下降,但仍处于职业生涯较高水平。接一发得分率在 33%～34% 之间,接二发得分率在 55%～56% 之间,破发机会数量在 448～793 个之间,破发成功率在 44%～45% 之间,接发球局数量在 635～977 个之间,接发球局胜率在 31%～37% 之间,接发球得分率保持在 42%。

第四阶段,竞技状态衰退期(2017—2022 年)。接发球竞技能力呈下降趋势,且较为稳定。接一发得分率在 25%～35% 之间,接二发得分率在 44%～55% 之间,破发机会数量在 35～333 个之间,破发成功率在 34%～48% 之间,接发球局数量在 100～554 个之间,接发球局胜率在 12%～32% 之间,接发球得分率在 32%～42% 之间。

穆雷是一名优秀的接发球运动员。接一发得分率达 37%,接二发得分率达 56%,接发球局胜率达 37%,接发球得分率达 44%,接发球竞技能力处于顶尖水平,世界排名前 10 位。穆雷具备优秀的双手反拍技术,底线相持球是其重要的得分手段。

2. 接发球落点分析

为了便于统计穆雷的接发球落点,将球场平分区和占先区接发球区域分别划分为前场、中场、后场,总共 6 个区域对发球落点进行统计。

(1)接一发发球落点(表 5-2-6)。

表 5-2-6　接一发发球落点概况表

项目	平分区外角	平分区中间	平分区内角	占先区内角	占先区中间	占先区外角
接发球得分率/(%)	44.8	47.6	41.4	46.1	47.4	43.3
得分/接发球数	740/1653	150/315	555/1340	671/1455	156/329	534/1233
前场/(%)	25.1	24.1	25.4	32.3	23.4	27.1
中场/(%)	52.5	51.4	51.0	49.6	57.4	49.1
后场/(%)	22.4	24.4	23.6	18.1	19.1	23.8
占先区/(%)	50.0	64.4	68.5	65.4	65.7	76.2
平分区/(%)	50.0	35.6	31.5	34.6	34.3	23.8

由表 5-2-6 可知,穆雷在平分区接一发得分率方面,中间 47.6%＞外角 44.8%＞内角 41.4%;在占先区接一发得分率中间 47.4%＞内角 46.1%＞外角 43.3%。在平分区接一发发球,接外角发球落点中场 52.5%＞前场 25.1%＞后场 22.4%,占先区和平分区各占 50.0%;接平分区中间发球落点中场 51.4%＞后场 24.4%＞前场 24.1%,占先区 64.4%＞平分区 35.6%;接平分区内角发球落点中场 51.0%＞前场 25.4%＞后场 23.6%,占先区

68.5%＞平分区31.5%。在占先区接一发发球,接内角发球落点中场49.6%＞前场32.3%＞后场18.1%,占先区65.4%＞平分区34.6%;接占先区中间发球落点中场57.4%＞前场23.4%＞后场19.1%,占先区65.7%＞平分区34.3%;接占先区外角发球落点中场49.1%＞前场27.1%＞后场23.8%,占先区76.2%＞平分区23.8%。

穆雷接一发主要将球击打到占先区,接不同区域的发球得分率不同。在接一发球得分率方面,穆雷接平分区中间发球得分率最高,平分区内角得分率最低。在接发球落点深度方面,中场占比最高,其次是前场和后场,接发球落点较浅。

(2)接二发发球落点(表5-2-7)。

表5-2-7　接二发发球落点统计表

项目	平分区外角	平分区中间	平分区内角	占先区内角	占先区中间	占先区外角
接发球得分率/(%)	56.2	57.0	55.6	56.6	58.5	55.5
得分/接发球数	167/297	595/1044	596/1072	237/419	685/1170	442/796
前场/(%)	15.5	16.5	17.6	19.1	17.4	19.8
中场/(%)	62.6	61.3	60.4	60.6	58.6	53.5
后场/(%)	21.9	22.2	21.9	20.3	23.9	26.6
占先区/(%)	52.9	64.4	81.0	58.7	77.7	90.2
平分区/(%)	47.1	35.6	19.0	41.3	22.3	9.8

由表5-2-7可知,穆雷在平分区接二发得分率方面,中间57.0%＞外角56.2%＞内角55.6%;在占先区接二发得分率方面,中间58.5%＞内角56.6%＞外角55.5%。在平分区接二发发球,接平分区外角发球落点中场62.6%＞后场21.9%＞前场15.5%,占先区52.9%＞平分区47.1%;接平分区中间发球落点中场61.3%＞后场22.2%＞前场16.5%,占先区64.4%＞平分区35.6%;接平分区内角发球落点中场60.4%＞后场21.9%＞前场17.6%,占先区81.0%＞平分区19.0%。在占先区接二发发球,接内角发球落点中场60.6%＞后场20.3%＞前场19.1%,占先区58.7%＞平分区41.3%;接占先区中间发球落点中场58.6%＞后场23.9%＞前场17.4%,占先区77.7%＞平分区22.3%;接占先区外角发球落点中场53.5%＞后场26.6%＞前场19.8%,占先区90.2%＞平分区9.8%。

穆雷接二发主要将球击打到占先区,接不同区域的发球得分率不同。在接平分区接发球得分率方面,穆雷接中间发球得分率最高,接平分区内角、占先区外角发球得分率略低。在接发球落点深度方面,中场占比最高,其次是后场和前场,整体落点较深。穆雷接发球习惯于按照来球的线路原路回击,在与费德勒、纳达尔、德约科维奇的比赛中,会将球回向对手反手位。

穆雷在平分区接不同角度的发球时,接二发的得分率均高于接一发,主要是因为一发的速度相对较快,力量、角度较大,难以对对手进攻。在接一发方面,外角的得分率最低,在接二发方面,中间得分率最高。不管在平分区还是在占先区,穆雷在接对手发向反手位的球得分率较低。

综上所述,在穆雷接发球战术思路中,将球接向对手反手位是主要的战术。在接发球落点深度方面上,接一发球落点较浅,接二发球落点较深。接中间线路发球得分率高,外角和反手位得分率低。

(3)接发球竞技能力排名(表 5-2-8)。

穆雷 2003 年转为职业球员,2003—2005 年接发球各项竞技能力指标未进入世界排名榜,未纳入趋势体系。

表 5-2-8　穆雷职业生涯接发球竞技能力排名

赛季	接发球排名	接一发得分率排名	接二发得分率排名	接发球局胜率排名	破发成功率排名
2006	4	4	3	4	27
2007	8	4	4	3	48
2008	7	5	3	7	21
2009	3	1	2	2	5
2010	7	12	3	7	23
2011	2	1	3	2	9
2012	6	12	2	6	32
2013	4	5	7	5	9
2014	5	5	4	5	9
2015	4	5	2	3	5
2016	3	5	2	2	8
2017	2	1	8	3	2
2022	28	55	3	32	44

本书对穆雷接发球局各项竞技能力排名进行横向比较,了解了穆雷各项技术统计的年终排名变化,就能够更清楚的了解穆雷职业生涯接发球局竞技能力的变化趋势。由图 5-2-2 可知,穆雷接发球局排名整体上属于先上升再趋于稳定的态势。接一发得分率、接二发得分率、接发球局胜率等指标趋势与接发球排名一致,与破发成功率有区别。接发球排名 2011 年为上升期,2012 年出现小幅度下降,2013 年至 2017 年排名趋于平稳。

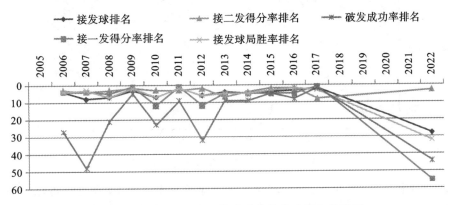

图 5-2-2　穆雷职业生涯接发球竞技能力排名趋势图

由表 5-2-8 可知,穆雷职业生涯接发球排名最高排名为第 2 位(2011 年、2017 年),最低排名为第 28 位(2022 年),在 2006—2017 年接发球排名均进入了前 10 位,足以证明穆雷强势的接发能力。接一发得分率最高排名为第 1 位(2009 年、2011 年、2017 年),2006—2017

年排名均在前 12 位。接二发得分率最高排名为第 2 位(2009 年、2012 年、2015 年、2016 年),2006—2017 年排名均进入了前 8 位。接发球局胜率最高排名为第 2 位(2009 年、2011 年、2016 年),2006—2017 年排名均进入了前 7 位。破发成功率最高排名为第 2 位(2017 年),整体在第 2~48 位。

(三)穆雷职业生涯总体竞技能力特征与胜率相关分析

对穆雷职业生涯(2005—2022 年)参加所有比赛的 10 项发球指标(Aces、双误、一发成功率、一发得分率、二发得分率、破发点、挽救破发点率、发球局、发球局胜率、发球得分率)和 7 项接发球指标(接一发得分率、接二发得分率、破发机会、破发成功率、接发球局、接发球局胜率、接发球得分率)与参赛胜率之间进行相关性检验,筛选出较高相关指标。

根据相关分析对数据的要求统计分析的内容,相关分析必须要结合以下步骤进行,缺一不可:①绘制散点图,看线性趋势;②定量变量的正态性判断;③计算相关系数 r;④开展假设检验,判断总体相关性的有无。由于 Aces、双误、破发点、发球局、破发机会、接发球局与其他指标数据不同,故而分开做散点图。将表 5-2-1、表 5-2-5、表 5-1-9 数据录入 SPSS 绘制散点图,结果如图 5-2-3、图 5-2-4 所示。

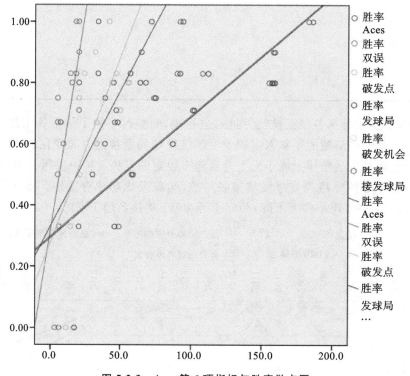

图 5-2-3 Aces 等 6 项指标与胜率散点图

由图 5-2-3 和图 5-2-4 可知,穆雷职业生涯参加所有比赛的 10 项发球指标(Aces、双误、一发成功率、一发得分率、二发得分率、破发点、挽救破发点率、发球局、发球局胜率、发球得分率)和 7 项接发球指标(接一发得分率、接二发得分率、破发机会、破发成功率、接发球局、接发球局胜率、接发球得分率)与参赛胜率之间存在着线性趋势。将表 5-2-1、表 5-2-5、表 5-1-9 数据录入 SPSS 进行正态性检验,分析结果如表 5-2-9 所示。

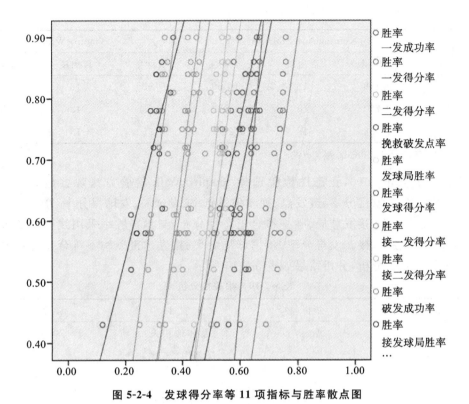

图 5-2-4 发球得分率等 11 项指标与胜率散点图

表 5-2-9 正态性检验

项目	Kolmogorov-Smirnov[a]			Shapiro-Wilk		
	统计量	自由度	显著性	统计量	自由度	显著性
Aces	0.167	18	0.200*	0.929	18	0.186
双误	0.131	18	0.200*	0.961	18	0.630
一发成功率	0.226	18	0.015	0.907	18	0.076
一发得分率	0.222	18	0.019	0.886	18	0.033
二发得分率	0.123	18	0.200*	0.949	18	0.417
破发点	0.148	18	0.200*	0.913	18	0.095
挽救破发点率	0.143	18	0.200*	0.936	18	0.249
发球局	0.148	18	0.200*	0.918	18	0.120
发球局胜率	0.157	18	0.200*	0.883	18	0.029
发球得分率	0.180	18	0.129	0.914	18	0.103
接一发得分率	0.193	18	0.075	0.927	18	0.175
接二发得分率	0.304	18	0.000	0.640	18	0.000
破发机会	0.164	18	0.200*	0.918	18	0.119
破发成功率	0.131	18	0.200*	0.967	18	0.746
接发球局	0.167	18	0.200*	0.909	18	0.082

续表

项目	Kolmogorov-Smirnov[a]			Shapiro-Wilk		
	统计量	自由度	显著性	统计量	自由度	显著性
接发球局胜率	0.199	18	0.059	0.889	18	0.037
接发球得分率	0.260	18	0.002	0.836	18	0.005
胜率	0.138	18	0.200*	0.950	18	0.423

"*":true 显著下限;"a":Lilliefors 显著更正。

由于样本量低于 2000,正态性检验选择 Shapiro-Wilk 检验方法观察显著性。Aces、双误、一发成功率、二发得分率、破发点、挽救破发点率、发球局、发球得分率、接一发得分率、破发机会、破发成功率、接发球局、胜率符合正态性分布,与参赛胜率采用线性相关分析;一发得分率、发球局胜率、接二发得分率、接发球局胜率、接发球得分率不符合正态性分布,与参赛胜率采用秩相关分析,分析结果如表 5-2-10 所示。

表 5-2-10 相关性分析

检验方法	指标	项目	胜率
皮尔逊	Aces	皮尔逊相关	0.857**
		显著性(双尾)	0.000
		N	18
	双误	皮尔逊相关	0.717**
		显著性(双尾)	0.001
		N	18
	一发成功率	皮尔逊相关	0.559*
		显著性(双尾)	0.016
		N	18
	二发得分率	皮尔逊相关	0.678**
		显著性(双尾)	0.002
		N	18
	破发点	皮尔逊相关	0.740**
		显著性(双尾)	0.000
		N	18
	挽救破发点率	皮尔逊相关	0.623**
		显著性(双尾)	0.006
		N	18
	发球局	皮尔逊相关	0.844**
		显著性(双尾)	0.000
		N	18

续表

检验方法	指标	项目	胜率
Spearman 的 rho	发球得分率	皮尔逊相关	0.841**
		显著性（双尾）	0.000
		N	18
	接一发得分率	皮尔逊相关	0.849**
		显著性（双尾）	0.000
		N	18
	破发机会	皮尔逊相关	0.855**
		显著性（双尾）	0.000
		N	18
	破发成功率	皮尔逊相关	0.754**
		显著性（双尾）	0.000
		N	18
	接发球局	皮尔逊相关	0.838**
		显著性（双尾）	0.000
		N	18
	一发得分率	相关系数	0.533*
		显著性（双尾）	0.023
		N	18
	发球局胜率	相关系数	0.784**
		显著性（双尾）	0.000
		N	18
	接二发得分率	相关系数	0.746**
		显著性（双尾）	0.000
		N	18
	接发球局胜率	相关系数	0.754**
		显著性（双尾）	0.000
		N	18
	接发球得分率	相关系数	0.752**
		显著性（双尾）	0.000
		N	18

"*"：相关性在 0.05 级别（双尾）；"**"：相关性在 0.01 级别（双尾）。

穆雷职业生涯参加所有比赛中 17 项技战术指标分别与胜率的关联性存在统计学差异，存在显著相关关系，相关性由高到低进行排序：Aces(0.857)、破发机会(0.855)、接一发得分率(0.849)、发球局(0.844)、发球得分率(0.841)、接发球局(0.838)、发球局胜率(0.784)、破发成功率(0.754)、接发球局胜率(0.754)、接发球得分率(0.752)、接二发得分率(0.746)、破发点(0.740)、双误(0.717)、二发得分率(0.678)、挽救破发点率(0.623)、一发成功率(0.559)、一发得分率(0.533)。

二、穆雷不同场地参赛竞技能力分析

（一）穆雷职业生涯硬地参赛竞技能力分析

1.硬地参赛发球竞技能力特征分析

穆雷不同职业阶段硬地发球竞技能力如表5-2-11所示。

表5-2-11 穆雷不同职业阶段硬地发球竞技能力

阶段	赛季	Aces/个	双误/个	一发成功率/(%)	一发得分率/(%)	二发得分率/(%)	破发点/个	挽救破发点率/(%)	发球局/个	发球局胜率/(%)	发球得分率/(%)
形成期	2005	94	55	49	77	49	80	59	154	79	63
	2006	191	150	52	70	49	277	53	472	73	60
	2007	299	122	55	73	52	254	58	536	80	64
最佳期	2008	363	117	57	75	51	298	61	642	82	65
	2009	373	124	57	77	53	249	67	580	86	67
	2010	348	115	55	77	53	255	63	545	83	66
	2011	273	88	58	76	50	231	61	460	81	65
	2012	320	110	59	73	53	279	64	575	83	65
保持期	2013	208	80	62	74	52	174	66	389	85	66
	2014	339	156	59	74	51	340	61	696	81	65
	2015	330	127	60	74	51	284	61	609	82	65
	2016	313	154	58	76	55	268	67	555	84	67
衰退期	2017	108	39	61	75	52	65	51	183	83	66
	2018	65	39	58	72	47	74	59	133	77	62
	2019	147	47	58	75	50	113	60	228	80	64
	2020	31	25	54	69	52	54	61	87	76	61
	2021	197	72	57	74	51	146	65	287	82	64
	2022	203	95	59	73	47	217	56	403	76	63

第一阶段,竞技状态形成期(2005—2007年)。硬地发球竞技能力处于逐年提升的状态。Aces数量从94个增加到299个,双误数量在55～150个之间,一发成功率在49%～55%之间,一发得分率在70%～77%之间,二发得分率从49%提升到52%。破发点数量从80个增加到277个,挽救破发点率在53%～59%之间。发球局数量从154个增加到536个,发球局胜率从73%提高到80%,发球得分率从60%提升到64%。由于参赛站数增多和发球竞技能力的提升,Aces、双误、破发点、发球局等指标数量增加幅度显著。

第二阶段,竞技状态最佳期(2008—2012年)。硬地发球竞技能力趋于稳定,并处于职业生涯较高水平。Aces 数量在 273～373 个之间,双误数量在 88～124 个之间,一发成功率在 55%～59%之间,一发得分率在 73%～77%之间,二发得分率在 50%～53%之间,破发点数量在 231～298 个之间,挽救破发点率在 61%～67%之间,发球局数量在 460～642 个之间,发球局胜率在 81%～86%之间,发球得分率在 65%～67%之间。

第三阶段,竞技状态保持期(2013—2016 年)。硬地发球竞技能力较为稳定,并处于职业生涯较高水平。Aces 数量在 208～339 个之间,双误数量在 80～156 个之间,一发成功率在 58%～62%之间,一发得分率在 74%～76%之间,二发得分率在 51%～55%之间,破发点数量在 174～340 个之间。挽救破发点率在 61%～67%之间,发球局数量在 389～696 个之间,发球局胜率在 81%～85%之间,发球得分率在 65%～67%之间。

第四阶段,竞技状态衰退期(2017—2022 年)。Aces 数量在 31～203 个之间,双误数量在 25～95 个之间,一发成功率在 54%～61%之间,一发得分率在 69%～75%之间,二发得分率在 47%～52%之间,破发点数量在 54～217 个之间,挽救破发点率在 51%～65%之间,发球局数量在 87～403 个之间,发球局胜率在 76%～83%之间,发球得分率稳定在 61%～66%之间。

2.硬地参赛接发球竞技能力特征分析

穆雷不同职业阶段硬地接发球竞技能力如表 5-2-12 所示。

表 5-2-12 穆雷不同职业阶段硬地接发球竞技能力

阶段	赛季	接一发得分率/(%)	接二发得分率/(%)	破发机会/个	破发成功率/(%)	接发球局/个	接发球局胜率/(%)	接发球得分率/(%)
形成期	2005	29	54	94	41	156	25	39
	2006	34	55	366	43	479	33	43
	2007	34	54	440	38	531	31	42
最佳期	2008	34	55	465	42	639	30	42
	2009	35	57	447	45	568	35	44
	2010	32	56	397	42	531	31	42
	2011	37	57	356	48	460	37	45
	2012	32	56	431	42	564	32	42
保持期	2013	34	55	264	49	394	33	43
	2014	33	55	503	45	699	32	42
	2015	33	54	446	43	596	32	42
	2016	34	58	469	47	536	41	43
衰退期	2017	36	57	128	49	178	35	44
	2018	29	54	83	42	132	27	40
	2019	29	53	131	38	225	22	37
	2020	26	45	32	38	88	14	33
	2021	28	49	161	38	286	21	36
	2022	29	54	254	37	408	23	38

第一阶段,竞技状态形成期(2005—2007 年)。硬地接发球竞技能力处于逐年提升的状

态。接发球局数量从 156 个增加到 531 个,破发机会数量从 94 个增加到 440 个。接一发得分率在 29%～34%之间,接二发得分率在 54%～55%之间,破发成功率在 38%～43%之间,接发球局胜率在 25%～33%之间,接发球得分率在 39%～43%之间。由于参赛站数增多和接发球竞技能力的提升,破发机会、接发球局等指标数量增加幅度显著。

第二阶段,竞技状态最佳期(2008—2012 年)。硬地接发球竞技能力趋于稳定,并处于职业生涯最高水平。接一发得分率在 32%～37%之间,接二发得分率在 55%～57%之间,破发机会数量在 356～465 个之间,破发成功率在 42%～48%之间,接发球局数量在 460～639 个之间,接发球局胜率在 30%～37%之间,接发球得分率在 42%～45%之间。

第三阶段,竞技状态保持期(2013—2016 年)。硬地接发球竞技能力略微下降,并处于职业生涯较高水平。接一发得分率在 33%～34%之间,接二发得分率在 54%～58%之间,破发机会数量在 264～503 个之间,破发成功率在 43%～49%之间,接发球局数量在 394～699 个之间,接发球局胜率在 32%～41%之间,接发球得分率在 42%～43%之间。

第四阶段,竞技状态衰退期(2017—2022 年)。硬地接发球竞技能力呈下降趋势。接一发得分率在 26%～36%之间,接二发得分率在 45%～57%之间,破发机会数量在 32～254 个之间,破发成功率在 37%～49%之间,接发球局数量在 88～408 个之间,接发球局胜率在 14%～35%之间,接发球得分率在 33%～44%之间。

3.穆雷职业生涯参加硬地比赛胜率分析

在 ATP 官网上收集穆雷每年参加硬地比赛的胜场数、总场数,统计参加硬地赛事的胜率,得到表 5-2-13。

表 5-2-13　穆雷职业生涯参加硬地比赛胜率统计表

阶段	赛季	胜场数	总场数	胜率/(%)
形成期	2005	24	31	77
	2006	26	37	70
	2007	36	48	75
最佳期	2008	43	53	81
	2009	47	53	89
	2010	34	46	74
	2011	35	43	81
	2012	35	45	78
保持期	2013	26	31	84
	2014	43	57	75
	2015	42	54	78
	2016	48	54	89
衰退期	2017	12	15	80
	2018	6	9	67
	2019	13	21	62
	2020	3	6	50
	2021	17	31	55
	2022	17	33	52

在竞技状态形成期,胜场数和胜率呈上升趋势,胜场数从 24 场增加到 36 场,总场数从 31 场增加到 48 场,胜率在 70%～77% 之间。在竞技状态最佳期,胜场数在 34～47 场之间,总场数在 43～53 场之间,胜率 74%～89% 之间。在竞技状态保持期,胜场数在 26～48 场之间,总场数在 31～57 场之间,胜率在 75%～89% 之间。在竞技状态衰退期,胜率下降,胜场数在 3～17 场之间,总场数在 6～33 场之间,胜率在 50%～80% 之间。

4. 硬地参赛竞技能力特征与胜率相关性分析

对穆雷职业生涯(2005—2022 年)参加硬地比赛的 10 项发球指标(Aces、一发成功率、双误、一发得分率、二发得分率、破发点、挽救破发点率、发球局、发球局胜率、发球得分率)和 7 项接发球指标(接一发得分率、接二发得分率、破发机会、破发成功率、接发球局、接发球局胜率、接发球得分率)与硬地参赛胜率之间进行相关性检验,筛选出较高相关指标。

根据相关分析对数据的要求、统计分析的内容,相关分析必须要结合以下步骤进行,缺一不可:①绘制散点图,看线性趋势;②定量变量的正态性判断;③计算相关系数 r;④开展假设检验,判断总体相关性的有无。由于 Aces、双误、破发点、发球局、破发机会、接发球局与其他指标数据不同,故而分开做散点图。将表 5-2-11 至表 5-2-13 数据录入 SPSS 绘制散点图,结果如图 5-2-5、图 5-2-6 所示。

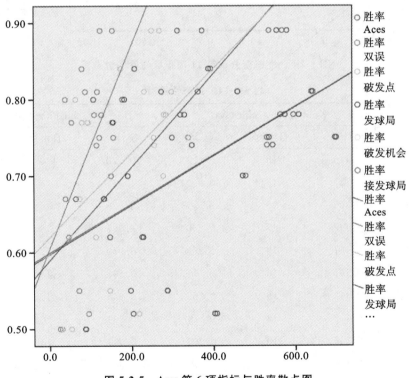

图 5-2-5 Aces 等 6 项指标与胜率散点图

由图 5-2-5 和图 5-2-6 可知,穆雷职业生涯参加硬地比赛的 Aces、一发得分率、发球局胜率、发球得分率、接一发得分率、接二发得分率、破发机会、破发成功率、接发球局胜率、接发球得分率与硬地参赛胜率之间存在着线性趋势;其余指标(一发成功率、双误、二发得分率、破发点、挽救破发点率、发球局、接发球局)与胜率线性趋势弱,采用秩相关分析。将表 5-2-11 至表 5-2-13 数据录入 SPSS 进行正态性检验,结果如表 5-2-14 所示。

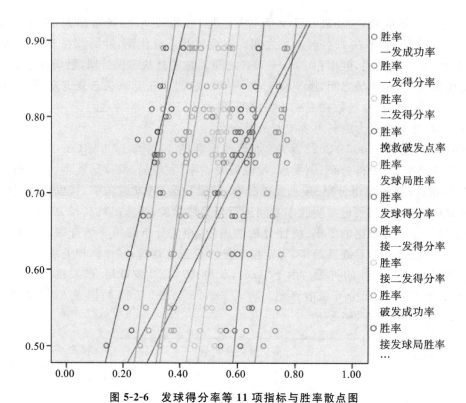

图 5-2-6　发球得分率等 11 项指标与胜率散点图

表 5-2-14　正态性检验

项目	Kolmogorov-Smirnov[a]			Shapiro-Wilk		
	统计量	自由度	显著性	统计量	自由度	显著性
Aces	0.169	18	0.190	0.920	18	0.132
双误	0.137	18	0.200*	0.942	18	0.313
一发成功率	0.208	18	0.038	0.929	18	0.183
一发得分率	0.147	18	0.200*	0.927	18	0.175
二发得分率	0.167	18	0.200*	0.950	18	0.418
破发点	0.191	18	0.082	0.898	18	0.054
挽救破发点率	0.142	18	0.200*	0.945	18	0.347
发球局	0.172	18	0.167	0.921	18	0.134
发球局胜率	0.145	18	0.200*	0.949	18	0.410
发球得分率	0.190	18	0.085	0.934	18	0.226
接一发得分率	0.178	18	0.135	0.929	18	0.184
接二发得分率	0.290	18	0.000	0.794	18	0.001
破发机会	0.184	18	0.111	0.883	18	0.029
破发成功率	0.158	18	0.200*	0.921	18	0.133
接发球局	0.173	18	0.165	0.922	18	0.142

续表

项目	Kolmogorov-Smirnov[a]			Shapiro-Wilk		
	统计量	自由度	显著性	统计量	自由度	显著性
接发球局胜率	0.192	18	0.080	0.947	18	0.382
接发球得分率	0.297	18	0.000	0.879	18	0.025
胜率	0.195	18	0.069	0.913	18	0.099

"*": true 显著下限;"a": Lilliefors 显著更正。

由于样本量低于2000,正态性检验选择Shapiro-Wilk检验方法,观察"显著性"。Aces、一发得分率、发球局胜率、发球得分率、接一发得分率、破发成功率、接发球局胜率与硬地参赛胜率之间存在着线性趋势且满足正态性分布,采用线性相关分析,其余指标采用秩相关分析,分析结果如表5-2-15所示。双误、一发成功、二发得分率、破发点、挽救破发点率、发球局、接发球局与胜率线性趋势弱采用秩相关分析;接二发得分率、破发机会、接发球得分率等指标不符合正态性分布,采用秩相关分析。

表 5-2-15 相关性分析

检验方法	指标	项目	胜率
皮尔逊	Aces	皮尔逊相关	0.571*
		显著性(双尾)	0.013
		N	18
	一发得分率	皮尔逊相关	0.597**
		显著性(双尾)	0.009
		N	18
	发球局胜率	皮尔逊相关	0.677**
		显著性(双尾)	0.002
		N	18
	发球得分率	皮尔逊相关	0.700**
		显著性(双尾)	0.001
		N	18
	接一发得分率	皮尔逊相关	0.821**
		显著性(双尾)	0.000
		N	18
	破发成功率	皮尔逊相关	0.777**
		显著性(双尾)	0.000
		N	18
	接发球局胜率	皮尔逊相关	0.886**
		显著性(双尾)	0.000
		N	18

续表

检验方法	指标	项目	胜率
Spearman 的 rho	二发得分率	相关系数	0.492*
		显著性（双尾）	0.038
		N	18
	发球局	相关系数	0.490*
		显著性（双尾）	0.039
		N	18
	接二发得分率	相关系数	0.787**
		显著性（双尾）	0.000
		N	18
	破发机会	相关系数	0.559*
		显著性（双尾）	0.016
		N	18
	接发球局	相关系数	0.492*
		显著性（双尾）	0.038
		N	18
	接发球得分率	相关系数	0.811**
		显著性（双尾）	0.000
		N	18

"*"：相关性在0.05级别（双尾）；"**"：相关性在0.01级别（双尾）。

13项技战术指标分别与胜率的关联性存在统计学差异，存在显著相关关系，相关性由高到低进行排序：接发球局胜率(0.886)、接一发得分率(0.821)、接发球得分率(0.811)、接二发得分率(0.787)、破发成功率(0.777)、发球得分率(0.700)、发球局胜率(0.677)、一发得分率(0.597)、Aces(0.571)、破发机会(0.559)、二发得分率(0.492)、接发球局(0.492)、发球局(0.490)，且呈正相关，说明数值越高，胜率就越高；其余指标与胜率的关联性不存在统计学差异，不存在显著相关关系。

（二）穆雷职业生涯红土场地参赛竞技能力分析

1. 红土场地参赛发球竞技能力特征分析

穆雷不同职业阶段红土场地发球竞技能力如表5-2-16所示。

表5-2-16 穆雷不同职业阶段红土场地发球竞技能力

阶段	赛季	Aces /个	双误 /个	一发成功率/(%)	一发得分率/(%)	二发得分率/(%)	破发点/个	挽救破发点率/(%)	发球局/个	发球局胜率/(%)	发球得分率/(%)
形成期	2005	4	3	68	67	43	9	56	14	71	60
	2006	21	14	57	59	48	97	62	95	61	54
	2007	3	7	51	63	41	14	50	14	50	52

续表

阶段	赛季	Aces /个	双误 /个	一发成功率/(%)	一发得分率/(%)	二发得分率/(%)	破发点/个	挽救破发点率/(%)	发球局/个	发球局胜率/(%)	发球得分率/(%)
最佳期	2008	40	24	58	69	50	96	64	137	74	61
	2009	65	17	59	69	50	102	62	159	75	61
	2010	82	29	51	74	47	79	65	127	78	61
	2011	98	35	59	70	45	142	60	204	72	60
	2012	52	27	60	72	51	104	65	166	78	64
保持期	2013	31	9	56	69	49	44	57	65	71	60
	2014	53	26	58	69	52	90	57	163	76	62
	2015	98	26	63	75	53	95	68	212	86	67
	2016	128	50	60	74	52	129	64	280	84	65
衰退期	2017	51	43	58	69	52	115	55	205	75	62
	2020	2	3	36	63	43	8	25	12	50	50
	2022	12	2	62	78	62	6	83	22	95	72

第一阶段,竞技状态形成期(2005—2007年)。红土场地发球竞技能力处于逐年提升的状态。Aces数量在3～21个之间,双误数量在3～14个之间,一发成功率在51%～68%之间,一发得分率在59%～67%之间,二发得分率在41%～48%之间。破发点数量在9～97个之间,挽救破发点率在50%～62%之间。发球局数量在14～95个之间,发球局胜率在50%～71%之间,发球得分率在52%～60%之间。由于参赛站数增多和发球竞技能力的提升,Aces、双误、破发点、发球局等指标数量增加幅度显著。

第二阶段,竞技状态最佳期(2008—2012年)。红土场地发球竞技能力趋于稳定,并处于职业生涯较高水平。Aces数量在40～98个之间,双误数量在17～35个之间,一发成功率在51%～60%之间,一发得分率在69%～74%之间,二发得分率在45%～51%之间,破发点数量在79～142个之间,挽救破发点率在60%～65%之间,发球局数量在127～204个之间,发球局胜率在72%～78%之间,发球得分率在60%～64%之间。

第三阶段,竞技状态保持期(2013—2016年)。红土场地发球竞技能力较为稳定,并处于职业生涯较高水平。Aces数量在31～128个之间,双误数量在9～50个之间,一发成功率在56%～63%之间,一发得分率在69%～75%之间,二发得分率在49%～53%之间,破发点数量在44～129个之间。挽救破发点率在57%～68%之间,发球局数量在65～280个之间,发球局胜率在71%～86%之间,发球得分率在60%～67%之间。

第四阶段,竞技状态衰退期(2017—2022年)。Aces数量在2～51个之间,双误数量在2～43个之间,一发成功率在36%～62%之间,一发得分率在63%～78%之间,二发得分率在43%～62%之间,破发点数量在6～115个之间,挽救破发点率在25%～83%之间,发球局数量在12～205个之间,发球局胜率在50%～95%之间,发球得分率在50%～72%之间。

2. 红土场地参赛接发球竞技能力特征分析

穆雷不同职业阶段红土场地接发球竞技能力如表5-2-17所示。

表 5-2-17　穆雷不同职业阶段红土场地接发球竞技能力

阶段	赛季	接一发得分率/(%)	接二发得分率/(%)	破发机会/个	破发成功率/(%)	接发球局/个	接发球局胜率/(%)	接发球得分率/(%)
形成期	2005	36	53	14	29	15	27	42
	2006	37	56	82	44	96	38	45
	2007	38	69	12	67	15	53	48
最佳期	2008	33	52	82	50	140	29	41
	2009	39	52	121	45	160	34	43
	2010	36	52	85	44	125	30	42
	2011	41	57	198	44	203	43	47
	2012	35	57	127	40	158	32	43
保持期	2013	35	46	49	29	64	22	39
	2014	35	53	121	42	165	31	41
	2015	36	57	145	51	214	35	43
	2016	35	54	207	43	272	33	42
衰退期	2017	36	50	129	48	198	31	42
	2020	13	34	3	0	12	0	25
	2022	38	47	14	43	21	29	40

第一阶段,竞技状态形成期(2005—2007年)。红土场地接发球竞技能力处于逐年提升的状态。接发球局数量在15~96个之间,破发机会数量在12~82个之间。接一发得分率在36%~38%之间,接二发得分率从53%提高到69%,破发成功率从29%提升到67%,接发球局胜率在27%~53%之间,接发球得分率在42%~48%之间。由于参赛站数增多和接发球竞技能力的提升,破发机会、接发球局等指标数量增加幅度显著。

第二阶段,竞技状态最佳期(2008—2012年)。红土场地接发球竞技能力趋于稳定,处于职业生涯最高水平。接一发得分率在33%~41%之间,接二发得分率在52%~57%之间,破发机会数量在82~198个之间,破发成功率在40%~50%之间,接发球局数量在125~203个之间,接发球局胜率在29%~43%之间,接发球得分率在41%~47%之间。

第三阶段,竞技状态保持期(2013—2016年)。红土场地接发球竞技能力略微下降,处于职业生涯较高水平。接一发得分率在35%~36%之间,接二发得分率在46%~57%之间,破发机会数量在49~207个之间,破发成功率在29%~51%之间,接发球局数量在64~272个之间,接发球局胜率在22%~35%之间,接发球得分率在39%~43%之间。

第四阶段,竞技状态衰退期(2017—2022年)。红土场地接发球竞技能力呈下降趋势。接一发得分率在13%~38%之间,接二发得分率在34%~50%之间,破发机会数量在3~129个之间,破发成功率在0~48%之间,接发球局数量在12~198个之间,接发球局胜率在0~31%之间,接发球得分率在25%~42%之间。

3.穆雷职业生涯参加红土场地比赛胜率分析

在ATP官网上,收集穆雷每年参加红土场地比赛的胜场数、总场数,统计参加红土赛事的胜率,得到表5-2-18。

表 5-2-18 穆雷职业生涯参加红土场地比赛胜率统计表

阶段	赛季	胜场数	总场数	胜率/(%)
形成期	2005	7	13	54
	2006	4	9	44
	2007	0	2	0
最佳期	2008	7	12	58
	2009	9	13	69
	2010	6	10	60
	2011	12	16	75
	2012	9	13	69
保持期	2013	5	8	63
	2014	11	15	73
	2015	17	18	94
	2016	18	21	86
衰退期	2017	9	14	64
	2020	0	1	0
	2022	2	2	100

在竞技状态形成期，胜场数在 0~7 场之间，总场数在 2~13 场之间，胜率在 0~54% 之间。在竞技状态最佳期，胜场数在 6~12 场之间，总场数在 10~16 场之间，胜率在 58%~75% 之间。在竞技状态保持期，胜场数在 5~18 场之间，总场数在 8~21 场之间，胜率在 63%~94% 之间。在竞技状态衰退期，参赛数量减少，胜场数在 0~9 场之间，胜率变化幅度较大。

4. 红土场地参赛竞技能力特征与胜率相关性分析

对穆雷职业生涯参加红土场地比赛的 10 项发球指标（Aces、一发成功率、双误、一发得分率、二发得分率、破发点、挽救破发点率、发球局、发球局胜率、发球得分率）和 7 项接发球指标（接一发得分率、接二发得分率、破发机会、破发成功率、接发球局、接发球局胜率、接发球得分率）与红土场地参赛胜率之间进行相关性检验，筛选出较高相关指标。

根据相关分析对数据的要求统计分析的内容，相关分析必须要结合以下步骤进行，缺一不可：①绘制散点图，看线性趋势；②定量变量的正态性判断；③计算相关系数 r；④开展假设检验，判断总体相关性的有无。由于 Aces、双误、破发点、发球局、破发机会、接发球局与其他指标数据不同，故而分开做散点图。将表 5-2-17 至表 5-2-19 数据录入 SPSS 绘制散点图，结果如图 5-2-7、图 5-2-8 所示。

由图 5-2-7、图 5-2-8 可知，穆雷职业生涯参加红土场地比赛的 Aces、发球局、破发机会、接发球局、一发成功率、一发得分率、二发得分率、挽救破发点率、发球局胜率、发球得分率与红土参赛胜率之间存在着线性趋势；其余指标（双误、破发点、接一发得分率、接二发得分率、破发成功率、接发球局胜率、接发球得分率）与胜率不存在线性趋势（弱线性趋势）。将表 5-2-17 至表 5-2-19 数据录入 SPSS 进行正态性检验，结果如表 5-2-19 所示。

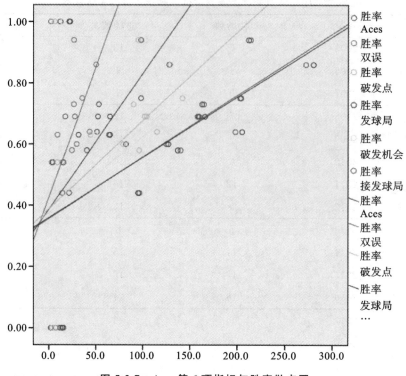

图 5-2-7 Aces 等 6 项指标与胜率散点图

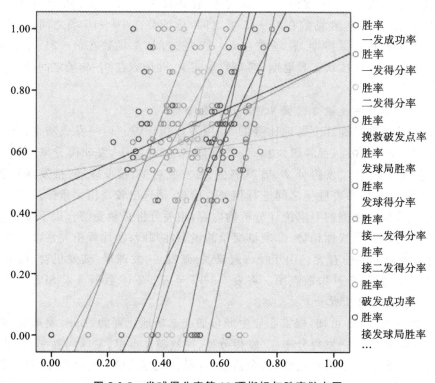

图 5-2-8 发球得分率等 11 项指标与胜率散点图

表 5-2-19 正态性检验

项目	Kolmogorov-Smirnov[a]			Shapiro-Wilk		
	统计量	自由度	显著性	统计量	自由度	显著性
Aces	0.129	15	0.200*	0.936	15	0.338
双误	0.124	15	0.200*	0.940	15	0.389
一发成功率	0.241	15	0.019	0.827	15	0.008
一发得分率	0.207	15	0.084	0.954	15	0.582
二发得分率	0.165	15	0.200*	0.930	15	0.277
破发点	0.223	15	0.042	0.874	15	0.039
挽救破发点率	0.221	15	0.047	0.841	15	0.013
发球局	0.154	15	0.200*	0.928	15	0.250
发球局胜率	0.232	15	0.029	0.921	15	0.196
发球得分率	0.248	15	0.014	0.937	15	0.342
接一发得分率	0.375	15	0.000	0.577	15	0.000
接二发得分率	0.210	15	0.075	0.894	15	0.077
破发机会	0.151	15	0.200*	0.930	15	0.277
破发成功率	0.265	15	0.006	0.822	15	0.007
接发球局	0.158	15	0.200*	0.927	15	0.250
接发球局胜率	0.225	15	0.040	0.862	15	0.025
接发球得分率	0.259	15	0.008	0.726	15	0.000
胜率	0.209	15	0.077	0.871	15	0.035

"*":true 显著下限;"a":Lilliefors 显著更正。

由于样本量低于2000,正态性检验选择 Shapiro-Wilk 检验方法,观察"显著性"。Aces、双误、一发得分率、二发得分率、发球局、发球局胜率、发球得分率、接二发得分率、破发机会、接发球局指标符合正态性分布,其余指标与胜率不符合正态性分布,采用秩相关分析,分析结果如表 5-2-20 所示。

表 5-2-20 相关性分析

检验方法	指标	项目	胜率
Spearman 的 rho	Aces	相关系数	0.682**
		显著性(双尾)	0.005
		N	15
	一发成功率	相关系数	0.667**
		显著性(双尾)	0.007
		N	15

续表

检验方法	指标	项目	胜率
Spearman 的 rho	一发得分率	相关系数	0.851**
		显著性（双尾）	0.000
		N	15
	二发得分率	相关系数	0.804**
		显著性（双尾）	0.000
		N	15
	挽救破发点率	相关系数	0.637*
		显著性（双尾）	0.011
		N	15
	发球局	相关系数	0.678**
		显著性（双尾）	0.005
		N	15
	发球局胜率	相关系数	0.851**
		显著性（双尾）	0.000
		N	15
	发球得分率	相关系数	0.851**
		显著性（双尾）	0.000
		N	15
	破发机会	相关系数	0.668**
		显著性（双尾）	0.006
		N	15
	接发球局	相关系数	0.697**
		显著性（双尾）	0.004
		N	15

"*":相关性在0.05级别（双尾）；"**":相关性在0.01级别（双尾）。

10项技战术指标分别与胜率的关联性存在统计学差异，存在显著相关关系，相关性由高到低进行排序：一发得分率（0.851）、发球局胜率（0.851）、发球得分率（0.851）、二发得分率（0.804）、接发球局（0.697）、Aces（0.682）、发球局（0.678）、破发机会（0.668）、一发成功率（0.667）、挽救破发点率（0.637），且呈正相关，说明一发得分率、发球局胜率、发球得分率、二发得分率、一发成功率、挽救破发点越高，胜率就越高；接发球局、Aces、发球局、破发机会数量越多胜率就越高；其余指标与胜率的关联性不存在统计学差异，不存在显著相关关系。

（三）穆雷职业生涯草地参赛竞技能力分析

1. 草地参赛发球竞技能力特征分析

穆雷不同职业阶段草地发球竞技能力如表5-2-21所示。

表 5-2-21　穆雷不同职业阶段草地发球竞技能力

阶段	赛季	Aces /个	双误 /个	一发成功率/(%)	一发得分率/(%)	二发得分率/(%)	破发点 /个	挽救破发点率/(%)	发球局 /个	发球局胜率/(%)	发球得分率/(%)
形成期	2005	57	23	50	79	51	49	65	103	83	65
	2006	64	30	57	70	53	82	63	153	80	63
最佳期	2008	66	16	58	78	52	42	71	102	88	67
	2009	137	22	59	84	59	29	66	159	94	74
	2010	107	12	56	84	61	28	71	119	93	74
	2011	123	26	61	80	58	34	62	149	91	71
	2012	149	26	62	77	60	80	78	213	92	70
保持期	2013	114	19	65	77	55	68	72	179	89	70
	2014	58	19	66	79	45	29	62	85	87	67
	2015	90	20	67	78	56	50	70	155	90	71
	2016	110	14	65	80	54	49	67	174	91	71
衰退期	2017	43	16	61	73	58	46	65	94	83	67
	2018	23	13	58	72	47	24	75	34	82	61
	2021	33	6	62	68	48	37	51	74	76	61
	2022	75	23	62	77	55	45	60	129	86	69

第一阶段,竞技状态形成期(2005—2007年)。草地发球竞技能力处于逐年提升的状态。Aces数量从57个增加到64个,双误数量从23个增加到30个,一发成功率在50%~57%之间,一发得分率在70%~79%之间,二发得分率从51%提升到53%。破发点数量从49个增加到82个,挽救破发点率在63%~65%之间。发球局数量从103个增加到153个,发球局胜率在80%~83%之间,发球得分率在63%~65%之间。由于参赛站数增多和发球竞技能力的提升,Aces、双误、破发点、发球局等指标数量增加幅度显著。

第二阶段,竞技状态最佳期(2008—2012年)。草地发球竞技能力趋于稳定,并处于职业生涯较高水平。Aces数量在66~149个之间,双误数量在12~26个之间,一发成功率在56%~62%之间,一发得分率在77%~84%之间,二发得分率在52%~61%之间,破发点数量在28~80个之间,挽救破发点率在62%~78%之间,发球局数量在102~213个之间,发球局胜率在88%~94%之间,发球得分率在67%~74%之间。

第三阶段,竞技状态保持期(2013—2016年)。草地发球竞技能力较为稳定,并处于职业生涯较高水平。Aces 数量在 58～114 个之间,双误数量在 14～20 个之间,一发成功率在 65%～67%之间,一发得分率在 77%～80%之间,二发得分率在 45%～56%之间,破发点数量在 29～68 个之间。挽救破发点率在 62%～72%之间,发球局数量在 85～179 个之间,发球局胜率在 87%～91%之间,发球得分率在 67%～71%之间。

第四阶段,竞技状态衰退期(2017—2022 年)。Aces 数量在 23～75 个之间,双误数量在 6～23 个之间,一发成功率在 58%～62%之间,一发得分率在 68%～77%之间,二发得分率在 47%～58%之间,破发点数量在 24～46 个之间,挽救破发点率在 51%～75%之间,发球局数量在 34～129 个之间,发球局胜率在 76%～86%之间,发球得分率在 61%～69%之间。

2.草地参赛接发球竞技能力特征分析

穆雷不同职业阶段草地接发球竞技能力如表 5-2-22 所示。

表 5-2-22 穆雷不同职业阶段草地接发球竞技能力

阶段	赛季	接一发得分率/(%)	接二发得分率/(%)	破发机会/个	破发成功率/(%)	接发球局/个	接发球局胜率/(%)	接发球得分率/(%)
形成期	2005	31	50	61	43	103	25	38
	2006	32	55	112	39	152	29	41
最佳期	2008	27	56	64	38	103	23	38
	2009	31	55	78	53	158	26	39
	2010	30	53	70	41	115	25	38
	2011	31	52	83	41	146	23	38
	2012	30	56	138	38	213	25	40
保持期	2013	32	57	135	39	177	30	41
	2014	34	57	67	42	87	32	43
	2015	26	59	81	44	156	23	37
	2016	33	56	117	43	169	30	41
衰退期	2017	28	57	57	44	90	28	39
	2018	25	60	24	38	34	26	39
	2021	27	57	41	46	74	26	40
	2022	26	57	65	46	125	24	37

第一阶段,竞技状态形成期(2005—2007 年)。草地接发球竞技能力处于逐年提升的状态。接发球局数量从 103 个增加到 152 个,破发机会数量从 61 个增加到 112 个。接一发得分率在 31%～32%之间,接二发得分率从 50%提高到 55%,破发成功率在 39%～43%之间,接发球局胜率在 25%～29%之间,接发球得分率在 38%～41%之间。由于参赛站数增多和接发球竞技能力的提升,破发机会、接发球局等指标数量增加幅度显著。

第二阶段,竞技状态最佳期(2008—2012年)。草地接发球竞技能力趋于稳定,处于职业生涯最高水平。接一发得分率在27%~31%之间,接二发得分率在52%~56%之间,破发机会数量在64~138个之间,破发成功率在38%~53%之间,接发球局数量在103~213个之间,接发球局胜率在23%~26%之间,接发球得分率38%~40%之间。

第三阶段,竞技状态保持期(2013—2016年)。草地接发球竞技能力略微下降,处于职业生涯较高水平。接一发得分率在26%~34%之间,接二发得分率在56%~59%之间,破发机会数量在67~135个之间,破发成功率在39%~44%之间,接发球局数量在87~177个之间,接发球局胜率在23%~32%之间,接发球得分率在37%~43%之间。

第四阶段,竞技状态衰退期(2017—2022年)。草地接发球竞技能力呈下降趋势。接一发得分率在25%~28%之间,接二发得分率在57%~60%之间,破发机会数量在24~65个之间,破发成功率在38%~46%之间,接发球局数量在34~125个之间,接发球局胜率在24%~28%之间,接发球得分率在37%~40%之间。

3.穆雷职业生涯参加草地比赛胜率分析

在ATP官网上,收集穆雷每年参加草地比赛的胜场数、总场数,统计参加草地赛事的胜率,得到表5-2-23。

表5-2-23 穆雷职业生涯参加草地比赛胜率统计表

阶段	赛季	胜场数	总场数	胜率/(%)
形成期	2005	5	8	63
	2006	9	13	69
	2007	2	2	100
最佳期	2008	8	9	89
	2009	10	11	91
	2010	6	8	75
	2011	9	10	90
	2012	12	14	86
保持期	2013	12	12	100
	2014	5	7	71
	2015	12	13	92
	2016	12	12	100
衰退期	2017	4	6	67
	2018	1	3	33
	2021	3	5	60
	2022	10	14	71

在竞技状态形成期,胜率逐年增加,胜场数在2~9场之间,总场数在2~13场之间,胜

率从63%提高到100%。在竞技状态最佳期,胜场数在6~12场之间,总场数在8~14场之间,胜率在75%~91%之间。在竞技状态保持期,胜场数在5~12场之间,总场数在7~13场之间,胜率在71%~100%之间。在竞技状态衰退期,胜场数在1~10场之间,总场数在3~14场之间,胜率在33%~71%之间。

4. 草地参赛竞技能力特征与胜率相关性分析

对穆雷职业生涯参加草地比赛的10项发球指标(Aces、一发成功率、双误、一发得分率、二发得分率、破发点、挽救破发点率、发球局、发球局胜率、发球得分率)和7项接发球指标(接一发得分率、接二发得分率、破发机会、破发成功率、接发球局、接发球局胜率、接发球得分率)与草地参赛胜率之间进行相关性检验,筛选出较高相关指标。

根据相关分析对数据的要求统计分析的内容,相关分析必须要结合以下步骤进行,缺一不可:①绘制散点图,看线性趋势;②定量变量的正态性判断;③计算相关系数 r;④开展假设检验,判断总体相关性的有无。由于 Aces、双误、破发点、发球局、破发机会、接发球局与其他指标数据不同,故而分开做散点图。将表5-2-21至表5-2-23数据录入 SPSS 绘制散点图,结果如图5-2-9、图5-2-10所示。

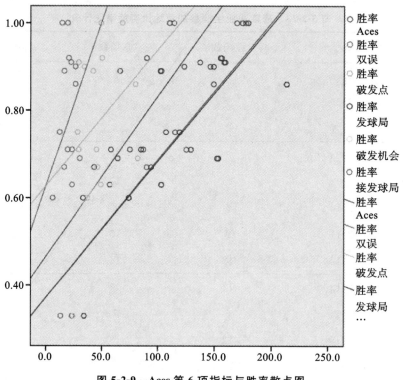

图 5-2-9 Aces 等 6 项指标与胜率散点图

由图5-2-9和图5-2-10可知,穆雷职业生涯参加草地比赛的 Aces、发球局、破发机会、接发球局、一发得分率、发球局胜率、发球得分率与草地参赛胜率之间存在着线性趋势,其余指标(双误、破发点、一发成功率、二发得分率、挽救破发点率、接一发得分率、接二发得分率、破发成功率、接发球局胜率、接发球得分率)与胜率不存在线性趋势(或线性趋势弱)。将表5-2-21至表5-2-23数据录入 SPSS 进行正态性检验,结果如表5-2-24所示。

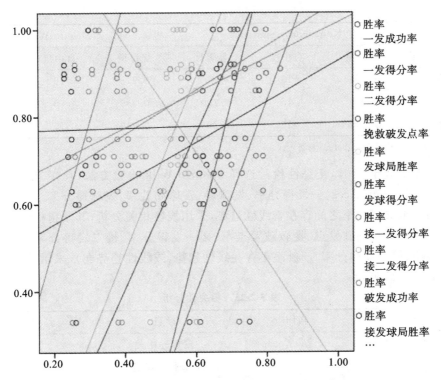

图 5-2-10　发球得分率等 11 项指标与胜率散点图

表 5-2-24　正态性检验

项目	Kolmogorov-Smirnov[a]			Shapiro-Wilk		
	统计量	自由度	显著性	统计量	自由度	显著性
Aces	0.139	15	0.200*	0.962	15	0.729
双误	0.100	15	0.200*	0.985	15	0.992
一发成功率	0.136	15	0.200*	0.948	15	0.490
一发得分率	0.228	15	0.035	0.936	15	0.333
二发得分率	0.121	15	0.200*	0.958	15	0.652
破发点	0.216	15	0.059	0.891	15	0.069
挽救破发点率	0.116	15	0.200*	0.969	15	0.839
发球局	0.138	15	0.200*	0.984	15	0.989
发球局胜率	0.117	15	0.200*	0.949	15	0.506
发球得分率	0.145	15	0.200*	0.933	15	0.299
接一发得分率	0.166	15	0.200*	0.937	15	0.351
接二发得分率	0.198	15	0.119	0.924	15	0.222
破发机会	0.191	15	0.145	0.935	15	0.326
破发成功率	0.142	15	0.200*	0.885	15	0.056
接发球局	0.127	15	0.200*	0.984	15	0.989

续表

项目	Kolmogorov-Smirnov^a			Shapiro-Wilk		
	统计量	自由度	显著性	统计量	自由度	显著性
接发球局胜率	0.213	15	0.065	0.913	15	0.150
接发球得分率	0.171	15	0.200*	0.930	15	0.277
胜率	0.156	15	0.200*	0.919	15	0.187

"*":true 显著下限;"a":Lilliefors 显著更正。

由于样本量低于2000,正态性检验选择 Shapiro-Wilk 检验方法,观察"显著性"。全部指标符合正态性分布,Aces、一发得分率、发球局、发球局胜率、发球得分率、破发机会、接发球局指标与草地参赛胜率之间存在着线性趋势,采用线性相关分析;其余指标(双误、一发成功率、二发得分率、场均破发点、挽救破发点率、接一发得分率、接二发得分率、破发成功率、接发球局胜率、接发球得分率)与胜率不存在线性趋势(或线性趋势弱),采用秩相关分析,分析结果如表5-2-25所示。

表 5-2-25 相关性分析

检验方法	指标	项目	胜率
皮尔逊	Aces	皮尔逊相关	0.787**
		显著性（双尾）	0.000
		N	15
	一发得分率	皮尔逊相关	0.558*
		显著性（双尾）	0.031
		N	15
	发球局	皮尔逊相关	0.813**
		显著性（双尾）	0.000
		N	15
	发球局胜率	皮尔逊相关	0.715**
		显著性（双尾）	0.003
		N	15
	发球得分率	皮尔逊相关	0.758**
		显著性（双尾）	0.001
		N	15
	破发机会	皮尔逊相关	0.729**
		显著性（双尾）	0.002
		N	15
	接发球局	皮尔逊相关	0.812**
		显著性（双尾）	0.000
		N	15

"*":相关性在 0.05 级别(双尾);"**":相关性在 0.01 级别(双尾)。

表 5-2-25 中 7 项技战术指标分别与草地参赛胜率的关联性存在统计学差异,存在显著相关关系,相关性由高到低为发球局(0.813)、接发球局(0.812)、Aces(0.787)、发球得分率(0.758)、破发机会(0.729)、发球局胜率(0.715)、一发得分率(0.558),且呈正相关,说明数值越高,胜率就越高;其余指标与胜率的关联性不存在统计学差异,不存在显著相关关系。

(四)穆雷在不同场地参赛竞技能力差异性分析

为比较穆雷职业生涯在硬地、红土、草地发球竞技能力的差异性,首先采用探索性分析,以检验数据的正态性和方差齐性,具体过程如下。

将表 5-2-11、表 5-2-12、表 5-2-17、表 5-2-18、表 5-2-21、表 5-2-22 穆雷不同场地上的技战术数据录入 SPSS 进行探索分析,结果如表 5-2-26 所示。表 5-2-26 列出了采用 Shapiro-Wilk 方法进行正态分布假设检验的结果,得到场均 Aces、场均双误、一发成功率、挽救破发点率、场均发球局、接一发得分率、接二发得分率、场均破发机会、破发成功率、场均接发球局、接发球局胜率、接发球得分率的显著性概率存在小于 0.05 的值,应接受原假设,即认为以上指标不满足正态性分布;一发得分率、二发得分率、场均破发点、发球局胜率、发球得分率的显著性概率值均大于 0.05,应接受原假设,即认为以上指标满足正态性分布。

表 5-2-26 不同场地发球指标正态性检验表

项目	场地类型	Kolmogorov-Smirnov[a]			Shapiro-Wilk		
		统计量	自由度	显著性	统计量	自由度	显著性
场均 Aces	硬地	0.161	18	0.200*	0.850	18	0.008
	红土	0.115	15	0.200*	0.981	15	0.977
	草地	0.168	15	0.200*	0.930	15	0.273
场均双误	硬地	0.235	18	0.010	0.808	18	0.002
	红土	0.114	15	0.200*	0.980	15	0.970
	草地	0.158	15	0.200*	0.882	15	0.051
一发成功率	硬地	0.208	18	0.038	0.929	18	0.183
	红土	0.241	15	0.019	0.827	15	0.008
	草地	0.136	15	0.200*	0.948	15	0.490
一发得分率	硬地	0.147	18	0.200*	0.927	18	0.175
	红土	0.207	15	0.084	0.954	15	0.582
	草地	0.228	15	0.035	0.936	15	0.333
二发得分率	硬地	0.167	18	0.200*	0.950	18	0.418
	红土	0.165	15	0.200*	0.930	15	0.277
	草地	0.121	15	0.200*	0.958	15	0.652
场均破发点	硬地	0.199	18	0.059	0.933	18	0.216
	红土	0.198	15	0.116	0.909	15	0.132
	草地	0.180	15	0.200*	0.932	15	0.292

续表

项目	场地类型	Kolmogorov-Smirnov[a]			Shapiro-Wilk		
		统计量	自由度	显著性	统计量	自由度	显著性
挽救破发点率	硬地	0.142	18	0.200*	0.945	18	0.347
	红土	0.221	15	0.047	0.841	15	0.013
	草地	0.116	15	0.200*	0.969	15	0.839
场均发球局	硬地	0.181	18	0.122	0.858	18	0.011
	红土	0.273	15	0.004	0.790	15	0.003
	草地	0.260	15	0.007	0.884	15	0.054
发球局胜率	硬地	0.145	18	0.200*	0.949	18	0.410
	红土	0.232	15	0.029	0.921	15	0.196
	草地	0.117	15	0.200*	0.949	15	0.506
发球得分率	硬地	0.190	18	0.085	0.934	18	0.226
	红土	0.248	15	0.014	0.937	15	0.342
	草地	0.145	15	0.200*	0.933	15	0.299
接一发得分率	硬地	0.178	18	0.135	0.929	18	0.184
	红土	0.375	15	0.000	0.577	15	0.000
	草地	0.166	15	0.200*	0.937	15	0.351
接二发得分率	硬地	0.290	18	0.000	0.794	18	0.001
	红土	0.210	15	0.075	0.894	15	0.077
	草地	0.198	15	0.119	0.924	15	0.222
场均破发机会	硬地	0.310	18	0.000	0.808	18	0.002
	红土	0.167	15	0.200*	0.930	15	0.272
	草地	0.103	15	0.200*	0.977	15	0.948
破发成功率	硬地	0.158	18	0.200*	0.921	18	0.133
	红土	0.265	15	0.006	0.822	15	0.007
	草地	0.142	15	0.200*	0.885	15	0.056
场均接发球局	硬地	0.198	18	0.059	0.881	18	0.027
	红土	0.268	15	0.005	0.759	15	0.001
	草地	0.222	15	0.046	0.882	15	0.051
接发球局胜率	硬地	0.192	18	0.080	0.947	18	0.382
	红土	0.225	15	0.040	0.862	15	0.025
	草地	0.213	15	0.065	0.913	15	0.150
接发球得分率	硬地	0.297	18	0.000	0.879	18	0.025
	红土	0.259	15	0.008	0.726	15	0.000
	草地	0.171	15	0.200*	0.930	15	0.277

"*":true 显著下限;"a":Lilliefors 显著更正。

由于各场地上一发得分率、二发得分率、场均破发点、发球局胜率、发球得分率指标符合正态性分布,进行单因素方差分析(多重比较),其余技战术指标采用非参数检验多重比较。

(1)单因素方差分析。

描述统计如表 5-2-27 所示。

表 5-2-27 描述统计

项目	场地类型	N	平均值	标准偏差	标准误差	平均值的95%置信区间	
						下限	上限
一发得分率	硬地	18	0.7411	0.02246	0.00529	0.7299	0.7523
	红土	15	0.6933	0.05010	0.01293	0.6656	0.7211
	草地	15	0.7707	0.04605	0.01189	0.7452	0.7962
	总计	48	0.7354	0.05036	0.00727	0.7208	0.7500
二发得分率	硬地	18	0.5100	0.02086	0.00492	0.4996	0.5204
	红土	15	0.4920	0.05171	0.01335	0.4634	0.5206
	草地	15	0.5413	0.04838	0.01249	0.5145	0.5681
	总计	48	0.5142	0.04528	0.00654	0.5010	0.5273
场均破发点	硬地	18	5.717	1.4581	0.3437	4.992	6.442
	红土	15	6.747	2.4730	0.6385	5.377	8.116
	草地	15	5.087	1.7480	0.4513	4.119	6.055
	总计	48	5.842	1.9875	0.2869	5.265	6.419
发球局胜率	硬地	18	0.8072	0.03427	0.00808	0.7902	0.8243
	红土	15	0.7307	0.12109	0.03127	0.6636	0.7977
	草地	15	0.8700	0.05237	0.01352	0.8410	0.8990
	总计	48	0.8029	0.09338	0.01348	0.7758	0.8300
发球得分率	硬地	18	0.6433	0.01940	0.00457	0.6337	0.6530
	红土	15	0.6073	0.05587	0.01442	0.5764	0.6383
	草地	15	0.6807	0.04166	0.01076	0.6576	0.7037
	总计	48	0.6438	0.04941	0.00713	0.6294	0.6581

为了探究 3 种场地上一发得分率、二发得分率、场均破发点、发球局胜率、发球得分率指标的方差齐性,将表 5-2-27 数据录入 SPSS 进行探索性分析,结果如表 5-2-28 所示,方差齐性检验:二发得分率、发球局胜率、发球得分率等指标显著性 $P<0.05$,各场地场均双误方差不相等,采用韦尔奇检验;一发得分率 $P=0.080$、场均破发点 $P=0.130$,各场地一发得分率、场均破发点方差相等,符合方差齐性,可采用 F 检验。

表 5-2-28 方差齐性检验表

项目	Levene 统计	DF_1	DF_2	显著性
一发得分率	2.672	2	45	0.080
二发得分率	4.422	2	45	0.018

续表

项目	Levene 统计	DF₁	DF₂	显著性
场均破发点	2.138	2	45	0.130
发球局胜率	5.502	2	45	0.007
发球得分率	3.541	2	45	0.037

单因素方差检验结果如表 5-2-29、表 5-2-30 所示，一发得分率显著性概率 $P=0.000<0.01$，3 种场地一发得分率存在显著性差异；场均破发点显著性概率 $P=0.066>0.05$，3 种场地场均破发点不存在显著性差异；二发得分率显著性概率 $P=0.036<0.05$，3 种场地二发得分率存在显著性差异；发球局胜率显著性概率 $P=0.000<0.01$，3 种场地发球局胜率存在显著性差异；发球得分率显著性概率 $P=0.002<0.01$，3 种场地发球得分率存在显著性差异。因此，对这 3 种场地的一发得分率、二发得分率、发球局胜率、发球得分率进行多重比较。

表 5-2-29 单因素方差检验表（F 检验）

项目		平方和	DF	平均值平方	F	显著性
一发得分率	组间	0.046	2	0.023	14.035	0.000
	组内	0.073	45	0.002	—	—
	总计	0.119	47	—	—	—
场均破发点	组间	21.117	2	10.558	2.888	0.066
	组内	164.540	45	3.656		
	总计	185.657	47	—	—	—

表 5-2-30 单因素方差检验表（韦尔奇检验）

项目	Welch 统计[a]	DF₁	DF₂	显著性
二发得分率	3.850	2	23.090	0.036
发球局胜率	11.839	2	24.197	0.000
发球得分率	8.703	2	22.951	0.002

"a"：渐进 F 分布。

多重比较结果如表 5-2-31 所示，一发得分率硬地与红土、硬地与草地、草地与红土显著性概率都小于 0.05，由此可知，3 种场地一发得分率存在显著性差异。二发得分率草地与硬地、草地与红土的显著性概率都小于 0.05，由此可知，草地与硬地、草地与红土的二发得分率存在显著性差异，硬地与红土的二发得分率不存在显著性差异。发球局胜率硬地与红土、硬地与草地、红土与草地的显著性概率都小于 0.05，由此可知，3 种场地之间发球局胜率均存在显著性差异。发球得分率硬地与红土、硬地与草地、红土与草地的显著性概率都小于 0.05，由此可知，3 种场地之间发球得分率均存在显著性差异。不同场地之间具有差异性指标的个数为：硬地与红土 3 个，草地与红土 3 个，硬地与草地 3 个。

表 5-2-31　多重比较表

LSD方法

因变量	(I)场地	(J)场地	平均差异(I−J)	标准误差	显著性	95%置信区间 下限	95%置信区间 上限
一发得分率	硬地	红土	0.04778*	0.01412	0.001	0.0193	0.0762
		草地	−0.02956*	0.01412	0.042	−0.0580	−0.0011
	红土	硬地	−0.04778*	0.01412	0.001	−0.0762	−0.0193
		草地	−0.07733*	0.01475	0.000	−0.1070	−0.0476
	草地	硬地	0.02956*	0.01412	0.042	0.0011	0.0580
		红土	0.07733*	0.01475	0.000	0.0476	0.1070
二发得分率	硬地	红土	0.01800	0.01452	0.221	−0.0112	0.0472
		草地	−0.03133*	0.01452	0.036	−0.0606	−0.0021
	红土	硬地	−0.01800	0.01452	0.221	−0.0472	0.0112
		草地	−0.04933*	0.01516	0.002	−0.0799	−0.0188
	草地	硬地	0.03133*	0.01452	0.036	0.0021	0.0606
		红土	0.04933*	0.01516	0.002	0.0188	0.0799
发球局胜率	硬地	红土	0.07656*	0.02676	0.006	0.0227	0.1305
		草地	−0.06278*	0.02676	0.023	−0.1167	−0.0089
	红土	硬地	−0.07656*	0.02676	0.006	−0.1305	−0.0227
		草地	−0.13933*	0.02795	0.000	−0.1956	−0.0830
	草地	硬地	0.06278*	0.02676	0.023	0.0089	0.1167
		红土	0.13933*	0.02795	0.000	0.0830	0.1956
发球得分率	硬地	红土	0.03600*	0.01421	0.015	0.0074	0.0646
		草地	−0.03733*	0.01421	0.012	−0.0660	−0.0087
	红土	硬地	−0.03600*	0.01421	0.015	−0.0646	−0.0074
		草地	−0.07333*	0.01485	0.000	−0.1032	−0.0434
	草地	硬地	0.03733*	0.01421	0.012	0.0087	0.0660
		红土	0.07333*	0.01485	0.000	0.0434	0.1032

"*":均值差的显著性水平为0.05。

(2)非参数检验。

对不同场地类型技术指标差异性进行 Kruskal Wallis 检验,发现在 3 种场地上,场均 Aces($\chi^2=22.901$, $P=0.000$)、场均双误($\chi^2=6.799$, $P=0.033$)、一发成功率($\chi^2=6.090$, P

=0.048)、挽救破发点率($\chi^2=8.792, P=0.012$)、场均发球局($\chi^2=7.475, P=0.024$)、接一发得分率($\chi^2=21.109, P=0.000$)、场均接发球局($\chi^2=7.950, P=0.019$)、接发球局胜率($\chi^2=7.796, P=0.020$)、接发球得分率($\chi^2=9.681, P=0.008$);接二发得分率、场均破发机会、破发成功率等指标,不因场地类型变化而呈差异性。

通过 Bonferonnia Adjustment 计算调整显著性,发现 3 种场地之间相互比较的 12 项指标存在差异性(图 5-2-11)。由于是事后的两两比较,因此需要调整显著性水平(调整 α 水平),作为判断两两比较的显著性水平。依据 Bonferonnia 法,调整 α 水平＝原 α 水平÷比较次数。本研究共比较了 3 次,调整 α 水平＝0.05÷3≈0.017。因此,最终得到的 P 值需要和 0.017 比较,小于 0.017 则认为差异有统计学意义。①硬地与红土,场均 Aces 呈显著性差异($P<0.017$),其他技术指标未见差异,且两种场地的各项指标数据均值相差较小。②草地与红土,接一发得分率、接发球得分率等指标呈显著性差异,其他技术指标未见显著性差异($P>0.017$),2 种场地的各项指标数据均值相差最大。③硬地与草地,技术指标未见显著性差异($P>0.017$),且两种场地的各项指标数据均值相差较小。不同场地之间具有差异性指标的个数为:硬地与红土 1 个,草地与红土 2 个,硬地与草地 0 个。

将 9 项指标在 3 种场地横向比较:①场均 Aces。硬地与红土比较具有显著性差异($P<0.05$),草地与红土比较具有显著性差异($P<0.05$),均值草地最高 8.59 个,红土最低 4.08 个。②场均双误硬地与红土比较具有显著性差异($P<0.05$),硬地与草地比较具有显著性差异($P<0.05$),均值硬地最高 2.72 个,红土最低 1.97 个。③一发成功率硬地与草地比较具有显著性差异($P<0.05$),均值草地 60.60%＞硬地 57.11%＞红土 57.07%。④挽救破发点率硬地与草地比较具有显著性差异($P<0.05$),草地与红土比较具有显著性差异($P<0.05$),均值草地 66.53%＞硬地 60.72%＞红土 59.53%。⑤场均发球局硬地与草地比较具有显著性差异($P<0.05$),草地与红土比较具有显著性差异($P<0.05$),均值草地最高 13.33 个,红土最低 10.82 个。⑥接一发得分率硬地与红土比较具有显著性差异($P<0.05$),草地与红土比较具有显著性差异($P<0.05$),均值红土 34.87%＞硬地 32.11%＞草地 29.53%。⑦场均接发球局硬地与草地比较具有显著性差异($P<0.05$),草地与红土比较具有显著性差异($P<0.05$),均值草地最多 13.19 个,红土最少 10.75 个。⑧接发球局胜率硬地与红土比较具有显著性差异($P<0.05$),草地与红土比较具有显著性差异($P<0.05$),均值红土 31.13%＞硬地 29.67%＞草地 26.33%。⑨接发球得分率硬地与草地比较具有显著性差异($P<0.05$),草地与红土比较具有显著性差异($P<0.05$),均值红土 41.53%＞硬地 40.94%＞草地 39.27%。

从以上均值整体趋势看,穆雷发球和接发球竞技能力在不同场地类型上存在差异。从均值整体趋势看,草地的发球技术指标全部高于硬地和红土(场均破发机会除外),草地的接一发得分率、接发球局胜率、接发球得分率指标低于硬地和红土,接二发得分率、场均破发机会和接发球局数量高于硬地和红土,这说明穆雷打法擅长草地比赛。草地与硬地的数据均值差异小于草地与红土的差异。不同场地之间具有差异性指标的个数为:硬地与红土 1 个,草地与红土 2 个,硬地与草地无差异。穆雷硬地一发发球以平击为主,较少发旋转球,提高发球进攻性,二发发旋转球,提高发球稳定性。打法上注重发球后抢攻和接发球抢攻,尤其是穆雷的接发球能力,在职业生涯巅峰期属于男子网坛顶级水平。穆雷在 3 种场地上底线相持能力发挥稳定,通过多拍回合建立优势,进行得分。在接发二发发球站位上,红土站位

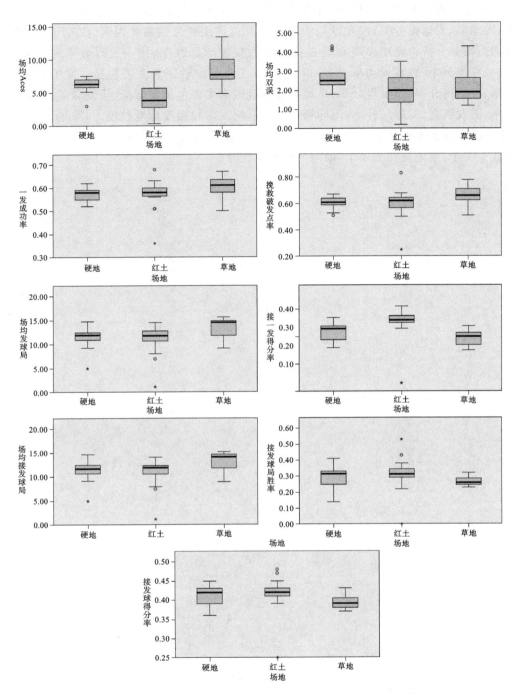

图 5-2-11 硬地、红土、草地场地之间竞技能力指标多重比较

比硬地和草地靠前,红土接二发在场地内抢攻。在草地相持中,主要以正反手抽击球为主,辅以正反手切削变化击球节奏,压迫对手出浅球,上网得分。

综上所述,穆雷职业生涯参赛竞技能力特征为:①总体竞技能力分析。一发发球主要将球发向内角和外角,中间区域极少;二发发向平分区内角、占先区外角和中间区域;穆雷接发球能力属于世界前列,接发球落点主要在中场区域,以及占先区;Aces、破发机会、接一发得分率、发球局、发球得分率、接发球局为职业生涯总体比赛关键制胜因素。②不同场地参赛竞技能力特征分析。硬地参赛制胜主要因素为接发球局胜率、接一发得分率、接发球得分率、接二发得分率、破发成功率、发球得分率;红土参赛制胜因素主要包括一发得分率、发球局胜率、发球得分率、二发得分率;草地参赛制胜因素主要包括发球局、接发球局、Aces、发球得分率、破发机会、发球局胜率;不同场地类型影响发球和接发球竞技能力,除场均破发机会外,草地的发球技术指标全部高于硬地和红土,不同场地竞技能力显著差异指标的个数:硬地与红土1个,草地与红土2个,硬地与草地无差异。

第六章 瓦林卡职业生涯参赛组合和竞技能力特征分析

第一节 瓦林卡职业生涯参赛组合特征分析

一、瓦林卡职业生涯阶段划分

网球运动员职业生涯阶段可以采用参加高级别赛事(大满贯、大师赛、年终总决赛)的成绩进行划分。该方法对瓦林卡参加高级别赛事晋级轮次(赛事积分在1000分以上)进行赋值,方法为:四大公开赛每轮赋值2分,年终总决赛每轮赋值1.5分,大师赛每轮赋值1分,其余赛事级别较低未在本研究统计范围之内,赋值后得到赋值积分见表6-1-1。自2002年瓦林卡转入网球职业联赛至2022年12月,竞技状态经历形成期、最佳期、保持期、衰退期四个阶段。同时本研究在赋值法基础上,结合冠军数(图6-1-1)、年终世界排名(图6-1-2)综合考虑瓦林卡职业生涯竞技状态划分,将瓦林卡职业生涯竞技状态划分为形成期(2002—2012年)、最佳期(2013—2016年)、保持期(2017—2019年)、衰退期(2020—2022年)。

表 6-1-1 瓦林卡职业生涯参加高级别赛事轮次赋值积分表

阶段	赛季	澳网	法网	温网	美网	年终总决赛	大师赛总轮次	赋值积分	单打冠军数量	年终世界排名
形成期	2002	—	—	—	—	—	—	—	—	660
	2003									171
	2004									168
	2005	—	第三轮	第一轮	第三轮	—	5	19		54
	2006	第二轮	第一轮	第三轮	第三轮	—	12	30	1	30
	2007	第三轮	第二轮	第一轮	第四轮	—	9	29		36
	2008	第二轮	第三轮	第四轮	第四轮	—	24	50		13
	2009	第三轮	第三轮	第四轮	第一轮	—	27	49		21
	2010	第三轮	第四轮	第一轮	八强	—	22	48	1	21
	2011	八强	第四轮	第二轮	第二轮	—	20	46	1	17
	2012	第三轮	第四轮	第一轮	第四轮	—	24	48	—	13

续表

阶段	赛季	澳网	法网	温网	美网	年终总决赛	大师赛总轮次	赋值积分	单打冠军数量	年终世界排名
最佳期	2013	第四轮	八强	第一轮	四强	四强	28	66	1	8
	2014	冠军	第一轮	八强	八强	四强	31	73	3	4
	2015	四强	冠军	八强	四强	四强	31	85	4	5
	2016	第四轮	四强	第二轮	冠军	小组赛	28	70.5	4	4
保持期	2017	四强	亚军	第一轮	—	—	19	47	1	9
	2018	第二轮	第一轮	第二轮	第三轮	—	9	25	—	66
	2019	第二轮	八强	第二轮	八强	—	19	47	—	16
衰退期	2020	八强	第三轮	—	—	—	5	21	—	18
	2021	第二轮	—	—	—	—	—	4	—	82
	2022	—	第一轮	第一轮	—	—	7	13	—	148
	小计	1冠	1冠1亚	—	1冠	—	320	770.5	16	

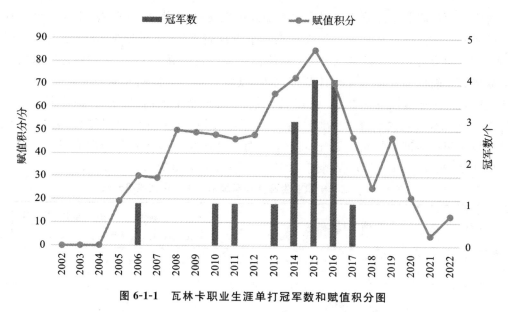

图 6-1-1 瓦林卡职业生涯单打冠军数和赋值积分图

第一阶段,竞技状态形成期(2002—2012年)。年终世界排名从660位升到第13位,获得了3个单打冠军,在形成期的后期,竞技能力趋于成熟。31次参加大满贯,10次进入第三轮,8次进入第四轮,2次进入八强。

第二阶段,竞技状态最佳期(2013—2016年)。2013年世界排名进入前10,年终世界排名为第8。获得了12个单打冠军,竞技能力处于巅峰状态。16次参加大满贯赛事,3次进入决赛,3次获得冠军(澳网、法网、美网各1次)。大师赛总轮次和赋值积分处于最高水平,2014年、2015年大师赛总轮次达到最大值(31轮次);2015年赋值积分达到了职业生涯最大值(85分)。

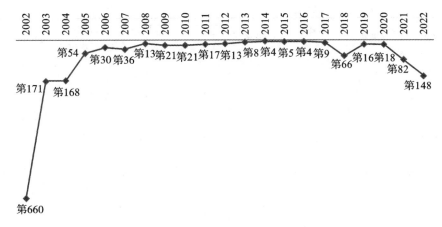

图 6-1-2 瓦林卡职业生涯年终世界排名

第三阶段,竞技状态保持期(2017—2019 年)。年终世界排名在第 9~66 位,获得了 1 个单打冠军,竞技状态出现起伏。11 次参加大满贯,获得 1 个亚军,1 次进入四强,2 次进入八强。大师赛总轮次和赋值积分波动较大。

第四阶段,竞技状态衰退期(2020—2022 年)。年终世界排名在第 18~148 位,受伤病困扰,竞技状态起伏明显,2 次因伤退出大满贯赛事。5 次参加大满贯,1 次进入八强。大师赛总轮次在 10 轮次以下。

二、瓦林卡职业生涯参赛特征分析

将瓦林卡 2002 年转职业以来参加的所有赛事划分为大满贯赛事、年终总决赛、大师赛、巡回赛(ATP 500、ATP 250)、ATP 低级别赛事(挑战赛、资格赛、希望赛)、ITF 赛事(含奥运会),由于 2009 年进行了赛事积分改革,为了便于统计,将 2009 年以前的巡回赛赛事进行分类,其中将冠军积分在 250 分及以下的赛事计入 ATP 250 赛事,冠军积分在 250 分以上至 500 分的赛事计入 ATP 500 赛事。

(一)瓦林卡职业生涯参赛描述性统计

瓦林卡职业生涯不同级别赛事参赛站数统计表如表 6-1-2 所示。

表 6-1-2 瓦林卡职业生涯不同级别赛事参赛站数统计表

阶段	赛季	大满贯	年终总决赛	大师赛	ATP 500 巡回赛	ATP 250 巡回赛	ATP 低级别赛事	ITF	总计
形成期	2002	—	—	—	—	—	2	0	2
	2003	—	—	—	—	4	12	0	16
	2004	—	—	—	1	5	25	1	32
	2005	4	—	6	1	7	4	2	24
	2006	4	—	7	2	11	—	2	26
	2007	4	—	6	—	12	—	1	23

续表

阶段	赛季	大满贯	年终总决赛	大师赛	ATP 500 巡回赛	ATP 250 巡回赛	ATP 低级别赛事	ITF	总计
形成期	2008	4	—	8	3	5	—	4	24
	2009	4	—	9	4	2	1	2	22
	2010	4	—	8	2	4	1	2	21
	2011	4	—	8	2	6	—	2	22
	2012	4	—	7	3	4	—	3	21
最佳期	2013	4	1	8	3	7	—	2	25
	2014	4	1	9	2	2	—	4	22
	2015	4	1	9	4	4	—	1	23
	2016	4	1	9	3	4	—	—	21
保持期	2017	3	—	5	2	2	—	—	12
	2018	4	—	4	4	5	—	—	17
	2019	4	—	8	4	4	—	—	20
衰退期	2020	2	—	2	3	1	2	—	10
	2021	1	—	—	1	2	—	—	4
	2022	3	—	5	3	3	1	—	15
	小计	65	4	118	47	94	48	26	402

在竞技状态形成期,参赛站数在2～32站之间。瓦林卡在转入成人赛场的初期(2002—2004年)参赛以ATP低级别赛事为主,2002—2003年均参加了青少年赛事和职业赛事;2002年参加了2站低级别赛事(1站希望赛和1站资格赛),2003年参加了12站低级别赛事(5站希望赛、5站挑战赛、2站资格赛),2004年参加了25站低级别赛事(13站挑战赛、12站资格赛);在这个时期,获得了参加高级别赛事(大满贯、大师赛)的资格,同时赛事选择上以低级别、低积分赛事为主。2005—2012年参赛站数在21～26站之间,每年参加4站大满贯和6～9站大师赛。2006—2008年竞技状态逐渐提升,未参加低级别赛事。

在竞技状态最佳期,参赛站数在21～25站之间。在这个时期,赛事选择以高级别赛事为主。主要参赛类型为大满贯、大师赛、ATP巡回赛、年终总决赛,同时,ATP 250积分以下赛事数量大幅度降低。此阶段,参赛级别特征为4站大满贯,7～9站大师赛、2～4站ATP 500巡回赛,2～7站ATP 250巡回赛,1站年终总决赛。

在竞技状态保持期,参赛站数明显降低,在12～20站之间。参赛级别特征为3～4站大满贯、4～8站大师赛、2～4站ATP 250巡回赛、2～5站ATP 500巡回赛。竞技能力起伏较大。2017年满足ATP 1000大师赛强制参赛豁免条款,不受强制参赛的限制。

在竞技状态衰退期,受伤病和年龄的影响,参赛站数呈减少趋势,在4～15站之间。参赛级别特征为1～3站大满贯、2～5站大师赛(2021赛季未参加)、1～3站ATP 500巡回赛,1～3站ATP 250巡回赛,1～2站ATP低级别赛事。

综上所述,瓦林卡的竞技状态形成期持续时间长,参赛数量较多,尤其是在转入职业赛场的前三年,参赛数量骤增,主要是因为 ATP 低级别赛事参赛数量增多;在此之后,高级别参赛数量增加。竞技状态最佳期形成以 4 站大满贯＋7～9 站大师赛＋2～4 站 ATP 500 巡回赛＋2～7 站 ATP 250 巡回赛＋1 站年终总决赛的参赛模式,赛事安排以高级别赛事为主。竞技状态衰退期参赛安排以大师赛和巡回赛为主,同时也参加 ATP 低级别赛事。

(二)瓦林卡不同职业阶段参赛时间划分特征分析

1.瓦林卡不同职业阶段参赛时间划分

用数字表示不同赛事的场地类型,1 表示硬地,2 表示红土,3 表示草地,4 表示地毯。以字母代表赛事级别,G 表示大满贯,M 表示大师赛,T 表示巡回赛,F 代表年终总决赛,O 表示奥运会。运用描述性统计法对瓦林卡不同职业阶段参赛时间安排进行统计,得到表 6-1-3。

表 6-1-3 瓦林卡不同职业阶段参赛时间安排表

阶段	赛季	1—3月	4—5月	6—7月	8月	9—11月
形成期	2002	—				
	2003		—	2T+2T+2T	—	4T
	2004	1T	2T	2T+2T	—	2T+4T
	2005	1T+1G+1T	2M+2T+2M+2M+2G	3T+3G+2T	1M+1M+1T+1G	1T+4T+4M
	2006	1T+1T+1G+4T+1T+1M+1M	2M+2T+2M+2G	3T+3T+3G+2T+2T+2T	1M+1T+1G	1T+4T+4M
	2007	1T+1T+1G	2M+2M+2T+2G	3T+3T+3G+2T+2T+2T	1M+1M+1T+1G	1T+1T+1M+1T+1M
	2008	1T+1T+1G+1T+1T+1M+1M	2M+2T+2M+2M+2G	3G+2T+1M	1O+1G	1T+1M+1T+1M
	2009	1T+1G+1M+1M	2M+2T+2M+2M+2G	3G+2T+2T	1M+1M+1G	1M+1T+1T+1M
	2010	1T+1G+1M	2T+2M+2M+2T+2M+2G	3G	1T+1M+1M+1G	1M+1T+1T+1M
	2011	1T+1G+2T+2T+1M+1M	2T+2M+2M+2G	3T+3G+2T	1M+1M+1G	1T+1M+1T+1M
	2012	1T+1G+2T+2T+1M	2M+2T+2M+2M+2G	3G+2T+3O	1M+1G	1T+1M+1T+1M
最佳期	2013	1T+1G+2T+2T+1M	2T+2M+2T+2M+2M+2G	3T+3G+2T	1M+1M+1G	1T+1T+1M+1T+1M+1F
	2014	1T+1G+1M+1M	2M+2M+2M+2G	3T+3G	1M+1M+1G	1T+1M+1T+1M+1F

续表

阶段	赛季	1—3月	4—5月	6—7月	8月	9—11月
最佳期	2015	1T+1G+1T+1T+1M+1M	2M+2M+2M+2T+2G	3T+3G	1M+1M+1G	1T+1T+1M+1T+1M+1F
	2016	1T+1G+1T+1T+1M+1M	2M+2M+2M+2T+2G	3T+3G+1M	1M+1G	1T+1M+1T+1M+1F
保持期	2017	1T+1G+1T+1M+1M	2M+2M+2M+2T+2G	3T+3G	—	—
	2018	1G+1T+1T+1T	2M+2T+2G	3T+3T+3G+1T	1M+1M+1G	1T+1T+1M
	2019	1T+1G+1T+1T+1T+1M+1M	2M+2M+2M+2T+2G	3T+3G	1M+1M+1G	1T+1T+1M
衰退期	2020	1T+1G+1T	—	—	—	2M+2G+1T+1T+1M
	2021	1T+1G+1T+1T	—	—	—	—
	2022	—	2M+2M+2G	2T+3G+3T	2M+1M+1G	1T+1T+1T+1T+1M

由表6-1-3可知，瓦林卡参加男子职业赛事的参赛时间特征具有相似性，根据每个月的参赛场地类型及核心赛事，将每年度的参赛时间划分为5个阶段，1—3月划分为以澳网为核心的硬地赛事阶段，4—5月划分为以法网为核心的红土赛事阶段，6—7月划分为以温网为核心的草地赛事阶段，8月划分为以美网为核心的硬地赛事阶段，9—11月划分为以年终总决赛为核心的硬地赛事阶段。在时间统计上，以赛事开始时间作为区分标准。

2.瓦林卡不同职业阶段参赛时间特征分析

在竞技状态形成期（2002—2012年），初步形成较为稳定的参赛组合。在1—3月以澳网为核心的硬地赛事中，大满贯之前参加1~2站巡回赛，大满贯赛后参赛变化较大，以0~2站巡回赛+0~2站大师赛为主；2003—2006年参加的地毯场地比赛主要集中在9—11月。4—5月赛事在法网之前参加3~5站比赛（1~2站巡回赛+2~3站大师赛）；6—7月比赛在温网之前参加0~2站巡回赛，温网后参加1~3站巡回赛；8月在美网赛前参加1~3站比赛（0~2站大师赛+0~1站巡回赛）；9—11月以大师赛和巡回赛为主，0~2站大师赛和1~3站巡回赛。2008年和2012年参加了奥运会网球比赛。

在竞技状态最佳期（2013—2016年），已形成参赛时序组合。在1—3月以澳网为核心的硬地赛事中，大满贯之前参加1站巡回赛，大满贯赛后参加2~4站比赛（0~2站巡回赛+1~2站大师赛）；在4—5月以法网为核心的红土赛事中，法网之前参加3~5站比赛（0~2站巡回赛+3站大师赛）；在6—7月以温网为核心的草地赛事中，温网之前参加1站巡回赛，温网后较少参加其他级别的比赛；在8月以美网为核心的硬地赛事中，美网赛前参加1~2站大师赛；在9—11月以年终总决赛为核心的硬地赛事中，总决赛前参加4~5站比赛（2~3站巡回赛+2站大师赛）。

在竞技状态保持期(2017—2019年),参赛时序组合较为稳定,并有略微调整。在1—3月以澳网为核心的硬地赛事中,参赛时序变化较大,大满贯之前参加0~1站巡回赛,2018赛季澳网前未安排比赛;大满贯赛后安排3~5站赛事(1~3站巡回赛+0~2站大师赛)。在4—5月以法网为核心的红土赛事中,参赛时序组合稳定,法网之前参加1~3站大师赛加1站巡回赛;在6—7月以温网为核心的草地赛事中,温网之前参加1~2站巡回赛;在8月以美网为核心的硬地赛事中,美网赛前参加2站大师赛;在9—11月以大师赛和巡回赛为主,1站大师赛和2站巡回赛。2017年8月进行了两次左膝手术,退出了8—11月比赛。

在竞技状态衰退期(2020—2022年),参赛时序组合变化较大。2020年因新冠疫情推迟和取消了部分比赛。2021年因左脚手术,在澳网赛季后退出了剩余比赛。在1—3月以澳网为核心的硬地赛事中,大满贯之前参加1站巡回赛,大满贯赛后参加1~2站巡回赛。2022赛季在4—5月以法网为核心的红土赛事中,法网之前参加2站大师赛,法网之后未参加比赛;在6—7月以温网为核心的草地赛事中,温网之前参加1站红土巡回赛,温网之后参加1站草地巡回赛;在8月以美网为核心的硬地赛事中,美网前参加1站红土大师赛和1站硬地大师赛,美网之后未参加比赛;在9—11月以年终总决赛为核心的硬地赛事中,主要参赛模式为4站巡回赛和1站大师赛。

(三)瓦林卡不同职业阶段参赛场地与地域分析

1. 瓦林卡不同职业阶段参赛场地特征分析

男子网球职业赛事有硬地、红土、草地、地毯四种场地类型,在巡回赛不同场地比赛中硬地最多,草地最少,在2009年后,ATP不再使用地毯场地作为巡回赛场地。对瓦林卡不同职业阶段每年参加硬地、红土、草地、地毯比赛的数量进行统计,得到表6-1-4。

表6-1-4 瓦林卡不同职业阶段参赛场地类型统计表

阶段	赛季	硬地/站	红土/站	草地/站	地毯/站	各场地类型占比/(%) (硬地、红土、草地、地毯)
形成期	2002	1	1	—	—	46、42、7、5
	2003	1	13	—	2	
	2004	9	20	—	3	
	2005	12	8	2	2	
	2006	11	9	3	3	
	2007	12	7	3	1	
	2008	16	6	1	1	
	2009	12	9	1	—	
	2010	12	8	1	—	
	2011	12	7	3	—	
	2012	9	10	2	—	
最佳期	2013	14	9	2	—	65、26、9、0
	2014	15	5	2	—	
	2015	16	5	2	—	
	2016	14	5	2	—	

续表

阶段	赛季	硬地/站	红土/站	草地/站	地毯/站	各场地类型占比/(%)（硬地、红土、草地、地毯）
保持期	2017	5	5	2	—	59、27、14、0
	2018	11	3	3	—	
	2019	13	5	2	—	
衰退期	2020	6	4	—	—	59、34、7、0
	2021	4	—	—	—	
	2022	7	6	2	—	
	小计	212	145	33	12	

瓦林卡职业生涯参加硬地赛事特征为：参赛数量先增加，趋于平稳后下降，且参赛数量波动明显；在参赛站数方面，形成期为1~16站，最佳期为14~16站，保持期为5~13站，衰退期为4~7站。2005—2011赛季硬地参赛数量在11以上。

瓦林卡职业生涯参加红土赛事特征为：在竞技状态的形成阶段，参赛数量高于其他阶段；在参赛站数方面，形成期为1~20站，最佳期为5~9站，保持期为3~5站，衰退期为4~6站。在职业生涯初期，尤其是2003—2004赛季，参赛以红土赛事为主。2004赛季在瑞士、德国、西班牙、罗马尼亚等国家参加了红土赛事。

瓦林卡职业生涯参加草地赛事特征为：草地参赛数量一直处于较低水平；在参赛站数方面，形成期为1~3站，最佳期为2站，保持期为2~3站，衰退期为2站。2002—2004赛季未参加草地比赛，2008—2010赛季只参加1站草地比赛，其余赛季参加2~3站草地比赛。

瓦林卡职业生涯参加地毯赛事特征为：只有2003—2008赛季参加了地毯赛事。在职业生涯参加的12站地毯赛事中，包含3站ATP低级别赛事（1站挑战赛、2站资格赛）、5站ATP 250赛事和2站巴黎大师赛，在瑞士、法国等国家参赛。由于地毯场地球速快、弹跳低，运动员受伤率高，出于运动员身体健康和职业生涯考虑，2009年ITF取消了地毯场地赛事。

在竞技状态形成期，瓦林卡参加硬地、红土、草地、地毯赛事各场地类型占比为46%、42%、7%、5%，红土赛事数量与硬地赛事数量接近，尤其是在进入职业赛场初期，红土赛事数量远高于硬地，在2005年以后硬地赛事数量增加，红土赛事减少。在竞技状态最佳期，硬地、红土、草地赛事各场地类型占比分别为65%、26%、9%，硬地赛事比例增加，草地赛事减少；具体安排为硬地赛事14~16站，红土赛事5~9站，草地赛事2站。在竞技状态保持期，硬地、红土、草地赛事各场地类型占比分别为59%、27%、14%，硬地赛事占比减少，硬地赛事参赛数量为5~13站，红土赛事3~5站，草地赛事2~3站。在竞技状态衰退期，硬地、红土、草地赛事各场地类型占比分别为59%、34%、7%，硬地赛事参赛数量在4~7站，红土赛事4~6站，草地赛事2站。

综上所述，瓦林卡参加的各场地类型比赛数量特征：硬地＞红土＞草地＞地毯，职业生涯年均硬地赛事参赛数量约为10站，红土赛事参赛数量约为7站，草地赛事参赛数量约为2站。红土赛事参赛数量处于较高水平，尤其是在竞技状态形成期，2004年高达20站。职业生涯衰退期减少了硬地赛事参赛数量，硬地赛事和红土赛事参赛数量相近。

2.瓦林卡不同职业阶段参赛地域特征分析

(1)瓦林卡不同职业阶段参赛地域分析。

职业网球赛事分布广泛,五大洲(欧洲、美洲、亚洲、大洋洲、非洲)各有分布。四大满贯赛事中法网、温网在欧洲举办,澳网在大洋洲举办,美网在北美洲举办。欧洲是网球运动的起源地,有着浓厚的网球文化底蕴,举办赛事数量也最多,其举办的赛事多为红土赛事,其次为草地赛事、硬地赛事;亚洲作为五大洲面积最大的洲,举办的职业赛事较少,主要为 ATP 1000 大师赛、ATP 500 赛及 ATP 250 赛,且多为硬地赛事;美洲作为举办赛事较多的地域,举办的赛事多为硬地赛事,美国网球公开赛是该地域的核心赛事;非洲网球赛事以低级别赛事为主且数量少。

在 ATP 官网上,收集瓦林卡每年参加的赛事数据,按地域(欧洲、北美洲、大洋洲、亚洲、南美洲、非洲)进行数据整理,统计各个区域参加的赛事数量,得到表 6-1-5。

表 6-1-5 瓦林卡不同职业阶段参赛地域统计表

阶段	赛季	赛事数量/站						各洲占比/(%) (EU、NA、OA、AS、SA、AF)
		欧洲	北美洲	大洋洲	亚洲	南美洲	非洲	
形成期	2002	2	—	—	—	—	—	68、16、6、8、1、1
	2003	16	—	—	—	—	—	
	2004	28	1	3	—	—	—	
	2005	18	4	1	1	—	—	
	2006	17	5	2	2	—	—	
	2007	16	4	2	1	—	—	
	2008	15	4	2	3	—	—	
	2009	12	6	1	3	—	—	
	2010	11	5	1	3	—	1	
	2011	11	6	2	2	1	—	
	2012	12	4	1	3	1	—	
最佳期	2013	13	5	1	4	1	1	57、22、5、14、1、1
	2014	13	5	1	3	—	—	
	2015	14	5	1	3	—	—	
	2016	12	5	1	3	—	—	
保持期	2017	7	2	2	1	—	—	59、25、8、8、0、0
	2018	10	4	1	2	—	—	
	2019	12	6	—	—	—	—	
衰退期	2020	7	1	1	1	—	—	66、14、1、1、0、0
	2021	1	—	2	1	—	—	
	2022	11	3	—	1	—	—	
	小计	258	75	26	38	3	2	

在竞技状态形成期,瓦林卡参赛地域特点为:欧洲>北美洲>亚洲>大洋洲>南美洲和

非洲,各洲占比为:68%、16%、8%、6%、1%、1%。主要参赛地是欧洲,高达28站,其次是北美洲,在1~6站之间,大洋洲在1~3站之间,亚洲在1~3站之间。在职业生涯初期,如2003和2004赛季,欧洲是瓦林卡的参赛主战场,一是由于欧洲赛事多,二是因为瓦林卡出生于欧洲,职业生涯初期比赛奖金有限,本土作战是较优选择。

在竞技状态最佳期,瓦林卡参赛地域特点为:欧洲>北美洲>亚洲>大洋洲>南美洲和非洲,各洲占比为:57%、22%、14%、5%、1%、1%。主要参赛地在欧洲,在12~14站之间,其次是北美洲,为5站赛事,亚洲赛事为3~4站,大洋洲、南美洲和非洲各1站。这个阶段整体参赛较少,参赛重视质量。相较于形成期,欧洲参赛站数明显减少,亚洲参赛站数增加。

在竞技状态保持期,瓦林卡参赛地域特点为:欧洲>北美洲>大洋洲和亚洲,未参加南美洲和非洲赛事,各洲占比为:59%、25%、8%、8%。欧洲赛事参赛站数为7~12站,北美洲参赛站数为2~6站,大洋洲赛事1~2站,亚洲赛事1~2站。

在竞技状态衰退期,瓦林卡参赛地域特点为:欧洲>北美洲>大洋洲和亚洲,未参加南美洲和非洲赛事,各洲占比为:66%、14%、1%、1%。欧洲赛事参赛站数为1~11站,北美洲参赛站数为1~3站,大洋洲参赛站数为1~2站,亚洲1站。

综上所述,瓦林卡职业生涯参赛地域方面,欧洲赛事最多(258站),非洲赛事最少(2站),整体顺序为欧洲>北美洲>亚洲>大洋洲>南美洲>非洲。

(2)瓦林卡不同职业阶段参赛城市分析。

在ATP官网上,收集瓦林卡每年参加的ATP 1000大师赛按城市进行分类,统计各个城市参加的赛事数量,得到表6-1-6。

表6-1-6 瓦林卡职业生涯ATP 1000大师赛参赛城市情况统计表

参赛城市	罗马	巴黎	辛辛那提	加拿大	蒙特卡洛	马德里	印第安维尔斯	迈阿密	上海	汉堡
站数	17	15	14	13	13	12	11	10	9	4
占比/(%)	14.4	12.7	11.9	11	11	10.2	9.3	8.5	7.6	3.4
冠军/个	—	—	—	—	1	—	—	—	—	—
亚军/个	1	—	—	—	—	1	1	—	—	—

从瓦林卡参加ATP 1000大师赛参赛站数来看,位列前五站的是罗马、巴黎、辛辛那提、加拿大、蒙特卡洛。大师赛参赛成绩为1个冠军、3个亚军。瓦林卡参加站数最多的是罗马大师赛,从2005年首次参赛直至2022年,除2021年因左脚手术缺席外,17次参加该赛事,获得1个亚军。瓦林卡从2005年首次参加巴黎大师赛直至2022年,15次参加该赛事,2017年、2018年、2021年因伤缺席。瓦林卡从2003年首次参加辛辛那提大师赛直至2022年,一共参加了14届,2008年、2017年、2020年、2021年未出席。瓦林卡从2005年首次参加加拿大大师赛直至2022年,一共参加了13届,2006年、2012年、2017年、2020年、2021年未出席。瓦林卡从2005年首次参加蒙特卡洛大师赛直至2022年,一共参加了13届,2007年、2011年、2018年、2020年、2021年未出席。

在ATP官网上,收集瓦林卡每年参加的ATP巡回赛按城市进行分类,统计各个城市参加的赛事数量,得到表6-1-7。

表 6-1-7 瓦林卡职业生涯 ATP 巡回赛参赛情况统计表

参赛城市	巴塞尔	格斯塔德	清奈	伦敦	多哈	阿卡普尔科	巴塞罗那	日内瓦	鹿特丹	东京	维也纳	迪拜	马赛	乌玛格	其他
站数	15	10	8	8	7	5	5	5	5	5	5	4	4	4	51
占比/(%)	10.6	7.1	5.7	5.7	5	3.5	3.5	3.5	3.5	3.5	3.5	2.9	2.9	2.9	36.2
冠军/个	—	—	4	—	—	—	2	1	1	—	1	—	—	1	2
亚军/个	—	1	1	—	1	—	—	1	—	—	1	—	—	—	5

注:ATP 巡回赛包含了 500 积分及以下赛事。参赛频率在 2 站及以下的赛事均作为其他进行统计。

从瓦林卡参加 ATP 巡回赛参赛站数来看,位列前四站的是巴塞尔、格斯塔德、清奈、伦敦。巡回赛参赛成绩为 12 个冠军、10 个亚军。瓦林卡参赛站数最多的巡回赛为巴塞尔网球公开赛,是瑞士本土赛事。此项赛事,从 2003 年开始直至 2022 年,瓦林卡除了 2010、2017、2018、2020、2021 赛季未参加,一共参加了 15 届。瑞士网球公开赛在格斯塔德举行,瓦林卡 12 次参加比赛,获得 1 届亚军。泰国网球公开赛在清奈举行,瓦林卡 8 次参加此项赛事,5 次进入决赛,获得 4 届冠军。瓦林卡 8 次参加伦敦网球公开赛,均未进入决赛。

(四)瓦林卡职业生涯参赛效率分析

1.瓦林卡职业生涯不同阶段参赛数量效率分析

从赛事本身来看参赛效率,该年度参赛效率=年度总积分/年度参赛总站数。从该参赛效率公式分析,年度总积分/年度参赛总站数即是站均积分。从积分角度来看,站均积分能较好地反映参赛效率。

$$站均积分=年度总积分/年度参赛总站数$$

例如,瓦林卡 2013 年总积分为 3865 分,参赛总站数为 25 站,那么 2013 年站均积分为 $3865/25≈155$。

此积分为参赛的实际积分,与排名系统中积分计算规则不同。根据站均积分贡献率公式,在 ATP 官网上收集瓦林卡每站比赛参赛积分和站数数据,对参赛积分进行计算,得到表 6-1-8、图 6-1-3。

表 6-1-8 瓦林卡不同职业阶段站均积分统计表

阶段	赛季	积分	站数	站均积分
形成期	2002	2	2	1
	2003	183	16	11
	2004	265	32	8
	2005	668	24	28
	2006	985	26	38
	2007	820	23	36
	2008	3020	24	126

续表

阶段	赛季	积分	站数	站均积分
形成期	2009	1635	22	74
	2010	1960	21	93
	2011	1865	22	85
	2012	1905	21	91
最佳期	2013	3865	25	155
	2014	5120	22	233
	2015	6955	23	302
	2016	5360	21	255
保持期	2017	3150	12	263
	2018	785	17	46
	2019	1795	20	90
衰退期	2020	1010	10	101
	2021	90	4	23
	2022	377	15	25

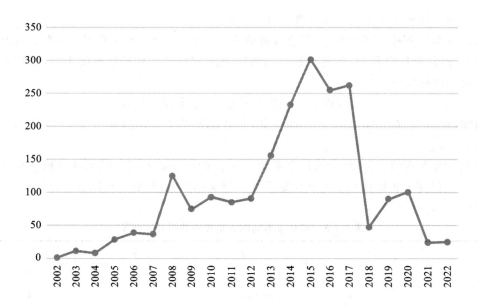

图 6-1-3　瓦林卡不同职业阶段站均积分趋势图

瓦林卡职业生涯积分逐步提高，共有 3 个赛季（2014—2016 年）积分达到了 5000 分以上，2015 年达到积分最大值 6955 分。在积分巅峰之后，迎来了下降期，并出现大幅度波动。

通过对瓦林卡职业生涯参赛效率进行统计发现，竞技状态形成期参赛效率先增加再下降，形成期的参赛效率值在 200 以下；竞技状态最佳期参赛效率值在 155～302 之间，波动较大，2015 年出现峰值，参赛效率达 302；在竞技状态保持期，参赛效率下降幅度较大。2020 年进入职业生涯竞技状态衰退期，参赛数量少，参赛效率低，站均积分 101 分。

综上所述,瓦林卡职业生涯参赛效率出现了 1 个峰值。竞技状态的最佳期参赛效率较高,保持期和衰退期参赛效率变化大,整体呈下降趋势。主要原因是自 2017 年赛季以来,瓦林卡先后在膝、背、左脚等部位受伤,退出了大量比赛;伤病对参赛竞技状态产生负面影响,参赛效率较低。

2.瓦林卡职业生涯参赛胜率分析

从参赛胜负来看,参赛胜率可以较好地反映运动员参赛效率。

$$参赛胜率=(获胜的场数/年度总场数)\times100\%$$

例如,瓦林卡 2013 年胜场数为 51 场,参赛总场数为 74 场,那么 2013 年参赛胜率为 $(51/74)\times100\%\approx69\%$。

在 ATP 官网上,收集瓦林卡每年参加比赛的胜场数、总场数,统计参加赛事的胜率,得到表 6-1-9。

表 6-1-9 瓦林卡职业生涯参赛胜率统计表

阶段	赛季	胜场数	总场数	胜率/(%)
形成期	2003	2	6	33
	2004	0	7	0
	2005	16	32	50
	2006	33	57	58
	2007	21	45	47
	2008	38	59	64
	2009	31	51	61
	2010	36	55	65
	2011	36	56	64
	2012	35	55	64
最佳期	2013	51	74	69
	2014	39	56	70
	2015	55	73	75
	2016	46	64	72
保持期	2017	26	37	70
	2018	17	34	50
	2019	33	52	63
衰退期	2020	15	23	65
	2021	3	6	50
	2022	8	22	36

在竞技状态形成期,胜场数和胜率有所增加,胜场数在 0~38 场之间,总场数在 6~59 场之间,胜率在 0~65% 之间。在竞技状态最佳期,胜场数在 39~55 场之间,总场数在 56~

74场之间,胜率在69%～75%之间,此阶段胜率为职业生涯最高阶段。在竞技状态保持期,胜场数在17～33场之间,总场数在34～52场之间,胜率在50%～70%之间。在竞技状态衰退期,参赛场数出现减少,胜场数在3～15场之间,总场数在6～23场之间,胜率在36%～65%之间。

3. 瓦林卡职业生涯不同级别赛事参赛效率分析

运动员总积分由不同级别赛事获得的积分构成,不同级别比赛获得的积分对总积分的贡献率不同,某一级别赛事积分贡献率用以下公式计算:

该级别赛事积分贡献率＝该级别赛事积分总数/赛季总积分

例如,瓦林卡2013年参加四大满贯赛事积分为1270,总积分为3865,那么2013年大满贯赛事积分贡献率为1270/3865≈0.33。

运动员年度总积分是运动员一年以来参加赛事获得积分的总和,不同级别赛事获得积分对总积分的贡献率不同,则该级别赛事积分贡献率＝该级别赛事积分总数/年度总积分。通过分析不同级别之间积分贡献率的差异性,以找出参赛级别对参赛效率的影响关系。在ATP官网上,收集瓦林卡每站比赛参赛积分和赛事级别数据,依据赛事级别对参赛积分进行求和,再根据赛事级别积分贡献率公式计算,得到表6-1-10、图6-1-4。

表6-1-10 瓦林卡职业生涯各阶段不同级别赛事积分贡献率

阶段	赛季	大满贯	年终总决赛	大师赛	ATP 500 巡回赛	ATP 250 巡回赛	ATP 低级别赛事	ITF
形成期	2002	—	—	—	—	—	1	—
	2003	—	—	—	—	0.25	0.75	—
	2004	—	—	—	0.04	0.17	0.79	—
	2005	0.26	—	0.17	0.12	0.28	0.17	—
	2006	0.19	—	0.17	0.14	0.5	—	—
	2007	0.32	—	0.16	0	0.52	—	—
	2008	0.27	—	0.45	0.09	0.17	—	0.02
	2009	0.23	—	0.56	0.14	0.01	0.06	—
	2010	0.33	—	0.32	0.02	0.27	0.06	—
	2011	0.34	—	0.31	0.14	0.21	—	—
	2012	0.24	—	0.5	0.14	0.117	—	0.003
最佳期	2013	0.33	0.1	0.35	0.01	0.21	—	—
	2014	0.53	0.08	0.32	—	0.07	—	—
	2015	0.55	0.05	0.19	0.15	0.06	—	—
	2016	0.55	0.04	0.17	0.11	0.13	—	—
保持期	2017	0.61	—	0.28	—	0.11	—	—
	2018	0.24	—	0.36	0.11	0.29	—	—
	2019	0.44	—	0.17	0.28	0.11	—	—

续表

阶段	赛季	大满贯	年终总决赛	大师赛	ATP 500 巡回赛	ATP 250 巡回赛	ATP 低级别赛事	ITF
衰退期	2020	0.4	—	0.18	0.18	0.09	0.15	—
	2021	0.5	—	—	—	0.5	—	—
	2022	0.05	—	0.32	0.36	0.27	—	—

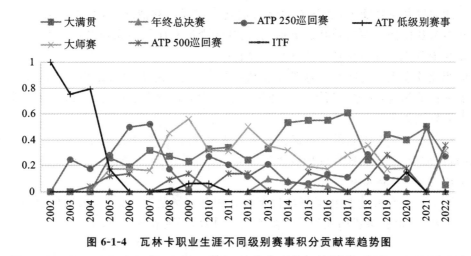

图 6-1-4　瓦林卡职业生涯不同级别赛事积分贡献率趋势图

对瓦林卡每年参加大满贯、年终总决赛、大师赛、ATP 500 巡回赛、ATP 250 巡回赛、ATP 低级别赛事、ITF 赛事积分贡献率进行统计,根据表 6-1-10 的结果显示,在瓦林卡竞技状态形成期各级别赛事积分贡献率大小为:ATP 低级别赛事＞大师赛＞ATP 250 巡回赛＞大满贯＞ATP 500 巡回赛＞ITF 赛事,2002—2012 赛季 ATP 低级别赛事积分贡献率最高,在 0.06～1 之间;大师赛在 0.16～0.56 之间,ATP 250 巡回赛在 0.01～0.52 之间,大满贯在 0.19～0.34 之间,ATP 500 巡回赛在 0～0.14 之间;大满贯赛事积分贡献率在 2010、2011 赛季最高,大师赛积分贡献率在 2008、2009、2012 赛季最高,ATP 250 巡回赛积分贡献率在 2005—2007 赛季最高,ATP 低级别赛事积分贡献率在 2002—2004 赛季最高;在此阶段,高级别赛事积分贡献率呈上升趋势,巡回赛及低级别赛事积分贡献率呈下降趋势。

在竞技状态最佳期各级别赛事积分贡献率大小为:大满贯＞大师赛＞ATP 250 巡回赛＞年终总决赛和 ATP 500 巡回赛,大满贯积分贡献率在 0.33～0.55 之间,大师赛在 0.17～0.35 之间,ATP 250 巡回赛在 0.06～0.21 之间,年终总决赛和 ATP 500 巡回赛贡献率在 0.1 左右;大满贯赛事积分贡献率在 2015、2016 赛季最高,大师赛在 2013、2014 赛季最高,ATP 250 巡回赛在 2013 赛季最高。

在竞技状态保持期各级别赛事积分贡献率大小为:大满贯＞大师赛＞ATP 250 巡回赛＞ATP 500 巡回赛,大满贯积分贡献率在 0.24～0.61 之间,大师赛在 0.17～0.36 之间,ATP 250 巡回赛在 0.11～0.29 之间,ATP 500 巡回赛在 0.11～0.28 之间;大满贯赛事积分贡献率在 2017 赛季最高,大师赛在 2018 赛季最高,ATP 250 巡回赛在 2018 赛季最高。

在竞技状态衰退期各级别赛事积分贡献率大小为:大满贯＞ATP 250 巡回赛＞ATP 500 巡回赛＞大师赛＞ATP 低级别赛事,大满贯赛事积分贡献率在 0.05～0.5 之间,ATP

250巡回赛在0.09~0.5之间,ATP 500巡回赛在0.18~0.36,大师赛在0.18~0.32之间,ATP低级别赛事为0.15;大满贯赛事积分贡献率在2021赛季最高,大师赛在2022赛季最高,ATP 250巡回赛在2021赛季最高,ATP 500巡回赛在2022赛季最高。

由图6-1-4可知,整体上,积分贡献率特征为:大满贯＞大师赛＞ATP 250巡回赛＞ATP低级别赛事＞ATP 500巡回赛＞年终总决赛＞ITF赛事。

综上所述,瓦林卡在职业生涯初期,参加资格赛、挑战赛赛事获得积分,进而获得参加高级别赛事资格。在满足ATP赛事积分规则的情况下,瓦林卡在赛事级别的选择上主要考虑自身经济能力以及竞技能力,在各方面能力达到一定程度的情况下,增加大满贯、大师赛等高积分赛事参赛比例。在竞技状态衰退期,瓦林卡少量参加了挑战赛以获取积分。

4. 瓦林卡职业阶段不同场地赛事积分贡献率

网球职业赛事主要由四种场地类型构成,参加不同场地类型的比赛获得的积分对总积分的贡献率也不相同,通过分析不同参赛场地之间积分贡献率的差异性,以找出参赛场地对参赛效率的影响关系。

$$该场地积分贡献比＝该场地积分总数/赛季总积分$$

例如,瓦林卡2013年参加硬地赛事积分为1985,总积分为3865,那么2013年硬地赛事积分贡献比为1985/3865≈0.51。

在ATP官网上,收集瓦林卡每站比赛参赛积分和场地类型数据,依据场地类型对参赛积分进行求和,再根据参赛场地积分贡献率公式计算,得到表6-1-11、图6-1-5。

表6-1-11 瓦林卡职业生涯各阶段不同场地赛事积分贡献率

阶段	赛季	硬地	红土	草地	地毯
形成期	2002	1	—	—	—
	2003	0.01	0.96	—	0.03
	2004	0.13	0.85	—	0.02
	2005	0.35	0.56	0.02	0.07
	2006	0.39	0.36	0.09	0.16
	2007	0.72	0.27	0.01	—
	2008	0.45	0.45	0.1	—
	2009	0.4	0.49	0.11	—
	2010	0.49	0.5	0.01	—
	2011	0.71	0.27	0.02	—
	2012	0.52	0.47	0.01	—
最佳期	2013	0.51	0.45	0.04	—
	2014	0.69	0.22	0.09	—
	2015	0.57	0.37	0.06	—
	2016	0.76	0.23	0.01	—

续表

阶段	赛季	硬地	红土	草地	地毯
保持期	2017	0.48	0.52	—	—
	2018	0.8	0.08	0.12	—
	2019	0.7	0.27	0.03	—
衰退期	2020	0.8	0.2	—	—
	2021	1	—	—	—
	2022	0.59	0.41	—	—

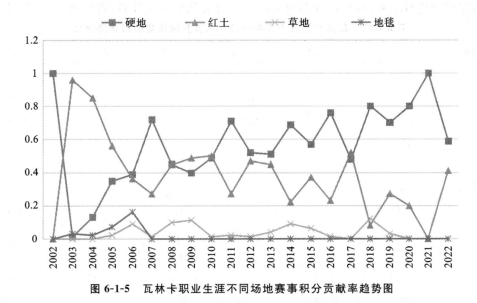

图 6-1-5　瓦林卡职业生涯不同场地赛事积分贡献率趋势图

对瓦林卡每年参加硬地、红土、草地、地毯赛事积分贡献率进行统计，根据表 6-1-11，结果显示在瓦林卡竞技状态形成期场地积分贡献率为：红土＞硬地＞草地＞地毯，红土赛事积分贡献率在 0.27～0.96 之间，硬地赛事在 0.01～1 之间，草地赛事在 0.11 以内，地毯赛事在 0.02～0.16 之间；2003—2004 年红土赛事积分贡献率最高，2007 年硬地赛事最高。

在竞技状态最佳时期，场地积分贡献率为：硬地＞红土＞草地，硬地赛事积分贡献率在 0.51～0.76 之间，红土赛事在 0.22～0.45 之间，草地赛事在 0.1 以内；2013—2016 年硬地赛事积分贡献率最高。

在竞技状态保持期，场地积分贡献率为：硬地＞红土＞草地，硬地赛事积分贡献率在 0.48～0.8 之间，红土赛事在 0.08～0.52 之间，草地赛事在 0.12 以内；2017 年红土赛事积分贡献率最高，2018—2019 年硬地赛事最高。

在竞技状态衰退期，场地积分贡献率为：硬地＞红土，硬地赛事积分贡献率在 0.59～1 之间，红土赛事在 0.2～0.41 之间；2020—2022 年硬地赛事积分贡献率最高。

由图 6-1-5 可知，整体上，场地类型积分贡献率特征为：硬地＞红土＞草地＞地毯。红土赛事在形成期的积分贡献率较高，草地赛事积分贡献率一直处于较低水平，衰退期未参加草地赛事。

5. 瓦林卡职业阶段不同时间赛事积分贡献率

在网球职业赛事中,四大满贯和年终总决赛是重要的高积分高级别赛事,以四大满贯、年终总决赛为核心的 5 个参赛时间安排,参加不同时间的比赛获得的积分对总积分的贡献率也不相同,通过分析不同参赛时间之间积分贡献率的差异性,找出参赛时间对参赛效率的影响关系。

参赛时间赛事积分贡献率＝参赛时间总数/赛季总积分

例如,瓦林卡 2013 年 1—3 月的赛事积分为 465,总积分为 3865,那么 2013 年 1—3 月赛事积分贡献率为 465/3865≈0.12。

在 ATP 官网上,收集瓦林卡每站比赛参赛积分和参赛时间数据,依据 5 个参赛时间安排对参赛积分进行求和,再根据参赛时间赛事积分贡献率公式计算,得到表 6-1-12、图6-1-6。

表 6-1-12　瓦林卡职业生涯各阶段不同参赛时间赛事积分贡献率

阶段	赛季	1—3月	4—5月	6—7月	8月	9—11月
形成期	2002	—	—	—	—	1
	2003	0.05	0.03	0.25	0.64	0.03
	2004	0.12	0.25	0.13	0.36	0.14
	2005	0.25	0.33	0.19	0.15	0.08
	2006	0.18	0.16	0.29	0.16	0.21
	2007	0.09	0.06	0.22	0.29	0.34
	2008	0.23	0.4	0.2	0.12	0.05
	2009	0.17	0.41	0.18	0.07	0.17
	2010	0.15	0.45	0.06	0.23	0.11
	2011	0.52	0.15	0.05	0.13	0.15
	2012	0.24	0.33	0.01	0.28	0.14
最佳期	2013	0.12	0.4	0.05	0.2	0.23
	2014	0.47	0.22	0.09	0.12	0.1
	2015	0.23	0.37	0.06	0.13	0.21
	2016	0.2	0.23	0.08	0.39	0.1
保持期	2017	0.48	0.52	—	—	—
	2018	0.17	0.08	0.12	0.46	0.17
	2019	0.28	0.27	0.03	0.24	0.18
衰退期	2020	0.53	—	—	0.15	0.32
	2021	1	—	—	—	—
	2022	—	0.26	0.12	0.08	0.54

对瓦林卡每年参加比赛的时间赛事积分贡献率进行统计,表 4-12 的结果显示,在瓦林卡竞技状态形成期,参赛时间积分贡献率为:4—5月＞8月＞9—11月＞1—3月＞6—7月,4—5月积分贡献率在 0.03~0.45 之间,8月在 0.07~0.64 之间,9—11月在 0.03~1 之间,1—3月在 0.05~0.52 之间,6—7月在 0.01~0.29 之间;2009 年和 2010 年 4—5月积分贡

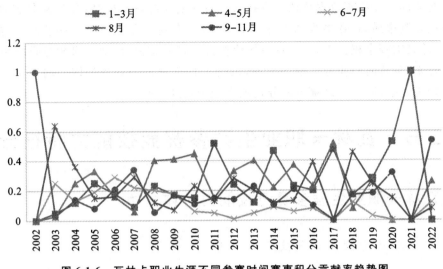

图 6-1-6　瓦林卡职业生涯不同参赛时间赛事积分贡献率趋势图

献率最高,2003 年 8 月积分贡献率最高,2007 年 9—11 月贡献率最高,2011 年 1—3 月积分贡献率最高,2006 年 6—7 月积分贡献值最高。

在竞技状态最佳时期,参赛时间积分贡献率为:4—5 月＞1—3 月＞8 月＞9—11 月＞6—7 月,4—5 月积分贡献率在 0.22～0.4 之间,1—3 月在 0.12～0.47 之间,8 月在 0.12～0.39 之间,9—11 月在 0.1～0.23 之间,6—7 月在 0.05～0.09 之间;2013 年 4—5 月积分贡献率最高,2014 年 1—3 月积分贡献率最高,2016 年在 8 月积分贡献率最高。

在竞技状态保持期,参赛时间积分贡献率为:1—3 月＞4—5 月＞8 月＞9—11 月＞6—7 月,1—3 月积分贡献率在 0.17～0.48 之间,4—5 月在 0.08～0.52 之间,8 月在 0.24～0.46 之间,9—11 月在 0.17～0.18 之间,6—7 月积分贡献率最低,在 0.03～0.12 之间;2017 年 4—5 月积分贡献率最高,2018 年 8 月积分贡献率最高,2019 年 1—3 月积分贡献值最高。

在竞技状态衰退期,参赛时间积分贡献率为:1—3 月＞9—11 月＞4—5 月＞8 月＞6—7 月,1—3 月积分贡献率在 0.53～1 之间,9—11 月在 0.32～0.54 之间,8 月在 0.08～0.15 之间;2021 年 1—3 月积分贡献率最高,2022 年 9—11 月积分贡献率最高。

由图 6-1-6 可知,整体上,参赛时间积分贡献率特征为:4—5 月＞1—3 月＞9—11 月＞8 月＞6—7 月。

综上所述,瓦林卡参赛组合特征为:①职业生涯呈现 4 个波段周期,分别是形成期(2002—2012 年)、最佳期(2013—2016 年)、保持期(2017—2019 年)、衰退期(2020—2022 年)。②参赛特征。参赛数量特征方面,形成期、最佳期参赛数量多,保持期和衰退期参赛数量较少;参赛级别方面,瓦林卡的竞技状态形成期时间长,尤其是 ATP 低级别赛事参赛数量多,最佳期形成以 4 站大满贯＋1 站年终总决赛＋8～9 站 ATP 大师赛＋4～10 站的巡回赛的参赛模式,赛事安排以高级别赛事为主,形成期和衰退期均参加 ATP 低级别赛事。参赛时间特征,最佳期以 4 大满贯和年终总决赛为核心的 5 个赛事时间阶段,以巡回赛和大师赛作为核心赛事的前后加上预热赛事和放松赛事,最佳期和形成期参赛组合较为稳定;参赛场地以硬地为主,形成期红土赛事参赛数量与硬地赛事接近,甚至有两个赛季远多于硬地赛事;参赛地域方面,参加欧洲赛事最多,其中参加频率最高的大师赛和巡回赛城市分别是马德里和巴塞罗那。③参赛效率特征。竞技状态最佳期参赛效率最高;参赛胜率波动较大,竞技状态最佳期胜率最高;赛事级别积分贡献率方面,大满贯和大师赛贡献最大,但在形成期的前三年,低级别赛事积分贡献率最高;场地积分贡献率方面,硬地赛事积分贡献率最高,其次是红土赛事;参赛时间积分贡献率方面,以澳大利亚网球公开赛为核心的1—3月和法国网球公开赛为核心的4—5月赛事积分贡献率处于较高水平。

第二节 瓦林卡职业生涯参赛竞技能力特征分析

一、瓦林卡职业生涯参赛竞技能力总体分析

(一)不同职业阶段发球竞技能力分析

1. 不同职业阶段发球竞技能力描述性统计分析

发球竞技能力指标包括 Aces、双误、一发成功率、一发得分率、二发得分率、破发点、挽救破发点率、发球局、发球局胜率、发球得分率。瓦林卡职业生涯竞技状态划分为形成期(2002—2012年)、最佳期(2013—2016年)、保持期(2017—2019年)、衰退期(2020—2022年),由于2002年只参加了ATP低级别赛事,数据未被ATP官网统计,形成期时间区间为2003—2012年。根据表6-2-1,本研究对瓦林卡不同职业阶段发球竞技能力进行分析。

表 6-2-1 瓦林卡不同职业阶段发球竞技能力

阶段	赛季	Aces /个	双误 /个	一发成功率/(%)	一发得分率/(%)	二发得分率/(%)	破发点/个	挽救破发点率/(%)	发球局/个	发球局胜率/(%)	发球得分率/(%)
形成期	2003	24	19	64	67	47	47	66	62	74	60
	2004	26	21	55	65	49	50	60	65	69	58
	2005	222	120	57	72	50	221	64	373	79	63
	2006	326	211	56	72	52	372	61	715	80	63
	2007	301	134	56	71	51	307	59	569	78	62
	2008	318	126	61	70	54	355	56	722	78	64
	2009	330	121	58	73	52	345	66	606	81	64
	2010	359	129	57	75	52	300	67	641	84	66
	2011	322	124	61	71	54	324	57	700	80	64
	2012	405	142	56	73	53	379	66	726	82	64
最佳期	2013	488	182	56	74	55	409	66	918	85	66
	2014	439	138	55	79	54	247	61	689	86	68
	2015	576	180	56	76	56	426	68	986	86	67
	2016	455	158	58	75	56	379	68	860	86	67

续表

阶段	赛季	Aces /个	双误 /个	一发成功率/(%)	一发得分率/(%)	二发得分率/(%)	破发点 /个	挽救破发点率/(%)	发球局 /个	发球局胜率/(%)	发球得分率/(%)
保持期	2017	265	83	60	73	56	240	65	516	84	66
	2018	254	84	59	73	54	216	63	454	83	65
	2019	510	96	59	76	55	336	71	729	86	68
衰退期	2020	225	39	60	75	52	159	65	331	83	66
	2021	59	16	57	77	52	44	68	97	86	66
	2022	168	39	56	74	53	166	67	296	81	65

第一阶段,竞技状态形成期(2003—2012 年)。发球竞技能力处于逐年提升的状态。Aces 数量从 24 个增加到 405 个,双误数量在 19～211 个之间,一发成功率在 55%～64%之间,一发得分率在 65%～75%之间,二发得分率在 47%～54%之间。破发点数量从 47 个增加到 379 个,挽救破发点率在 56%～67%之间。发球局数量从 62 个增加到 726 个,发球局胜率在 69%～84%之间,发球得分率在 58%～66%之间。由于参赛站数增多和发球竞技能力的提升,Aces、双误、破发点、发球局等指标数量增加幅度显著。

第二阶段,竞技状态最佳期(2013—2016 年)。发球竞技能力趋于稳定,处于职业生涯较高水平。Aces 数量在 439～576 个之间,双误数量在 138～182 个之间,一发成功率在 55%～60%之间,一发得分率在 74%～79%之间,二发得分率在 54%～56%之间,破发点数量在 247～426 个之间,挽救破发点率在 61%～68%之间,发球局数量在 689～986 个之间,发球局胜率在 85%～86%之间,发球得分率在 66%～68%之间。

第三阶段,竞技状态保持期(2017—2019 年)。发球竞技能力较为稳定,处于职业生涯较高水平。Aces 数量在 254～510 个之间,双误数量在 83～96 个之间,一发成功率在 59%～60%之间,一发得分率在 73%～76%之间,二发得分率在 54%～56%之间,破发点数量在 216～336 个之间。挽救破发点率在 63%～71%之间,发球局数量在 454～729 个之间,发球局胜率在 83%～86%之间,发球得分率在 65%～68%之间。

第四阶段,竞技状态衰退期(2020—2022 年)。Aces 数量在 59～225 个之间,双误数量在 16～39 个之间,一发成功率在 56%～60%之间,一发得分率在 74%～77%之间,二发得分率在 52%～53%之间,破发点数量在 44～166 个之间,挽救破发点率在 65%～68%之间,发球局数量在 97～331 个之间,发球局胜率在 81%～86%之间,发球得分率在 65%～66%之间。

2.发球落点分析

为了便于统计发球落点,将球场平分区和占先区发球区域分别划分为内角、中间、外角,总共 6 个区域对发球落点进行统计。

(1)一发发球落点(表 6-2-2)。

表 6-2-2　一发发球落点

项目	平分区内角	平分区中间	平分区外角	占先区外角	占先区中间	占先区内角
区域发球占比/(%)	44.5	7.0	48.4	50.4	3.5	46.1
区域发球数/发球总数	1732/3888	274/3888	1882/3888	1764/3498	122/3498	1612/3498
发球转化得分率/(%)	77.0	67.2	73.6	74.4	64.8	71.8
发球得分/区域发球数	1334/1732	184/274	1386/1882	1313/1764	79/122	1157/1612
平均发球速度/mph	126	119	113	116	118	120
Aces/个	366	0	245	227	1	218
发球直接得分/个	400	66	543	452	27	406

由表 6-2-2 可知,瓦林卡一发发球在平分区发球占比方面,外角 48.4%>内角 44.5%>中间 7.0%,在发球转化得分率方面,内角 77.0%>外角 73.6%>中间 67.2%,在平均发球速度方面,内角 126 mph>中间 119 mph>外角 113 mph,在 Aces 方面,内角 366 个>外角 245 个>中间 0 个,在发球直接得分方面,外角 543 个>内角 400 个>中间 66 个;在占先区发球占比方面,外角 50.4%>内角 46.1%>中间 3.5%,在发球转化得分率方面,外角 74.4%>内角 71.8%>中间 64.8%,在平均发球速度方面,内角 120 mph>中间 118 mph>外角 116 mph,在 Aces 方面,外角 227 个>内角 218 个>中间 1 个,在发球直接得分方面,外角 452 个>内角 406 个>中间 27 个。

瓦林卡一发主要将球发到内角和外角,中间最少。发球转化为分数平分区内角、占先区外角最高,且内角与外角差距较小。平均发球速度平分区差距较大,内角最高;占先区内角最高,三者差别较小。

(2)二发发球落点(表 6-2-3)。

表 6-2-3　二发发球落点

项目	平分区内角	平分区中间	平分区外角	占先区外角	占先区中间	占先区内角
区域发球占比/(%)	52.5	21.4	26.1	61.3	21.4	17.3
区域发球数/发球总数	1436/2733	584/2733	713/2733	1543/2517	538/2517	436/2517
发球转化得分率/(%)	56.8	54.8	56.8	56.5	55.8	54.1
发球得分/区域发球数	816/1436	320/584	405/713	872/1543	300/538	236/436
平均发球速度/mph	94	98	100	94	95	102
Aces/个	3	0	5	8	0	6
发球直接得分/个	207	97	154	304	90	84

由表 6-2-3 可知,瓦林卡二发发球在平分区发球占比方面,内角 52.5%>外角 26.1%>中间 21.4%,在发球转化得分率方面,外角 56.8%和内角 56.8%>中间 54.8%,在平均发

球速度方面,外角 100 mph＞中间 98 mph＞内角 94 mph,在 Aces 方面,外角 5 个＞内角 3 个＞中间 0 个,在发球直接得分方面,内角 207 个＞外角 154 个＞中间 97 个。在占先区发球占比方面,外角 61.3%＞中间 21.4%＞内角 17.3%,在发球转化得分率方面,外角 56.5%＞中间 55.8%＞内角 54.1%,在平均发球速度方面,内角 102 mph＞中间 95 mph＞外角 94 mph,在 Aces 方面,外角 8 个＞内角 6 个＞中间 0 个,在发球直接得分方面,外角 304 个＞中间 90 个＞内角 84 个。

瓦林卡二发平分区主要将球发到平分区内角和占先区外角。发球转化为分数区域内差别较小。平均发球速度平分区外角最快,占先区内角最快,且占先区中间和外角速度几乎无差别。

(3) 发球竞技能力排名(表 6-2-4)。

瓦林卡 2002 年转为职业球员,2002—2005 年、2020—2022 年发球各项竞技能力指标未进入世界排名榜,未纳入技术统计。

表 6-2-4　瓦林卡职业生涯发球竞技能力排名

赛季	发球排名	一发成功率排名	一发得分率排名	二发得分率排名	发球局胜率排名	场均 Aces 排名	场均双误排名
2006	44	71	32	34	35	34	80
2007	58	72	46	49	53	27	61
2008	47	46	57	20	49	38	31
2009	37	62	34	35	33	27	46
2010	21	75	18	13	12	31	35
2011	26	46	38	15	31	30	28
2012	27	71	28	18	22	20	39
2013	19	51	27	7	13	31	37
2014	17	80	6	11	14	13	42
2015	19	73	14	8	13	23	35
2016	14	57	16	3	9	27	25
2017	17	47	41	4	17	34	15
2018	29	73	37	18	26	31	32
2019	11	71	12	8	10	11	10

本书对瓦林卡发球局各项技术指标进行横向比较,了解了瓦林卡各项技术统计的年终排名变化,就能够更清楚地了解瓦林卡职业生涯发球局竞技能力的变化趋势。由图 6-2-1 可知,瓦林卡发球局排名整体呈现上升趋势,并出现小幅度波动。

根据表 6-2-4,瓦林卡职业生涯发球最高排名是第 11 位(2019 年),整体排名在第 11～58 位。一发成功率整体排名在第 46～80 位。一发得分率最高排名为第 6 位(2014 年),整体排名在第 6～57 位。二发得分率最高排名为第 3 位(2016 年),2013—2017 年、2019 年排名在第 10 位左右,整体排名在第 3～49 位。发球局胜率最高排名为第 9 位(2016 年),整体排名在第 9～53 位。场均 Aces 最高排名为第 11 位(2019 年),整体排名在第 11～38 位。场均双误最高排名为第 10 位(2019 年),整体排名在第 10～80 位。瓦林卡一发稳定性较弱,二发得分能力较强。

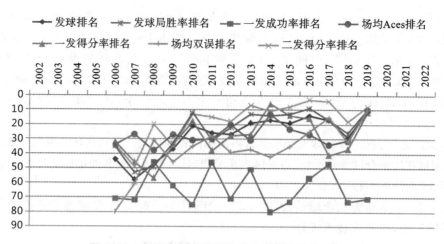

图 6-2-1　瓦林卡职业生涯发球竞技能力排名趋势图

(二)不同职业阶段接发球竞技能力分析

1. 不同职业阶段接发球竞技能力描述性统计分析

不同职业阶段接发球竞技能力如表 6-2-5 所示。

表 6-2-5　不同职业阶段接发球竞技能力

阶段	赛季	接一发得分率/(%)	接二发得分率/(%)	破发机会/个	破发成功率/(%)	接发球局/个	接发球局胜率/(%)	接发球得分率/(%)
形成期	2003	30	49	39	36	65	22	38
	2004	26	47	29	28	65	12	34
	2005	30	50	220	34	371	20	37
形成期	2006	31	47	394	41	707	23	38
	2007	30	49	329	39	560	23	38
	2008	31	52	429	45	702	27	40
	2009	32	50	399	38	606	25	39
	2010	32	50	380	41	626	25	39
	2011	32	50	449	38	694	25	39
	2012	31	50	412	43	712	25	39
最佳期	2013	31	50	548	38	900	23	38
	2014	29	50	362	42	680	22	37
	2015	28	49	534	38	958	21	36
	2016	29	50	504	39	837	23	38
保持期	2017	29	49	282	40	507	22	37
	2018	26	46	217	30	452	15	34
	2019	28	47	367	37	717	19	35

续表

阶段	赛季	接一发得分率/(%)	接二发得分率/(%)	破发机会/个	破发成功率/(%)	接发球局/个	接发球局胜率/(%)	接发球得分率/(%)
衰退期	2020	30	50	181	37	325	21	37
	2021	29	43	48	35	95	18	34
	2022	26	45	120	37	296	15	33

第一阶段,竞技状态形成期(2003—2012年)。接发球竞技能力处于上升阶段。接发球局数量从65个增加到712个,破发机会数量在29～449个之间。接一发得分率在26%～32%之间,接二发得分率在47%～52%之间,破发成功率在28%～45%之间,接发球局胜率在12%～27%之间,接发球得分率在34%～40%之间。由于参赛站数增多和接发球竞技能力的提升,破发机会、接发球局等指标数量增加幅度显著。

第二阶段,竞技状态最佳期(2013—2016年)。接发球竞技能力趋于稳定,处于职业生涯最高水平。接一发得分率在28%～31%之间,接二发得分率在49%～50%之间,破发机会数量在362～548个之间,破发成功率在38%～42%之间,接发球局数量在680～958个之间,接发球局胜率在21%～23%之间,接发球得分率在36%～38%之间。

第三阶段,竞技状态保持期(2017—2019年)。接发球竞技能力略微下降,处于职业生涯较高水平。接一发得分率在26%～29%之间,接二发得分率在46%～49%之间,破发机会数量在217～367个之间,破发成功率在30%～40%之间,接发球局数量在452～717个之间,接发球局胜率在15%～22%之间,接发球得分率在34%～37%之间。

第四阶段,竞技状态衰退期(2020—2022年)。接发球竞技能力虽呈下降趋势,但仍较为稳定。接一发得分率在26%～30%之间,接二发得分率在43%～50%之间,破发机会数量在48～181个之间,破发成功率在35%～37%之间,接发球局数量在95～325个之间,接发球局胜率在15%～21%之间,接发球得分率在33%～37%之间。此阶段受新冠疫情影响,全球范围内比赛减少。

瓦林卡接发球进攻性强,得益于其强力的正反手。接一发得分率在30%左右,接二发得分率在50%左右,接发球局胜率在20%左右,接发球得分率在37%左右;接发球竞技能力排名在35位左右。瓦林卡移动能力、耐力偏弱,打法上以力量压制对手,不给对手调动机会。

2.接发球落点分析

为了便于统计瓦林卡的接发球落点,将球场平分区和占先区接发球区域分别划分为前场、中场、后场,总共6个区域对发球落点进行统计。

(1)接一发发球落点(表6-2-6)。

表6-2-6 接一发发球落点概况表

项目	平分区外角	平分区中间	平分区内角	占先区内角	占先区中间	占先区外角
接发球得分率/(%)	44.8	41.2	45.0	44.5	47.3	39.5
得分/接发球数	431/963	117/284	472/1049	422/948	138/292	387/979
前场/(%)	24.9	25.7	26.1	25.3	19.2	26.5

续表

项目	平分区外角	平分区中间	平分区内角	占先区内角	占先区中间	占先区外角
中场/(%)	47.2	46.5	44.2	46.5	51.4	48.2
后场/(%)	27.8	27.8	29.6	28.2	29.5	25.3
占先区/(%)	35.2	45.8	68.2	44.8	61.3	79.4
平分区/(%)	64.8	54.2	31.8	55.2	38.7	20.6

由表6-2-6可知,瓦林卡在平分区接一发得分率方面,内角45.0%>外角44.8%>中间41.2%;在占先区接一发得分率方面,中间47.3%>内角44.5%>外角39.5%。在平分区接一发发球,接外角发球落点中场47.2%>后场27.8%>前场24.9%,平分区64.8%>占先区35.2%;接平分区中间发球落点中场46.5%>后场27.8%>前场25.7%,平分区54.2%>占先区45.8%;接平分区内角发球落点中场44.2%>后场29.6%>前场26.1%,占先区68.2%>平分区31.8%。在占先区接一发发球,接内角发球落点中场46.5%>后场28.2%>前场25.3%,平分区55.2%>占先区44.8%;接占先区中间发球落点中场51.4%>后场29.5%>前场19.2%,占先区61.3%>平分区38.7%;接占先区外角发球落点中场48.2%>前场26.5%>后场25.3%,占先区79.4%>平分区20.6%。

瓦林卡职业生涯中接一发得分率方面,接平分区内角、占先区中间发球得分率最高,接平分区中间、占先区外角发球得分率最低。瓦林卡接一发平分区外角和中间、占先区内角主要将球击打到平分区,接平分区内角、占先区中间和外角主要将球击打到占先区,说明瓦林卡接一发接发线路以斜线为主。在接发球落点深度方面,中场和后场占比高,接发球落点较深。

(2)接二发发球落点(表6-2-7)。

表6-2-7 接二发发球落点统计表

项目	平分区外角	平分区中间	平分区内角	占先区内角	占先区中间	占先区外角
接发球得分率/(%)	50.7	54.7	50.9	49.4	55.5	55.4
得分/接发球数	144/284	266/486	547/1075	114/231	405/730	400/722
前场/(%)	19.7	18.5	17.6	23.4	18.6	21.9
中场/(%)	54.6	53.1	55.0	51.9	56.2	51.1
后场/(%)	25.7	28.4	27.4	24.7	25.2	27.0
占先区/(%)	73.9	53.1	31.6	68.0	27.5	21.2
平分区/(%)	26.1	46.9	68.4	32.0	72.5	78.8

由表6-2-7可知,瓦林卡在平分区接二发得分率方面,中间54.7%>内角50.9%>外角50.7%;在占先区接二发得分率方面,中间55.5%>外角55.4%>内角49.4%。在平分区接二发发球,接外角发球落点中场54.6%>后场25.7%>前场19.7%,占先区73.9%>平分区26.1%;接平分区中间发球落点中场53.1%>后场28.4%>前场18.5%,占先

53.1%＞平分区 46.9%；接平分区内角发球落点中场 55.0%＞后场 27.4%＞前场 17.6%，平分区 68.4%＞占先区 31.6%。在占先区接二发发球，接内角发球落点中场 51.9%＞后场 24.7%＞前场 23.4%，占先区 68.0%＞平分区 32.0%；接占先区中间发球落点中场 56.2%＞后场 25.2%＞前场 18.6%，平分区 72.5%＞占先区 27.5%；接占先区外角发球落点中场 51.1%＞后场 27.0%＞前场 21.9%，平分区 78.8%＞占先区 21.2%。

瓦林卡职业生涯中接二发得分率方面，接中间发球得分率最高，占先区内角得分率最低。瓦林卡接二发平分区内角、占先区中间、占先区外角主要将球击打到平分区，接平分区外角和中间、占先区内角主要将球击打到占先区，说明瓦林卡接二发接发线路以直线为主。在接发球落点深度方面，中场和后场占比高，接发球落点较深。

瓦林卡在平分区接不同角度的发球时，接二发的得分率均高于接一发，主要是因为一发的速度相对较快，力量、角度较大，难以对对手发起进攻。在接一发方面，占先区外角的得分率最低，这是由于瓦林卡反手位使用的是单手反拍击球，对于一些弹跳相对较高的发球失误相对较多；而平分区发向外角的球正好是瓦林卡的正手位，更容易得分，在占先区用正手接内角发球的得分率也最高。在接二发方面，不管在平分区还是在占先区，瓦林卡在接对手发向反手位的球得分率都较低，当对方的二发速度较慢或落点较浅时，瓦林卡常常侧身用正手进攻，同时他也经常用反手切削来改变回球的节奏以遏制对手的进攻。

综上所述，瓦林卡接发球战术思路为：接一发线路以斜线为主，接二发线路以直线为主。在接发球深度上，接一发球和二发球的落点都较深。接中间线路发球得分率高，外角和反手位得分率低。

(3)接发球竞技能力排名(表 6-2-8)。

瓦林卡 2002 年转为职业球员，2002—2005 年、2020—2022 年接发球各项竞技能力指标未进入世界排名榜，未纳入趋势体系。

表 6-2-8 瓦林卡职业生涯接发球竞技能力排名

赛季	接发球排名	接一发得分率排名	接二发得分率排名	接发球局胜率排名	破发成功率排名
2006	55	28	70	50	42
2007	47	38	44	42	57
2008	10	18	16	10	5
2009	30	10	31	20	55
2010	23	15	37	19	35
2011	42	20	46	34	66
2012	23	20	34	23	13
2013	41	21	39	40	52
2014	29	38	32	32	19
2015	37	32	44	35	50
2016	35	31	25	33	45

续表

赛季	接发球排名	接一发得分率排名	接二发得分率排名	接发球局胜率排名	破发成功率排名
2017	35	38	42	33	38
2018	89	72	83	86	91
2019	68	45	73	64	71

本书对瓦林卡接发球局各项竞技能力排名进行横向比较,了解了瓦林卡各项技术统计的年终排名变化,就能够更清楚地了解瓦林卡职业生涯接发球局竞技能力的变化趋势。由图 6-2-2 可知,瓦林卡接发球局排名整体上属于先上升再趋于稳定的态势。接一发得分率、接二发得分率、接发球局胜率等指标趋势与接发球排名一致,与破发成功率有区别。接发球排名 2006 年至 2008 年为上升期,2009 年以后逐渐下降。

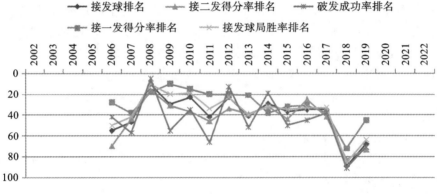

图 6-2-2　瓦林卡职业生涯接发球竞技能力排名趋势图

由表 6-2-8 可知,瓦林卡职业生涯接发球最高排名为第 10 位(2008 年),整体排名在第 10～89 位。接一发得分率最高排名为第 10 位(2009 年),整体排名在第 10～72 位。接二发得分率最高排名为第 16 位(2008 年),整体排名在第 16～83 位。接发球局胜率最高排名为第 10 位(2008 年),整体排名在第 10～86 位。破发成功率最高排名为第 5 位(2008 年),整体排名在第 5～91 位。瓦林卡接发能力不突出与其自身移动能力较弱有关。

(三)瓦林卡职业生涯总体竞技能力特征与胜率相关性分析

对瓦林卡职业生涯(2003—2022 年)参加所有比赛的 10 项发球指标(Aces、一发成功率、双误、一发得分率、二发得分率、破发点、挽救破发点率、发球局、发球局胜率、发球得分率)和 7 项接发球指标(接一发得分率、接二发得分率、破发机会、破发成功率、接发球局、接发球局胜率、接发球得分率)与参赛胜率之间进行相关性检验,筛选出较高相关指标。

根据相关分析对数据的要求统计分析的内容,相关分析必须要结合以下步骤进行,缺一不可:①绘制散点图,看线性趋势;②定量变量的正态性判断;③计算相关系数 r;④开展假设检验,判断总体相关性的有无。由于 Aces、双误、破发点、发球局、破发机会、接发球局与其他指标数据不同,故而分开做散点图。将表 6-1-9、表 6-2-1 和表 6-2-5 的数据录入 SPSS 绘制散点图,结果如图 6-2-3、图 6-2-4 所示。

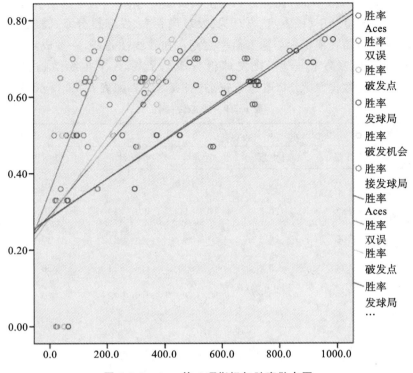

图 6-2-3 Aces 等 6 项指标与胜率散点图

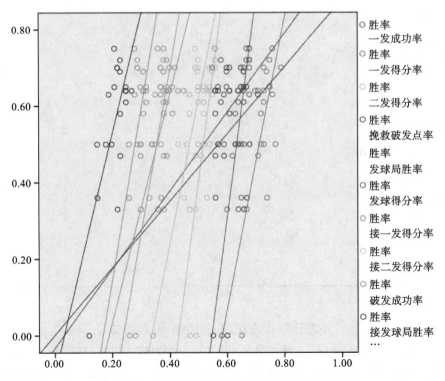

图 6-2-4 发球得分率等 11 项指标与胜率散点图

由图 6-2-3 和图 6-2-4 可知,瓦林卡职业生涯(2003—2022 年)参加所有比赛的 Aces、双误、一发得分率、二发得分率、破发点、发球局、发球局胜率、发球得分率、破发机会、破发成功率、接发球局、接发球局胜率指标与参赛胜率之间存在着线性趋势,一发成功率、挽救破发点率、接一发得分率、接二发得分率、接发球得分率与胜率不存在线性趋势。将表 6-1-9、表 6-2-1 和表 6-2-5 的数据录入 SPSS 进行正态性检验,结果如表 6-2-9 所示。

表 6-2-9 正态性检验

项目	Kolmogorov-Smirnov[a]			Shapiro-Wilk		
	统计量	自由度	显著性	统计量	自由度	显著性
Aces	0.099	20	0.200*	0.963	20	0.596
双误	0.182	20	0.081	0.940	20	0.235
一发成功率	0.169	20	0.134	0.921	20	0.101
一发得分率	0.144	20	0.200*	0.954	20	0.429
二发得分率	0.169	20	0.134	0.928	20	0.141
破发点	0.160	20	0.192	0.908	20	0.058
挽救破发点率	0.179	20	0.092	0.938	20	0.224
发球局	0.140	20	0.200*	0.935	20	0.195
发球局胜率	0.160	20	0.196	0.873	20	0.013
发球得分率	0.159	20	0.199	0.919	20	0.094
接一发得分率	0.152	20	0.200*	0.906	20	0.053
接二发得分率	0.264	20	0.001	0.845	20	0.004
破发机会	0.170	20	0.132	0.931	20	0.164
破发成功率	0.171	20	0.126	0.947	20	0.328
接发球局	0.145	20	0.200*	0.931	20	0.158
接发球局胜率	0.172	20	0.124	0.916	20	0.082
接发球得分率	0.200	20	0.035	0.907	20	0.057
胜率	0.205	20	0.027	0.808	20	0.001

"*":true 显著下限;a. Lilliefors 显著更正。

由于样本量低于 2000,正态性检验选择 Shapiro-Wilk 检验方法,观察"显著性"。Aces、一发成功率、双误、一发得分率、二发得分率、破发点、挽救破发点率、发球局、发球得分率、接一发得分率、破发机会、破发成功率、接发球局、接发球局胜率、接发球得分率等指标符合正态性分布,其余指标(发球局胜率、接二发得分率)和胜率不符合正态性分布,采用秩相关分析,分析结果如表 6-2-10 所示。

表 6-2-10 相关性分析

检验方法	指标	项目	胜率
Spearman 的 rho	Aces	相关系数	0.744**
		显著性(双尾)	0.000
		N	20
	双误	相关系数	0.573**
		显著性(双尾)	0.008
		N	20
	一发得分率	相关系数	0.560*
		显著性(双尾)	0.010
		N	20
	二发得分率	相关系数	0.808**
		显著性(双尾)	0.000
		N	20
	破发点	相关系数	0.604**
		显著性(双尾)	0.005
		N	20
	发球局	相关系数	0.711**
		显著性(双尾)	0.000
		N	20
	发球局胜率	相关系数	0.687**
		显著性(双尾)	0.001
		N	20
	发球得分率	相关系数	0.741**
		显著性(双尾)	0.000
		N	20
	接二发得分率	相关系数	0.537*
		显著性(双尾)	0.015
		N	20
	破发机会	相关系数	0.700**
		显著性(双尾)	0.001
		N	20
	破发成功率	相关系数	0.574**
		显著性(双尾)	0.008
		N	20

检验方法	指标	项目	胜率
	接发球局	相关系数	0.706**
		显著性(双尾)	0.001
		N	20

"*":相关性在0.05级别(双尾);"**":相关性在0.01级别(双尾)。

12项技战术指标分别与胜率的关联性存在统计学差异,存在显著相关关系,相关性由高到低进行排序:二发得分率(0.808)、Aces(0.744)、发球得分率(0.741)、发球局(0.711)、接发球局(0.706)、破发机会(0.700)、发球局胜率(0.687)、破发点(0.604)、破发成功率(0.574)、双误(0.573)、一发得分率(0.560)、接二发得分率(0.537),且呈正相关,说明各指标数值越高,胜率就越高,但是破发点和双误除外。在相关性分析时,本研究采用的破发点、双误等指标是累计的,与参赛场数有直接关系,参赛少破发点和双误就少,故而在相关性分析时有待下一步研究。其余指标与胜率的关联性不存在统计学差异,不存在显著相关关系。

二、瓦林卡在不同场地参赛竞技能力分析

(一)瓦林卡职业生涯硬地参赛竞技能力分析

1.硬地参赛发球竞技能力特征分析

瓦林卡不同职业阶段硬地发球竞技能力如表6-2-11所示。

表6-2-11 瓦林卡不同职业阶段硬地发球竞技能力

阶段	赛季	Aces/个	双误/个	一发成功率/(%)	一发得分率/(%)	二发得分率/(%)	破发点/个	挽救破发点率/(%)	发球局/个	发球局胜率/(%)	发球得分率/(%)
形成期	2004	4	3	57	69	42	5	40	9	67	57
	2005	82	38	57	73	48	68	56	117	74	62
	2006	144	101	55	73	52	146	60	302	81	64
	2007	222	72	56	74	51	190	62	378	81	64
	2008	204	63	60	70	52	197	51	409	76	63
	2009	191	68	54	75	51	186	70	304	82	64
	2010	231	77	55	77	52	189	69	385	85	66
	2011	204	80	59	73	54	167	53	409	81	65
	2012	205	62	53	73	54	188	65	344	81	64

续表

阶段	赛季	Aces /个	双误 /个	一发成功率/(%)	一发得分率/(%)	二发得分率/(%)	破发点 /个	挽救破发点率/(%)	发球局 /个	发球局胜率/(%)	发球得分率/(%)
最佳期	2013	277	98	56	75	55	197	63	464	84	66
	2014	287	111	54	79	52	184	62	476	85	67
	2015	363	113	56	75	56	291	67	635	85	67
	2016	331	117	58	74	56	280	70	595	86	67
保持期	2017	168	52	60	74	56	116	65	269	85	67
	2018	181	63	57	73	56	150	65	333	84	66
	2019	356	55	59	77	54	214	69	475	86	68
衰退期	2020	201	35	61	77	52	122	65	272	84	67
	2021	59	16	57	77	52	44	68	97	86	66
	2022	93	17	59	75	55	86	71	168	85	67

第一阶段，竞技状态形成期（2004—2012 年）。发球竞技能力处于提升状态。Aces 数量在 4~231 个之间，双误数量在 3~101 个之间，一发成功率在 53%~60%之间，一发得分率在 69%~77%之间，二发得分率从 42%提升到 54%。破发点数量在 5~197 个之间，挽救破发点率在 40%~70%之间。发球局数量在 9~409 个之间，发球局胜率在 67%~85%之间，发球得分率从 57%提升到 66%。由于参赛站数增多和发球竞技能力的提升，Aces、双误、破发点、发球局等指标数量增加幅度显著。

第二阶段，竞技状态最佳期（2013—2016 年）。发球竞技能力趋于稳定，处于职业生涯较高水平。Aces 数量在 277~363 个之间，双误数量在 98~117 个之间，一发成功率在 54%~58%之间，一发得分率在 74%~79%之间，二发得分率在 52%~56%之间，破发点数量在 184~291 个之间，挽救破发点率在 62%~70%之间，发球局数量在 464~635 个之间，发球局胜率在 84%~86%之间，发球得分率在 66%~67%之间。

第三阶段，竞技状态保持期（2017—2019 年）。发球竞技能力较为稳定，处于职业生涯较高水平。Aces 数量在 168~356 个之间，双误数量在 52~63 个之间，一发成功率在 57%~60%之间，一发得分率在 73%~77%之间，二发得分率在 54%~56%之间，破发点数量在 116~214 个之间。挽救破发点率在 65%~69%之间，发球局数量在 269~475 个之间，发球局胜率在 84%~86%之间，发球得分率在 66%~68%之间。

第四阶段，竞技状态衰退期（2020—2022 年）。Aces 数量在 59~201 个之间，双误数量在 16~35 个之间，一发成功率在 57%~61%之间，一发得分率在 75%~77%之间，二发得分率在 52%~55%之间，破发点数量在 44~122 个之间，挽救破发点率在 65%~71%之间，发球局数量在 97~272 个之间，发球局胜率在 84%~86%之间，发球得分率在 66%~67%之间。

2.硬地参赛接发球竞技能力特征分析

瓦林卡不同职业阶段硬地接发球竞技能力如表 6-2-12 所示。

表 6-2-12　瓦林卡不同职业阶段硬地接发球竞技能力

阶段	赛季	接一发得分率/(%)	接二发得分率/(%)	破发机会/个	破发成功率/(%)	接发球局/个	接发球局胜率/(%)	接发球得分率/(%)
形成期	2004	17	42	2	0	9	0	25
	2005	27	48	63	29	118	15	35
	2006	33	46	171	42	293	25	38
	2007	29	50	208	41	370	23	37
	2008	30	52	228	45	394	26	39
	2009	30	48	172	36	304	20	37
	2010	30	50	216	42	377	24	38
	2011	32	50	278	37	405	25	40
	2012	31	48	207	39	346	23	38
最佳期	2013	30	49	242	39	453	21	37
	2014	30	51	261	41	473	23	38
	2015	27	49	314	41	617	21	36
	2016	28	50	338	39	574	23	37
保持期	2017	30	48	150	37	263	21	36
	2018	26	46	153	34	332	16	34
	2019	28	47	235	36	471	18	35
衰退期	2020	29	49	142	35	267	19	36
	2021	29	43	48	35	95	18	34
	2022	25	45	66	42	167	17	32

第一阶段,竞技状态形成期(2004—2012年)。接发球竞技能力处于提升状态。接发球局数量在9～405个之间,破发机会数量在2～278个之间。接一发得分率在17%～33%之间,接二发得分率在42%～52%之间,破发成功率在0～45%之间,接发球局胜率在0～26%之间,接发球得分率在25%～40%之间。由于参赛站数增多和接发球竞技能力的提升,破发机会、接发球局等指标数量增加幅度显著。

第二阶段,竞技状态最佳期(2013—2016年)。接发球竞技能力趋于稳定,处于职业生涯最高水平。接一发得分率在27%～30%之间,接二发得分率在49%～51%之间,破发机会数量在242～338个之间,破发成功率在39%～41%之间,接发球局数量在453～617个之间,接发球局胜率在21%～23%之间,接发球得分率36%～38%之间。

第三阶段,竞技状态保持期(2017—2019年)。接发球竞技能力略微下降,处于职业生涯较高水平。接一发得分率在26%～30%之间,接二发得分率在46%～48%之间,破发机会数量在150～235个之间,破发成功率在34%～37%之间,接发球局数量在263～471个之间,接发球局胜率在16%～21%之间,接发球得分率在34%～36%之间。

第四阶段,竞技状态衰退期(2020—2022年)。接发球竞技能力呈下降趋势,且较为稳定。接一发得分率在25%～29%之间,接二发得分率在43%～49%之间,破发机会数量在48～142个之间,破发成功率在35%～42%之间,接发球局数量在95～267个之间,接发球局胜率在17%～19%之间,接发球得分率32%～36%之间。此阶段受新冠疫情影响,全球范围内比赛减少。

3.瓦林卡职业生涯参加硬地比赛胜率分析

在 ATP 官网上,收集瓦林卡每年参加硬地比赛的胜场数、总场数,统计参加硬地赛事的胜率,得到表 6-2-13。

表 6-2-13　瓦林卡职业生涯参加硬地比赛胜率统计表

阶段	赛季	胜场数	总场数	胜率/(%)
形成期	2004	2	5	40
	2005	10	21	48
	2006	13	24	54
	2007	16	28	57
	2008	19	33	58
	2009	15	27	56
	2010	19	31	61
	2011	23	33	70
	2012	16	25	64
最佳期	2013	23	37	62
	2014	26	38	68
	2015	37	49	76
	2016	33	45	73
保持期	2017	14	19	74
	2018	14	25	56
	2019	23	35	66
衰退期	2020	13	19	68
	2021	3	6	50
	2022	7	15	47

在竞技状态形成期,胜场数在 2～23 场之间,总场数在 5～33 场之间,胜率在 40%～70%之间。在竞技状态最佳期,胜场数在 23～37 场之间,总场数在 37～49 场之间,胜率在 62%～76%之间。在竞技状态保持期,胜场数在 14～23 场之间,总场数在 19～35 场之间,胜率在 56%～74%之间。在竞技状态衰退期,参赛胜率下降,胜场数在 3～13 场之间,总场数在 6～19 场之间,胜率在 47%～68%之间。

4.硬地参赛竞技能力特征与胜率相关性分析

对瓦林卡职业生涯(2004—2022 年)参加硬地比赛的 10 项发球指标(Aces、一发成功率、双误、一发得分率、二发得分率、破发点、挽救破发点率、发球局、发球局胜率、发球得分率)和 7 项接发球指标(接一发得分率、接二发得分率、破发机会、破发成功率、接发球局、接发球局胜率、接发球得分率)与硬地参赛胜率之间进行相关性检验,筛选出较高相关指标。

根据相关分析对数据的要求统计分析的内容,相关分析必须要结合步骤进行,缺一不可:①绘制散点图,看线性趋势;②定量变量的正态性判断;③计算相关系数 r;④开展假设检验,判断总体相关性的有无。由于 Aces、双误、破发点、发球局、破发机会、接发球局与其他指标数据不同,故而分开做散点图。将表 6-2-11 至表 6-2-13 数据录入 SPSS 绘制散点图,结果如图 6-2-5、图 6-2-6 所示。

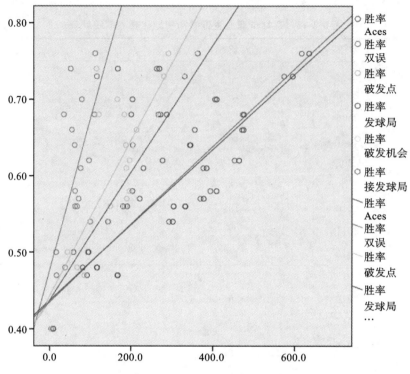

图 6-2-5　Aces 等 6 项指标与胜率散点图

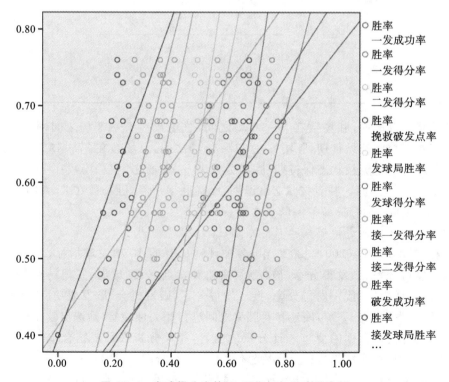

图 6-2-6　发球得分率等 11 项指标与胜率散点图

由图 6-2-5 和图 6-2-6 可知,瓦林卡职业生涯参加硬地比赛的 Aces、双误、二发得分率、破发点、发球局、发球局胜率、发球得分率、接二发得分率、破发机会、接发球局、接发球局胜率、接发球得分率指标与硬地参赛胜率之间存在着线性趋势;一发成功率、一发得分率、挽救破发点率、接一发得分率、破发成功率与胜率线性趋势较弱。将表 6-2-11 至表 6-2-13 数据录入 SPSS 进行正态性检验,结果如表 6-2-14 所示。

表 6-2-14 正态性检验

项目	Kolmogorov-Smirnov[a]			Shapiro-Wilk		
	统计量	自由度	显著性	统计量	自由度	显著性
Aces	0.113	19	0.200*	0.966	19	0.697
双误	0.097	19	0.200*	0.961	19	0.595
一发成功率	0.132	19	0.200*	0.967	19	0.706
一发得分率	0.183	19	0.093	0.942	19	0.290
二发得分率	0.215	19	0.021	0.810	19	0.002
破发点	0.160	19	0.200*	0.954	19	0.470
挽救破发点率	0.202	19	0.039	0.851	19	0.007
发球局	0.123	19	0.200*	0.976	19	0.891
发球局胜率	0.261	19	0.001	0.756	19	0.000
发球得分率	0.216	19	0.020	0.809	19	0.002
接一发得分率	0.193	19	0.061	0.794	19	0.001
接二发得分率	0.192	19	0.063	0.935	19	0.212
破发机会	0.126	19	0.200*	0.968	19	0.733
破发成功率	0.299	19	0.000	0.608	19	0.000
接发球局	0.119	19	0.200*	0.978	19	0.919
接发球局胜率	0.161	19	0.200*	0.770	19	0.000
接发球得分率	0.197	19	0.050	0.799	19	0.001
胜率	0.092	19	0.200*	0.975	19	0.872

"*":true 显著下限;"a":Lilliefors 显著更正。

由于样本量低于 2000,正态性检验选择 Shapiro-Wilk 检验方法,观察"显著性"。Aces、双误、一发成功率、一发得分率、破发点、发球局、接二发得分率、破发机会、接发球局指标和胜率符合正态性分布,二发得分率、挽救破发点率、发球局胜率、发球得分率、接一发得分率、破发成功率、接发球局胜率、接发球得分率不符合正态性分布;Aces、双误、破发点、发球局、接二发得分率、破发机会、接发球局指标与硬地参赛胜率之间存在着线性趋势且满足正态性分布,采用线性相关分析,其余指标采用秩相关分析,分析结果如表 6-2-15 所示。

表 6-2-15　相关性分析

检验方法	指标	项目	胜率
皮尔逊	Aces	皮尔逊相关	0.813**
		显著性（双尾）	0.000
		N	19
	双误	皮尔逊相关	0.658**
		显著性（双尾）	0.002
		N	19
	破发点	皮尔逊相关	0.740**
		显著性（双尾）	0.000
		N	19
	发球局	皮尔逊相关	0.803**
		显著性（双尾）	0.000
		N	19
	接二发得分率	皮尔逊相关	0.654**
		显著性（双尾）	0.002
		N	19
	破发机会	皮尔逊相关	0.820**
		显著性（双尾）	0.000
		N	19
	接发球局	皮尔逊相关	0.804**
		显著性（双尾）	0.000
		N	19
Spearman 的 rho	二发得分率	相关系数	0.583**
		显著性（双尾）	0.009
		N	19
	发球得分率	相关系数	0.595**
		显著性（双尾）	0.007
		N	19

"*"：相关性在 0.05 级别（双尾）；"**"：相关性在 0.01 级别（双尾）。

9 项技战术指标分别与胜率的关联性存在统计学差异，存在显著相关关系，相关性由高到低进行排序：破发机会(0.820)、Aces(0.813)、接发球局(0.804)、发球局(0.803)、破发点(0.740)、双误(0.658)、接二发得分率(0.654)、发球得分率(0.595)、二发得分率(0.583)，其余指标与胜率的关联性不存在统计学差异，不存在显著相关关系。事实上，破发机会、Aces、接发球局、发球局、破发点、双误等指标与参赛胜率并不是简单的线性相关关系，与参赛场数有一定关系，有待进一步研究。

(二)瓦林卡职业生涯红土场地参赛竞技能力分析

1. 红土场地参赛发球竞技能力特征分析

瓦林卡不同职业阶段红土场地发球竞技能力如表6-2-16所示。

表6-2-16 瓦林卡不同职业阶段红土场地发球竞技能力

阶段	赛季	Aces /个	双误 /个	一发成功率/(%)	一发得分率/(%)	二发得分率/(%)	破发点 /个	挽救破发点率/(%)	发球局 /个	发球局胜率/(%)	发球得分率/(%)
形成期	2003	12	15	65	66	45	40	68	50	74	59
	2004	15	15	55	61	47	32	56	39	64	55
	2005	96	59	56	72	53	107	64	186	80	63
	2006	78	60	58	68	48	143	59	227	74	59
	2007	67	49	54	66	52	98	57	153	73	60
	2008	75	44	62	69	57	133	62	253	80	64
	2009	84	43	63	69	53	134	60	231	77	63
	2010	119	42	60	74	56	106	65	233	84	67
	2011	88	39	64	67	53	143	61	250	78	62
	2012	175	62	59	73	53	169	67	346	84	65
最佳期	2013	166	73	64	73	55	172	67	387	86	67
	2014	42	12	57	72	58	38	53	95	81	66
	2015	104	43	55	76	55	110	68	235	85	67
	2016	100	32	58	76	58	80	64	216	87	68
保持期	2017	80	26	60	70	59	110	67	217	83	65
	2018	18	9	61	72	49	31	61	53	77	63
	2019	105	29	59	72	56	103	74	186	85	66
衰退期	2020	24	4	57	68	54	37	65	59	78	61
	2022	42	15	52	71	51	48	56	83	75	61

第一阶段,竞技状态形成期(2003—2012年)。发球竞技能力处于逐年提升的状态。Aces数量从12个增加到175个,双误数量从15个增加到62个,一发成功率在54%~65%之间,一发得分率在61%~74%之间,二发得分率在45%~57%之间。破发点数量从32个增加到169个,挽救破发点率在56%~68%之间。发球局数量从39个增加到346个,发球局胜率从64%提高到84%,发球得分率在55%~67%之间。由于参赛站数增多和发球竞技能力的提升,Aces、双误、破发点、发球局等指标数量增加幅度显著。

第二阶段,竞技状态最佳期(2013—2016年)。发球竞技能力趋于稳定,处于职业生涯较高水平。Aces数量在42~166个之间,双误数量在12~73个之间,一发成功率在55%~64%之间,一发得分率在72%~76%之间,二发得分率在55%~58%之间,破发点数量在38~172个之间,挽救破发点率在53%~68%之间,发球局数量在95~387之间,发球局胜率在81%~87%之间,发球得分率在66%~68%之间。

第三阶段,竞技状态保持期(2017—2019年)。发球竞技能力较为稳定,处于职业生涯较高水平。Aces数量在18~105个之间,双误数量在9~29个之间,一发成功率在59%~61%之间,一发得分率在70%~72%之间,二发得分率在49%~59%之间,破发点数量在31~110个之间,挽救破发点率在61%~74%之间,发球局数量在53~217个之间,发球局胜率在77%~85%之间,发球得分率在63%~66%之间。

第四阶段,竞技状态衰退期(2020—2022年)。Aces数量为24~42个,双误数量为4~15个,一发成功率为52%~57%,一发得分率为68%~71%,二发得分率为51%~54%,破发点数量为37~48个,挽救破发点率为56%~65%,发球局数量为59~83个,发球局胜率为75%~78%,发球得分率稳定在61%。

2.红土场地参赛接发球竞技能力特征分析

瓦林卡不同职业阶段红土场地接发球竞技能力如表6-2-17所示。

表6-2-17 瓦林卡不同职业阶段红土场地接发球竞技能力

阶段	赛季	接一发得分率/(%)	接二发得分率/(%)	破发机会/个	破发成功率/(%)	接发球局/个	接发球局胜率/(%)	接发球得分率/(%)
形成期	2003	31	48	30	37	53	21	38
	2004	28	42	14	36	39	13	34
	2005	33	54	129	37	181	27	41
	2006	35	49	144	44	226	28	40
	2007	33	50	112	35	152	26	40
	2008	32	53	160	46	249	29	41
	2009	35	52	176	40	230	30	42
	2010	35	51	161	39	224	28	41
	2011	31	51	137	46	247	26	38
	2012	32	53	191	48	331	28	40
最佳期	2013	32	52	274	38	382	27	40
	2014	28	53	53	45	93	26	38
	2015	32	52	170	35	229	26	40
	2016	32	52	141	39	212	26	40
保持期	2017	30	50	124	45	214	26	38
	2018	28	39	25	24	50	12	32
	2019	29	48	102	37	182	21	36
衰退期	2020	36	50	39	44	58	29	42
	2022	26	48	41	32	82	16	36

第一阶段,竞技状态形成期(2003—2012 年)。接发球竞技能力处于提升状态。接发球局数量从 39 个增加到 331 个,破发机会数量在 14~191 个之间。接一发得分率在 28%~35%之间,接二发得分率在 42%~54%之间,破发成功率在 35%~48%之间,接发球局胜率在 13%~30%之间,接发球得分率在 34%~42%之间。由于参赛站数增多和接发球竞技能力的提升,破发机会、接发球局等指标数量增加幅度显著。

第二阶段,竞技状态最佳期(2013—2016 年)。接发球竞技能力趋于稳定,处于职业生涯最高水平。接一发得分率在 28%~32%之间,接二发得分率在 52%~53%之间,破发机会数量在 53~274 个之间,破发成功率在 35%~45%之间,接发球局数量在 93~382 个之间,接发球局胜率在 26%~27%之间,接发球得分率 38%~40%之间。

第三阶段,竞技状态保持期(2017—2019 年)。接发球竞技能力略微下降,处于职业生涯较高水平。接一发得分率在 28%~30%之间,接二发得分率在 39%~50%之间,破发机会数量在 25~124 个之间,破发成功率在 24%~45%之间,接发球局数量在 50~214 个之间,接发球局胜率在 12%~26%之间,接发球得分率在 32%~38%之间。

第四阶段,竞技状态衰退期(2020—2022 年)。接发球竞技能力呈下降趋势,且较为稳定。接一发得分率为 26%~36%,接二发得分率为 48%~50%,破发机会数量为 39~41 个,破发成功率为 32%~44%,接发球局数量为 58~82 个,接发球局胜率为 16%~29%,接发球得分率为 36%~42%。此阶段受新冠疫情影响,全球范围内比赛减少。

3.瓦林卡职业生涯参加红土场地比赛胜率分析

在 ATP 官网上,收集瓦林卡每年参加红土场地比赛的胜场数、总场数,统计参加红土赛事的胜率,得到表 6-2-18。

表 6-2-18　瓦林卡职业生涯参加红土场地比赛胜率统计表

阶段	赛季	胜场数	总场数	胜率/(%)
形成期	2003	24	34	71
	2004	19	32	59
	2005	15	20	75
	2006	13	20	65
	2007	5	12	42
	2008	14	20	70
	2009	18	25	72
	2010	22	28	79
	2011	11	18	61
	2012	19	28	68
最佳期	2013	24	31	77
	2014	6	9	67
	2015	13	17	76
	2016	12	16	75
保持期	2017	12	16	75
	2018	1	4	25
	2019	8	13	62

续表

阶段	赛季	胜场数	总场数	胜率/(%)
衰退期	2020	9	11	82
	2022	2	7	29

在竞技状态形成期,胜场数在5~24场之间,总场数在12~34场之间,胜率在42%~79%之间。在竞技状态最佳期,胜场数在6~24场之间,总场数在9~31场之间,胜率在67%~77%之间。在竞技状态保持期,胜场数在1~12场之间,总场数在4~16场之间,胜率在25%~75%之间。在竞技状态衰退期,参赛胜率下降,胜场数在2~9场之间,总场数在7~11场之间,胜率在29%~82%之间。

4. 红土场地参赛竞技能力特征与胜率相关性分析

对瓦林卡职业生涯(2003—2022年)参加红土比赛的10项发球指标(Aces、一发成功率、双误、一发得分率、二发得分率、破发点、挽救破发点率、发球局、发球局胜率、发球得分率)和7项接发球指标(接一发得分率、接二发得分率、破发机会、破发成功率、接发球局、接发球局胜率、接发球得分率)与红土参赛胜率之间进行相关性检验,筛选出较高相关指标。

根据相关分析对数据的要求统计分析的内容,相关分析必须要结合以下步骤进行,缺一不可:①绘制散点图,看线性趋势;②定量变量的正态性判断;③计算相关系数 r;④开展假设检验,判断总体相关性的有无。由于 Aces、双误、破发点、发球局、破发机会、接发球局与其他指标数据不同,故而分开做散点图。将表6-2-16至表6-2-18数据录入 SPSS 绘制散点图,结果如图6-2-7、图6-2-8所示。

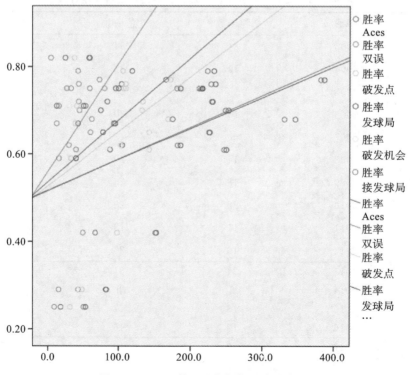

图 6-2-7　Aces 等 6 项指标与胜率散点图

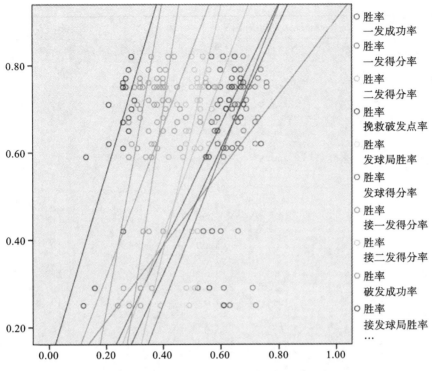

图 6-2-8　发球得分率等 11 项指标与胜率散点图

由图 6-2-7 和图 6-2-8 可知瓦林卡业生涯参加红土比赛的接一发得分率、接二发得分率、破发机会、破发成功率、接发球局、接发球局胜率、接发球得分率存在着线性趋势；其余指标（Aces、一发成功率、双误、一发得分率、二发得分率、破发点、挽救破发点率、发球局、发球局胜率、发球得分率）与胜率不存在线性趋势（弱线性趋势）。将表 6-2-16 至表 6-2-18 数据录入 SPSS 进行正态性检验，结果如表 6-2-19 所示。

表 6-2-19　正态性检验

项目	Kolmogorov-Smirnov[a]			Shapiro-Wilk		
	统计量	自由度	显著性	统计量	自由度	显著性
Aces	0.125	19	0.200*	0.941	19	0.275
双误	0.159	19	0.200*	0.954	19	0.466
一发成功率	0.079	19	0.200*	0.976	19	0.879
一发得分率	0.152	19	0.200*	0.957	19	0.513
二发得分率	0.157	19	0.200*	0.954	19	0.465
破发点	0.165	19	0.189	0.913	19	0.082
挽救破发点率	0.114	19	0.200*	0.973	19	0.843
发球局	0.152	19	0.200*	0.926	19	0.148

续表

项目	Kolmogorov-Smirnov[a]			Shapiro-Wilk		
	统计量	自由度	显著性	统计量	自由度	显著性
发球局胜率	0.114	19	0.200*	0.932	19	0.188
发球得分率	0.120	19	0.200*	0.948	19	0.360
接一发得分率	0.154	19	0.200*	0.952	19	0.432
接二发得分率	0.208	19	0.030	0.808	19	0.002
破发机会	0.140	19	0.200*	0.939	19	0.250
破发成功率	0.155	19	0.200*	0.930	19	0.175
接发球局	0.153	19	0.200*	0.928	19	0.161
接发球局胜率	0.349	19	0.000	0.783	19	0.001
接发球得分率	0.252	19	0.003	0.883	19	0.024
胜率	0.203	19	0.039	0.807	19	0.001

"*":true 显著下限;"a":Lilliefors 显著更正。

由于样本量低于 2000,正态性检验选择 Shapiro-Wilk 检验方法,观察"显著性"。Aces、一发成功率、双误、一发得分率、二发得分率、破发点、挽救破发点率、发球局、发球局胜率、发球得分率、接一发得分率、破发机会、破发成功率、接发球局符合正态性分布,其余指标(接二发得分率、接发球局胜率、接发球得分率)和胜率不符合正态性分布,故采用秩相关分析,分析结果如表 6-2-20 所示。

表 6-2-20 相关性分析

检验方法	指标	项目	胜率
Spearman 的 rho	二发得分率	相关系数	0.517*
		显著性(双尾)	0.023
		N	19
	挽救破发点率	相关系数	0.565*
		显著性(双尾)	0.012
		N	19
	发球局胜率	相关系数	0.578**
		显著性(双尾)	0.010
		N	19
	发球得分率	相关系数	0.509*
		显著性(双尾)	0.026
		N	19
	接一发得分率	相关系数	0.601**
		显著性(双尾)	0.006
		N	19

续表

检验方法	指标	项目	胜率
	接二发得分率	相关系数	0.494*
		显著性(双尾)	0.032
		N	19
	破发机会	相关系数	0.482*
		显著性(双尾)	0.037
		N	19
	接发球局胜率	相关系数	0.599**
		显著性(双尾)	0.007
		N	19
	接发球得分率	相关系数	0.699**
		显著性(双尾)	0.001
		N	19

"*":相关性在 0.05 级别(双尾);"**":相关性在 0.01 级别(双尾)。

9项技战术指标分别与胜率的关联性存在统计学差异,存在显著相关关系,相关性由高到低进行排序:接发球得分率(0.699)、接一发得分率(0.601)、接发球局胜率(0.599)、发球局胜率(0.578)、挽救破发点率(0.565)、二发得分率(0.517)、发球得分率(0.509)、接二发得分率(0.494)、破发机会(0.482),且呈正相关,说明以上指标数值越高,胜率就越高;其余指标与胜率的关联性不存在统计学差异,不存在显著相关关系。

(三)瓦林卡职业生涯草地参赛竞技能力分析

1.草地参赛发球竞技能力特征分析

瓦林卡不同职业阶段草地发球竞技能力如表 6-2-21 所示。

表 6-2-21　瓦林卡不同职业阶段草地发球竞技能力

阶段	赛季	Aces/个	双误/个	一发成功率/(%)	一发得分率/(%)	二发得分率/(%)	破发点/个	挽救破发点率/(%)	发球局/个	发球局胜率/(%)	发球得分率/(%)
	2005	25	14	59	71	40	33	73	33	73	58
	2006	39	34	53	76	56	44	68	91	85	67
	2007	12	13	59	70	43	19	47	38	74	59
形成期	2008	39	19	57	75	52	25	60	60	83	65
	2009	55	10	61	76	53	25	68	71	89	67
	2010	9	10	62	67	65	5	20	23	83	66
	2011	30	5	61	79	56	14	64	41	88	70
	2012	25	18	49	72	52	22	64	36	78	62

续表

阶段	赛季	Aces/个	双误/个	一发成功率/(%)	一发得分率/(%)	二发得分率/(%)	破发点/个	挽救破发点率/(%)	发球局/个	发球局胜率/(%)	发球得分率/(%)
最佳期	2013	45	11	61	73	56	40	73	67	84	66
	2014	110	15	59	82	62	25	64	118	92	74
	2015	109	24	59	83	56	25	72	116	94	72
	2016	24	9	59	76	58	19	63	49	86	68
保持期	2017	17	5	61	76	47	14	57	30	80	64
	2018	55	12	62	74	46	35	60	68	79	64
	2019	49	12	60	83	65	19	74	68	93	76
衰退期	2022	33	7	55	77	48	32	72	45	80	64

第一阶段,竞技状态形成期(2005—2012年)。发球竞技能力处于提升状态。Aces数量在9~55个之间,双误数量在5~34个之间,一发成功率在49%~62%之间,一发得分率在67%~79%之间,二发得分率在40%~65%之间。破发点数量在5~44个之间,挽救破发点率在20%~73%之间。发球局数量在23~91个之间,发球局胜率在73%~89%之间,发球得分率在58%~70%之间。由于参赛站数增多和发球竞技能力的提升,Aces、双误、破发点、发球局等指标数量增加幅度显著。

第二阶段,竞技状态最佳期(2013—2016年)。发球竞技能力趋于稳定,处于职业生涯较高水平。Aces数量在24~110个之间,双误数量在9~24个之间,一发成功率在59%~61%之间,一发得分率在73%~83%之间,二发得分率在56%~62%之间,破发点数量在19~40个之间,挽救破发点率在63%~73%之间,发球局数量在49~118个之间,发球局胜率在84%~94%之间,发球得分率在66%~74%之间。

第三阶段,竞技状态保持期(2017—2019年)。发球竞技能力较为稳定,处于职业生涯较高水平。Aces数量在17~55个之间,双误数量在5~12个之间,一发成功率在60%~62%之间,一发得分率在74%~83%之间,二发得分率在46%~65%之间,破发点数量在14~35个之间。挽救破发点率在57%~74%之间,发球局数量在30~68个之间,发球局胜率在79%~93%之间,发球得分率在64%~76%之间。

第四阶段,竞技状态衰退期(2020—2022年)。2022年Aces数量为33,双误数量为7,一发成功率为55%,一发得分率为77%,二发得分率为48%,破发点数量为32,挽救破发点率为72%,发球局数量为45个,发球局胜率为80%,发球得分率为64%。

2. 草地参赛接发球竞技能力特征分析

瓦林卡不同职业阶段草地接发球竞技能力如表6-2-22所示。

表 6-2-22　瓦林卡不同职业阶段草地接发球竞技能力

阶段	赛季	接一发得分率/(%)	接二发得分率/(%)	破发机会/个	破发成功率/(%)	接发球局/个	接发球局胜率/(%)	接发球得分率/(%)
形成期	2005	22	45	18	22	35	11	32
	2006	23	48	34	32	92	12	32
	2007	21	40	9	33	38	8	28
	2008	35	46	41	39	59	27	39
	2009	30	54	51	39	72	28	40
	2010	27	34	3	100	25	12	29
	2011	31	45	34	18	42	14	36
	2012	25	47	14	43	35	17	34
最佳期	2013	28	45	32	34	65	17	34
	2014	28	43	48	44	114	18	33
	2015	25	46	50	36	112	16	33
	2016	28	52	25	32	51	16	37
保持期	2017	14	48	8	25	30	7	26
	2018	24	50	39	21	70	11	35
	2019	30	40	30	37	64	17	34
衰退期	2022	26	40	13	23	47	6	31

第一阶段,竞技状态形成期(2005—2012年)。接发球竞技能力处于提升状态。接发球局数量在25～92个之间,破发机会数量在3～51个之间。接一发得分率在21%～35%之间,接二发得分率在34%～54%之间,破发成功率在18%～100%之间,接发球局胜率在8%～28%之间,接发球得分率在28%～40%之间。由于参赛站数增多和接发球竞技能力的提升,破发机会、接发球局等指标数量增加幅度显著。

第二阶段,竞技状态最佳期(2013—2016年)。接发球竞技能力趋于稳定,处于职业生涯最高水平。接一发得分率在25%～28%之间,接二发得分率在43%～52%之间,破发机会数量在25～50个之间,破发成功率在32%～44%之间,接发球局数量在51～114个之间,接发球局胜率在16%～18%之间,接发球得分率在33%～37%之间。

第三阶段,竞技状态保持期(2017—2019年)。接发球竞技能力略微下降,但仍处于职业生涯较高水平。接一发得分率在14%～30%之间,接二发得分率在40%～50%之间,破发机会数量在8～39个之间,破发成功率在21%～37%之间,接发球局数量在30～70个之间,接发球局胜率在7%～17%之间,接发球得分率在26%～35%之间。

第四阶段,竞技状态衰退期(2022年)。接发球竞技能力呈下降趋势,且较为稳定。2022年接一发得分率为26%,接二发得分率为40%,破发机会数量为13个,破发成功率为23%,接发球局数量为47个,接发球局胜率为6%,接发球得分率为31%。此阶段受新冠疫情影响,全球范围内比赛减少。

3. 瓦林卡职业生涯参加草地比赛胜率分析

在ATP官网上,收集瓦林卡每年参加草地比赛的胜场数、总场数,统计参加草地赛事的胜率,得到表6-2-23。

表6-2-23 瓦林卡职业生涯参加草地比赛胜率统计表

阶段	赛季	胜场数	总场数	胜率/(%)
形成期	2005	0	2	0
	2006	2	5	40
	2007	0	3	0
	2008	3	4	75
	2009	3	4	75
	2010	0	1	0
	2011	2	5	40
	2012	0	2	0
最佳期	2013	4	6	67
	2014	7	9	78
	2015	5	7	71
	2016	1	3	33
保持期	2017	0	2	0
	2018	2	5	40
	2019	2	4	50
衰退期	2022	1	3	33

在竞技状态形成期,胜场数在0~3场之间,总场数在1~5场之间,胜率在0~75%之间。在竞技状态最佳期,胜场数在1~7场之间,总场数在3~9场之间,胜率在33%~78%之间。在竞技状态保持期,胜率在50%以下。在竞技状态衰退期,参赛胜率下降,2022年草地胜率为33%。

4. 草地参赛竞技能力特征与胜率分析

对瓦林卡职业生涯(2005—2022年)参加草地比赛的10项发球指标(Aces、一发成功率、双误、一发得分率、二发得分率、破发点、挽救破发点率、发球局、发球局胜率、发球得分率)和7项接发球指标(接一发得分率、接二发得分率、破发机会、破发成功率、接发球局、接发球局胜率、接发球得分率)与草地参赛胜率之间进行相关性检验,筛选出较高相关指标。

根据相关分析对数据的要求统计分析的内容,相关分析必须结合以下步骤进行,缺一不可:①绘制散点图,看线性趋势;②定量变量的正态性判断;③计算相关系数r;④开展假设检验,判断总体相关性的有无。由于Aces、双误、破发点、发球局、破发机会、接发球局与其他指标数据不同,故而分开做散点图。将表6-2-21至表6-2-23数据录入SPSS绘制散点图,结果如图6-2-9、图6-2-10所示。

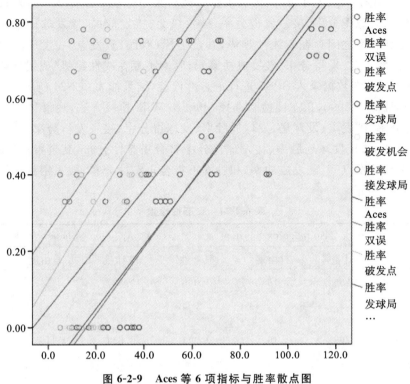

图 6-2-9 Aces 等 6 项指标与胜率散点图

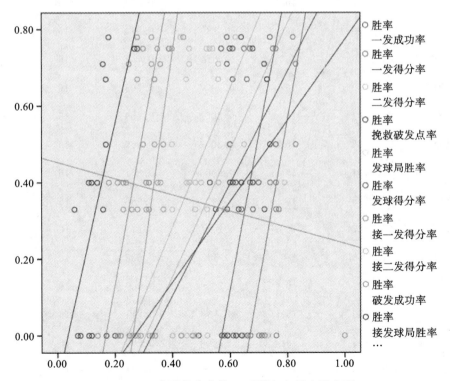

图 6-2-10 发球得分率等 11 项指标与胜率散点图

由图 6-2-9 和图 6-2-10 可知，瓦林卡职业生涯参加草地比赛的 Aces、一发得分率、发球局、发球局胜率、发球得分率、接一发得分率、破发机会、接发球局、接发球局胜率、接发球得分率与草地参赛胜率之间存在着线性趋势，其余指标（双误、破发点、一发成功率、二发得分率、挽救破发点率、接二发得分率、破发成功率）与胜率不存在线性趋势（或线性趋势弱）。将表 6-2-21 至表 6-2-23 数据录入 SPSS 进行正态性检验，结果如表 6-2-24 所示。

由于样本量低于 2000，正态性检验选择 Shapiro-Wilk 检验方法，观察"显著性"。一发得分率、二发得分率、破发点、发球局、发球局胜率、发球得分率、接一发得分率、接二发得分率、破发机会接发球局、接发球局胜率、接发球得分率符合正态性分布，其余指标（Aces、一发成功率、双误、挽救破发点率、破发成功率）和胜率不符合正态性分布，故采用秩相关分析，分析结果如表 6-2-25 所示。

表 6-2-24 正态性检验

项目	Kolmogorov-Smirnov[a]			Shapiro-Wilk		
	统计量	自由度	显著性	统计量	自由度	显著性
Aces	0.209	16	0.060	0.827	16	0.006
双误	0.176	16	0.197	0.878	16	0.036
一发成功率	0.299	16	0.000	0.814	16	0.004
一发得分率	0.155	16	0.200*	0.958	16	0.623
二发得分率	0.137	16	0.200*	0.964	16	0.726
破发点	0.178	16	0.189	0.974	16	0.899
挽救破发点率	0.240	16	0.014	0.743	16	0.001
发球局	0.159	16	0.200*	0.903	16	0.089
发球局胜率	0.101	16	0.200*	0.969	16	0.817
发球得分率	0.137	16	0.200*	0.969	16	0.818
接一发得分率	0.101	16	0.200*	0.961	16	0.671
接二发得分率	0.173	16	0.200*	0.968	16	0.797
破发机会	0.127	16	0.200*	0.943	16	0.383
破发成功率	0.275	16	0.002	0.683	16	0.000
接发球局	0.137	16	0.200*	0.909	16	0.114
接发球局胜率	0.179	16	0.180	0.914	16	0.137
接发球得分率	0.115	16	0.200*	0.980	16	0.967
胜率	0.206	16	0.068	0.861	16	0.020

"*"：true 显著下限；"a"：Lilliefors 显著更正。

表 6-2-25 相关性分析

检验方法	指标	项目	胜率
Spearman 的 rho	Aces	相关系数	0.876**
		显著性(双尾)	0.000
		N	16
	一发得分率	相关系数	0.587*
		显著性(双尾)	0.017
		N	16
	发球局	相关系数	0.860**
		显著性(双尾)	0.000
		N	16
	发球局胜率	相关系数	0.734**
		显著性(双尾)	0.001
		N	16
	发球得分率	相关系数	0.673**
		显著性(双尾)	0.004
		N	16
	接一发得分率	相关系数	0.653**
		显著性(双尾)	0.006
		N	16
	破发机会	相关系数	0.897**
		显著性(双尾)	0.000
		N	16
	接发球局	相关系数	0.860**
		显著性(双尾)	0.000
		N	16
	接发球局胜率	相关系数	0.724**
		显著性(双尾)	0.002
		N	16
	接发球得分率	相关系数	0.593*
		显著性(双尾)	0.015
		N	16

"*":相关性在 0.05 级别(双尾);"**":相关性在 0.01 级别(双尾)。

瓦林卡职业生涯参加草地比赛中有 10 项技战术指标分别与胜率的关联性存在统计学差异,存在显著相关关系,相关性由高到低进行排序:破发机会(0.897)、Aces(0.876)、发球局(0.860)、接发球局(0.860)、发球局胜率(0.734)、接发球局胜率(0.724)、发球得分率

(0.673)、接一发得分率(0.653)、接发球得分率(0.593)、一发得分率(0.587)，且呈正相关，说明发球局胜率、接发球局胜率、发球得分率、接一发得分率、接发球得分率、一发得分率数值越高，胜率就越高；由于破发机会、Aces、发球局、接发球局是累计计数，这四个指标受到参赛场数的影响，故而不能采用简单的线性相关进行分析，有待进一步研究；其余指标与胜率的关联性不存在统计学差异，不存在显著相关关系。

(四)瓦林卡在不同场地参赛竞技能力差异性分析

为比较瓦林卡职业生涯在硬地、红土、草地发球竞技能力的差异性，首先采用探索性分析，以检验数据的正态性和方差齐性，具体过程如下。

不同场地竞技能力指标正态性检验表如表 6-2-26 所示。

表 6-2-26 不同场地竞技能力指标正态性检验表

项目	场地类型	Kolmogorov-Smirnov[a]			Shapiro-Wilk		
		统计量	自由度	显著性	统计量	自由度	显著性
场均 Aces	硬地	0.191	19	0.067	0.893	19	0.036
	红土	0.141	19	0.200*	0.931	19	0.184
	草地	0.129	16	0.200*	0.980	16	0.963
场均双误	硬地	0.195	19	0.056	0.902	19	0.052
	红土	0.141	19	0.200*	0.938	19	0.242
	草地	0.226	16	0.028	0.859	16	0.019
一发成功率	硬地	0.132	19	0.200*	0.967	19	0.706
	红土	0.079	19	0.200*	0.976	19	0.879
	草地	0.299	16	0.000	0.814	16	0.004
一发得分率	硬地	0.183	19	0.093	0.942	19	0.290
	红土	0.152	19	0.200*	0.957	19	0.513
	草地	0.155	16	0.200*	0.958	16	0.623
二发得分率	硬地	0.215	19	0.021	0.810	19	0.002
	红土	0.157	19	0.200*	0.954	19	0.465
	草地	0.137	16	0.200*	0.964	16	0.726
场均破发点	硬地	0.235	19	0.007	0.792	19	0.001
	红土	0.142	19	0.200*	0.907	19	0.065
	草地	0.249	16	0.009	0.874	16	0.031
挽救破发点率	硬地	0.202	19	0.039	0.851	19	0.007
	红土	0.114	19	0.200*	0.973	19	0.843
	草地	0.240	16	0.014	0.743	16	0.001
场均发球局	硬地	0.327	19	0.000	0.706	19	0.000
	红土	0.210	19	0.027	0.796	19	0.001
	草地	0.144	16	0.200*	0.965	16	0.745

续表

项目	场地类型	Kolmogorov-Smirnov[a]			Shapiro-Wilk		
		统计量	自由度	显著性	统计量	自由度	显著性
发球局胜率	硬地	0.261	19	0.001	0.756	19	0.000
	红土	0.114	19	0.200*	0.932	19	0.188
	草地	0.101	16	0.200*	0.969	16	0.817
发球得分率	硬地	0.216	19	0.020	0.809	19	0.002
	红土	0.120	19	0.200*	0.948	19	0.360
	草地	0.137	16	0.200*	0.969	16	0.818
接一发得分率	硬地	0.193	19	0.061	0.794	19	0.001
	红土	0.154	19	0.200*	0.952	19	0.432
	草地	0.101	16	0.200*	0.961	16	0.671
接二发得分率	硬地	0.192	19	0.063	0.935	19	0.212
	红土	0.208	19	0.030	0.808	19	0.002
	草地	0.173	16	0.200*	0.968	16	0.797
场均破发机会	硬地	0.277	19	0.000	0.770	19	0.000
	红土	0.228	19	0.011	0.873	19	0.016
	草地	0.130	16	0.200*	0.957	16	0.613
破发成功率	硬地	0.299	19	0.000	0.608	19	0.000
	红土	0.155	19	0.200*	0.930	19	0.175
	草地	0.275	16	0.002	0.683	16	0.000
场均接发球局	硬地	0.296	19	0.000	0.708	19	0.000
	红土	0.225	19	0.013	0.801	19	0.001
	草地	0.162	16	0.200*	0.942	16	0.372
接发球局胜率	硬地	0.161	19	0.200*	0.770	19	0.000
	红土	0.349	19	0.000	0.783	19	0.001
	草地	0.179	16	0.180	0.914	16	0.137
接发球得分率	硬地	0.197	19	0.050	0.799	19	0.001
	红土	0.252	19	0.003	0.883	19	0.024
	草地	0.115	16	0.200*	0.980	16	0.967

"*":true 显著下限;"a":Lilliefors 显著更正。

将表 6-2-11、表 6-2-12、表 6-2-16、表 6-2-17、表 6-2-21、表 6-2-22 中瓦林卡不同场地上的技战术数据录入 SPSS,进行探索分析,结果如表 6-2-26 所示。表 6-2-26 列出了采用 Shapiro-Wilk 方法进行正态分布假设检验的结果,得到场均 Aces、场均双误、一发成功率、二发得分率、场均破发点、挽救破发点率、场均发球局、发球局胜率、发球得分率、接一发得分率、接二发得分率、场均破发机会、破发成功率、场均接发球局、接发球局胜率、接发球得分率显著性概率存在小于 0.05 的值,应接受原假设,即认为以上指标不满足正态性分布;一发得分率显著性概率存在大于 0.05 的值,应接受原假设,即认为一发得分率指标满足正态性分布。

由于各场地上一发得分率指标符合正态性分布,因此其进行单因素方差分析(多重比较),其余技战术指标采用非参数检验多重比较。

(1)单因素方差分析。

描述统计如表 6-2-27 所示。

表 6-2-27　描述统计

项目	N	平均值	标准偏差	标准误差	平均值的95%置信区间	
					下限	上限
一发得分率	19	0.7437	0.02454	0.00563	0.7319	0.7555	19
	19	0.7026	0.03754	0.00861	0.6845	0.7207	19
	16	0.7563	0.04573	0.01143	0.7319	0.7806	16
	54	0.7330	0.04254	0.00579	0.7214	0.7446	54

为了探究3种场地上一发得分率的方差齐性,将表 6-2-27 中数据录入 SPSS 进行探索性分析,结果如表 6-2-28 所示,方差齐性检验:一发得分率 $P=0.107$,各场地一发得分率方差相等,符合方差齐性,可采用 F 检验(表 6-2-29)。

表 6-2-28　方差齐性检验表

项目	Levene 统计	DF_1	DF_2	显著性
一发得分率	2.339	2	51	0.107

表 6-2-29　单因素方差检验表(F 检验)

项目		平方和	DF	平均值平方	F	显著性
一发得分率	组间	0.028	2	0.014	10.693	0.000
	组内	0.068	51	0.001	—	—
	总计	0.096	53	—	—	—

采用 F 检验的结果如表 6-2-30 所示,一发得分率硬地与红土、草地与红土显著性概率都小于 0.05,由此可知,硬地与红土、草地与红土一发得分率存在显著性差异,草地与硬地的场均双误不存在显著性差异。

表 6-2-30　多重比较表

LSD 方法

因变量	(I)场地	(J)场地	平均差异(I−J)	标准误差	显著性	95%置信区间	
						下限	上限
一发得分率	硬地	红土	0.04105*	0.01181	0.001	0.0173	0.0648
		草地	−0.01257	0.01235	0.314	−0.0374	0.0122
	红土	硬地	−0.04105*	0.01181	0.001	−0.0648	−0.0173
		草地	−0.05362*	0.01235	0.000	−0.0784	−0.0288
	草地	硬地	0.01257	0.01235	0.314	−0.0122	0.0374
		红土	0.05362*	0.01235	0.000	0.0288	0.0784

"*":均值差的显著性水平为 0.05。

(2)非参数检验。

对不同场地类型技术指标差异性进行 Kruskal Wallis 检验，发现在 3 种场地上，场均 Aces($\chi^2=27.099, P=0.000$)、场均双误($\chi^2=10.095, P=0.006$)、场均发球局($\chi^2=15.454, P=0.000$)、接一发得分率($\chi^2=16.344, P=0.000$)、接二发得分率($\chi^2=12.420, P=0.002$)、场均接发球局($\chi^2=17.187, P=0.000$)、接发球局胜率($\chi^2=18.909, P=0.000$)、接发球得分率($\chi^2=19.890, P=0.000$)，一发成功率、二发得分率、场均破发点、挽救破发点率、发球局胜率、发球得分率、场均破发机会、破发成功率等指标不因场地类型变化而呈差异性。

通过 Bonferonnia Adjustment 计算调整显著性，发现 3 种场地之间相互比较的 8 项指标存在差异性(图 6-2-11)。由于是事后的两两比较(Post hoc test)，因此需要调整显著性水平(调整 α 水平)，作为判断两两比较的显著性水平。依据 Bonferonnia 法，调整 α 水平＝原 α 水平÷比较次数。本研究共比较了 3 次，调整 α 水平＝0.05÷3≈0.017。因此，最终得到的 P 值需要和 0.017 比较，小于 0.017 则认为差异有统计学意义。①硬地与红土，场均 Aces 指标呈显著性差异($P<0.017$)，其他技术指标未见差异，且两种场地的各项指标数据均值相差较小。②草地与红土，场均 Aces、场均双误、场均发球局、接一发得分率、接二发得分率、场均接发球局、接发球局胜率、接发球得分率等指标呈显著性差异，其他技术指标未见显著性差异($P>0.017$)，两种场地的各项指标数据均值相差最大。③硬地与草地，场均发球局、场均接发球局等指标呈显著性差异($P<0.017$)，其他技术指标未见差异，且两种场地的各项指标数据均值相差较小。

将 8 项指标在 3 种场地横向比较：①场均 Aces 硬地与红土比较具有显著性差异($P<0.05$)，草地与红土比较具有显著性差异($P<0.05$)，均值草地最高 10.09 个，红土最低 4.54 个。②场均双误草地与红土比较具有显著性差异($P<0.05$)，均值草地最高 4.09 个，红土最低 1.98 个。③场均发球局硬地与草地比较具有显著性差异($P<0.05$)，草地与红土比较具有显著性差异($P<0.05$)，均值草地最多 15.45 个，红土最少 10.61 个。④接一发得分率硬地与红土比较具有显著性差异($P<0.05$)，草地与红土比较具有显著性差异($P<0.05$)，均值红土 31.47%＞硬地 28.47%＞草地 26.06%。⑤接二发得分率硬地与红土比较具有显著性差异($P<0.05$)，草地与红土比较具有显著性差异($P<0.05$)，均值红土 49.84%＞硬地 47.95%＞草地 45.19%。⑥场均接发球局硬地与草地比较具有显著性差异($P<0.05$)，草地与红土比较具有显著性差异($P<0.05$)，均值草地最多 15.59 个，红土最少 10.39 个。⑦接发球局胜率硬地与红地比较具有显著性差异($P<0.05$)，草地与红土比较具有显著性差异($P<0.05$)，均值红土 24.47%＞硬地 19.89%＞草地 14.81%。⑧接发球得分率硬地与红土比较具有显著性差异($P<0.05$)，草地与红土比较具有显著性差异($P<0.05$)，均值红土 38.79%＞硬地 35.89%＞草地 33.31%。

从以上均值整体趋势看，瓦林卡发球和接发球竞技能力在不同场地类型上存在差异。从均值整体趋势看，草地的发球技术指标全部高于硬地和红土(一发成功率、挽救破发点率除外)，草地的接发球技术指标低于硬地和红土(场均破发机会、场均接发球局除外)，草地与硬地的数据均值差异小于草地与红土的差异。不同场地之间具有差异性指标的个数为：红土与草地 8 个，硬地与草地 2 个，硬地与红土 1 个。瓦林卡职业生涯取得 2 个硬地大满贯冠军和 1 个红土大满贯冠军，获得过 1 个草地巡回赛亚军，参加温网比赛多次未能进入第二轮比赛。虽然草地发球竞技能力指标皆高于红土和硬地(一发成功率、挽救破发点率除外)，但

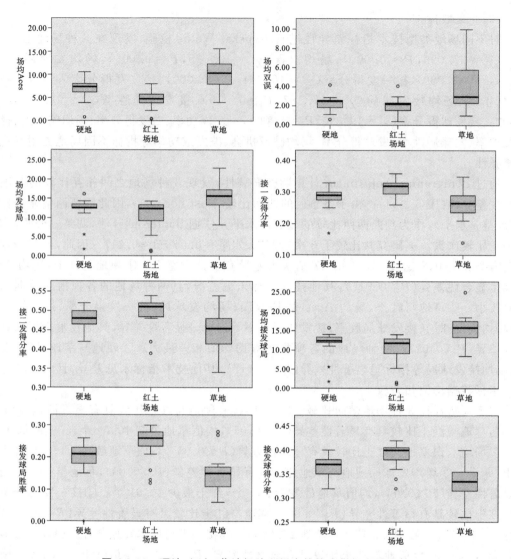

图 6-2-11 硬地、红土、草地场地之间竞技能力指标多重比较

这并不能代表他的打法可以在草地比赛中取得良好成绩,这些差距是由于场地类型的不同而造成的普遍现象。瓦林卡具备高质量的正反手,但是缺乏变化,在充满变化的草场难以发挥其力量优势;另外,对于移动能力较弱的瓦林卡,在草地上的移动对其也是巨大考验。

综上所述,瓦林卡职业生涯参赛竞技能力特征为:①总体竞技能力分析。一发发球主要将球发向外角和内角,中间区域极少;二发发向平分区内角和占先区外角,其余区域占比相近;接发球落点主要在中场区域以及占先区;二发得分率、Aces、发球得分率、发球局、接发球局、破发机会为职业生涯总体比赛关键制胜因素。②不同场地参赛竞技能力特征分析。硬地参赛制胜因素包括破发机会、Aces、接发球局、发球局、破发点;红土参赛制胜因素主要包括接发球得分率、接一发得分率、接发球局胜率、发球局胜率、挽救破发点、二发得分率、发球得分率;草地参赛制胜因素主要包括破发机会、Aces、发球局、发球局胜率、接发球局胜率;草地的发球技术指标高于硬地和红土,草地的接发球技术指标低于硬地和红土,不同场地竞技能力显著差异指标的个数:硬地与红土 1 个,红土与草地 8 个,硬地与草地 2 个。

参 考 文 献

[1] 陶志翔.网球运动教程[M].北京:北京体育大学出版社,2007.

[2] 孙卫星.现代网球技术教学法[M].北京:北京体育大学出版社,2007.

[3] Baltzell E. Digby. Sporting Gentlemen:Men's Tennis from the Age of Honor to the Cult of the Superstar[M]. Taylor and Francis:2017—07—12.

[4] Rutherford Jack. Skills, Drills & Strategies for Tennis[M]. Taylor and Francis:2017—05—26.

[5] Mark Kovacs, E. Paul Roetert, Todd S. Ellenbecker, United States Tennis Association (USTA),Mark S. Kovacs,Paul Roetert,Todd S. Ellenbecker. Complete Conditioning for Tennis[M]. Human Kinetics, Inc.;Human Kinetics:2016—07—29.

[6] Tina L. Hoskins Burney,Lex Carrington,Tina Hoskins Burney. The Tennis Drill Book[M]. Human Kinetics, Inc.;Human Kinetics:2014—02—24.

[7] Frank Giampaolo,Jon Levey. Championship Tennis[M]. Human Kinetics, Inc.:2013—03—21.

[8] 吴丽君,郭新明.我国竞技网球运动可持续发展研究[M].北京:北京体育大学出版社:山西大学建校110周年学术文库,201204.255.

[9] 陈光华,吕利平.公开赛以来世界优秀男子网球运动员职业规律的研究与分析[J].中国体育科技,2010,46(03):43—48.

[10] Joey Rive,Scott C. Williams,Scott Williams. Tennis Skills & Drills[M]. Human Kinetics, Inc.;Human Kinetics:2011—11—10.

[11] Brody Howard. Tennis Science for Tennis Players[M]. University of Pennsylvania Press, Inc.:2011—01—01.

[12] Coaching Tennis Technical & Tactical Skills[M]. Human Kinetics:2009—05—29.

[13] Robert J. Lake. Routledge Handbook of Tennis:History, Culture and Politics [M]. Taylor and Francis:2019—02—05.

[14] 王聚安,代莹,柳光磊.网球运动系统化训练研究[M].哈尔滨:黑龙江人民出版社,201901.150.

[15] Paul Annacone. Tactical Tennis Complete Collection[M]. Human Kinetics, Inc.;Human Kinetics:2006—07—12.

[16] 周阳.费德勒职业生涯参赛组合系统特征及参赛效率分析[J].北京体育大学学报,

2019,42(03):130-138.

[17] 林伟伟,秦敬刚,陈正.世界高水平男子职业网球选手竞技特征、成才规律分析[J].武汉体育学院学报,2018,52(11):82-87+100.

[18] 马纬.2017年费德勒硬地网球比赛技战术统计分析[D].郑州:郑州大学,2018.

[19] 郭文霞,赵广涛.网球比赛技战术效能评估模型构建与应用[J].河南师范大学学报(自然科学版),2018,46(02):117-124.

[20] 汤国进,邹克宁.世界精英男子网球运动员竞技比赛特征研究[J].武汉体育学院学报,2017,51(10):88-92.

[21] 张文豪.世界优秀男子网球运动员选赛特征分析[D].北京:北京体育大学,2017.

[22] 董保健,陈正,崔腾宇.优秀女子网球运动员职业过渡阶段年度训练与参赛规律研究[J].北京体育大学学报,2017,40(05):108-113.

[23] 江道华.穆雷发球与接发球特点分析[D].扬州:扬州大学,2017.

[24] 王伟,周曙,张春合.费德勒美网公开赛关键分技战术特征分析[J].体育文化导刊,2016,(02):100-105.

[25] 万峰铭.全国大学生网球丙、丁组男双技战术运用特征及发展对策研究[J].成都体育学院学报,2016,42(01):66-69.

[26] 祖苇.世界优秀女子网球选手技战术制胜因素分析[J].体育文化导刊,2015,(05):116-119.

[27] 李晶.女子网球单打TOP10的选赛分析[D].武汉:华中师范大学,2015.

[28] 卜宏波,金敏,徐继超.2013年温网穆雷竞技实力与技、战术特征研究[J].中国体育科技,2014,50(04):49-56.

[29] 万海波.世界男子网球发展趋势分析[J].体育文化导刊,2014,(06):90-93.

[30] 朱昆,刘英.世界优秀女子单打网球运动员2010-2012赛季参赛安排的研究[J].山东体育科技,2014,36(01):45-50.

[31] 谢相和.世界优秀女子网球单打运动员制胜技战术研究[J].成都体育学院学报,2013,39(09):77-81.

[32] 李桂林,郭立亚.ATP男子单打不同场地类型比赛得分方式的对比研究[J].西南师范大学学报(自然科学版),2013,38(08):56-60.

[33] 门甲.对优秀女子职业网球选手选赛特征的分析和探讨[D].成都:成都体育学院,2013.

[34] 李明芝,孙卫星,周峰.优秀男子网球选手每局第一分的技战术特征分析[J].山东体育科技,2013,35(01):53-57.

[35] 陈万,田诗彬.世界网球优秀男单运动员技战术研究[J].体育文化导刊,2012,(07):75-77.

[36] 刘金生,王艳.德约科维奇网球制胜因素分析[J].体育文化导刊,2012,(03):85-89.

[37] 田广,冉清泉,赵凯丰.世界优秀女子网球运动员身体形态、年龄、球龄特征分析[J].北京体育大学学报,2011,34(09):70-74.

[38] 陈权,范旭东,胡文龙.世界优秀男子网球运动员竞技过程技战术空间运用特征的实证研究[J].沈阳体育学院学报,2011,30(04):119-122.

[39] 薛萌.对费德勒发球与接发球阶段的技战术分析[J].广州体育学院学报,2010,30(05):60—63.

[40] 郭立亚,杨锋.世界优秀男子网球运动员年龄、球龄与身体形态特征分析[J].中国体育科技,2009,45(01):71—74.

[41] O'DONOGHUE P. Research methods for sports performance analysis [M]. Routledge,2009.

[42] 赵泽明.德约科维奇在澳网与法网比赛中技战术运用的差异性分析[D].成都:成都体育学院,2018.

[43] Cui, Y., Gómez, M. ?., Gon?alves, B., & Sampaio, J. Clustering tennis players' anthropometric and individual features helps to reveal performance fingerprints[J]. European Journal of Sport Science,2019,19(8):1032—1044.

[44] 李佳佳.2011—2018年德约科维奇不同时期硬地单打技战术特征分析[D].北京:北京体育大学,2019.

[45] 刘鸿优,崔一雄,张绍良,等.运动表现分析的发展及展望[J].体育学刊,2016,23(2):112—117.

[46] Hopkins, W. G., Marshall, S. W., Batterham, A. M., & Hanin, J. Progressive statistics for studies in sports medicine and exercise science[J]. Medicine Science in Sports Exercise,2009,41(1):3—13.

[47] Maquirriain, J., Baglione, R., & Cardey, M. Male professional tennis players maintain constant serve speed and accuracy over long matches on grass courts[J]. European Journal of Sport Science,2016,16(7):845—849.

[48] Gillet, E., Leroy, D., Thouvarecq, R., & Stein, J. F. A Notational Analysis of Elite Tennis Serve and Serve—Return Strategies on Slow Surface [J]. Journal of Strength and Conditioning Research,2009,23(2):532—539.

[49] PONZANO M, GOLLIN M. Movement analysis and metabolic profile of tennis match play:Comparison between hard courts and clay courts [J].. International Journal of Performance Analysis in Sport,2017,17(3):220—231.

[50] O'Donoghue, P., & Ingram, B. A notational analysis of elite tennis strategy[J]. Journal of Sports Sciences,2001,19(2):107—115.

[51] O'DONOGHUE P. Research methods for sports performance analysis [M]. Routledge,2009.

[52] Higham, D. G., Hopkins, W. G., Pyne, D. B., & Anson, J. M. Performance Indicators Related to Points Scoring and Winning in International Rugby Sevens [J]. Journal of Sports Science & Medicine,2014,13(2):358—364.

[53] Ma, S. M., Liu, C. C., Tan, Y., & Ma, S. C. Winning matches in Grand Slam men's singles:An analysis of player performance—related variables from 1991 to 2008[J]. Journal of Sports Sciences,2013,31(11):1147—1155.

[54] 杜迅超.世界顶级男子高龄职业网球选手年度参赛与训练周期特征研究[D].武汉:武汉体育学院,2020.

[55] Cui, Y., Zhao, Y., Liu, H., Gómez, M. ?., Wei, R., & Liu, Y. Effect of a Seeding System on Competitive Performance of Elite Players During Major Tennis Tournaments[J]. Frontiers in Psychology,2020(11):1294.
[56] 杨晨.优秀男子网球运动员技战术特征研究[D].哈尔滨:哈尔滨师范大学,2021.
[57] Cui, Y., Liu, H., Gómez, M. ?., Liu, H., & Gon?alves, B. Set-to-set Performance Variation in Tennis Grand Slams: Play with Consistency and Risks[J]. Journal of Human Kinetics,2020,73:153-163.
[58] 马纬.2017年费德勒硬地网球比赛技战术统计分析[D].郑州:郑州大学,2018.
[59] Martin, C., Thevenet, D., Zouhal, H., Mornet, Y., Delès, R., Crestel, T., Ben Abderrahman, A., & Prioux, J. Effects of playing surface (hard and clay courts) on heart rate and blood lactate during tennis matches played by high-level players[J]. Journal of Strength and Conditioning Research, 2011,25(1), 163-170.
[60] Miller, S. Modern tennis rackets, balls, and surfaces[J]. British Journal of Sports Medicine, 2006,40(5), 401-405.
[61] 杜小龙.2016年美国网球公开赛技战术特征研究[D].武汉:武汉体育学院,2017.
[62] 罗胜.费德勒职业时期不同场地的技战术运用分析[D].成都:四川师范大学,2017.
[63] 朱先彬.德约科维奇不同场地网球比赛发球阶段技战术特点比较分析[D].西安:陕西师范大学,2016.
[64] 杜迅超.世界顶级男子高龄职业网球选手年度参赛与训练周期特征研究[D].武汉:武汉体育学院,2020.
[65] Pinder, R. A., Davids, K., Renshaw, I., & Araujo, D. Representative learning design and functionality of research and practice in sport[J]. Journal of Sport and Exercise Psychology, 2011, 33(1), 146-155.
[66] 余洋.锦织圭接发球技战术研究[D].武汉:武汉体育学院,2021.
[67] Reid, M., Morgan, S., & Whiteside, D. Matchplay characteristics of Grand Slam tennis: Implications for training and conditioning[J]. Journal of Sports Sciences, 2016,34(19), 1791-1798.
[68] Rutherford, J. Skills, drills & strategies for tennis. Oxon: Routledge,2017.
[69] 周帆.世界优秀女子网球单打选手大阪直美接发球局得失分研究[D].武汉:武汉体育学院,2022.
[70] 赵月,崔一雄,刘鸿优,曹润.基于大满贯赛事表现的职业男子网球选手致胜要素分析[J].北京体育大学学报,2022,45(04):78-90.
[71] 蒋婷,李庆.职业网球赛事男子单打比赛胜负影响因素研究——基于2014-2018年四大满贯赛事[J].中国体育科技,2021,57(07):62-68.
[72] 李未名.多拍回合视角下纳达尔与蒂姆在红土对阵中技战术对比研究[D].北京:北京体育大学,2021.
[73] 杨晨.优秀男子网球运动员技战术特征研究[D].哈尔滨:哈尔滨师范大学,2021.
[74] 刘雨,周继和.对世界优秀男子网球运动员不同站位发球技术的运动学对比分析[J].体育科学,2020,40(08):58-64.

[75] 罗伟权,张磊.职业网球运动员制胜因素模型构建研究[J].广州体育学院学报,2020,40(03):78-81.

[76] 牟柳,郭立亚,陈马强.基于因子分析的世界男子网球运动员单打制胜能力模型研究[J].西南师范大学学报(自然科学版),2019,44(06):116-122.

[77] 梁高亮,王宏,蒋争争.世界优秀男子职业网球运动员年度训练周期特征研究[J].山东体育学院学报,2016,32(03):79-84.

[78] 廖玉冰,廖晓斌,周美芳,郑国华,刘创.对世界优秀网球男、女单打比赛制胜分技术手段的研究——以2010年"ATP单打年终总决赛"和"WTA单打年终总决赛"为例[J].中国体育科技,2012,48(06):35-40+47.

[79] 陶志翔,祁兵,林建健.费德勒与纳达尔对阵时发球阶段技战术特点的对比分析[J].北京体育大学学报,2008(11):1560-1562.

[80] 彭浩.世界优秀男子网球运动员在关键分中得失分技战术运用特征研究[D].上海:上海体育学院,2022.

[81] 李金川.网球职业化背景下参赛组合与参赛效率的相关性分析[D].黄石:湖北师范大学,2022.

[82] 赵凯凯.2021年澳大利亚网球公开赛卡拉采夫单打比赛技战术特征分析[D].武汉:武汉体育学院,2022.

[83] 龙信.2015年法国网球公开赛单打冠军瓦林卡的得失分情况研究[D].广州:广州体育学院,2017.

[84] 孙德苏.中国优秀女子网球单打运动员参赛特征研究[D].天津:天津体育学院,2021.

[85] 赵晓东,柯勇.中国男子网球单打竞技实力提升路径研究——基于ATP世界排名"破百"视角[J].体育文化导刊,2020,(06):67-71+110.

[86] 郭莹,朱盼.场地转换视角下世界优秀男子网球单打运动员技术策略分析[J].中国体育科技,2020,56(06):76-82.

[87] 王雄.国外优秀新生代男子职业网球运动员选赛策略分析[D].成都:成都体育学院,2020.